当代中国高等教育改革口述史丛书（第一辑）
编委会

顾 问

柳斌杰　第十二届全国人民代表大会教育科学文化卫生委员会主任委员
　　　　原国家新闻出版总署署长　国家版权局原局长
　　　　清华大学新闻与传播学院院长

章开沅　著名历史学家、教育家　华中师范大学原校长

主 编

周洪宇　第十三届全国人民代表大会常务委员会委员
　　　　湖北省人民代表大会常务委员会副主任
　　　　中国教育学会副会长　华中师范大学教育学院教授

学术协调人

刘来兵（华中师范大学）

编 委　（按姓氏拼音排序）

蔡三发（同济大学教授）　　　　申国昌（华中师范大学教授）
操太圣（南京大学教授）　　　　沈　红（华中科技大学教授）
陈洪捷（北京大学教授）　　　　石中英（清华大学教授）
程方平（中国人民大学教授）　　眭依凡（浙江大学教授）
程斯辉（武汉大学教授）　　　　熊庆年（复旦大学教授）
杜成宪（华东师范大学教授）　　熊贤君（深圳大学教授）
刘海峰（厦门大学教授）　　　　徐　勇（北京师范大学教授）
陆根书（西安交通大学教授）　　张传遂（湖南师范大学教授）
欧七斤（上海交通大学研究馆员）

湖北省学术著作出版专项资金资助项目

当代中国高等教育改革口述史丛书（第一辑）

顾问 柳斌杰 章开沅　　主编 周洪宇

育人而非制器
杨叔子口述史

杨叔子　口述
肖海涛　整理

华中科技大学出版社
http://www.hustp.com
中国·武汉

内 容 简 介

杨叔子系中国科学院院士,中国著名机械工程学家、教育家。1993年1月至1997年7月任华中理工大学校长。现任中国科学院技术科学部副主任,华中科技大学学术委员会主任。本书采用口述史的方法,记录了世纪之交中国高等教育大改革、大发展的背景下,作者担任华中理工大学校长、从事管理工作以及学校改革发展的历史,尤其是文化素质教育20多年的历史发展,展示了丰富的历史画卷。通过阅读本书,既可了解杨院士这一代人的成长史,又可了解"华工"的发展史,也可了解当代中国高等教育改革大潮。其意义不言自明。

图书在版编目(CIP)数据

育人而非制器:杨叔子口述史/杨叔子口述;肖海涛整理. —武汉:华中科技大学出版社,2020.9(2024.5重印)
 (当代中国高等教育改革口述史丛书.第一辑)
 ISBN 978-7-5680-6551-1

Ⅰ.①育… Ⅱ.①杨… ②肖… Ⅲ.①高等教育-教育史-中国-现代 Ⅳ.①G649.29

中国版本图书馆CIP数据核字(2020)第159739号

育人而非制器——杨叔子口述史   杨叔子 口述
Yuren er Fei Zhiqi——Yang Shuzi Koushu Shi   肖海涛 整理

策划编辑:周晓方　杨　玲　周清涛
责任编辑:刘　莹
封面设计:原色设计
责任校对:刘　竣
责任监印:周治超

出版发行:华中科技大学出版社(中国·武汉)　　电话:(027)81321913
　　　　　武汉市东湖新技术开发区华工科技园　　邮编:430223
录　　排:华中科技大学惠友文印中心
印　　刷:湖北金港彩印有限公司
开　　本:710mm×1000mm　1/16
印　　张:25.75　插页:8
字　　数:346千字
版　　次:2024年5月第1版第3次印刷
定　　价:198.00元

本书若有印装质量问题,请向出版社营销中心调换
全国免费服务热线:400-6679-118　竭诚为您服务
版权所有　侵权必究

◆ 1953年，大学二年级于学生宿舍

◆ 1978年，与夫人徐辉碧同受学校表彰

◆ 1988年,指导研究生

◆ 1991年,进行钢丝绳检测科研试验

◆ 1992年,在获学部委员庆祝会上发言

◆ 1992年，在北京院士大会期间
（从左至右：杨叔子、钱令希、胡海昌、闻邦椿）

◆ 1993年，担任华中理工大学校长（任期至1997年）

◆ 1994年，向诺贝尔奖得主杨振宁先生颁发聘书

◆ 1995年,在学校人文讲座现场

◆ 1995年,在学校"211工程"预审会上做工作报告

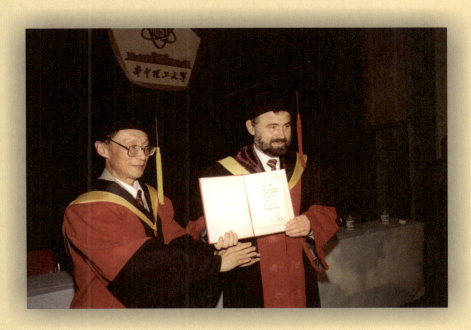

◆ 1996年,向诺贝尔奖得主内尔博士颁发聘书

◆ 1997年，获全国五一劳动奖章　　◆ 1997年，作为党的全国十五大代表在投票现场

◆ 1998年，为学校世界文化名人园揭幕

◆ 2002年，在北京大学"国家大学生文化素质教育基地"中期评估期间，与北京大学有关领导合影

◆ 2003年，在中华诗词学会全国校园诗教经验交流会上
（从左至右：林从龙、刘征、梁东、杨叔子、孙轶青）

◆ 2006年，李岚清同志来我校做报告

◆ 2010年，在华中科技大学学术委员会上，与李培根、张勇传等同志在一起

◆ 2010年，在深圳大学颁奖并做报告

◆ 2011年，参加庆祝中国共产党成立90周年华中科技大学诗歌吟唱大会

◆ 2012年,校庆60周年华中科技大学部分老领导合影
（从左至右：朱玉泉、姚宗干、钟伟芳、杨叔子、李德焕、霍慧娴、曾得光、梅世炎）

◆ 2020年10月,在校教育科学研究院40周年会上
（从左至右:余东升、周远清、杨叔子、刘凤泰）

总 序
PREFACE

一

"记忆的需要就是历史的需要。"①

历史是有目的的人的活动。这是自有人类记忆以来传统总是被口耳相传和文字记述的原因,也是今天学者们通过不同的历史课题探究过去的原始驱动。记述往往与客观现实有所偏差,使得部分历史学家不满足于从正统的史书和典籍中发现过去,热衷于从笔记、小说等私人叙述空间中寻找历史。在当代,越来越多的历史学者不再只是枯守故纸堆,而倾注时间走向更为广阔的生活空间,留心于观察、倾听、访谈,用声音和影像来保存历史,是为口述历史的实践。

20世纪80年代以来,中国处于一个前所未有的改革大时代,教育改革是社会变革的重要组成部分,并在一定程度上影响和推动了中国的社会变革。在这个过程中,涌现出一批思想解放、视野开阔、勇于改革、善于创新的高校校长,成为勇立时代潮头的弄潮儿。他们大都是中国高等教育改革的亲历者、参与者、组织者、实施者、推动者、见证者,他们或重教学改革或重科学研究,或重社会服务或重文化引领,或重国家需要或重大学自主,或重人文社科或重自然科学,或重行政改革或重教师作用,或重本科教学或重研究生发展,或重顶层设计或重基层创新,或重本土联盟或重国际合作,

---

① 〔法〕皮埃尔·诺拉主编:《记忆之场:法国国民意识的文化社会史》,黄艳红等译,南京大学出版社2015年版。

以高等教育改革家之风范,从高等教育不同层面入手,披荆斩棘,大刀阔斧,为推动中国高等教育的改革和发展发挥了重要的奠基和垂范开拓作用。本套丛书以当代中国高等教育改革为主题,以当面访谈聆听20世纪80年代以来一批高等教育改革家的高等教育改革的亲身经历和体会,同时将这些一手资料整理成书,传于后人,具有重要性、必要性和紧迫性。

组织编写出版本丛书是一件很有意义的事情。现代口述历史先驱、英国历史学家保尔·汤普森(Paul Thompson)认为,口述历史的基本重要性在于给了孩子们、学生们,或者说年轻人,一个理解过去发生的事情的机会。2017年是恢复高考40周年,社会各界和人士通过不同的方式举行了纪念活动。恢复高考是国家的英明决策,于国于民都影响深远。那么,高考是如何恢复的?恢复之后大学的办学是如何逐步恢复并发展的?其中都离不开大学校长在此间的努力。本套丛书所邀请的校长便是这一重要历史活动的亲历者与主持者,他们能够提供作为历史参与者的视角与声音。2018年是改革开放40周年,教育作为社会系统中的重要组成部分,能反映社会整体变革的内容。1977年,邓小平在科学和教育工作座谈会上提出:"我们国家要赶上世界先进水平,从何着手呢?我想,要从科学和教育着手","不抓科学、教育,四个现代化就没有希望,就成为一句空话"。他明确把科教发展作为发展经济、建设现代化强国的先导,并将其摆在中国发展战略的首位。在教育系统中,高等教育的地位举足轻重,尤其是对于中断高考十年之久的国家来说,急需一批年富力强的青年骨干承担起建设现代化国家的重任。本丛书的出版对回顾过去40年来高等教育改革发展与社会经济变革具有重要意义,既是缅怀过去,也是总结现在,还能展望未来。

编撰出版本丛书为回顾中国特色社会主义高等教育制度发展历程提供口述历史资料很有必要。口述历史的必要性关涉的是历史本质、功能与意义的讨论。历史是什么?谁是历史的叙述者?怎样的档案资料才能呈现最客观的历史?在历史学的研究中,此类问题的解答通常被视为专业的缄默知识体系构建。口述历史研究者认为人民应该享有话语权,通过人民的声音,把历史交还给人民。正如意大利历史学者克罗齐所言,"一切历史都是当代史",口述历史的基本功能在于留存当代历史参与者的口述档案资料。收集口述历史资料的必要性在于:一是能提供档案资料的补充与印证,弥补档案资料中某些重大事件过程与细节的缺失;二是口述历史资料可以发挥历史研究和社会教育功能,那些重要历史事件的决策者、参与者通过口述历史能够提供更为丰富的历史细节,而对于一般公众来说,通过阅读这些口述资料更具有社会教育意义。本丛书是口述历史在当代高等教育研究领域的一次尝试。新中国成立以来,我国一直在探索建立中国特色社会主义教育制度,尤其是高等教育发展经历了起步、发展、挫折、中断、恢复、改革与腾飞的多样化的发展阶段,我国当代对教育改革发展历程的研究是当代教育史研究的重要组成部分。

本丛书编撰出版具有紧迫性。20世纪80年代以来,中国高等教育改革与发展经历了几个不同的发展阶段,不同时期均涌现出杰出的大学领导者。第一批引领高等教育改革的校长们有的已经辞世,大多已进入耄耋之年,本丛书的编撰有抢救性保护之意,是为这批勇立改革潮头的中国高等教育改革领军人物留下智慧以指导未来我国高等教育进一步改革创新。本丛书编撰的初衷之一便是考虑到曾担任华中工学院(现华中科技大学)党委书记兼院长的朱九思先生已年近百岁,为他整理完成口述史实属迫在眉睫。遗憾的是,我们在整理朱九思教育口述史的过程中,先生于2015年6月13日因病医治无效逝世,他指导的博士生、现为重庆工商大学副校长的陈运超教授在博士学位论文基础上,凭借朱九思先生生前谈话、师门集体回忆,以及朱九思先生系列著述,费时数年完成该书的整理工作。因而,当面访谈聆听20世纪80年代以来一批高等教育改革家的高等教育改革的亲身经历和体会,同时将这些一手资料整理成书,传于后人,已经成为一件具有重要意义和急迫的事情。

二

口述历史不同于学术著作,相比学术著作而言口述历史的读者受众更加广泛。我们在编撰本丛书的过程中,结合口述历史的特点考虑本丛书所追求的风格、特点和定位。

力求复原史实、保全史料、深化史学。要做好口述历史研究工作,应明确"历史"的三层含义,即客观的事实(史实)、主观的记载(史料)和主客观结合的研究(史学)。与传统的单纯以文献为依据进行的历史研究不同,口述史研究是史实、史料和史学三层历史的融合。口述者叙述的是史实,但首先是属于口述者自己认定的事实,还需要通过记载的史料去印证,整理者通过比对口述材料与文献材料也能得到最终的口述历史作品。口述历史必须恪守真实、客观、中立的基本原则,必须厘清访谈者与口述者之间的关系。左玉河教授认为历史研究者与历史当事人是口述历史研究的双重主体,但两者在口述访谈中充当的角色及所尽的职责是不同的。作为访谈者的历史研究者,是口述历史访谈的策划者和引导者;作为口述者的历史当事人,是口述历史访谈不可缺少的主角。口述历史访谈的过程,是访谈者与当事人通过口述访谈的方式共同回忆和书写某段历史的过程。本套口述史丛书力求做到以史为据、论从史出、史论结合、述多议精,求信、求实、求真,为后世存信史,为学术做积累,为改革指正路。

力求形式与本质的结合。口述历史作为一种史学实践在近年来颇为兴盛,源于社会大众对历史的关注热情显著增强。大众在获得一定的物质保障之后,会转向对精神、文化的追求以提升自身的素养,人们开始去关注历史的、过去的、传统的东西,而不只是当下的日常生活。口述历史能很好地满足大众对当代社会生活中某些重要事件的了解。这套口述史丛书,"口述"是形式,是特色,"历史"是本质,是根本。既要遵从口述的"形式"和"特色",更要坚持历史的"本质"

和"根本",使之与一般历史著作区别开来,具有口述历史的风格和追求。

力求口述文本鲜活、生动、可读。口述者有自己的语言风格,善述者引人入胜。作为大学领导者,卓越的演讲能力是其胜任领导职位的基本能力之一。然而,口述历史与平常的对话不一样,需要整理者在前期做好一定的准备,把要了解的内容提前告知口述者,口述者需要一定的时间去回忆,甚至是查阅资料去印证。对话的过程要尽可能做到问题有来由、事情有曲折、过程有细节、结果有悬念、语言口语化。问题有来由强调的是口述历史有自己的主题,是带着问题开展的研究工作,而不是日常生活中的漫谈。问题可以是整理者在前期准备的,也可以是口述者根据主题自我提出的。事情有曲折强调重要历史事件的发生发展均是螺旋式前进的,其过程大多循环反复,通过不懈的坚持与努力才能最终取得成功。过程有细节强调的是在事件的重要节点与关口,某些重要决策与行动使事件的发展方向发生根本性转变,在此结果之前所发生的细节过程仅仅是少数参与者才知晓的,而这也正是需要通过口述历史公之于众的。结果有悬念强调的是叙述能引人入胜,而不是故作惊悚,是增加可读性,使人们意识到任何一次成功的改革实践均是特定时期不同主体博弈的最终结果。语言口语化强调的是口述历史不是文本写作,是日常生活中口述者的自我呈现,这种表述更容易被大众所接受。

力求处理好共性与个性的关系。本套口述史丛书以当代中国高等教育改革为主题,每一位大学领导者均以个人主导大学改革为主题开展口述史的整理工作,每一本口述著作既要反映时代和改革的共性问题,也应体现传主的个别应对及其个性特征。共性指不同高校教育改革的普遍性质,个性指每一位大学领导者推进教育改革的特殊性质。教育是社会系统中的组成部分之一,教育改革离不开整体的社会变革系统的支持,也受制于一定时期的社会改革氛围。同一历史时期的不同高校的改革,所面临的时代和改革背景是一样的,具有共性的时代烙印。不同的大学领导者具有不同的改革思路与领导方式,即使在共性的改革背景下也会呈现出不同的改革实践。从纵向来看,不同时期的大学改革实践更是如此,因而,对每一位大学领导者的个性呈现是本丛书的特色所在。

力求处理好重点与非重点的关系。口述历史的叙事风格在追求可读性、鲜活性、生动性的同时,必然以付出较多的篇幅为代价,甚至是事无巨细的情节交代,在此过程中如何在有限的篇幅中呈现重点的内容,而不至于被其他非重点内容所掩盖,是本丛书在编撰时一直强调要处理好的问题。我们认为,重点不在于篇幅的"多",更是思考的"深",只有篇幅的"多"而没有思考的"深",那是"流水账",要避免写成"流水账",力争成为"沉思录"。而要成为"沉思录",需要做到"国际视野、中国特色、问题意识、改革导向"。国际视野是叙述中国高等教育改革的发生被置于国际高等教育发展趋势的观照之下。毋庸置疑,中国高等教育改革发展有自己的道路与模式,然而西方国家建设高等教育的经验应该成为我们建设中国特色社会主义高等教育制度的借鉴。中国特色是指我国高等教育改革是在中国特色社会主义教育制度内进行的,尽管借鉴了西方国家高等教育办学经验,但坚持社会主义办学方向是永不动摇的根本。问题意识是指以问题为中心论述大学改革的主要思考与举措,这些问题能反映大学改革的困境与突破以及决定未来走向,在推进大学改革这一过程中遇到哪些困难以及如何克服这些困难并有哪些经验和启示。改革导向是指这套口述历史丛书不是个人的生活史、活动史,而是以20世纪80年代以来中国大学改革为主线的口述史。在叙述的过程中要把个人生活史与改革史结合起来,个人的日常生活与后来的主持大学改革是有内在关联的。

应处理好经验与教训、正面与负面的关系。任何一项改革都不是一帆风顺的,其过程必然是反复曲折而最终达成的。20世纪80年代的中国高等教育经过拨乱反正后,在思想解放的大潮下获得快速发展,但在 80 年代末也遭受了西方势力侵蚀后的挫折,影响了一些大学改革的步伐,因而,该时期中国高等教育改革既有良好的经验,取得了积极的改革成效,也有深刻的教训。进入 90 年代尤其是 21 世纪之后,中国高等教育迎来理性的快速发展,逐步走向以中国特色的办学道路并入全球高等教育发展的轨道。因而,口述传主在对改革进行总结时应坚持客观理性的态度,认识到个体在整体中的作用是有限的,不宜只写传主如何"过五关斩六将",还要写其"走麦城",敢于自曝其短。这不仅反映历史的真实,体现人格的境界,而且也会给后人更多的启示。

力求处理好学校与个人的关系。一所大学改革的成功离不开校长的改革思路与实践以及协调各方关系的人格魅力,但不能完全归功于校长一人,与学校整体的改革环境也有密不可分的关系。正如曾任华中科技大学校长的中国科学院院士杨叔子所形容的,两者是"山"与"老虎"的关系:没有学校这座"山",就没有校长展示治校智慧与能力的舞台,所以说"山与虎为";而没有校长的治校智慧与能力,学校也难以实现跨越式发展,在这个意义上,可以说"虎壮山威"。两者不可或缺,相辅相成。因而,在口述的过程中,如何以大学领导者为核心,探讨学校在某个时期的整体发展环境,是很有必要的。

力求处理好大学自身办学规律与带有中国现阶段特征的少数非学术、非教育因素之间的关系。教育的发展离不开社会系统的支持,受政治、经济、文化的制约。大学发展同样如此,坚持社会主义办学方向,必须在社会主义制度内设计我国大学的改革方向。大学改革发展史,既有大学自身的办学规律,同时也要考虑到非教育因素、非学术因素的制约与影响。然而这部分的影响因素如何评判,不是短期内能够给予的,历史毕竟需要一定的时间才能看清背后的事实,这就要充分依靠传主和整理者的人生智慧。口述者应该谈出正能量,给人以温暖和力量,谈出未来,谈出希望。

三

本丛书最初的构想可以追溯到2008年初春,彼时刚好是恢复高考30周年,也是我们77级大学生30年前刚刚踏入大学校园的日子。犹记1978年3月初,我从湖北荆门姚河公社新华大队知青点取回行李,在家歇息几天后,便赴华中师范学院京山分院报到注册,正式成为华中师范学院历史系的一名新生,由此走上"知识改变命运"的人生之路。可以说,我个人命运的转折是以国家发展步入正轨为前提的,首先是整个民族发展的春天,其次才会有个人发展的春天。1978年这个特殊的年份,无论是对我个人而言,还是对中国来说,都是一个重要拐点,具有里程碑意义。作为77级大学生,自己又是从事中国教育史研究的学者,组织编撰出版一套反映中国高等教育改革口述史丛书的想法便涌上心头。2008年底,我在与新进入我门下攻读博士学位的刘来兵讨论他的博士学位论文选题时,与他交流了做大学校长口述史选题的想法,想借此机会推动当代中国高等教育改革口述史丛书的撰写工作。他在做了一番准备工作之后,随着个人研究兴趣的转移,改做教育史学理论研究,此事便搁置下来。2014年,我早年指导的硕士生、现在华中科技大学出版社工作的周晓方找到我,与我沟通策划组织出版丛书选题事宜。周晓方所在的华中科技大学作为全国高等教育改革重镇,系高等教育研究人才荟萃之地,在学术研究、人才培养方面已经形成独有的特色和优势,具备较高地位和重要影响。我立即想到将已搁置数年的中国高等教育改革口述史丛书交由该出版社出版是最佳选择,此事已是迫在眉睫,且刘来兵博士现已留在华中师范大学教育学院工作,可以协助我完成组织出版工作。周晓方编审向华中科技大学出版社汇报了本选题,得到出版社的大力支持,将本丛书列为重点出版支持计划,并于2015年获得湖北省学术著作出版基金的资助。

四

在选题确定之后,我们分头联系国内几所高校已经退下领导岗位的校长们,主要有华中科技大学前校长朱九思、杨叔子,华中师范大学前校长章开沅,厦门大学前校长潘懋元,湖南师范大学前校长张楚廷,西安交通大学前校长史维祥,北京大学前常务副校长王义遒等,他们作为本丛书第一辑的口述传主先行出版口述史,另有其他数位前高校校长也已参与到本口述史丛书出版工作中来,他们的口述史作为本丛书的第二辑也将陆续出版。他们对本丛书出版计划给予了充分的肯定与支持,尽管他们年事已高,但仍坚持著书立说,发表对中国教育的真知灼见。他们的智慧与思想无疑对今后中国高等教育发展起到启迪作用,他们的肯定与支持使我们信心倍增,促使我们更加坚定地、全力以赴地完成本套丛书的编撰与出版。

在得到这些具有时代大学改革鲜明特色的校长们的认可与支持之后,我们又分别与校长本人以及校长们的学生进行了单独的沟通交流,并逐一确立了各口述史著作的整理者。我利用在北京参加会议之机,与原国家新闻出版总署(现国家新闻出版广电总局)署长柳斌杰沟通本套高等教育改革口述史丛书的选题情况,邀请其担任丛书顾问,并联系全国各所大学的从事高等教育研究的学者担任本丛书的编委会成员。有关丛书的编写体例,前期我与策划编辑周晓方编审和编委会秘书长刘来兵副教授进行了多次讨论,第一辑出版计划确定后,我们又征求了各位校长及各位口述整理者对编写体例的意见。考虑到本丛书中校长们的身体状况各不相同,无法保证每一位校长都能完全以口述加整理的方式完成书稿著述工作,故根据具体情况具体组织编撰,总体上保持口述历史的风格即可。随后,我们积极申报各级出版基金资助项目,现已获得2015年湖北省学术著作出版基金资助项目,并为争取获得国家出版基金项目资助做积极准备。

2017年2月17日，为推进本丛书的撰写工作，统合在撰写过程中的不同意见，华中科技大学出版社专门组织召开当代中国高等教育改革口述史丛书（第一辑）审稿会。华中科技大学总会计师湛毅青教授、北京大学原常务副校长王义遒教授、华中科技大学教育科学研究院院长张应强教授，以及本丛书主要口述历史整理者来自华中科技大学、西安交通大学、厦门大学、同济大学、华中师范大学、重庆工商大学的专家学者相聚武汉，交流本丛书参与写作的具体情况，共同回顾与展望中国高等教育的改革发展。

与会的专家学者一致认为，策划出版当代中国高等教育改革口述史丛书，还原高等教育改革家在高等教育改革领域的思想理念、真知灼见、践行历程，给时代留下真实的记录，为后来改革提供有益经验，传承后世，具有前车之功。与此同时，在党的十九大即将召开之际，借中国高等教育发展的大好时机，对老一辈高等教育学家的高等教育改革理论与实践进行梳理，对中国高等教育发展进行回顾与展望，这对实现"推动一批高水平大学和学科进入世界一流行列或前列，提升我国高等教育综合实力和国际竞争力，培养一流人才，产出一流成果"的宏伟目标具有重大意义和推动借鉴价值。2017年10月，党的十九大报告中指出要优先发展教育事业，加快高等教育内涵式发展，推动一流高校与一流学科建设，加快我国迈入教育强国行列的步伐。这充分说明本丛书的选题与编撰出版非常契合当前国家大力发展高等教育事业的需要。2018年，时值改革开放40周年，我们推出本丛书，希望能为总结改革开放40年来中国特色社会主义高等教育建设提供历史的借鉴。

本丛书在编撰过程中得到了国内多所高校以及大学领导者的大力支持，尤其是各位愿意参与本丛书计划的老校长们，在此一并致谢。参与口述史整理工作的诸位学者与我们结成了当代中国高等教育改革口述史丛书编撰团队，他们敬业的精神、严谨的态度、深厚的学术底蕴为本丛书的出版提供了保证。华中师范大学教育学院刘来兵担任本丛书编委会秘书长，协助处理日常具体事务与联络工作，华中科技大学出版社策划编辑周晓方等老师为本丛书的出版给予了极大的支持和帮助，在此谨表示衷心感谢。

今年是中国改革开放40周年，仅以此套丛书的出版隆重纪念改革开放40周年，向40年来为中国高等教育改革发展创新做出过巨大贡献的先驱者、探索者致以崇高的敬礼！

2018年元月
于武汉东湖之滨远望斋

前 言
FOREWORD

现在联系着历史,历史照鉴着未来。

回首人生,这一路走来,年年的往事在沉积,层层的沉积萌感悟,深深的感悟存揭谛,殷殷的揭谛而豁然。

2015年初开始,在生病康复之后,我每天坚持写一千多字,回忆沉淀在岁月中的往事,汇成《往事钩沉》书稿,我的学友、挚友和战友李德焕同志在序中说:"回忆录记载的大量往事,既是叔子的成长史,也是新中国培养的知识分子的共同成长史。"知我者,德焕也,我非常认同这一点。

《往事钩沉》一书出版后,有些同志跟我讲,这个回忆录写得很好,真情实感,但他们也会说,这本书还有些遗憾,比如,作为大学校长,在教育方面谈得不多,还要再深入细致一些才好。

在此期间,正好出版社的同志邀请我同其他几位我所尊敬的校长一起,出版一套口述史丛书,我欣然同意。立足现实,深思过去,准备未来,这也是口述史的意义。虽然我平时接受了一些采访,结合工作写了一些文章,也结集出版了一些书籍,但并没有比较系统的总结,这本口述史就试图做些这个方面的努力。

"人生自是有情痴。"回顾我的一生,我最难忘记的地方有三个,或者说,我的故乡有三个:一个是江西湖口,是我的出生地和度过童年的地方;一个是江西南昌,是我人生发生转折的地方;一个是湖北武汉,是我人生待得最长的地方。在武汉又主要是待在原华中工学院和华中理工大学、现华中科技大学。在我心中,故乡和家一样,是一个人人生启航、导航、护航、续航的地方,是一个人永远感念的地方,是一个人精神动力的源泉。

我很幸运,能在工作上做出一些成绩,能在中国流改革开放走向深入、中国高等教育改革走向深入的20世纪90年代初成为原华中理工大学、现华中科技大学这所重点大学的校长,而后又成为全国高校文化素质教育指导委员会主任,尽了一份我能够尽而又应该尽的责任。如果说我能够取得一些成绩,那也是离不开这个时代,也绝不是我一个人的功劳。

我讲过:办学,一靠国家,二靠朋友,三靠自己。其实,无论是对于一所学校来说,还是对于一位校长来说,或者是对于一个人来说,都是如此。没有党和组织的信任,没有领导班子的团结合作和广大师生的支持,没有各方面朋友的支持和帮助,纵使我有"天"大的本事,也做不成什么事。与其讲,我为学校做了什么;毋宁讲,学校培养了我,我身上凝聚了学校的部分历史与精神。

这本口述史就主要谈谈我的一些经历、当校长的一些做法以及我对教育和人生的一些理解等。这也许有些像《往事钩沉》的补注,或者像《往事钩沉》的姊妹篇,当然难免有重叠的地方,因为人的经历是相同的。大体上,本书遵循以下"6 shi"原则:

以"实"(诚实、真实、平实)为态度;

以"时"(时间、经历、历程)为顺序;

以"事"(事件、事由、场景)为线索;

以"识"(见识、思考、观点)为主题;

以"诗"(我当时的一些诗作)为佐证;

以"示"(启示、经验、借鉴)为目标。

合起来,即是为了实事求是,温故知新,继往开来,为后来者借鉴。

目录

第一章 基于诚·根于勤·贵于恒 / 1

一、绝不当亡国奴 / 1

二、传承家风庭训 / 9

三、10岁进小学 / 13

四、教忠教孝教修身 / 18

五、读好书，做好人 / 21

六、年轻人，火热的心 / 26

七、上大学真幸福 / 34

八、提前毕业留校 / 44

九、一定要当个好老师 / 49

十、鹣鹣比翼，互尊互信 / 56

十一、最年轻的教授 / 66

十二、开发国内第一台微机信号处理系统 / 71

十三、突破断丝定量检测的国际难题 / 76

十四、时间序列分析及其工程应用 / 80

十五、振动工程及攻下"洋宝贝"难关 / 84

十六、首倡智能制造 / 88

十七、当选中国科学院院士 / 94

第二章 出思想·优生态·办氛围 / 100

一、重任落双肩 / 100

二、继承传统，丰富发展（上）/ 105

三、继承传统，丰富发展（下）/ 111

四、总结学校发展"三个转变" / 115
五、促进学校"第四个转变" / 121
六、关心和尊重教师（上）/ 126
七、关心和尊重教师（下）/ 131
八、学科建设是龙头（上）/ 137
九、学科建设是龙头（下）/ 145
十、教学是立校之基 / 154
十一、科研是强校之路 / 163
十二、服务增加大学活力 / 169
十三、管理就是服务 / 176
十四、办出大学氛围 / 183
十五、办出大学特色 / 191

第三章　以文化人，以人化文 / 197

一、做人·做事·素质（上）/ 197
二、做人·做事·素质（下）/ 201
三、"五重五轻"现象反思 / 205
四、人文讲座的精神魅力 / 210
五、中国语文水平达标测试 / 217
六、文化素质教育课程体系及基地建设 / 221
七、《中国大学人文启思录》/ 225
八、博士生培养及要求背诵《老子》和《论语》/ 228
九、文明以止，化成天下（上）/ 233
十、文明以止，化成天下（下）/ 237

第四章　以人为本，以育为法 / 243

一、育人为本 / 243
二、教育定位于文化 / 248

三、教育是文化教育 / 252

四、教育是素质教育 / 256

五、爱国创新与共 / 264

六、学习·思考·实践 / 270

七、深知识·浅知识·实践 / 276

八、诚信是成人的基础 / 279

九、尊师重道,尊师爱生 / 285

第五章　人文科学,和而不同 / 290

一、假命题·真问题·大课题 / 290

二、"五精五荒" / 293

三、科学求真 / 298

四、人文求善 / 301

五、和而不同(上) / 306

六、和而不同(下) / 310

七、绿色教育(上) / 315

八、绿色教育(下) / 320

第六章　经典需诵读,诗教应先行 / 324

一、民族文化是民族的"基因" / 324

二、"背靠五千年",坚持"三个面向" / 329

三、经典需诵读 / 333

四、诗教应先行(上) / 342

五、诗教应先行(中) / 346

六、诗教应先行(下) / 350

七、国魂凝处是诗魂 / 354

八、诗教最美最人文 / 359

后记 / 366

　　一、春风化雨 / 366
　　二、山高水长 / 372
　　三、育人为本 / 381
　　四、爱国科学家、教育家 / 386
　　五、致谢 / 390

第一章

基于诚·根于勤·贵于恒

一、绝不当亡国奴

我于1933年9月1日出生在江西省湖口县①，因在家里男孩中排行老三，所以叫叔子。

江西，因唐代唐玄宗时期设"江南西道"而得名，又因为省内最大河流为赣江而简称"赣"。唐代以来，特别是宋明以来，江西文化作为中华文化的一个子支而文气馥郁、文化辉煌，涌现了不少有名的"文章节义"之士，如欧阳修、王安石、晏殊、黄庭坚、朱熹、陆九渊、文天祥等，都是江西人。宋代以来，位于庐山的著名的白鹿洞书院成为中国"四大书院"之一，还有华林书院、鹅湖书院、白鹭洲书院等，江西人才辈出，书院功不可没。这些都是江西的文化底蕴，是江西的文脉。

湖口，是中国第一大江长江与第一大淡水湖鄱阳湖的交汇口，交

---

① 旧时按农历算是七月十二日，1953年第一次全国人口普查时，我填报的就是七月十二日，身份证上也是这个日期。后来填报正式表格，要求填写公历日期，经过换算，是9月5日，就按9月5日来填写。再后来，发现原来换算的日期不准确，正确的应该是9月1日，但是我已习惯将9月5日当成生日，表格也都是按照9月5日来填写的。虽无关宏旨，却也反映了时代和社会心理习惯的变化。

汇处有著名的石钟山,是著名的风景胜地,也是历代兵家必争的军事要塞。三国时期,周瑜曾在这里训练水师,后来成功地取得赤壁大战的胜利,促成了三国鼎立的局面。北宋大文豪苏轼曾夜泊山下,写下了著名的《石钟山记》,开头第一句就是:"《水经》云:'彭蠡之口有石钟山焉',郦元以为下临深潭,微风鼓浪,水石相搏,声如洪钟。"

彭蠡之口就是湖口,石钟山就在湖口旁边,石钟山有上石钟山和下石钟山之分,我的家就在石钟山下,父亲曾有一句诗"家在双钟上下间"。我们家在上石钟山和下石钟山都住过。

我的祖上,在明朝时从江西武宁迁至江西湖口,担任教谕。教谕是学官,"掌管一县的文庙祭祀,教育所属生员",大约相当于现在的县教育局局长,或者职位再高一些,负责管理的事情比现在的县教育局局长更多。到了我父亲这一代,历经十五代,代代秀才不断,人称"一线穿珠,秀才杨家"。我们家族有一个家风庭训,就是"清廉爱国,师表崇德",教育族中子弟代代传承。

我的父亲叫杨赓笙(1869—1955),号咽冰,同盟会会员,民主革命人士,国民党元老之一。父亲从小聪慧过人,有"神童"之称,12岁就读完了"十三经",18岁(1887年)中秀才,在乡里引起轰动,受到重视和推举,"旋补廪生而拔贡,入白鹿洞书院就读,入京师国子监深造"。

当时,通过科举考试,成绩名列一等的秀才,称为"廪生",廪生可以享受官府"廪米"的津贴。"拔贡",是科举制度中由地方贡入国子监的生员,由各省学政从生员中考选,保送入京。如果再经过朝廷考试合格,就可以担任朝廷官员或地方官员。"拔贡"后,父亲就进入了位于庐山的白鹿洞书院就读,再之后去北京,进入京师国子监深造。如果一切顺利,这是很好的求取功名之途,也是旧时很多读书人所向往的。

但是在国子监,父亲目睹了清政府的腐败无能和内忧外患,毅然决定放弃所谓的"功名利禄"和"大好前程"。他借回省城参加乡试的机会,瞒着他父亲也就是我爷爷,与同窗好友一起,报考了刚设立不久的江西大学堂。在江西大学堂时,父亲于忧国忧民之中,希望寻找中国的变革之路,遂加入了同盟会,与李烈钧、徐秀钧、李宁诚以及弟弟杨秉笙等一起成为江西早期的同盟会会员(当时同盟会江西支部的名誉会长是李烈钧;徐秀钧是中国近代民主革命家,"二次革命"时牺牲)。

父亲杨赓笙(1869—1955),我国民主革命先驱

随后,父亲与孙中山先生经常通书信,与同是江西武宁人的李烈钧将军交谊深厚。1912年元旦,辛亥革命成功,孙中山先生成为临时大总统。1912年4月,孙中山先生被迫辞掉大总统一职,袁世凯继任。袁世凯继任之后,倒行逆施。1913年7月12日,江西省都督李烈钧将军和我父亲(时为江西讨袁军秘书长),人称江西"一武一文"二将,在湖口打响了中国近代史上讨伐袁世凯倒行逆施的第一炮,称为"湖口首义",拉开了"二次革命"的序幕(辛亥革命称为"一次革命")。

在讨伐袁世凯的斗争中,袁世凯曾派王芝祥带着巨金前来贿赂、游说拉拢父亲,被父亲断然拒绝。父亲的答复是:"头可断,血可流,吾人附袁,殆不可得。"后来,王芝祥也顺应历史潮流,参与了北伐。当时,由于资金匮乏,父亲遂变卖家中细软、田产、房屋等,用作讨袁的军饷。大女婿张仲西也捐赠银洋2000元、粮食2000担。父亲还撰写了《江西讨袁总司令檄文》,文章洋洋洒洒,很有感召力,《江西讨袁总司令檄文》中有如下章节:

民国肇造以来,凡吾国民,莫不欲达真正共和目的。袁世凯乘时窃柄,帝制自为。灭绝人道,而暗杀元勋;弁髦约法,而擅借巨款。金钱有灵,即舆论公道可收买;禄位无限,任腹心爪牙之把持。近腹盛暑兴师,蹂躏赣省,以兵威劫天下,视吾民若寇仇,实属有负国民之委托。我国民宜亟起自卫,与天下共击之!

"二次革命"失败后,父亲流亡日本。在日本期间,父亲侍奉孙中山先生左右,深得孙中山先生信任。当时孙中山先生认为,"二次革命"失败的主要原因是国民党内部思想混乱,组织严重不纯,"非袁氏兵力之强,乃同党人心涣散",决心整顿党务,重组新党,拯救革命。父亲作为孙中山先生的秘书,参与商议改组中华革命党。1914年7月8日,中华革命党(中国国民党前身)在日本东京成立。

1914年7月8日,中华革命党在日本成立时合影

(前排右起:田桐、廖仲恺、居正、胡汉民、孙中山、陈其美、许崇智、郑鹤年;二排:左一为萱野长知,左二为杨赓笙,左三为李守诚)

1914年,受孙中山先生派遣,父亲前往马来西亚、印度尼西亚等南洋群岛国家从事革命活动。在南洋群岛,父亲组建了中华革命党南洋支部,创办《光华日报》《苏门答腊报》等报刊,向华侨宣传革命思想,揭露袁世凯罪行。父亲在报纸上公开称袁世凯为"袁贼"。当时,袁世凯势力正登峰造极,不可一世,南洋当局不敢得罪袁世凯,前来干涉,理由是不应该称袁世凯为"袁贼",父亲说:"袁签订'二十一条',出卖国家利益,不就是卖国贼吗?"对方无言以对,只好默认了父亲的做法。同时,父亲还以柳茹雪作为笔名,在他所办的报纸上连载长篇小说《双心史》,以揭露袁世凯罪行。

父亲所做的这一切,一方面是为了大力宣传革命主张,另一方面也是为了筹募革命经费。不到两年时间,父亲就筹募到巨额革命经费。

1916年1月,父亲将所募集的巨款,亲自护送到云南,交给蔡锷将军和李烈钧将军。蔡锷将军等革命党人在著名的五华山光复楼举办了欢迎宴会。五华山是昆明市区最高峰,光复楼是1915年12月25日唐继尧、蔡锷、李烈钧等歃血为盟、通电全国、护国讨袁、发动护国运动的地方。在欢迎会上,蔡锷将军说:

> 上次湖口首义讨袁,咽冰先生在台前;这次护国讨袁,咽冰先生在幕后。咽冰先生功劳都是很大。

正是兴起于云南的"护国运动"的势不可挡,迫使袁世凯退位,忧惧而死,促进了民主主义革命继续发展。

1923年,孙中山先生在广东重建元帅府,父亲到达广东,担任总统府咨议、元帅府参议等职,成为孙中山先生的得力助手。孙中山亲笔题赠父亲曰:

> 疾风知劲草,板荡识忠臣。

1926年,北伐战争爆发,国民政府成立国民革命军,从广东起兵,率军北伐。当时父亲化装成商人,从广州出发到达江西,成功说服曾参加湖口起义的旧交、当时依附于北洋政府的江西陆军将领赖世璜率领部队归顺国民革命军。赖世璜深受感动,与父亲结盟为兄弟,参加北伐军,成为北伐名将。

1927年,北伐军收复江西后,李烈钧受命担任江西省主席,父亲被任命为江西民政厅厅长。随后省政府改组,朱培德任江西省主席,不久,朱培德任北伐军总指挥,率师北上,父亲代理江西省主席,从1927年到1929年,前后3年。

父亲当时有一定的权力,有权委派江西83个县的县长,但是他清廉自守,不搞徇私舞弊。例如,当时有个姓王的人,家里很富有,一心想当县长。一次,他趁父亲不在家,送来4筐当时还不可多得的南丰蜜橘,表面是橘子,里面却藏有很多金条。父亲回家知道后,命人全部退回,还附了八个字:"君为王密,我守四知。"

这八个字引用了一个历史典故。这个典故讲的是,汉朝杨震任太守时,他属下有个叫王密的人,深夜给他送来大量金银财宝,杨震坚决不收,王密说:"收下吧,现在是深更半夜,没人知道。"杨震回答说:"天知,地知,你知,我知,怎么能说没人知道呢?"杨震后来被誉为"四知太守"。

父亲用"我守四知"表达了他清廉自守的节操。李烈钧将军极力称赞父亲的"四知精神"。为了感谢父亲毁家纾难、大力支持"二次革命",李烈钧将军给父亲在石钟山下盖了一栋三层的小洋楼,题为"攸芋堂"(取《诗经》"君子攸芋"句,即安居之意),小洋楼还配有家塾和其他辅助建筑,李烈钧将军亲自书写了一块堂匾和一副门前对联:"山中有宅开三径,天下何人守四知。"就是用了"我守四知"这个典故。家塾建筑用于供孩子们读书,后来就取名为"四知堂"。李烈钧将军还赠给父亲一副对联:"杨柳不随春色老,劲松唯有岁寒知。"

1931年,九一八事变爆发,蒋介石主张"攘外必先安内",消极抗日。父亲则主张积极抗日,当然也便因与蒋介石政见不合而失去蒋的重用,被调至南京任闲职。汪精卫则趁机拉拢父亲,写信邀约父亲一起反对蒋介石,投靠日本人,信中还说道:"我公党国元勋,德高望重,登高一呼,从者必众。"父亲清醒地认识到,汪精卫的一些所作所为已经失掉了民族大义,沦为汉奸,遂坚决不与汪精卫为伍,断然与他翻脸,并言辞犀利,写诗骂他。

其中有这样的句子,如"已违遗教排共党,又见反叛媚东邻","东窗一夜修降表,尔罪真难罄竹书"。更有一诗直点名姓,表达了与汉奸汪精卫、陈璧君决裂的民族大义:

尤物天生必祸人,倾城哲妇古今闻。

汉奸鬻国汪精卫,臣妾签名陈璧君。

事主比肩还比翼,怜卿为雨复为云。

不知曾醒①何时醒,一读华侨讨贼文。

当时汪精卫还是国民党副总裁,权势显赫,在他出走的初期,蒋介石犹豫着迟迟没有发通缉令。父亲虽与蒋介石政见不合,但在民族大义面前,毅然与汪精卫决裂。而且将汪精卫的书信寄给蒋介石,并指出汪精卫已成为汉奸,要求在全国通缉汪精卫。同时,父亲还首次公开披露孙中山先生早知汪精卫不可信的遗言。汪精卫成立伪政府后,父亲多达8次写诗声讨汪精卫,其中就有:

特种降幡竖国都,秣陵宫阙聚妖狐。

日支调整新关系,南北勾通众叛徒。

大宝喜登蟒阁揆,天皇遥拜效山呼。

任他铁铸夫妻像,志士由来不爱躯。

父亲一直坚决主张抗日。1933年,冯玉祥将军在察哈尔(今河北张家口)组织抗日同盟军,父亲便入赞冯幕,积极支持冯将军抗日。冯玉祥作诗称赞父亲:

吾爱杨夫子,英名天下闻。

文章惊海内,讨檄树先声。

铁骨人皆仰,高风世所钦。

今日余何幸,立雪在程门。

1938年,日寇侵占湖口后,父亲不得不带着全家逃难。我们是大家族,逃难中,父亲将四世同堂的全家20多人召集在一起,郑重严肃地声明家训,讲明大义,特别强调:

我们是中国人,是炎黄子孙,我们绝不做亡国奴,不做日

---

① 根据《只凭天地鉴孤忠——杨赓笙诗作及生平大事集》第166页诗作者杨赓笙自注:"曾醒乃曾仲鸣之姊。"(整理者注:曾醒,中国同盟会早期女性会员,抗日战争时期随汪精卫叛国投敌。其弟曾仲鸣当过汪精卫秘书,随汪精卫叛国投敌。1939年3月21日凌晨,在河内汪精卫寓所中,被前来刺杀汪精卫的军统一特务误刺身亡。)

本顺民。日本鬼子如果追上我们,我们全家自杀,投河自尽!

大家一定要记住,千万不能落在日本鬼子的手里!

父亲深切希望全家都是地地道道的爱国者,"杀身成仁,舍生取义","宁为玉碎,不为瓦全",志不可辱。

逃难中,翻山越岭,颠沛流离,朝不保夕,我们小孩子都先后生过病,身上长了虱子,奇痒难忍。我还亲眼所见,我们住处附近的、两天前我还到他们家去玩的一对欢乐的新婚夫妻被炸得血肉模糊,身首异处,惨不忍睹。这鲜血淋漓的悲惨一幕,一直到现在,想起来就很难受。

最后,我们家辗转流离,逃难到江西与福建交界的武夷山区的黎川,日子算是稍稍安定下来了。黎川再向东,翻过山就是福建省了。

面对国土沦陷,大批青年流离失学的情状,父亲集资接办国立江西中学,出任校长,还请了冯玉祥将军为董事长,李烈钧将军等为校董,救济很多从沦陷区逃难出来的青年学生。学生中不仅有江西的,还有福建的。抗战胜利后,江西中学又迁回了南昌。在此期间,重庆国史馆邀请父亲去重庆参与编修国史。父亲不愿意为蒋介石树碑立传,辞而不就,坚持当他的中学校长。

1945年,抗战胜利,父亲担任江西省政府顾问。他力举国共合作,反对内战,骂国民党征粮是"谋财",征兵是"害命",并将自己的号"咽冰"改成"厌兵"。

1949年1月,父亲等江西七位元老一起,组织江西和平促进委员会,并担任主任委员,主张走北平和平解放道路。这触怒了蒋介石。蒋介石派人将他押往赣州软禁,并强迫他去台湾,但父亲誓死不从,绝食抗议。后来,经共产党赣州地下组织的营救,父亲得以脱险。

1949年5月,江西解放,父亲被共产党接回南昌。新中国成立后,父亲被聘为江西文史馆馆员。1955年在南昌病逝,时年86岁。

1992年,为纪念湖口起义("二次革命")80周年,中央电视台播放了一部8集电视连续剧《铁血共和》,讲述我父亲和他的好友李烈钧将军"一文一武"在孙中山先生领导下,发动和组织湖口起义的故事。这一部电视连续剧获得了中宣部第一届"五个一工程"奖,我哥哥杨仲子还在其中担任了顾问。

说实话,小时候我并不理解父亲,总感觉他对我要求太严、太狠了点。随着年纪的增长,我越来越感佩父亲的民族大义和殷殷爱国心,也越来越感觉到他对我的影响是无形中深入骨髓的。2013年,在湖口起义100周年纪念会上,作为父亲最小的儿子,作为一名有着57年党龄的共产党员,我在会上做了一个发言,其中有这样两段话:

孙中山先生是伟大的革命先行者,杨赓笙先生一生忠实追随孙中山先生及其开创的革命事业。在20世纪30年代,在国土沦亡、国难极为严重之际,杨赓笙先生在诗中写道,"报国有心见瞿铄,哭陵无面诉孤忠","漫以诗词消怨愤,只凭天地鉴孤忠",表达了对孙中山先生及其事业的忠贞不渝。

可以告慰他老人家,他一生忠实追随孙中山先生及其所开创的事业,憧憬民族繁荣、国家强大、社会进步、家乡富足、人民安宁、一派生机勃勃的美景,在中国共产党的领导下,他的后人与全国人民一起,团结奋斗,开拓创新,不屈不挠,他的憧憬不仅得以实现,而且我们所取得的成就在许多方面超出了他的设想。

二、传承家风庭训

床前明月光,疑是地上霜。
举头望明月,低头思故乡。

李白这首家喻户晓的《静夜思》,是父亲教我启蒙的第一首诗。这纯洁之光,连同父亲教给我的中国传统文化知识、父亲清廉爱国的情操,一直照亮我的人生,让我的内心沐浴清辉。

9岁之前,我跟着父亲读了4年的中国传统文化的经典;后来又读了一年的私塾,读的也是中国传统文化典籍。

幼儿时

1938年,我5岁,我们全家逃难到江西东部的一个叫作石街的小镇,日子稍稍安顿了下来。一天,父亲把我叫到他身边,语重心长地对我说:"孩子,你也不小了,该懂事了!日本鬼子迟早会被我们赶出中国。现在,再苦再难,也不能不读书。我先教你读唐诗吧!"说完,他从随身所带的书籍中,拿出一本清代蘅塘退士编的《唐诗三百首》,开始教我念唐诗。

父亲教我念的第一首诗就是李白的《静夜思》。父亲一句一句地教,我一句一句地跟着念:"床前明月光,疑是地上霜。举头望明月,低头思故乡。"父亲一边讲解,一边倾诉他的心声,他告诉我:"日本鬼子占领了我们的故乡湖口,蹂躏故乡土地,屠杀故乡人民,我们一定要报仇雪恨!"他还说:"孩子,不能忘记!见到月亮,就要想到故乡,就要想到日本鬼子的侵略,要打倒日本鬼子,还我河山!"我当时虽然年纪小,但还是能听懂的。这人生的"第一课",传导着父亲的爱国心,奠基着我的民族魂。

在石街的时候,我们这个大家庭中有一房离开了①。有一天,父亲教到杜甫的《月夜忆舍弟》:

戍鼓断人行,边秋一雁声。

露从今夜白,月是故乡明。

有弟皆分散,无家问死生。

寄书长不达,况乃未休兵。

---

① 他们去了赣州,直到1944年,我们的大家庭要离开黎川的前一年,他们来到了黎川,大家庭才又重新团聚了。

讲着讲着,父亲不禁悲愤交加,国仇家恨一齐涌上心头,他悲愤地说:"今天我们也是一样啊,'有弟皆分散',没有国,哪有家?!"

有一天,父亲教我《诗经·无衣》:"岂曰无衣?与子同袍。王于兴师,修我戈矛。与子同仇!"讲着讲着,父亲又讲道:"孩子,你要记住,报仇雪耻,匹夫有责!"我跟着父亲吟诵着,不禁心潮澎湃,热泪盈眶。

回想起来,父亲在教我学习的时候,始终贯穿着赤热的爱国主义情怀,也在我幼小的心灵中播下了爱国的种子。这种子,浸润着中华魂,民族根,生长着家国情怀,我永远不会忘记。"没有国,哪有家?国衰亡,家破败;国兴旺,家兴旺!"我想,我之所以多次地、反复地一直强调,我们培养的大学生首先要爱国,强调"君子务本"的这个"本"首先是爱国,这与从小受父亲的影响是分不开的。

父亲也教我念他自己写的一些诗。比如,他认为苏东坡与儿子苏迈一起考察石钟山所写的《石钟山记》中的看法不正确。父亲的看法是,山的形状像一口大钟。

人们常说我是个很珍惜时间的人,这也与父亲的教导有关。从小父亲就时常教导我,要好好珍惜时间。比如,父亲教我念有关珍惜时间的篇章时,都会进行阐发,讲到珍惜时间的重要性。例如,《明日歌》:"明日复明日,明日何其多。我生待明日,万事成蹉跎。"《古乐府·长歌行》:"少壮不努力,老大徒伤悲。"岳飞的《满江红》:"莫等闲,白了少年头,空悲切。"颜真卿的《劝学》:"三更灯火五更鸡,正是男儿读书时。黑发不知勤学早,白首方悔读书迟。"等等。虽然我当时对时间的珍贵还不是很理解,但父亲的教诲是非常有用的。小时候,我虽然也会贪玩,但还是知道努力学习的。后来我一直都比较勤奋,相信"人生在勤,贵在坚持",并将其作为我的人生信条。

在父亲的亲授下,4年多下来,我先后读了《唐诗三百首》《幼学琼林》《千字文》《诗经》《论语》《大学》《中庸》《古文观止》《昔时贤文》等,也大都基本上会背了。如果不背,那是要挨打的。刚开始时,我也挨过不少打。随着不断背诵,背书也成为一种习惯,人的记忆力也越来越好。

小时候背的东西,长大后再重新读,感觉非常亲切,理解也更加深刻。一直到现在,很多篇章我还会背。例如,我当校长后,又重新读了《论语》。重读《论语》时,小时候读《论语》的情形历历在目,更深切地理解《论语》所讲的不少观念,比如,"吾日三省吾身"、"己欲立而立人,己欲达而达人"、"己所不欲,勿施于人"、"学而时习之"以及"温故知新"、"因材施教"、"有教无类"、"君子不器"、"和而不同"等,生活中在思考问题或感情沸起时,这些内容自然而然地会发生反应,对现实生活起指导作用。

至于《中庸》讲的"天命之谓性,率性之谓道,修道之谓教",《大学》讲的"大学之道,在明明德,在亲民,在止于至善"等,我后来当校长后重新再读再背时,与小时候所读联系起来,感触更深了。

9岁那年,我已跟随父亲学了4年。一天,有人劝他:"你太累了,还这么教孩子,大人小孩子都吃亏,还是送孩子去上学吧。"父亲听了,觉得有道理,就托人把我送到我家附近的一个私塾。于是,我就进了私塾。

私塾老师叫涂寿山,我跟着涂寿山老师继续学习中国经典。教室就是老师住房的一进的大厅,一个学生一张桌子,大厅基本上都坐满了,每个学生程度不同,各人读的书也都不一样,例如,《幼学琼林》、《千字文》、《昔时贤文》等,各人念各人的,大家都是摇头晃脑地大声念。在这琅琅书声之中,即使有些同学不会念,听别人念,也念熟了。念熟了,就到老师那里去背,背出来了,老师就继续往下教;背不出来,就接着念,直到背下来。

大概是父亲已经跟涂寿山老师事先商量好了我该学什么,涂寿山老师教我的首先就是《孟子》。因为当时"四书"中我只有《孟子》还没有念,其他的我都已经会念会背了。我还清楚记得,我跟着涂寿山老师学的第一课是《孟子·梁惠王上》。《梁惠王上》的开篇,我到现在还可以流利地背出来:"孟子见梁惠王。王曰:'叟!不远千里而来,亦将有以利吾国乎?'孟子对曰:'王何必曰利?亦有仁义而已矣。'"

我喜欢《孟子》讲的"富贵不能淫,贫贱不能移,威武不能屈",也喜欢《孟子》讲的"天将降大任于是人也,必先苦其心志,劳其筋骨,饿其体肤,空乏其身,行拂乱其所为,所以动心忍性,增益其所不能"。每每读到这里,总想找点苦吃,以为这样就能成功。

跟着涂寿山老师读完了《孟子》,也就是背完了《孟子》之后,接下来就开始念《书经》。《书经》真的是不好懂!

跟着涂寿山老师念了一年的书之后,有一天,涂寿山老师跟我说:"你去上小学吧!"这时,涂寿山老师已经在新式小学堂里兼了课,他看到了时代的变化,觉得不学现代文化不行。我将老师的意见告诉了家里,家里都非常赞成,特别是母亲和姐姐。

母亲是最慈爱的母亲,每每看到我进步,她比什么都高兴。姐姐比我大6岁,很懂事,是母亲的好帮手,一直非常疼爱和照顾我,也帮母亲照顾比我小3岁多的妹妹,她说:"送弟弟去上小学吧,他连时钟都还不认识,老是弄不清几点几分。"

三、10岁进小学

1943年秋天,我10岁了,正式进入小学读书。一入学,就直接读高小一年级。当时的学制,小学一共六年,分为初小四年,高小两年。高小一年级,相当于现在的小学五年级,所以我一入学,相当于是直接读小学五年级。

当时我家住在黎川望益街江家大屋。黎川是一座有上千年历史的古城,它依傍着黎滩河(亦称黎川),历史上是江西与福建的交通枢纽,货物集散之地,街上有不少明清时期建的房屋和古老的巷子。河上还有两座木质结构的拱桥——横港桥和新丰桥（新丰桥后来在80年代毁于火灾，现重建为水泥砖石结构，但多保留了古朴的特色）。我们家所住的江家大屋是一进几重的老宅子，在新丰桥附近。父亲在黎川时有两句诗我印象特别深："望益街前营燕幕，新丰桥畔印鸿泥。"当时日本人好几次想进攻黎川，从南城攻至硝石，又折返回去了，但寄住在黎川就好比燕子在幕上筑巢。最危险的时候曾经避到黎川乡下，先到横村，再到樟村，樟村就在武夷山下，有豺虎出没。好在时间不长，我们又回到了江家大屋。

我上的小学离我家不远（江家大屋还在，这所小学也还在，称为黎川县日峰镇第一区中心小学，2008年我还回到黎川去看江家大屋，给小学的同学们做了报告。一回到江家大屋，我就寻找儿时的感觉。我联系上了我小时候的同学以及教我书的老师。黎川古城现在也发展了旅游业，不少人喜欢到那里去寻访古建筑）。初入小学，一切都感觉新鲜，整天高高兴兴，劲头十足。但是我视力不好（当时并不知道这是近视），于是就坐在第一排靠中间的位置。

2008年12月，回黎川江家大屋旧居

我记得语文学的第一课是《咱们都是中国人》，开篇是："你是中国人，他是中国人，我是中国人，咱们大家都是中国人。"这对我来说太容易了，不过这个"咱"字，我是第一次碰到，才知道这是北方话，相当于"我"。当时教我们的语文老师是余世禄先生，2008年12月，我回黎川江家大屋还看到了余老师，他的身体还很健康。

小学的生活很充实，记忆很深的是，在小学，抗日歌声、救亡情绪充满了校园。我们唱了很多抗日救亡的歌，如"大刀向鬼子们的头上砍去"等。

在小学，语文、历史等对我来说很容易，呱呱叫；地理、生物努努力，也是叫呱呱。我最大的困难是数学，当然最大的进步也是数学。

进入小学之前，我没接触过数学，当时叫算术，刚入学时，虽然进入相当于现在五年级的高小一年级，但数学得从头补起，也就是从初小一级的内容补起。加法、减法、乘法，也还能懂，最难的是除法。所以，我整天头脑里想的就是数学问题，特别是除法问题。我会想：29÷7，为什么上 4？我怎么想，都觉得不好理解。每次考试只有几分、十几分。怎么办呢？当然，也许有"办法"，只要偏个头、斜下眼做点弊就至少可及格了。但我不会这么想，更不会这么做。《论语》告诉我："非礼勿视，非礼勿听，非礼勿言，非礼勿动。"凡是不合道理的东西，就不要去看，不要去打听，不要去乱说，不要去乱动。作弊者，大大的非礼也；非礼者，小人也。我告诉自己，不能做"小人"，而要做"君子"。

《论语》还告诉我："知之为知之，不知为不知，是知也。"《中庸》也讲："人一能之，己百之；人十能之，己千之。果能此道也，虽愚必明，虽柔必强。"别人干一遍会，自己干一百遍；别人干十遍会，自己干一千遍。如果真的照此去做，笨蛋也会变得聪明，柔弱的也可以变得坚强。我相信这两条，也相信我自己一定能够学懂。

像很多那个年龄的小孩子一样，我当时也非常调皮，正如俗话讲的，"八岁九岁狗都嫌"。我们经常玩一种"骑竹马"的游戏，就是跨着一条竹竿，一边唱着儿歌一边奔跑，说成是骑马比赛。我们经常唱的是："我的马儿乖，我的马儿好，我的马儿不吃草，我的马儿快快跑。"

我们"骑竹马"时也模仿"京戏"中《萧何月下追韩信》的唱词。当时常有些戏班子来演"京戏"，锣鼓一响，热闹非凡，我们小孩子们爱看热闹，看而不厌，看了就学着演。两个孩子"骑竹马"，一个跑，一个追。扮演萧何的孩子唱道:"此番韩信追得到,同心协力辅汉朝,韩信若是追不到,万里江山一旦抛。"驾!驾!驾!一下,韩信不见了,萧何迷路了,挠着头,很着急,又唱道:"催马加鞭迷了道,我不免上前问问樵……"虽然唱得不成腔调,但这个游戏我们玩得不亦乐乎。当然,大人也会讲:"玩可以玩,但不要玩得太多。古人讲'记得少年骑竹马,看看又是白头翁。'时光易过,不努力,长大会后悔的。"我们听了,偷偷地笑:"什么白头翁?我们还不到10岁呢!"当然,这种教诲还是有一定效果的。

  我们男孩子还喜欢"斗蟋蟀",我们当时叫"斗蛐蛐",我经常和小朋友一起玩"斗蛐蛐"。我读过《聊斋志异》,还跟小朋友讲里面的"鬼故事"。我告诉小伙伴,棺材里的蟋蟀最厉害。《聊斋志异》的《促织》篇,确实讲了一则蛐蛐的故事,其中蛐蛐是在野外陵岗上。说墓地里的蛐蛐最厉害,是我想象的。一天,我同一帮小伙伴跑到墓地里去找蟋蟀,我当时心里很害怕,老想着"鬼来了!鬼来了!"可同时,我脑子里也还在想:$29 \div 7$ 为什么上4?也就是即使在调皮玩耍之中,我心中一直牢记一个前提,就是要好好读书。

  就这样,整天满脑子想的都是数学,哪怕是在玩"斗蛐蛐"之中。大概过了两三个月之后,我突然想通了。一天,我半夜从梦中惊醒,连声叫道:"我懂了!我懂了!"一起睡觉的哥哥也被惊醒了,连忙问:"你懂了什么?"我讲:"我懂了除法!"哥哥问:"你懂了除法什么?"我就讲:"原来除法就是'试试看'!29除以7,上1,有多;上2,有多;上3,有多;上4,余1;上5,不够除;所以,上4余1。除法,就是这么回事!就是试试看!"哥哥也很高兴,他说:"对啊!就是试试看!"哥哥杨仲子比我大4岁,我一直觉得他比我聪明。哥哥说完倒头便睡,我则高兴得许久睡不着,恍然大悟,"原来除法就是试试看啊"!

  之后,我对数学越来越感兴趣,越来越喜欢琢磨数学问题,而且越琢磨越有兴趣。后来我发现,数学中几乎所有的逆运算,都可以概括为"试试看"。只不过看你会不会"试试看",善不善于"试试看"。想通了这个道理之后,我做数学题便得心应手,成绩也突飞猛进,很快就进入班级前列。这不是试试看吗?

其实,工作中,很多时候也是要"试试看",不管多难的事情,多试,再试,总会成功。后来,我在机械制造技术方面,在机械设备诊断测试技术方面,不知道试了多少次,失败了多少次,但最后成功了。当然,这是后话。

数学中还有一个问题,跟这最初的"第一步"比起来,就是一个不算太难的问题了,但也是一个非常重要的问题。现在说起来,也就是关于抽象的问题,从具体到抽象的问题。

一天,我听见一位大朋友与一位小朋友的对话,大朋友大约是大学生,小朋友大约是读幼儿园的年龄。大朋友要考考小朋友,问:"1只鸡加1只鸡等于多少?"小朋友很高兴地回答:"两只鸡!"大朋友接着问:"1只鸭加1只鸭是多少?""两只鸭!"小朋友又高兴地回答。"1只鸡加1只鸭是多少?"小朋友这下被难住了:"两只,两只……"大朋友哈哈笑了起来,告诉小朋友:"不能加!"

"可以加!"我禁不住插话了。怎么不能加?当时我虽然不知道什么是量纲、量纲不一致,什么是个性、共性,什么是特殊、一般等概念,但我已经想过这个问题。

"加起来是什么?"大朋友想难住我。我就讲:"是两只家禽!"我还讲:"可以无限延伸下去,1只鸡加1只狗是两个动物,1张桌子加1张椅子是两个东西。"我还讲:"如果照你的讲法,1只鸡还不能加1只鸡呢!请问1只公鸡加1只母鸡,等于什么?1只大鸡加1只小鸡,等于什么?"他们听了,不得不服。

这说明,我明白了数学中的抽象概念。接下来,我的数学成绩进步非常快。到初二时,也就是在学了不到三年的数学之后,就能解答高二的数学题了,因为我哥哥杨仲子正在念高二,我经常解他的数学题。

再后来,我也遇到过类似的问题。我的物理、化学开始也学不好,到了高中,一旦弄通了以后,也是进步飞快。

问题就是这样,看似简单,但仔细思考,仔细琢磨,从多个侧面去琢磨,不仅"知其然",而且"知其所以然",总会有新的发现。这样,越琢磨,越有兴趣;越有兴趣,越喜欢琢磨,引导着人不断去发现;在发现之中,不断会有新的发现,知识后面还有知识,这就是奥妙无穷的世界。

四、教忠教孝教修身

1944年秋天,我11岁,读了一年的高小一年级之后,我跳级进了中学,读的是江西中学。

江西中学,原来是国立江西中学,战乱中,从南昌经过南城辗转迁到黎川,当时学校有首歌,开头是这样唱的:"江西中学,避寇南城。迁校黎川,十月良辰。"学校没有校舍,借用的是当地的"邓氏宗祠"的祠堂,以及一些房屋。父亲就担任江西中学的校长,并将我姐姐、哥哥和我都送进了中学,妹妹也上了小学。

这时的父亲对教育倾注了大量的热情。父亲相信战争不会太持久,日本人迟早会被赶出中国,他觉得有责任救助失学青年,教育年轻一代,为将来建国储备人才,读书救国。父亲亲自制定了校训,写了校歌。校训就是:

教忠教孝教修身

忠,是对国家;孝,是对父母;修身,是对自己。合起来,就是强调要教育学生学会做人,爱国爱家,从提高个人修养做起。

校歌是这样的:

莘莘学子,济济学童,三民五权,是研是宗。

左图右史，目习心通，千秋著眼，万卷罗雄。

西山时雨，南浦春风，豫章木铎，宏我江中。

父亲还亲自开设了中国经典课程，其中包括《左传》，他上课的教室就设在一个大厅中，谁都可以来听课。每逢星期日，召开一次"弟子请益会"，父亲都会亲自主讲。每次讲话中，他都要宣讲抗日救亡道理，讲述历史上的民族英雄的故事，激励学生勤学爱国。

父亲还用心良苦地用一根长竹条制作了一个教鞭，遇到有严重违纪的学生，就会鞭打。他的教鞭两面各写有一句话。

我执教鞭三教重，教忠教孝教修身；

绝非一挞求齐语，却是三笞训鲁公。

第一句话体现的是校训的精神，"教忠教孝教修身"。第二句话包含两个典故：上联出自《孟子》，讲的是一个鲁国人要求自己的孩子学齐国话，急于求成，孩子达不到要求，就用鞭子鞭打。下联讲的是周公辅佐周成王的故事。周公是成王的亲叔叔，而成王是周朝的最高统治者，虽然年幼，哪怕调皮，却是不能打的，周公就用鞭子打自己儿子鲁公（鲁国之君）的方式来启示成王。父亲在这里的用意，是将学生看成自己的孩子，寄予厚望，即使打骂，也是为了学生成人。

父亲非常尊重教师，关心教师生活。他每天都要到教师休息室向教师们问好，教师讲完课，回到休息室，父亲会帮教师倒茶；节假日，父亲则去教师家里慰问；等等。当时物资匮乏，价格昂贵，教师们生活清苦，父亲从当地借了几百亩义田，开办"学稼农场"，以场养校，补助教师生活。他当时写过这样一首诗：

为教英才执教鞭，不劳夫马不支钱。

汝曹他日能收获，便是吾家大砚田。

可是父亲自己却不从学校领取薪水，而是将自己的薪俸用来救助贫苦学生。学校的教师都很爱国。例如，教我们地理的老师，是一位女教师，到现在我印象还很深，我记得上地理课，她讲到东北的时候，唱起了"流亡三部曲"，当唱到"九一八、九一八，在那个悲惨的时候，脱离了我的家乡,抛弃那无尽的宝藏。流浪,流浪……"时,我们很多同学都流下了眼泪。

在这个学校读书的,不仅有江西的学生,还有福建的学生,培养了不少的人才。例如,后来在美国创办殷氏企业的报业家和社会活动家、爱国华人殷有为先生,这时就在江西中学读书。当时他叫谭义威,他比我大9岁,他家和我家住在一起,在黎川望益街江家大屋。他和家人与我父亲住在第一进,我母亲带着我们兄弟姐妹住在第二进,晚辈住在第三进。谭义威是九江人,1949年前夕,在广州发表了《七老蒙难记》。这篇《七老蒙难记》就是写我父亲等江西七老谋求和平起义之事,因而遭到国民党当局的通缉,他躲到姑母家,改名殷有为,后来逃到香港,赴英国留学。他曾在联合国工作20多年,为促进中美关系的发展做出过贡献,积极促进中国恢复在联合国的席位,当联合国大会通过中国恢复席位时,当年美国驻联合国代表布什(后来任总统)走下台来,同中国人握手道贺,第一个就是殷有为先生。

殷有为先生情系家乡,设立了九江殷氏奖励基金会,每年奖励九江市辖区内高考前十名优秀生(高考理科前6名、文科前4名)。1996年12月,殷有为夫妇回到九江后,专程从九江到武汉来看我,还说起我父亲,说我父亲教过他读书,救过他的命。

父亲非常爱护自己的学生。当时国民党到处乱抓壮丁,有一次把江西中学的几名学生抓走了。父亲知道后勃然大怒,马上派人把当地县长找来,狠狠地教训了他一顿,县长不敢得罪父亲,他回去后,立即将所抓的几个江西中学的学生释放了,还埋怨兵役科长说:"杨赓笙这个老头子,连蒋委员长都让他三分,我们这些芝麻小官千万不要去惹他!"

我们对父亲是又爱又怕,学习是不能不认真的。我们每天跟着父亲到学校,上课之前,就在他的办公室念《古文观止》。一直到现在,《古文观止》中的很多名篇我都能背诵。

大人们说我小时候整天抱着书看。课余时间,我也看章回小说。记得在我念初一过生日的时候,妈妈给了我一些钱,我高兴极了,跑去买了一本《薛丁山征西》。当时看过不少章回小说,《薛仁贵征东》、《五虎平南》、《罗通扫北》、《封神演义》、《七侠五义》等武侠小说,都是那个时候我最感兴趣的小说。章回小说开头总有两句诗,结尾总是在引人入胜处来一句"欲知后事如何,且听下回分解",我总会急切地想看下一章。

四大名著中,我最爱看的是吴承恩的《西游记》,其次是施耐庵的《水浒传》,也许由于年龄小的原因,对罗贯中的《三国演义》兴趣不大,对《红楼梦》几乎没有兴趣,大约对那些儿女情长的故事不懂,有兴趣的就是《红楼梦》中讲的笑话、谜语。后来,我一直喜欢猜谜语,大约与小时候看《红楼梦》中的猜谜语有关。

五、读好书,做好人

1945年8月,抗战胜利了!

胜利的消息传来,大家都欢欣鼓舞,欣喜若狂,奔走相告,高兴极了,特别是父亲,那真是如获新生般,"漫卷诗书喜欲狂",高兴之情,溢于言表,写了不少欢庆的诗作,其中就有"长蛇封豕出扶桑,一任横吞并八荒"的诗句。

1945年10月,我们这个大家庭告别了黎川。我们是乘船回家的,虽是归家心切,但一路走走停停,走了好多天才返回湖口。这次回家和上次逃难时的情形不一样,特别是在船上可以有心情欣赏"两岸青山相对出"或"野旷天低树,江清月近人"。在船上,空余时间,我多半抱着章回小说看。印象中,《水浒传》就是在船上看的。还要补一句的是,我们这个大家庭在当年逃难中,在石街离开的那一部分人,后来去了赣州,在我们要离开黎川的前一年,也来到了我们所在的黎川,这时也和我们一起乘船返回湖口。

石钟山分上石钟山、下石钟山。逃难前,我们家住在上石钟山。回来后,上石钟山的房子已毁,我们家住在下石钟山的两层小洋楼中。那时湖口的城门、城墙大致还在,石钟山的登山之门,紧挨着叫"城德门"的城门。我家正对着"城德门",所以取名叫"面城居"①。我父亲有两句诗:"欲与山灵共晨夕,新营池馆女墙根。"他还对这句做了个注释:"余于山麓筑守玄亭,凿浴砚池,名其庐曰面城居。"从我家大门口到"城德门"、登山之门都不远,也就一分钟的路程。空闲之时,我经常到石钟山上去玩,在各种各样大大小小的溶洞中钻进钻出,对石钟山上这样那样的山路,我都十分清楚。但最令人难忘的是,山上有许多珍贵的石碑碑文和石刻题词。碑文中也有父亲的诗,例如,父亲的门生叶大畴就将父亲的《再登下石钟山感苏记为赋一律》,行书阴刻在半山亭南崖石上,其中有"文章信美仍疏漏,夜半扁舟误老坡"的句子。

当时整个湖口只有一所初级中学,叫"湖口彭泽联合初级中学",后来改名为"湖口县立初级中学"(也是现在湖口中学的前身)。学校没有正式校舍,校舍就设在石钟山上的庙宇之中,部分佛堂当作教室,僧房用作宿舍,佛殿大梁用木板架的阁楼作为男生寝室。全校学生有100多人,我在这里念初二,我们班上有30多人。

学校办公用的那座建筑的大厅内,摆了一张乒乓球桌,很受学生欢迎。在我的要求下,母亲请人用樟木给我做了一只乒乓球拍。球拍有些重,但是我心满意足,每天上学就带着球拍,一有空就跑去打乒乓球。

初二年级上学期,我们的教室设在寺庙的一个大殿——大雄宝殿里。到了初二年级下学期,教室就设在面向矶头的船厅。船厅正对着长江与鄱阳湖的交汇口,湖水清,江水浊,交界处,清浊分明。实际上,这个船厅就是当年李烈钧将军和父亲进行"二次革命"的指挥所,我们读书时船厅已经十分破旧,至于船厅辉煌的过去,当时没有人给

---

① 面城居建筑多已毁,现已由政府修缮,成为"杨赓笙故居",作为爱国主义教育基地对外开放。故居中还设有"杨叔子院士事迹展"。

我们学生讲些什么。

船厅前面有一个亭子,亭子傍着一块凸悬于江上的非常大的石头,叫"矶头"。矶头之上,可坐十几个人(矶头四周并没有设保护性的围栏)。课余时间,我常常和同学们一起坐在矶头上,看滔滔江水奔流,谈天说地,各抒己见,各言壮志。所以现在我看电视连续剧《三国演义》时觉得片头曲特别亲切,"滚滚长江东逝水,浪花淘尽英雄……古今多少事,都付笑谈中"。一切都会过去,文化却留下来了。

当时,相邻的都昌县由于交通不便,进进出出都得经过湖口,都昌的学生大多到湖口来念书,我们同学中就有不少都昌的学生,都是男生。都昌的学生只有星期天才回都昌,平时吃饭,他们都是自己带大米做饭,菜多是从家里带来的腌菜,装在竹筒里,一筒腌菜吃好几天,几乎天天都是吃腌菜下饭。都昌学生,异乡求学,深知艰辛,所以大都很努力。

有一件事印象很深。一次,上化学课,老师要求我回答问题,我没有回答好,老师生气了,批评说:"杨叔子,你没有学化学的头脑,所以不能学化学!"我一听,也很生气,冲口而出:"我就不学你的化学!"下课后,都昌学生就很好心地跟我讲:读书不容易,你不能这样跟老师讲话。我也很后悔自己的一时冲动,很感激都昌学生。后来,我学化学还是很认真的,但是总不及其他功课成绩好。这件事让我印象深刻,一个原因是,我很感谢都昌的学生,另一个原因是,它使我后来明白了一个道理:"读书是为自己读的,不是为别人读的。"

2008年12月,我回到魂牵梦萦的家乡湖口,重新回到湖口中学,感受到家乡的巨大变化,感受到父老乡亲和师生们的热情,感慨万千。我填了一首《七律·返乡感赋》:

儿时旧事不能忘,奋读钟山意味长。

佛像慈严陪课业,矶头峻峭论文章。

同甘寒暑情无限,对击乒乓乐未央。

出处何由初志改,桑泥梓土竞芳香。

2009年,我在湖口中学设立了"杨叔子卫华助学基金",之所以叫

"杨叔子卫华助学基金",原因在于助学基金是我将在河南卫华集团担任高级顾问的顾问费捐出来的。

到初三时,湖口中学的正式校舍在县城西门口建好了,学校就搬到西门口新校址了。新校址离家有相当一段路程,我上学就没那么方便了。那时我放学回家晚了,没赶上家里吃饭的时间,母亲就给我留一个咸鸭蛋下饭。我们把咸鸭蛋叫作"鸭鸭黄"。母亲还教我念过这么一首民谣:

细伢呀,你从哪里来?

我从王母塘里放牛来!

几长的草?

一尺长!

几满的水?

一满塘!

哪个送饭细伢吃?

姆妈娘!

么事下饭?

鸭鸭黄!

咸还是淡?

我冇尝!还带回来给姆妈娘!

这朗朗上口的民谣,体现了浓浓的母子情和生活气息。后来,我一直喜欢吃咸鸭蛋。我对儿时"鸭鸭黄"的怀恋,对母爱的怀念,或许早已融入了咸鸭蛋之中,无法分离了。

那年冬天,雪下得很大。有一天放学回家晚了,套鞋也破了,脚冻得又红又肿,我沮丧地回到家中。母亲一看,赶紧把我扶到灶边坐下,慢慢给我脱下鞋袜,还端来一大盆温水,轻轻地把我的脚放在温水里,慢慢地暖着;接着,她又给我端来一大碗饭,热乎乎的,配上一个大大的咸鸭蛋,外加一碗热乎乎的肉丝汤,母亲亲切地讲:"你看,这个大鸭蛋是专门为你留的,还是青壳的!好不好?"我仰着头看着母亲,发现她眼里噙着泪花,我蓦然发现,母亲慈祥的笑脸带着几丝辛酸，我的泪花夺眶而出，不知讲什么好，只讲了一句话："妈妈，我什么也不怕，我一定要好好读书！"母亲说："你一定要争气些！"

1947年春，我从湖口县初中毕业了①。当时湖口没有高中，秋季，我考入了当时有名的九江同文中学。这一年的6月份，哥哥杨仲子才从同文中学高中毕业。

当时，同文中学很有名，学风好，水平高。同文中学是基督教教会创办的学校，名字的来源，取自《中庸》的"今天下车同轨，书同文，形同伦"。当时的校长是熊祥煦，是同文中学历史上有名的校长，他是从美国留学回来的，提出了"读好书，做好人"的校训，主张学生读书成人成材并举。

我很喜欢同文中学的校训："读好书，做好人。""读好书，做好人"可以做出丰富的理解：要读好的书，要做好的人；要把书读好，要把人做好；读好书是为了做好人，做好人就要求读好书；读书，要有益于身心健康，做人，要有益于国家、民族。现在回想起来，这句话也反映了我一路读书过程中的人生追求，也奠定着我的人生基调。

当时，能考取同文中学是非常不容易的，有人告诉我的家人，我的语文、数学、英语都考得很好，有的几乎是满分，而物理、化学考得很糟糕，特别是化学只考了可怜的25分。面对这样一个学生，是否录取呢？据说，最初学校有些犹豫，最终同文中学的老师做出大胆的决定：录取！理由是：这个孩子语文、数学、英语学得这么好，物理、化学真的会差吗？感谢同文中学能破格录取我！

这样，我就考入了九江同文中学。在同文中学读书期间，我非常努力。教师中有不少人是从美国留学回来的。同文的学风好，考风也很好，考试时老师有时故意离开考场，也没有人作弊，如果一旦查出有人作弊，处分相当严重。我记得教我们数学的黄问孟老师，是金陵女子大学毕业的，当时不到30岁，她上课穿着旗袍，她的课讲得有

---

① 整理者注：杨叔子院士热心担任九江学院名誉院长，设立"叔子爱莲奖学金"；在湖口中学设"卫华奖助学基金"，就是想多为家乡、多为湖口做些事，报答故乡的养育之恩。

条有理，概念清楚，重点突出，板书整洁。教语文的是汪际虞老师，是位年近50岁的老教师，具有十分渊博的中国传统文化功底，讲课引经据典，生动有趣，经常赢得满堂笑声。有一次，我写的一篇作文得到汪老师赏识，他作为范文念给全班同学听，给了我很大的鼓舞。

到第一学期末，我的物理、化学真的赶上来了，我的平均成绩已经跃居班上第二名了。现在想来，这就是以发展的眼光看问题。可惜现在的教育统得过死，大多都是"一刀切"，偏科的学生很难得到较好的发展机会。在教育方面，还是应该给学校一些招生自主权，给特殊学生一些发展空间。

我14岁时，第一次独自离开家人到外地念书。临行前好多天，母亲就在准备我入学要用的东西，缝缝补补，千叮咛，万嘱咐。离开家上船时，面对滔滔江水，浩浩湖水，心中依依不舍，特别是对母亲，无限深情，"谁言寸草心，报得三春晖"！后来我一直喜欢唐代诗人孟郊的《游子吟》，有人说它是"中华第一诗"，我高度认同：

慈母手中线，游子身上衣。

临行密密缝，意恐迟迟归。

谁言寸草心，报得三春晖。

六、年轻人，火热的心

年轻人，火热的心！跟着毛泽东前进，紧紧跟着毛泽东前进！

没有共产党，就没有新中国！

团结就是力量！

这些歌，是我们在当时的南昌联合中学（现在称为"南昌一中"）念高中时唱的歌，嘹亮的歌声伴着沸腾的青春、火热的激情，随着我们一起，走过新中国成立初期那段翻天覆地、激情燃烧的岁月,也坚定了我们一这代人"红心向党"、"听党的话"、"跟党走"、"建设强大新中国"、"到祖国最需要的地方去"的决心。这种满腔热情和赤诚爱国的心态,也奠定了我们这一代人做人做事的基调。

解放战争后期,解放军节节胜利,国民党节节退败,兵败如山倒。当时社会上相当混乱,经过讨论,我们这个大家庭认为南昌是省城,是大城市,会相对平安些,决定从湖口迁至南昌。1948年4月上旬,我就离开了九江同文中学,随着全家一起到了南昌,在南昌的豫章中学借读。豫章中学也是美国教会创办的学校,与九江的同文中学互相承认成绩。

这时父亲同欧阳武、彭程万、伍毓瑞、龚师曾、王明鉴和柳国藩江西七位元老(被称为"江西七老"、"江西七贤")一起,组织江西和平促进委员会,并被推为主任委员,积极谋求江西和平起义。他们希望学习北平,提出"不修筑防御工事,和平解放南昌"。这触怒了蒋介石,被国民党政府以"保护"元老之名,用武力强行押送至赣州,实际上是软禁和想押送到台湾。七位元老可以各带一名子女随侍身边,父亲就将我哥哥带在身边了。

当时的形势,正如毛泽东主席在诗词中所说的"钟山风雨起苍黄,百万雄师过大江"。特别要说明一下,这首诗中的"百万雄师过大江"中的"大江",就是"东起江苏江阴、西至江西湖口"一段。1949年4月21日,毛泽东主席和朱德总司令发出《向全国进军的命令》,号令全军"坚决、彻底、干净、全部地歼灭中国境内一切敢于抵抗的国民党反动派,解放全中国"。当天夜晚,中国人民解放军百万雄师,在东起江苏江阴、西至江西湖口的1000余里的战线上分三路强渡长江。23日晚,东路陈毅的第三野战军就占领了南京,毛泽东主席在兴奋之余,便有了那首著名的《七律·人民解放军占领南京》。

1949年5月,江西解放!经共产党赣州地下组织营救,父亲被成功救出,接回南昌,担任江西省政协委员、江西省文史馆馆员等,我母亲一直在他身边照顾他。这些年,父亲算是安度晚年,他关心在各地的孩子们,但最关注的是台湾回归祖国,他思念长期跟随蒋经国并随蒋经国去了台湾的长孙杨安中。杨安中是我大哥的孩子,大哥杨稼原曾留学日本,1929年英年早逝。1955年父亲去世,弥留之际,还对哥哥杨仲子说:"亲人骨肉归来日,家祭无忘告乃翁。"

父亲是民主革命家,是诗人。他首先是民主革命家,而后才是诗人;他是爱国诗人,更是诗人中的爱国者。著名诗人柳亚子评价父亲的诗作是"半是香山半放翁"①,指父亲的诗作既关心民众疾苦,也充满爱国情怀。2011年,辛亥革命100周年,哥哥杨仲子和外孙女孙肖南(我侄女杨似男的女儿)主编出版了《只凭天地鉴孤忠——杨赓笙诗作及生平大事集》②,我写了一首《七律·为〈只凭天地鉴孤忠〉出版而作》:

只凭天地鉴孤忠,一册雄词气若虹。
着眼千秋邦庶爱,罗胸万卷德才融。
毁家纾难曾书檄,明是知非终向东。
辛亥百年歌盛世,心香敬祭告吾翁。

江西解放后,能文能武的"儒帅"邵式平同志出任解放后江西省第一任省长。邵式平是著名的农民运动领袖,与方志敏是同学。1928年1月,方志敏、邵式平等领导弋(阳)横(峰)农民武装起义,邵式平是闽赣苏区的创建人和主要领导人之一,当年江西民间流传:"上有朱毛好主张,下有方邵打豺狼。第一将军方志敏,第二将军邵式平。两条半枪闹革命,打倒土豪为人民。"新中国成立后,邵式平被毛泽东主席亲自点名担任江西省省长。在邵式平省长的保送下,哥哥杨仲子进入南昌大学学习。哥哥在南昌大学读书期间,还担任了南昌大学学生会主席。

1953年8月,哥哥毕业后被分配到中国国际广播电台,从事对外

---

① 香山,指白居易。白居易,字乐天,号香山居士,写下了不少反映人民疾苦的诗篇。放翁,指陆游。陆游,字务观,号放翁,南宋爱国诗人。

② 《只凭天地鉴孤忠——杨赓笙诗作及生平大事集》,中国文史出版社2011年版。

广播宣传工作，他利用自己国民党元老子女的特殊身份，在海峡两岸交流工作中，做了许多有益的工作。1991年，为纪念辛亥革命80周年，他协助中央电视台将李烈钧将军和父亲举兵讨伐袁世凯的故事，拍成八集电视连续剧《铁血共和》，并担任顾问。1992年，《铁血共和》获得中共中央宣传部颁发的"五个一工程"优秀电视剧奖。可惜哥哥已经于2012年，也即湖口首义100周年的前一年病逝了。

江西解放时，我的姐姐杨静娴结婚成家，不久，她师范毕业后嫁到了江西南城。妹妹杨静婉还在念中学，她后来嫁给父亲的挚友、同为孙中山秘书的李守诚的儿子，他们大学毕业后分配到了甘肃。对于女儿静婉嫁给李守诚的儿子李敬明，父亲非常满意。因为父亲与李守诚知交几十年，情深义厚。他们早年一起成为江西同盟会员，1913年一起参加湖口起义，起义失败后流亡日本，一同追随孙中山先生。1914年，奉孙中山之命，他们赴南洋一起办《光华日报》。1923年，一起在广州担任孙中山大元帅府秘书。1927年，我父亲代理江西省主席时，李守诚为省府秘书。日寇入侵后，李守诚回原籍鄱阳，父亲时刻牵挂他，1938年我家逃难到南城时曾约他来南城小居。1939年，汪精卫曾派人到鄱阳游说李守诚出任汪伪政府秘书长，李守诚严词拒绝，并痛斥来人没有"脸"。这一年，李守诚在鄱阳土井巷老宅溘然离世，终年才56岁，其子敬明年仅10岁。李守诚去世后，我父亲接连写了8首七律，即《哭同志李守诚弟七律八首》，还写了一首《守诚弟遗像赞》，赞其："伊和人斯，吾党之特。体胖而腴，貌丰而泽。书读中西，理精儒释。志在升平，力行改革。服膺总理，深研学说。纸币通论，尤为独得。"侄女杨似男，1949年3月在南昌上大学时就已经悄悄加入共产党，新中国成立后与南下干部孙盛海同志结婚，1953年两人调到武汉华中工学院从事学校筹备工作。孙盛海同志后来一直负责学校人事方面的工作，曾担任华中工学院的副院长。

1949年5月23日，是我终生难忘的日子，是南昌解放的日子！

前一天晚上，枪声大作，爆炸声不断，一方面是国民党弹药库爆炸声,另一方面是双方交战的枪声。第二天早上,细雨蒙蒙,我去上学,心中还有些不安。路过中正桥(现在叫八一桥),桥头附近有家茶馆,只见一批解放军站在茶馆的屋檐下,不少人还流着血,裹着绷带,但秩序井然,连茶馆都没有进去,生怕打扰到老百姓。我还看到不少老百姓拿着鸡蛋、馒头、油条、豆浆和茶水等,自发地前来慰问解放军。我心中的不安一下子烟消云散了,代之而起的是一种钦佩之情。

共产党的军队原来不是国民党宣传的那样无父无母、共产共妻、十恶不赦、六亲不认的土匪强盗,而是仁义之师!这与国民党的兵特别是国民党伤兵到处横行霸道、欺辱老百姓的情景截然不同。在国民党统治下,贪污腐败,社会物价飞涨,老百姓背着钞票袋去抢购大米,纸币金圆券就像手纸一样不值钱。我感觉到解放军是仁义之师,共产党好,共产党的军队也好。

我还看到了全城欢欣鼓舞、欢庆胜利的场面!在经历了长期的内忧外患之后,渴望和平的人们看到纪律严明、爱护老百姓的军队,发自内心地感到高兴,欢欣鼓舞地庆祝新生活,发自内心地拥护共产党。这感人的场面,深深印刻在我的脑海中,让我终生难忘!也正是从这一天起,坚定了我跟着共产党走的决心。

我后来喜欢将这一天说成是我的"第一步"。我在大学的时候,为了能看德文书籍,自学过德语。在自学德语时,我曾看过一本德文小说,书名就叫作《第一步》,是民主德国的一位女作家写的,讲的是在反法西斯战争年代,德国有一批青年,他们各自经历了一些事即第一步,通过第一步,最终走上了革命道路。

我曾认真地想过,我的"第一步"是在什么时候、什么地方跨出的呢?仔细想来,应当就是在1949年5月23日这一天跨出的,是在南昌跨出的,在我正念高中一年级还未满16岁时跨出的。这一天,南昌迎接解放,我亲眼看到解放军同人民群众水乳交融的情景,让我相信共产党,决定坚定地跟着共产党走。

当时,虽然我还不是十分清楚解放军部队从红军时期就建立起来的"三大纪律八项注意"的优良传统,等我后来看到和听到军人唱《三大纪律八项注意》之后,更感觉到人民解放军的了不起,我也喜欢听当过兵的徐辉碧唱这首歌:

革命军人个个要牢记,三大纪律八项注意:

第一,一切行动听指挥,步调一致才能得胜利;

第二,不拿群众一针线,群众对我拥护又喜欢;

第三,一切缴获要归公,努力减轻人民的负担。……

这诗一般的语言,明快的节奏,朗朗上口,宣传有力。解放军优良的革命传统,使它成为人民的军队。后来我还非常喜欢另一首军歌《中国人民解放军进行曲》,在给大学生的演讲中,我常借用来寄语大学生努力向前:

向前!向前!向前!

我们的队伍向太阳!

脚踏着祖国的大地,

背负着民族的希望,

我们是一支不可战胜的力量……

解放后的南昌,新成立了省立南昌联合中学,这是由原来的省立南昌一中、南昌二中、南昌女中、南昌女职、中正大学附中五校合并而成的。原来的省立南昌一中,可以追溯到1901年设立的江西大学堂,是江西最早的新式学堂,我父亲当年不愿意在国子监,就是转入江西大学堂的。在我离开学校去上大学的那一年,学校改名为南昌一中,现在仍然称为南昌一中。根据前些年的统计,南昌一中一共走出了21位院士,仅我们这个年级就有3位院士。2001年,南昌一中举行百年校庆,我还回到南昌一中,参加了校园内的院士亭揭幕仪式。

1949年暑期,新成立的省立南昌联合中学正在招生,我前去报考,被顺利录取。1949年秋天,我进入刚刚成立的省立南昌联合中学,念高二。当时,学校规模很大,约有3000名学生,我们这个年级

2001年11月,南昌一中百年校庆,为院士亭内百年丰碑揭幕

(从左至右:刘高联、贺其治、杨叔子、朱中梁)

一共有7个班,我分在三班。我们的高中生活,丰富多彩,饱含热情。大家都是爱国热情高涨,学习热情高涨,一心向上。

我们的校训是:"团结前进。"我们的校长叫任言,是一位南下干部,他在面对全校师生的讲话中,总是满腔热血地对我们讲:"要有理想,要挑重担,要革命,要学习,要团结,要前进!要为建设强大的新中国做贡献!"这份热情和信念,深深地感染了我们,当时的我们正值青春洋溢、风华正茂之时,一个个胸怀远大理想,誓要建设强大的新中国!要为建设强大的新中国做贡献!

我们的学风真的好,大家都是学习抓得很紧,作业认真完成,尊敬老师,帮助同学;我们热爱集体,组与组、班与班、年级与年级之间,积极开展业务学习比赛;我们真诚地互帮互学,还提出了"不让一个同学掉队"的口号,真正体现了校训"团结前进"的内涵。

1949年11月,学校正式建立共青团组织,当时大家都非常积极上进,人人都希望入团,把一切献给党。由于我在班上学习成绩好,又肯帮助人,不仅在学习上帮助学习成绩比较差的同学,在生活上也乐于助人,1950年1月26日,我就光荣地入了团。这在当时是很不容易的事情,但也是非常光荣的事情,是大家都非常向往的事情,这就意味着可以"参加革命",加入革命队伍,所以我心里感到特别自豪。

入团仪式非常隆重,隆重到足以让人自豪和终生难忘:当时整个南昌市的新团员一起,在南昌中山纪念堂举行了隆重的入团宣誓仪式。隆重的入团宣誓仪式,让我更多了一份使命感和神圣感,多年后想起来,还是热血沸腾,我曾写过一首诗纪念这件事:"中山堂志宏词誓,系马桩情厚意留。"

1950年暑假,南昌市团委组织共青团培训班,我被选派去参加培训班,徐辉碧也参加了,她当时是培训班的团支部书记。1950年底,我又光荣地被评为南昌市的模范团员。这在当时是很不容易和非常光荣的事情。当时整个南昌一中只评选了4个人,另外三人是徐辉碧、程会保和曾文礼(徐辉碧后来成了我的夫人,程会保后来成为新中国第一位女坦克手,曾文礼比我们低一届)。

1951年7月,我高中快毕业了,正准备考大学,这时学校就要求我不要去考大学,而是留校工作。由于新中国百废待兴,各项事业人才奇缺,学校急需人手。我服从组织安排,就留校工作了。

参加工作,可以拿工资了。我将工资分为三部分:一部分给母亲;一部分供妹妹读书;一部分用作生活费。生活费有多余的,就用来买书。我工作的主要任务是,作

高中毕业留念

为教导干部在校部工作,半年后,我还兼任了初中三年级的班主任,也就是初中三年级下学期的班主任。

后来,我当班主任的这个班的同学跟我一直很亲近。班上有位女同学,叫王承禧,她高中毕业后考入了华中工学院,毕业后留校工作,也成了教授。有一年,在我快80岁、她自己也70多岁的时候,她找出了当年初中毕业时的集体照,特地拿给我看,照片上面还有两行小字:"我们的前程像海洋一样宽广","南昌一中初三下七班全体同学

毕业留念·一九五二年七月十五日"。

可不是吗？年轻人的前程像海洋一样宽广，生活像海洋一样宽广！我看后心里久久难以平静，仿佛又回到了当年那段激情燃烧的岁月。

七、上大学真幸福

> 火车在飞奔，车轮在欢唱……
> 发动了机器轰隆隆响，举起了铁锤响叮当，造成了犁锄好生产，造成了枪炮送前方……

这是20世纪50年代初期我们唱的歌，这歌声也坚定了我上大学学工、学机械制造和努力学好专业的决心！

1951年底到1952年初，新中国社会主义改造初步完成，国家政策做出调整，中央决定：开展社会主义现代化建设，大规模的经济建设，特别加强工业现代化建设，为此，国家急需大批现代化建设人才，特别是工业现代化建设人才。

当时，中央决定：一方面大力开展扫盲运动，以及加强工农速成学校学习，对于旧中国留下来的极高的文盲率，这种方式非常见成效。另一方面积极发展高等教育，扩大高校招生。当时应届高中毕业生的数量，还不及高校招生数量，因此，中央做出决定：从在职人员中抽调符合上大学条件的干部去深造，有高三和大一学历的尽量抽调出来，去深造，去上大学。这些符合条件去上大学的学生，后来有个称呼，叫作"调干生"。

在这种背景下，在南昌联合中学留校工作快一年时，学校响应祖国号召，决定抽调我去上大学。一天，学校负责人事工作的同志，也是南下干部孙紫云同志和魏民同志两人一起来找我，一见面就高高兴兴地跟我说:"小鬼,因为国家经济大建设的需要,调你去学习,去上大学,高兴不高兴?"我当然高兴啦!她们还讲:"这是国家需要,是革命需要,要认真学好本领,参加祖国社会主义工业化建设!"幸福来得太突然,我高兴得直点头。多年后,我回南昌都要去看望她们,她们一生都不失共产党员的本色。特别是1986年,我回南昌宣传招生,特地去看望身患癌症的魏民同志,她还乐观地跟我讲:"小鬼,别多想,你看我不是好好的嘛!"

当时高考是按大的区域招生,江西属于中南区。当时的中南区包括河南、湖北、湖南、江西、广东、广西六省区。在中南区报名参加高考的人员,只能报考中南区的学校,要报考其他地区的学校,必须到其他地区报名,这样我就报考了当时中南区排名第一的武汉大学。当时有人觉得我数学好,劝我报考数学专业,但我单纯地以为,一定要学好工,好参加祖国社会主义工业化建设,所以我决定报考工科,于是我就选择了工科类的机械制造专业,报考了武汉大学机械系。

现在想来,我是单纯得可爱。但是如果让我重新选择专业,我还是会选机械制造。如果说石油是工业的血液、钢铁是工业骨骼,机械制造就是工业的心脏。机械制造是国民经济的装备部,是制造业的核心。我跟机械制造打了一辈子交道,我很热爱这个专业。

1952年秋天,我离开了工作一年的南昌一中,高高兴兴地来到武汉,进入了久负盛名的武汉大学,在机械系就读。武汉大学位于武汉东湖之滨,珞珈山麓,环境优美,一直到今天,武汉大学都是中国较美的校园之一。

当时,武汉大学的校长是大名鼎鼎的李达同志。李达同志是共产党的主要创始人和早期领导人之一。1922年,他应毛泽东同志之邀,到长沙担任毛泽东同志创办的湖南自修大学的校长职务,与毛泽东同志一家一起住在长沙的清水塘,李达同志在哲学上也非常有成就,他是马克思主义哲学家,并担任过中国哲学学会的会长。党委书记是徐懋庸同志,他非常有才华,口才很好,早年曾在上海参加"左翼作家联盟",后来去了延安,受到毛泽东主席的优待。入学前我就听同学说,徐懋庸同志当年同鲁迅先生争辩,毫不示弱。当年毛主席有一个指示:新中国的教育应"以老解放区新教育经验为基础,吸收旧教育有用经验,借助苏联经验",所以50年代初,有不少延安时期的干部进入高校领导行列。

武汉大学聚集了一批当时非常著名的文科和理工科的专家学者。例如,我们机械系就有赵学田老师。赵学田老师在普及工程图学上做了开创性的工作,是一位全国著名的科普标兵,后来被评为全国劳动模范,受到毛泽东主席接见,这在当时是非常高的荣誉(赵学田老师平易乐观,在院系调整时调入华中工学院)。

最幸福的是,一进大学,我就去配了一副眼镜。一配眼镜才知道,原来我是天生近视! 只是我以前不知道,家里人也不知道,家里人还曾责怪我,看东西老是凑那么近。戴上眼镜,我才发现,世界原来如此清晰,如此真切,如此明白,如此美丽,如此美妙! 我的激动和喜悦之情难以形容,我还很后悔:怎么没早点配眼镜! 我还跑到照相馆拍了张照片寄回家。

来到武汉,上了大学,什么都是新鲜的,我戴着眼镜,每天心里都乐滋滋的,看什么都是美的,一有空就去学校图书馆。学校图书馆也是美极了,从学校图书馆出来后,我时常靠在图书馆的栏杆上,久久地凝视着校园的美景,流连忘返,喜不自禁。我当时住在学生宿舍老斋舍的张斋。老斋舍由四栋宿舍组成,四栋宿舍之间由三座拱门连为一体,每栋宿舍由两个大天井分隔为前、中、后三排,各排依山傍势,设1层至4层。每栋每层以《千字文》开头四句中的一个字命名,形成"天、地、玄、黄、宇、宙、洪、荒、日、月、盈、昃、辰、宿、列、张"16个斋舍。我所住的张斋,同黄斋、荒斋、昃斋一样,在宿舍顶层。顶层的房顶,就是图书馆前平台的一部分。宿舍的旁边就是食堂。

在当时学习"苏联老大哥"的热潮和时代氛围之中,1952年从我们那一届起,高等学校按苏联模式办学,按专业学习,按专业对口培养人才，培养"现成的专家"。当时比我们早入学的上一届的同学还特别羡慕我们这一届，有的同学还认为我们幸运、他们倒霉。我记得有一次在大会上，党委书记徐懋庸同志还教育上一届的同学，要安于他们的学习方式，不要只是羡慕我们这一届。

按专业学习，实际上学习口径特别窄，很容易上手，很容易快速培养人才，但学习后劲不足，不利于人才创造力的培养，不利于人才的全面发展，这在客观上也要求日后的教育改革。对于学习苏联模式，现在回想起来，一方面，这是由当时特殊的历史条件包括当时复杂的国际环境，以及政治上的原因造成的；另一方面，学习苏联模式也实实在在地为国家培养了大批工程技术人才，特别是解决了当时工程技术人才奇缺这一难题，促进了社会主义工业化建设，取得了不可忽视的历史成绩，这一点必须以历史的眼光去看，不能用今天的条件和今天的观点去苛求历史。

从1952年下半年起，全国范围的高等学校院系大调整（后来简称"院系调整"）开始了。当时的背景是，为了适应工业化建设需要，国家决定新设立一些工业、农业、林业等单科性专业院校。中南区决定在武汉新组建一所工科院校——华中工学院，主要培养机械工业和电力工业建设人才。华中工学院由中南区的4所综合性大学，包括武汉大学、湖南大学、南昌大学、广西大学的机械系和电机系的电力部，以及华南工学院机械系的动力部分和电机系的电力部分，一共5个部分组合而成，地址就设在当时还是武昌郊区的东南角，离武汉大学珞珈山不远的喻家山麓。

华中工学院最初的筹建办公室借用武汉大学的办公室，设在武汉大学校内。一天，我在学校碰到侄女杨似男，叔侄相见，分外欣喜，分外亲热。她的丈夫孙盛海同志是南下干部，是华中工学院最早的筹建人之一。1953年暑期，华中工学院新校区刚确定选址和进行建设，我和另外三个同班同学一起，作为义务劳动者，参加了建校的劳动，我们的主要工作就是做土壤取样分析。那时的喻家山，山上山下都是一片荒凉。山上,岩石嶙峋,荆棘丛生,荒山秃岭,连一棵高大的树都没有,只有一座抗日时期残破的碉堡(这座碉堡现在仍然存在)。据说,这座山上原来也是有树的,抗日时期日军为了控制武汉到黄石大冶一带的公路,就在山上修筑碉堡,并将山上的树都砍掉,山就成了光秃秃的山。喻家山下,也是一片荒凉,西北角有座残破的祠堂,有几堆荒坟,枯藤缠绕着几棵老树,有一个池塘,几个破旧的农家,不过地势非常开阔。

1953年,在武汉大学学习了一年之后,我所在的武汉大学机械系就转入了新组建的华中工学院。由于新校址还没建好,我所在的机械制造专业就在原来的几个学校分散办学,我们专业就暂时借用原广西大学的校址办学,地点在桂林的将军桥,陈日曜教授当时是桂林分部的主要负责人。

1953年10月,我们就在桂林分部上学,虽校舍简陋,但大家学习都很认真,我们这个班出了两位院士,除我之外,另一位就是在天津大学工作的叶声华同志。桂林风景非常优美。"桂林山水甲天下",果真名不虚传。桂林的美食美味丰富,也是名不虚传。

2012年6月,在人民大会堂与老同学叶声华院士(左)合影

1954年6月,武汉喻家山下的华中工学院校园建设初步成形,我们就离开桂林,回到武汉。回来的时候,正赶上武汉遭遇百年一遇的特大洪水,所以我们回校的"第一课"就是投入抗洪抢险,那也是一段热火朝天的日子。

1954年夏天，雨水特别多，长江水位猛涨。武汉关的水位高达29.73米，比地面高出3米多，比1931年汉口被淹时的水位高出2.79米，情势紧急万分。对此，党中央、毛泽东同志高度重视，中央委派国务院副总理邓子恢同志直接负责武汉防汛工作，湖北负责防汛工作的是湖北省委书记王任重同志，上下同心协力，决不能让旧中国时汉口被淹的悲剧重演。

那年5月底，我们大班结束了在桂林分部8个多月的大学二年级的学习生活，6月初来到株洲机车车辆修理厂进行实习。实习一结束，我们就满怀喜悦地向位于武汉喻家山的校本部集中。但是，火车一到岳阳，就只看见汪洋一片，铁路中断，公路瘫痪，我们只好换乘轮船。

回到武汉，我记得很清楚是1954年7月1日。那天上午，我们乘坐的轮船停靠在武汉关码头，我们从船上走到高高的堤岸上，再踏着很陡的跳板往下走，整个沿江大道浸在水中，运土、运石、运防汛器材的车辆和人流络绎不绝，忙忙碌碌。所以说，我们一回到武汉，就感受到了抗洪抢险的紧张气氛。

回到学校的当天下午，我们就到学校东三楼102教室集合（我们机械系后来长期就在东三楼），学校领导朱九思副院长讲了简单的欢迎辞之后，开门见山地说要我们参加武汉的抗洪抢险。他说："欢迎你们回到学校！欢迎你们的'礼物'是：畚箕、扁担、铲子、锄头。拿起工具防汛去，参加抗洪抢险！"他还说："武汉遭遇百年一遇的洪水，我们学校虽然地势高些，但我们可以不管吗？那不行！我们是新中国的公民，是武汉居民，中华民族有优秀传统，大武汉有优秀传统，我们有责任保卫大武汉！"

这是我第一次见到朱九思同志，当时我还不知道他叫朱九思。会后才有人告诉我，他叫朱九思，是学校的主要负责人。只见他中等身材，干净干练，普通话带有扬州口音，但感情真挚，态度严肃，语言干脆,气场很足。朱九思同志简短的动员报告会后,我们都是热血沸腾,希望为保卫大武汉做贡献。

很快,我们就投入到了武汉的抗洪抢险之中,我们抗洪的地点是武昌防洪的关键地段武泰闸一带,努力加固堤防。抗洪抢险,堤上24小时不能断人。由于雨水多,我们经常是在雨中参加劳动,浑身是泥,但我们一点都不在乎。我们都是"年轻人,火热的心",不怕苦,不怕累,什么苦活、脏活都抢着干。

当时的宣传工作做得真好。印象比较深的是7月1日那天,傍晚时分,校园广播又传出苏联的《共青团员之歌》:"听吧,战斗的号角发出警报,穿好军装,拿起武器。共青团员们集合起来,踏上征途,万众一心,保卫国家……"一听到这首歌,我们就知道,这是紧急集合去防汛的信号。大家赶紧集合,迅速出发,上堤防汛去!

到了武泰闸,已是夜幕降临,滔滔洪水漫涨,我们坚定决心,众志成城,誓要战胜洪水。在夜色之中,灯光朦胧之中,运输土石的汽车一到,卸下土石,我们就赶紧挑土上堤,堤上堤下,热火朝天,没有一个闲人,男同学都是光着上身,汗流不止,汗水雨水混合在一起,浑身都是泥。就这样,干了整整一个晚上,"不知东方之既白",第二天早晨,面对新筑起的大堤,大家才欣慰地撤回学校。

就这样,经过全市人民7月、8月、9月3个多月的奋力抢险,终于保住了大武汉,没有让旧中国的悲剧重演,大家都欢欣鼓舞。这也反映了当时人们积极向上的精神面貌。当时全国人民心系武汉,全国各界支援武汉。因此,防汛期间我们吃得非常好,比如四川榨菜、南京板鸭、金华火腿、湖南熏肉,各种干笋、米粉等等。

那一年冬天特别冷,还下了很大的雪。我们学生9个人一个房间,摆了5张上下铺的床,有趣的是,早上起来一看,寝室中的毛巾全都冻得硬邦邦的。南方来的同学,特别是归国华侨子女、港澳来的同学看到下雪,十分惊奇,纷纷拍照,我们与他们一起拍了很多照片。我将照片寄回家,父母亲总是很喜悦,他们担心我瘦弱,其实我精神状态很好,和同学们一样,学习上很刻苦,很珍惜时间。除很好地完成正常的学习任务之外,我还自学德语。每天很早起来读德语,不久就可以读德文小说、德文书籍和查德文资料了。

当时,学校的党委书记是彭天琦,他是老革命,也是大学生,在对学校形成团结向上的学风方面发挥了积极作用。彭天琦于1963年调任西安市委书记,后来我和李德焕一起去西安交通大学出差,还特地去看望了他,他对我们很热情。

华中工学院首任党委书记彭天琦是老革命出身

院长是查谦,他早年毕业于金陵大学,后留学美国,是物理学家,1955年被国务院任命为华中工学院首任院长,他工作作风严谨,在师生中有很高的威信。他的儿子查全性院士是著名的电化学家,1977年向邓小平同志提建议,倡导恢复高考,被誉为"倡导恢复高考第一人"。

当年整个学校还在建设之中,办学条件非常艰苦,周围都是荒地和农田,还有水牛。1954年,我们从桂林分部回到学校的时候,整个学校有6栋三层的教学楼,7栋三层的宿舍楼,两个学生食堂,一个教工食堂,邮局和商店都还是茅棚,还有其他一些茅棚,再就是工地。周围有不少农田。生活虽是有些不方便,但好处是可以"稻花香里说丰年,听取蛙声一片"。

当时全校学生有2600多人。学生宿舍是东一舍、东二舍、东三舍、东四舍4栋,我住在东三舍。我们机械系在东三楼,我们主要在

华中工学院建校之初查谦院长在讲话中

东三楼上课,有时也去东一楼、东二楼上课,有些大课还要到工棚里上。

大学二年级留念

当时硬件条件是差了一些,不过师资条件却很好,有很多知名的教授,其中有不少从国外回来的知名教授。例如:陈日曜教授,是留学美国回来的,当时是系主任;赵学田教授,著名的工程图学专家和科普作家,创造的机械工人"看图法"、"画图法"非常有名,还受到毛泽东同志接见;高宇昭教授,他在上海交通大学时和钱学森同志是同班同学,睡上下铺,后来又一同考取庚子赔款赴美国留学,钱学森同志学的是航空专业,高宇昭教授学的是机械专业,毕业后还在美国福特汽车公司工作过;刘颖教授,是美国留学回来的,当时也是学校的副教务长,后来还做过学校的副院长;李如沆教授,是留学日本回来的;万泉生教授,是留学德国回来的;还有徐真教授等人。另有路亚衡老师,他还是副教授,也是从美国留学回来的,当时还比较年轻。

那时的老师们都有一种精神,一种克服困难、勇于探索的精神,并且非常注重实践。正是这一批严谨踏实的老师,奠定了我们机械专业良好的学风,也证明了"大师就是大学",或者如梅贻琦先生所说的"大学者,非谓有大楼之谓也,有大师之谓也"的道理。

1956年,我读大学四年级。1956年初,党中央提出了"向科学进军"的口号,随后制定了加快科学技术发展的规划,催生了后来国家以"两弹一星"为代表的一大批科技成果。"向科学进军",需要大批又红又专的人才,高校无疑担负着培养又红又专人才的重任。大家都是劲头十足。

1956年2月6日,农历腊月二十五日,这又是一个令我终生难忘的日子——我光荣入党了。其实,由于家庭出身以及有亲戚在台湾的关系,虽然我早就立志坚决跟党走,但在很长一段时间中,我是不会想到我能够入党的。记得高中毕业留在南昌一中工作时,虽然我工作各方面都做得很好,也得到领导器重,领导也鼓励我进步,但是包括我自己都认为,要入党还是很困难。领导鼓励我说:"你家庭出身不好,社会关系复杂,入党很难,但前进的道路自己选择。""你要下决心,长期做一个党外的布尔什维克。""布尔什维克"是俄文,原意指多数派,即指共产党。我已下决心坚定地跟着共产党走了,我坚定地回答:"我一生做个党外的布尔什维克也愿意!"

这次能入党,是一件非常光荣的事情,那种高兴的心情是无法用言语来形容的。也正是从那一天起,我定下了自己的座右铭:"俯首甘为孺子牛。"毛泽东同志称赞鲁迅先生是"横眉冷对千夫指,俯首甘为孺子牛。""俯首甘为孺子牛"指的就是"为人民服务"。

八、提前毕业留校

"杨叔子,快起来,你留校了!"

1956年春的一天,我上午才从沈阳毕业实习回来,中午还在午睡,迷迷糊糊之中,听到有人喊我,刚开始还以为是在做梦;再一听,没错,是有人在喊我。我连忙坐起来,原来是我们机械系的秘书王静同志来了。她来到我们学生宿舍东三舍301室,把我叫醒,告诉我说,我提前留校了。她让我下午去系里一趟,去找李如沆老师。

我们上大学时,非常强调理论联系实际,大学期间一共有4次到工厂的实习。到工厂实习,不是安排在学期中间,而是都安排在寒暑假期间。

四年级上学期念完后,寒假期间,我们就去沈阳机床厂进行最后一次的实习,也就是毕业实习。毕业实习时间恰好跨春节,我们就都在工厂过春节,去工人师傅家串门。我们毕业实习的指导老师就是比我们高一个年级、刚毕业留校的李德焕同志。李德焕同志头脑清楚、表达能力强,看问题深刻。沈阳是工业城市,尤其是沈阳机床厂所在的铁西区,是工厂集中区,烟囱高耸,浓烟笼罩,下大雪时,雪不是白色的,而是灰色的,但是我们当时都很兴奋,以为这就是工业化的壮丽景色。

我们从沈阳实习回来,差不多就到了4月份。坐了长途慢车回来,最想做的事情就是好好睡一觉。

听到秘书王静同志的话,我赶快起来,跑到系里找李如沆教授。李如沆教授是从美国留学回来的,新中国成立前就是教授,当时是金属切削机床教研室的主任,很有水平,他教我们机床课,课讲得非常好。后来我才知道,就是李教授提名让我留校的。

见到李如沆教授后,李教授告诉我:"杨叔子,你很不错,你留校了!"他还告诉我:"由于学习苏联,要办专业,我们专业以后要做机床毕业设计,教研室指导机床毕业设计的力量不够,需要你提前毕业留校,先去哈工大做机床毕业设计。"说完,李教授真诚地鼓励了我一番,说他了解我,相信我能做好。

当时在全面学习苏联的背景下,苏联的教育理论、教育经验、教学计划、教学大纲和教材等,被广泛引进,哈尔滨工业大学是仿效苏联办高等工业学校的先进典型。另外一所学习苏联的典型就是中国人民大学。当时根据教育部的安排,我们华中工学院需要派两名教师去哈尔滨工业大学进修一年,做机床毕业设计,接下来好指导下一届学生的机床毕业设计。我就第一个被提名留下来了。过了几天,系里让钱祥生同学也提前毕业留校,去哈尔滨工业大学进修。后来,我和钱祥生同志共事几十年,一直相互支持。

毕业留校当老师,这完全出乎我的意料,我还没有思想准备。本来,我是一心想学好工,学好机械制造,去工厂或科研院所,为祖国的工业化建设做贡献,这也是我当时选择学工的原因。再加上我觉得自己讲话急,表达能力不算好,不适合留校。但是,作为刚入党不久的共产党员,我表示坚决服从组织安排,接受任务。

过了两天,我简单地收拾了一下行李就出发了,因为我想在北京停留一下,去北京看看亲人。1955年我父亲过世后,我哥哥便将母亲接去了北京,哥哥这时已经结婚成家添了小孩。我离开学校的时候,有些后续的事情,就交给睡在我下铺的兄弟张君明去处理了。当时张君明还不知道自己毕业后分配至何处,后来他也留校了,教力学,我们住同一间教工宿舍——教三舍309室。我在出发之前还和同学们在校园内散步,当时学校的树苗还小,有些高个子的同学可以跨过去,我们绕着树苗走了一圈又一圈,这些树苗寄托了我们对学校的感情,因为在劳动中,我们老师和学生都亲自参加了种树活动。毕业时我还写了一首诗,表达当时的心情:

　　唤醒犹疑梦,相言信是真。

程新需执教,任急作征人。

前进忠随党,辛劳总为民。

狂风旋恶浪,向日不媚颦。

大学毕业留念

这样,我算是大学"提前毕业"留校。从此,一辈子与教师这一职业结下了不解之缘。我也真诚地喜欢教师这个职业,能做一名忠诚于党的教育事业的教育工作者,是我无怨无悔的选择。如果让我重新选择,我还是愿意选择机械制造专业和教师职业。后来说起这件事,有人说也许可以解读为我们的家风庭训"清廉爱国,师表崇德"的历史回响。我也非常感谢李如沉教授的抬爱,多年来,每逢元旦和春节,我第一个去拜访的地方就是李教授家,以表达学生尊师和感恩的真挚心情。

1956年4月,我来到美丽的北国城市哈尔滨。4月的武汉,已是春花烂漫,春光明媚,一派春天的景象。而4月的哈尔滨,似乎仍是冬天,还比较冷,哈尔滨的街上有不少欧式建筑,到处都是尖顶的红色房子,一派异域风情,加之城中美丽的松花江静静地流淌,景色美极了,好像走进了童话世界。我完全被这个有着"东方莫斯科"之称的城市的美景迷住了。

当时,哈尔滨工业大学是苏联援建的重点项目,是国内应用学科特别是工科教师和研究人才最大的培养基地。新中国成立之初,在学习苏联的热潮中,大批苏联专家云集哈尔滨工业大学。当时的校长是李昌同志。李昌早年就读于清华大学,也是老革命。他是革命家,也是实干家,确立了哈尔滨工业大学的校训"规格严格,功夫到家"。当时哈尔滨工业大学的教师队伍整体上比较年轻,800余人的教师队伍,平均年龄只有27.5岁,他们后来被誉为哈尔滨工业大学的"八百壮士"。我的任务是学习苏联先进经验。我去的时候,苏联专家已经不多了,学校指派孙靖民老师负责指导我。孙靖民老师是江苏人,只比我大五六岁,1950年,他于浙江大学毕业后,到哈尔滨工业大学读研究生,然后就留在了哈尔滨工业大学。孙靖民老师告诉我,我需要自己去工厂寻找课题进行研究,他已经帮我找好了工厂,就是处于嫩江之滨的齐齐哈尔第一机床厂。

不久,我又独自一人来到齐齐哈尔。齐齐哈尔在嫩江之滨,是个美丽的小城。我就在齐齐哈尔第一机床厂寻找研究课题。当时有十八家国营机床厂,被称为"十八罗汉",在齐齐哈尔就有齐齐哈尔第一机床厂和齐齐哈尔第二机床厂。齐齐哈尔第一机床厂和齐齐哈尔第二机床厂当时都是我国的骨干机床厂,齐齐哈尔第二机床厂还出了闻名全国的工人劳动模范马恒昌同志。齐齐哈尔第一机床厂主要生产小型立式车床,我找的研究项目就是"立式车床"研究。这是我独立研究的第一步。

进修中,我碰到的第一件难事,就是俄文不过关,非常被动。由于学习苏联的原因,我们大学期间不是学英语,而是改学俄文,我在大学时,俄文成绩虽然不错,但当时整体俄文水平都比较低。哈尔滨工业大学的学生,由于学校苏联专家比较多,因此整体俄文水平都比较高。这里的学制是6年,1年预科,5年本科,预科俄文过关,才能进入本科,听、讲、看俄文都不成问题。如果说当时哈尔滨工业大学的本科生一个小时能看十几页、二十几页的俄文资料,而我的俄文严格讲是"自学成才",一个小时只能看10行左右,与他们相比,差距太大了。于是,我下定决心,一定要学好俄文。我整个人都沉浸在俄文中,只要有空余时间,我就学俄文,走路、吃饭,甚至去卫生间都在念俄文,我把心思全都用在念俄文中了。刚开始,每天记一两百个俄文单词,发展到后来,每天记两三百个俄文单词,最多的时候可记六七百个俄文单词。

有一次，我到邮局寄信，一边走，一边念念有词地背俄文，念到邮局后，寄了"信"，又一路念念有词地背着俄文走回来。回到宿舍，一同进修的同志问我："信寄了？"我回答："寄了！"一摸口袋，信还在口袋中，没有寄出去。但我记得确确实实向邮筒寄"信"了。到底寄了什么东西，我至今也没搞清楚。就这样刻苦学习，我的俄文进步速度很快，两三个月之后，就能顺利阅读俄文专业书籍了，连工厂的俄文翻译都找我帮忙，请教专业上的翻译问题。

在哈尔滨工业大学和齐齐哈尔待了10个月之后，我很顺利地，也可以说是优质地完成了毕业设计，也就是毕业论文。我的毕业设计（毕业论文）的创新之处是，导出了机床齿轮变速系统的调速范围等基本的理论性的问题，得到孙靖民老师和其他老师以及工人师傅们的肯定，学校和工厂都给了很高的评价。哈尔滨工业大学机械系还特地制作了一些硬封面的精装本，用作珍藏。所以，哈尔滨工业大学一直认我为校友，校友花名册上也有我的名字，这一点我也承认。

后来，我见到苏联这一时期研究推导出的结论与我的结论几乎一致，而且我得出的结论涉及面更广一些，更具有普遍意义。

回想起来，这是真真切切地培养了独立工作能力。在日后的教学生涯中，我也越来越体会到，培养学生独立工作的能力是十分重要的。立式车床研究，在当时属于前沿研究，我国制造第一台大型立式车床的武汉重型机床厂还在建设中。"大跃进"中，武汉重型机床厂还出了闻名全国的工人劳动模范马学礼同志。马学礼同志有一种精神，即"见困难就上，见荣誉就让，见先进就学，见后进就帮"。马学礼同志到华工学习和在我们班听课后，我们结下了深厚的友谊，我还邀请他到我们家来做客。

1957年2月，我回到武汉，回到学校，算是正式当老师了。我带队指导学生毕业实习的第一个地方，就是齐齐哈尔第一机床厂。

九、一定要当个好老师

我第一次上讲台讲课的经历,是一次失败的教学经历。

当时虽然明明已经做了相当充分的准备,也告诫自己不要讲得太快,但是讲课还是失败了。一个原因是,我说话的节奏太快,也就是语速太快;另一个原因是,讲课节奏太快,也就是缺少让学生理解的环节和时间,自以为充分备好了课,结果很快就讲完了。

第二次上课,效果依然不好,不少学生还跑到另外一个班,去听另外一位老师讲的同一门课了。这对于我来说真是一个不小的打击。

于是我暗自下定决心:一定要当个好老师!

我冷静下来,进行了仔细的分析。我想,要当个好老师,首先就要能讲好课,这是我当前要解决的主要矛盾。我既然能学好,就一定能讲好,我有帮助同学的经历,一定会给学生上好课。于是我花了不少心血,狠下了一些功夫,苦练教学基本功。一方面,我努力改正说话语速过快的毛病,不断提醒自己放慢速度;另一方面,花大量心思关注学生的理解和接受度,倾听学生需要,与学生互动答疑,让学生有思考的时间,促进学生有效理解。再就是精心备课,将整堂课的讲授过程事先在头脑里过一遍,包括哪儿该慢、哪儿该停顿、哪儿该提问、哪儿该板书、该如何板书等,事先都设计好,这样不断地改进教学。

另外,还得感谢我的老师和同事们,他们给了我不少帮助,包括怎么组织教学内容,如何书写板书,如何掌握学生思维规律,如何讲解深浅难易不同的问题,如何深入浅出,等等。这也得感谢当时的教研室制度,这种制度有一种"传、帮、带"机制,即有经验的教师对年轻教师的"传、帮、带"作用。经过刻苦练习,不断提高教学艺术,慢慢地,我成了一个好老师,讲课受到学生欢迎,得到同事和领导的肯定。当然,同事和领导一直将我当成"好苗子"培养,一想到这些,我就发自内心地充满感激。

总结起来,在教学方面我的经验是:在教学过程中,在讲授过程中,知识的传授固然是重要的,但跟知识比起来,关注学生的理解和需要更为重要。年轻教师的通病是,往往按照自己的理解讲,按照知识的系统性讲,且最容易犯的毛病是,忽视学生的理解和需要,没有理解到学习是一个认识过程,是一个师生互动的认识过程。

1958年,是国家实施"第二个五年计划"的第一年。年初,中央提出"鼓足干劲,力争上游,多快好省地建设社会主义",掀起了"大跃进"的热潮。实际上,这与1957年苏联卫星上天带来的震撼和冲击有关。我后来才知道,美国也在1958年颁布了《国防教育法》,加大教育投入,改革美国的教育制度,增强美国国防竞争力。

当时湖北省委书记是王任重同志,他还亲自到学校宣传鼓劲,鼓励大家好好开展科学研究。他在学校露天电影场同师生联欢,还当场唱了京剧,唱得相当不错。

1958年7月,学校为了总结"大跃进"的经验,更好地做好"大跃进"工作,组织各系、教研室负责人以及骨干教师到庐山召开工作会议。会议还特别邀请了三位刚毕业不久的青年教师参加,叶鲁卿同志、叶佩琼同志和我。副院长朱九思同志亲自找到我们,给了我们一些鼓励。当时所有前去的都是骨干教师,我毕业才两年,连讲师都不是,却被如此重视,心里很感动。后来,叶鲁卿同志成为水电专家,成为学校研究生院的负责人,在中法合作教育和科研上做出了贡献,获得"法国棕榈骑士教育勋章",这是很高的国家级荣誉,可惜他前几年因病过世了。叶佩琼工作也很出色,后来去了五邑大学。

说来很有意思,我虽说出生在庐山脚下的湖口,也很早就读了李白的"日照香庐生紫烟,遥看瀑布挂前川。飞流直下三千尺,疑是银河落九天"以及苏轼的"横看成岭侧成峰,远近高低各不同。不识庐山真面目,只缘身在此山中",但这次是我第一次到庐山。庐山壮丽的风光令人陶醉,我们还参观了仙人洞。毛泽东主席为仙人洞赋诗是在此之后的 1961 年 9 月 9 日,诗云:

暮色苍茫看劲松,乱云飞渡仍从容。
天生一个仙人洞,无限风光在险峰。

此后,庐山仙人洞就更出名了。我那个时候也写诗,很多诗现在已经找不到了。不过,1958 年 7 月 30 日我在庐山上写的这首诗还在,从中可以看出当时的心情:

风云吞吐势豪雄,山色湖光水墨中。
岸渺天低开万顷,金黄玉黛峙双峰。
石钟巨响惊银汉,高阁飞霞耸碧空。
笑问瑶池何及此,神州名副会心同。

在"大跃进"的热潮中,全国热火朝天,希望早日将我国各项事业赶上去。当时科技上的许多领域,我国并不落后于日本。就我所在的机械领域来说,"数控机床"是一个刚出现的新领域,国际上,MIT 领先,清华大学正紧随其后。我们学校经过再三研究,决定另辟蹊径,研究和攻关"数控车床",由机械系和电气系教师主要负责,机械系参与研制的教师,除我之外,还有胡庆超、钱祥生,电气系参与的教师是林奕鸿、涂健,整个项目由我和林奕鸿牵头。我们决心在 1959 年国庆 10 周年时研制出来,作为国庆 10 周年的献礼。

我们全心全意地投入到数控车床的研制中。学校领导非常关心,多次亲自过问,机械系和电气系的领导更是尽力提供支持,特别是在资金紧张的情况下尽力满足材料和经费的需求。那个劲头,真的是上下一心、满腔热血、意气风发、斗志昂扬、干劲十足!经过一年多没日没夜的努力攻关,我们研制的第一台数控车床终于成功了!

当时中央决定,在国庆 10 周年之际,从各部委、各省市选出优秀成果到北京参加"卫星"成果展。经过评选,我们研制的数控车床,毫无争议地被选中参加在北京举办的全国"大跃进"成果展览。

1959年国庆前夕,在学校教务长洪德铭的带队下,我们代表学校将我们的宝贝——数控车床运到北京参加展览(洪德铭是西南联合大学的学生,参加过新四军,在战斗中腿部受过伤,走路有些跛,但工作很认真,他后来担任中南财经学院的院长。中南财经学院后来升为中南财经财政大学)。令人惊喜的是,我们刚到北京在华侨宾馆住下,正在北京工作的徐辉碧就来看我。我又惊又喜,脱口而出:"你怎么来了?你怎么知道我要来?"因为那些日子,我没日没夜整个人沉浸在数控车床的攻关之中,忙得还没来得及告诉她我们要来北京参展。徐辉碧的回答更妙,也让我感到非常欣慰和自豪,她说:"我知道你一定会来!"她穿着洁白的衬衫,青春焕发,喜气洋洋,很为我们自豪的样子。大家一下明白了我和徐辉碧的关系,都很高兴,洪德铭赶紧说:"杨叔子,放你的假,先陪陪徐辉碧,带她出去好好玩一下!"

实事求是地说,我们的工作是一步步干出来的,脚踏实地干出来的,绝对没有浮夸。我还被评为"大跃进"积极分子,也因此见到了敬爱的毛主席。

20世纪60年代初,9月的一天,学校通知我这个"大跃进"中的积极分子到湖北省的洪山礼堂观看一个重要演出。至于是什么演出,事先并没有通知,到演出开始前,工作人员才宣布:今天是陪同毛主席观看著名汉剧演员陈伯华的演出。工作人员还告诉大家,必须遵守纪律,只能鼓掌,不能欢呼。听到这些话,大家喜出望外,欢声震天,情绪极为高涨。我简直不敢相信自己的耳朵,心都快要跳到嗓子眼了。其实,能看上著名汉剧演员陈伯华的演出也是非常不容易的。有一种说法:"京剧二百年,出了个梅兰芳;汉剧三百年,出了个陈伯华。"陈伯华主演的一些剧目如《宇宙锋》、《二度梅》、《状元媒》等都是非常经典的剧目,毛主席、周恩来等都十分喜欢她的演出。大家都沉浸在能亲眼且近距离地看到敬爱的毛主席的欢乐氛围中,这是做梦也没有想到的事!

很快,毛主席在省委书记王任重同志等陪同下缓缓入场,向大家频频挥手致意。全场沸腾了！大家都忘情地鼓掌，掌声经久不息，大家都是发自内心地热爱敬爱的毛主席。

演出开始了，我的眼睛一直盯着毛主席的座位，一个多小时过去了，到底演了什么，我一点都不知道；我到底怎么回到学校的，我一点也不记得了。那些日子每天都沉浸在幸福之中。

30多年后，当我作为华中理工大学的校长和湖北省八届人大代表再去洪山礼堂时，回想当时见到毛主席的情形，依然热血沸腾，仿佛回到当年的岁月，我还填了一首词：

  跃进正惊天，群聚堂前。巨人举手正挥鞭，超美越英君莫笑，岂是云烟？

  伫立玉阶前，追忆联翩。开来继往后争先，浩荡春风今更是，绿了云烟。

今天看来，"大跃进"的是非功过，要以历史的眼光，辩证地加以认识，绝不能一棒子打死。"大跃进"中过头的部分，带来了惨死的人祸，历史的教训是深刻的。但是也应该看到，当时人们热火朝天、激情向上的精神状态，"两弹一星"和国家一些巨大的工程，没有"鼓足干劲，力争上游，多快好省地建设社会主义"的热情，哪能干得成功？

1960年，我评上了讲师，学校已将我作为骨干教师在培养。而且在这一段时间，我除了努力上好课之外，还不断加强业务能力。当时意识到德国制造业的发展，还阅读了大量德文方面的书籍。1962年，九思同志专门找我，跟我说："光有理论基础不行，必须加强实践。工程专业，就必须结合工程实际。"九思同志关心人，一般是从人才成长、事业发展、教师发展的角度去关心。一想到九思同志对我生活和事业的关心，我就深深感谢朱九思同志。人的成长离不开正确道路的选择和多方支持。

1964年6月到1965年6月，我在上海机床厂锻炼了一年。当时教育部下决心要培养又红又专、理论联系实际的骨干教师，要求各校选派优秀教师到工厂、农村实际工作中锻炼，学校就选派我去上海机床厂锻炼。上海机床厂是当时机械部"十八罗汉"厂的老大,并紧密关系着前沿的军工生产。

1964年6月6日,我乘船离开武汉赴上海。当时去上海基本上都是坐船,要到位于汉口的江汉关码头坐船,从我们学校到江汉关,当年算是进城,辉碧亲自到江汉关码头送我上船。这是我第一次在长江上航行。当时晴空万里,江水滔滔,面对长江天际流,我在船上填了一首词《菩萨蛮》,表达了当时的心情:

长江万载朝东湃,红心百岁唯阳爱。此日展程新,洪炉好炼人。

船头凝目立,欢涌心潮急。白浪接蓝天,飞航直向前。

值得一记的是,当时在去上海的船上,碰巧遇到了赵学田老师。赵老师是机械领域的前辈,大学时就是我们的老师,也是全国劳动模范,当时非常高兴,大家很开心地合影留念。

1964年6月,赴上海机床厂劳动锻炼一年,恰遇赵学田教授等人

在上海机床厂,我的实践能力得到较大提高。当时厂里青年职工很多,在"咱们工人有力量"的感召下,工人们的精神面貌很好,厂里还办了工人业余学校,全厂1000多名工人根据自己的文化程度,报名参加从小学到高中不同层次的学习班。工人们的学习劲头和钻研劲头都很高。我同工厂的技术人员和工人师傅一起,对一台刚从日本进口的磨床进行实验研究,研讨有关技术问题。记得有一次,这台磨床的自动控制系统失灵,机床不动。师傅不在,我就冷静地思考,一步步检查电气系统,终于查出是一个电气元件的弹簧失效了。问题解决了,心里高兴得不得了。这类的事情还有很多,对学工科的教师的理论与实践相结合真是帮助不少。最终我们写出了大量的实验报告,得出了不少有益的结论。当时厂里技术第一把手、总工程师李艮同同志和第二把手、技术负责人周勤之同志等都很关心我们的实验。周勤之同志后来还当选了中国工程院院士。

在上海的这一年中,还有很多事情令人难忘。比如,1964 年 10 月 16 日,我国成功爆炸了第一颗原子弹,这是中国国防建设和科技史上的大事,标志着中国科技水平上了一个新的台阶。我在一首诗中写道:"戈壁云霞红烂漫,英姿焕,苏修美帝肝肠断。"因为当时苏联夸下海口:"没有苏联的帮助,中国 20 年也造不出原子弹。"实际上,中国用不到 9 年的时间就自力更生地造出了原子弹。

在上海期间,我还到上海江南造船厂参观了我国第一台万吨水压机,回来后在一首诗中写道:"万斤顽铁庞然样,把汝轻揉作软泥。"表达了中国人攻克技术难关的信心和豪情。因为这是我国在极其艰苦的环境下,突破外国各种技术封锁,自力更生,成功研制的第一台万吨水压机,时间是 1961 年 12 月。1962 年,朱德同志还亲自视察了万吨水压机,并兴奋地说:"这台机器制造成功,代表了我国的工业发展已达到一个新的水平。过去,外国人不相信我们能造这样大的机器;现在,事实说明了我们中国人民是有能力的,不仅能造万吨水压机,而且造得好,造得快。"

回想起来,在上海机床厂劳动锻炼的一年,是我人生旅程的重要一站,是我思想和业务提升的加油站,特别是实践能力得到很大提高。一想到上海机床厂的一切,我心里就充满了感恩。实践证明,这是一条培养理论联系实际人才的非常有益的途径。可惜,现在太急功近利了,理论脱离实践的现象非常严重,过于重理论轻实践。对于机械工程专业,我们的教学不仅要和科研结合,科研还要走在教学前面,要敢于开拓,善于创新;科研不仅要有理论价值,还要有广泛的实际用途，理论联系工程实际，理论指导实践，这就是培养工科人才的有效方法。

十、鹣鹣比翼，互尊互信

家是一个人人生的港湾，是一个人启航、导航、护航和续航的地方。我能取得今天的成绩，离不开夫人徐辉碧的功劳。

我和徐辉碧是高中时期的同学。1949年秋，我考入南昌联合中学（今南昌一中）读高中。12月份，学校建立了共青团组织，吸收进步青年入团，还举行了隆重的全校第一次加入共青团的宣誓仪式。在入团仪式上，还表演了节目，其中有一个节目是慰问解放军的小歌舞剧《朱大嫂送鸡蛋》，徐辉碧扮演主角朱大嫂。这个节目和徐辉碧给我留下了深刻的印象。

当时我们高中有7个班，我在三班，徐辉碧在五班，她声音甜美，为人热情，学习成绩好，做事有条理，很进步，很活跃，是团支部书记。1950年1月26日，学校又隆重地举行了第二次入团仪式，这一次我光荣地入团了。我入团后，也经常参加团组织的一些活动，跟徐辉碧的接触慢慢多起来了，有一次，我们还因为工作上的事发生了激烈的争吵，都认为自己有理，不过也反映出我们两人都是很单纯和上进的。不"打"不相识，这次吵架反而加深了互相的好感。1950年底，我们又同时被评为南昌市的模范团员，当时整个南昌一中只评选了4个人，这是很不容易和非常光荣的事情。

高三上学期，在当时"建设新中国"的热情中，徐辉碧报名参加了"军干校"，在北京坦克学校担任文化教员（当时部队院校的教师，一般称为"教员"，以便与国民党时期的"教官"之称相区别，也体现了共产党的平等意识)。1953年,她又响应军委号召报考大学,考入北京大学化学系。受发展原子能科学的鼓舞,她选择了无机化学专业,做重水分析研究。她上大学时,我从高中同学龙仁那里打听到她的地址,开始给她写信,很快便收到了她的回信,渐渐地,我们之间通信往来多起来了。1957年,徐辉碧毕业后分配在北京化工研究院工作,从事国防工业方面的研究,她很崇拜居里夫人,业务上很努力,成绩突出,在腿部受伤期间还翻译出版了俄文著作。

1960年1月23日,农历(1959年)腊月二十五日,是我和徐辉碧结婚的日子。我们是在北京结婚的。当时辉碧在北京化工研究院工作,我在北京第一机床厂带学生实习,"家"就是辉碧借用的化工研究院的小小一间职工宿舍。

当时我母亲也在北京,母亲那时才50来岁,和哥哥杨仲子一家住在一起。1955年,我父亲过世后,在中央广播事业局工作的哥哥将母亲接到了北京,母亲帮着带哥哥家的一儿晓坛和一女小珠。看到我这个小儿子结婚,完成了终身大事,母亲非常高兴。母亲非常喜欢辉碧,辉碧对我母亲也非常好,我们结婚时能在母亲身边,又恰逢春节,心里乐滋滋的。结婚时,我和辉碧特意跑到王府井一家有名的照相馆拍了张结婚照。我们还去了颐和园,去了北京天安门,去拜访了一些老同学。那年北京的雪下得很美,哥哥的孩子们还到我们的新"家"里玩,在雪地上尽情地玩。

可惜,当时我们工作都很忙,我们的蜜月不能称为蜜月,我们开玩笑说,我们不是过"蜜月",半个月都不到,一共13天,是"蜜旬",只比"蜜旬"多3天。这13天,是我人生最快乐的13天,我一连写了7首诗。下面这一首就是结婚当天写的:

惊鸿一舞十年思,圆缺阴晴无间时。
此夕鹣鹣终比翼,同心同结永同枝。

"惊鸿一舞",讲的就是我第一次见到徐辉碧的情景,1949年12月,她在学校第一次入团仪式上表演的小歌舞剧《朱大嫂送鸡蛋中》

结婚照:1960年1月在北京

扮演女主角朱大嫂。"十年思",指从第一次见面到结婚的时候,已经十年了。

1960年2月4日,正月初八,春节刚过,我们就各自奔赴自己的工作岗位。我回到了武汉,不久就带着毕业班的同学去株洲制造航空发动机的工厂实习,实习了两个多月。辉碧也赴农村锻炼,与农民一起"同吃、同住、同劳动"(称为"三同")。

1961年春节,我们又是在北京过的,和母亲及哥哥杨仲子一家在一起。(母亲于1968年病逝,可惜逝世时还不到60岁)。

1961年春节,在北京与母亲、哥哥一家合影

我们结婚时,正碰上三年经济困难时期。当时国家经济困难,物资极为贫乏,生活日用品实行定量分配,凭"票证"购买。例如,吃饭

凭粮票供应,男同志每月 27 斤,女同志每月 25 斤。这显然是不够的,所以大家都是勒紧裤带过紧日子。当时,辉碧铁了心,每月从她的 25 斤粮票中节约 2 斤寄给我,一直到她调到我们学校为止。这何止是 2 斤粮票本身!"匪女之为美,美人之贻!"2 斤粮票,重于千斤!

1962 年春天,徐辉碧从北京调入我们学校。这要感谢孙盛海同志、朱九思同志和李德焕同志等人。孙盛海同志是山东人,比我大 10 岁,是南下干部出身,一直负责学校的人事工作,他爱人就是我的侄女杨似男,他知道我是学校需要留下来的人才,非常关心我的实际困难。他后来还给了我很多帮助和鼓励,我评上院士后,他非常欣慰,为我画了一幅画《硕果》,既有喻义,也表示庆贺,并在画上题诗:"风雨兼程无畏愁,攀登不为万户侯。波澜壮阔龙门跃,奉献更上一层楼。"这是后话。朱九思同志则对我校人事部门的同志说:"徐辉碧调不来,你们派到北京去调人的人,就留在北京,不要回来!"李德焕同志趁着有一次到北京出差的机会,找到北京化工研究院的领导,说是想要调徐辉碧到我们学校工作,那位领导说:"等找到合适的接班人再说。"李德焕那时就已表现出很强的工作能力,他就讲:"才工作三年的年轻人,哪里就谈得上要有接班人呢?"

徐辉碧正是我们学校当时所需要的人才,那时我们学校办了工程物理系,从事国防尖端的核物理原子能、放射化学研究,涉及同位素问题,正好是辉碧所从事的研究。辉碧调入学校后,分配在当时的物理系,从事原子能原料化学教学和研究工作。1962 年,中央提出"调整,巩固,充实,提高"八字方针,教育部要求学校撤掉工程物理系,朱九思同志虽然不愿意,也不得不撤掉。但这个系还是培养了不少人才,如 1963 年放射化学专业毕业的李定凡同志后来成为核工业部副部长,我评上院士后,他就打电话给他当年的老师徐辉碧,第一个告诉我们这一消息。

我们俩信念一致,都是生活简朴,惜时如金,一心扑在工作上,一门心思从事自己的教学和研究工作。为了节约时间,我们不在家做饭,而是吃食堂,因为做饭太费时间了。算起来,我们"吃食堂",一吃就是20多年,一直到1986年,女儿杨村春和我校教师李晓平结婚为止。不少人问过我:"据说你吃了30多年食堂,这是真的吗?"我就讲:"是真的!""为什么?""珍惜时间!""苦吗?""不苦!"当然,我们也有亲戚在学校,有地方去"加加餐"。我侄女杨似男一家、徐辉碧表弟王运赣一家,都在华中工学院,节假日我们常去他们两家聚餐。

2007年,孙女杨易赴澳门科技大学读本科前夕

我们的心思,几乎都用在学习和工作上,即使这样,我们仍然总觉得时间不够用。

只要有时间,我几乎都是用来看书,于是徐辉碧规定,周末时,为了调节和休息,必须做一个小时家务,打扫清洁等。当然,我们也都有自己的业余爱好。我喜欢古典诗词,读诗写诗,就是我的业余爱好和休息方式,辉碧则喜欢听音乐和唱歌;再就是,我们一起散散步,作为锻炼的方式。

徐辉碧在生活上给了我很多照顾。比如说,1962年12月下旬,我在北京为学校购买图书,25日临时接到学校紧急电报,让我立即到北京、天津、沈阳、洛阳4个地方的十几个工厂,包括北京第一机床厂、北京第二机床厂、天津机床厂、沈阳第一机床厂、沈阳第二机床厂、沈阳第三机床厂、洛阳拖拉机厂、洛阳轴承厂等,安排落实学生实习的吃饭住宿问题。那时经济困难时期刚过去,安排吃饭住宿问题还有不少麻烦。我带的衣服也有些不够,但我知道任务紧急而重要,接到通知后,我赶快处理完自己的工作,然后"奋不顾身"、马不停蹄跑了四个城市,除了在沈阳是在澡堂旅馆睡了一夜(是睡在澡池临时架上木板的大通铺上)之外,其余的基本上是晚上坐火车,白天做联系与落实工作,午饭就在路上啃馒头。这样,既省时又省钱,晚上在火车上,还可以在车厢的车头或车尾的电灯下看书。短短7天,跑了4个城市,10多个工厂,落实了学生实习吃饭住宿的问题,终于在12月31日赶回武汉,回到家中,迎接1963年的元旦。

说起来,那时通讯不方便,那几天我"转战三千里,飞驰只七天",效率是很高,但没有办法与家里取得联系。辉碧没有我的消息很着急,12月的北方天气很冷,徐辉碧最担心的是,我带的衣服不够,还托她在天津的熟人到天津机床厂和火车站找我,给我送棉衣,因为下一站就是沈阳,她生怕我冻病了。可惜她的熟人没找到我,也就没能给我送衣服,因为我的行程太紧张了。等我几天后回到家中,她才松了一口气,好在那时年轻,也没有感冒。

接下来不久,就是1963年的春节,这是我们结婚后第一次在自己的幸福小家过的春节。

说起来,我这一辈子出差很多,也让徐辉碧有很多的担心。有一次出差,由于带的衣服不够,感冒了。从此以后,不管我去哪里出差,徐辉碧让我带的衣服都很多,只会多,不会少。别人跟我开玩笑,说我带的衣服中有些衣服是"十次有七八次用不上",我开玩笑说,"十次总有两三次用得上!"这就是一种积极的心态,感谢夫人的良苦用心。夫妻之间,都是要从积极的心态去理解,从积极的方面去看待对方的好。

夫妻之间的互尊互信太重要了。因为互尊互信,我们走过了最艰难的日子。1968年11月,我们学校到湖北咸宁劳动,本来我是学校派去打头阵的,临走之前,辉碧帮我收拾行李。从1969年12月1日开始，我被隔离审查，隔离的地点是咸宁高寨大队。当时我的一切行动都有人"监视"，给我加的一个罪名是"潜伏特务"。面对不实材料和指控，我襟怀坦然，绝不说假话，也不冤枉他人。有一次，有人故意歪曲，拍着胸脯跟我说："徐辉碧已经交代了，你还不赶快老实交代！"

我才不信！我相信的是，徐辉碧绝不会这么做！我们两人相互信任，情融事业，对党忠诚，绝无虚伪，我坚信我的问题必将查清，也相信我的夫人绝不会随意歪曲我。

后来，徐辉碧跟我讲，别人要她老老实实交代我的问题，她就讲：我们恋爱10年，结婚10年，我了解他的性格、他的脾气、他的人品，我相信他是一个忠诚的共产党员，绝对没有问题。这就是徐辉碧！

其实，就是在隔离审查期间，我也是襟怀坦然，信念没有动摇，还写了不少诗。例如，1970年4月下旬，我国成功发射第一颗人造地球卫星，我从收音机中一再听到这一特大喜讯，写下两首七律，其中一首是：

《东方红》曲最宏伟，此日龙腾撼太空。

绕地卫星姿曼丽，巡天火箭势豪雄。

奇光灿烂民欢仰，妙乐铿锵世喜崇。

喜满春风今更告：炎黄此日访鸿蒙。

感谢军宣队指挥长刘崑山同志。1971年，大约是5月8日或5月9日，刘崑山同志到我们农场检查工作时，认为查无实据，要求立即将我放出来。现在回想这件事，我的解释是"事出有因，查无实据"，其实就是我侄儿杨安中在台湾，他是蒋经国的亲信，跟随蒋经国去了台湾，但当时我们根本没有往来，也不可能往来。

我还要感谢我们系的陈敏卿同志。当时陈敏卿同志是"看守"我的人员之一，在他单独看守我的时候，他对我很友好，会偷偷问我有没有什么事情需要他帮忙办的，我当然不会给他添麻烦，但心里感到温暖。有时跟他一起坐在农田边，头脑里还会冒出诗句。

1970年5月10日上午，有人告诉我：你可以自由行动了，可以到徐辉碧所在的咸宁马桥探亲。我赶紧去理了发,换了一身干净的衣服,立即飞奔至马桥,与徐辉碧相见。劫后重生,久别重逢,感慨万千,千言万语,万语千言,难以言尽,事后我写了一首诗以示纪念:

深恋十年后,于飞又十年。
风波诚考验,情感更贞坚。
三月音书绝,两心魂梦牵。
烟云一回首,脉脉复绵绵。

十年浩劫期间,夫妻双方,一方被诬陷,迫使多少家庭崩裂,造成多少人间悲剧。其中不少人是因为在外面受了苦、受了辱、受了委屈、受了冤枉,回到家又遇到不理解、冷漠、敌视或划清界线,多少有些雪上加霜,有苦无处说,以至于走上绝路。这方面的例子实在太多了。

1971年12月31日,我由咸宁农场回到学校。我从1968年11月去咸宁,到这次回学校,前后三年,中间一直没有回来过,感慨万千。我回到学校的第一件事,就是去幼儿园接村春。父母在咸宁农村劳动,村春小小年纪就长期住在幼儿园,当时学校也没有什么人。想来没有父母在身边,她一定很孤独。村春见到我时,刚开始有些陌生,瞪着眼睛看着我,呆呆地站着,过了一下,立刻惊喜地扑到我怀中,不停地喊道:"爸爸!爸爸!"我抱着村春,高兴地说:"爸爸回来了!向老师请个假,回家去,回家去喽!"这样,我们的家又完整了,第二年村春就上小学了。

"文革"结束后,我和徐辉碧更加相互支持,全身心投入到工作之中。1978年,中断多年的职称评审制度恢复,我们同时晋升为副教授。1979年至1981年徐辉碧赴美国深造,1981年至1982年我赴美国深造,再之后工作更忙了,但也都取得了一些成绩。

一直到1996年暑假,当时是7月底8月初,教育部组织直属高校领导干部去武夷山休假,可以带夫人同行,我们俩才在结婚几十年后第一次一同出游。山美水美人美,我特地写了一首《七律·武夷山休假并赠辉碧》:

往昔何曾结伴游,而今宿愿得相酬。
峰回九曲漂清筏,溪抱三岩对小楼。
险境同攀尘俗净,先贤共仰泽芳流。
丹山碧水留明证,竹洁梅纯薄五侯。

1996年暑假,在武夷山九曲溪

年龄大了之后,我出差时,辉碧也经常陪着我一起。当然,她有她的事业,她也会顺便到她的合作单位进行讲学。看到她高高兴兴地忙于她的事业,我比什么都高兴。徐辉碧的事业干得很不错,这也是我非常高兴的。2002年,她和实验室的同志们一起成功研制胰岛素口腔喷雾剂新药,我写了一首《蝶恋花·拟杨易为奶奶祝贺70寿辰》:

奶奶春风长化雨,润我心田,细细苗苗育。我代全家来祝语,声声"奶奶您辛苦"!

西走东奔朝复暮,奶奶人生,勇敢勤劳铸。七十高龄飞健步,又迎一个"新喷素"。

我很感谢徐辉碧,两个人在一起的幸福,是真诚地"互尊、互信、互敬、互爱、互助"等,一同经历人生的风风雨雨,一起相互扶持、相互成就。

2010年1月23日,是我们的金婚纪念日,孩子们很高兴地为我们办了一个小型家庭聚会。聚会上,我就给孩子们讲了夫妻相处之道,谈到我们之所以能相濡以沫、相互扶持幸福地走过来,靠的就是我所体会出来的"互尊、互信、互敬、互爱、互助"等,而且我特别谈到,夫妻之间,首先是"互尊",互相尊重,不要以为已经是夫妻了,彼此之间就可以不那么尊重了。那天,我还填了一首《鹧鸪天·金婚日感赋》:

　　本拟佳期诉寸衷,当年一见梦魂从,戎装北国英姿念,倩影燕园密意通。

　　惊恶境,越危峰,偕行执手更心融。纵然"耋"近情难老,共惜青山夕照红。

金婚照:2010年深圳

2020年是我们结婚60周年,"钻石婚",我更感觉到我们俩情比金坚。我生病,非常感谢徐辉碧尽心尽力地照顾我。徐辉碧成了"家庭护士长",从日常生活到医疗、护理,到为我工作接待处理等,各个方面的工作,她全部倾心承担,我是发自内心地感激她。我的感谢,也是对她的尊重。

回想起来,我们从1949年青春年少相识到现在已经整整70年,从1960年初结婚到现在已经60年了,不管是风和日美的良辰,还是艰难万分的困难时期,我们俩都是互相关心,互相支持,相濡以沫,坚贞不渝。

"竹马青梅春长在，披肝沥胆志同酬！"

十一、最年轻的教授

1973年邓小平同志复出，1975年，他对经济工作进行整顿，各行各业直接受整顿之惠。

当时二汽①领导找到九思同志，希望支持二汽办学。二汽是军工企业，它的领导，如黄正夏同志、李东波同志等非常重视职工教育，我的大学一年级同学季峻同志（原名季福生，院系调整中调到长春汽车拖拉机学院）当时在负责二汽职工大学的教育，是湖北省任命的二汽职工大学校长。还有我们一年级的女同学黄立昌同志也在二汽工作。

1973年，我去二汽职工大学给学生上课。1975年，我们厂校合作，搞"开门办学"，与二汽合办了三个班，总共三个专业（机制、铸造、工企）。当时机制这个班我们学校去了30多个学生，二汽去了40多个学生，总共80多个学生，时间是从1975年10月到1978年上半年。我是这个班的总负责人和教师，除了英语课，班上的初等数学、高等数学和专业课，我几乎都教过。当时真的很困难，学生的基础良莠不齐，好的很好，差的很差，有的工农兵学员连3的平方是多少都不知道，有的学员认为1/2加1/2等于2/4、1/2加1/3等于2/5，不过后来他们都赶上来了。我们规定，学生星期六下午上完课才能回家，星期天晚上还要上课，而且星期六下午与星期天晚上这两个单元的课都由我来教。

---

① 第二汽车制造厂，简称"二汽"，地点在湖北省十堰市，现在已改为东风汽车公司。"一汽"在长春。

这样下来,三年内总学时共计1800~1900学时。而且一年中,一个学期在工厂,一个学期在学校,当时学生整整有一年在二汽的工厂边学习、边劳动,力学也学得很深入,甚至接触到了分析力学的知识。

这个班最突出的特点是强调实践。当时要求老师要和学生在一起搞现场教学,有的课就是在车间里上的,实习肯定就在车间里面。当时非常注重实践能力的培养,所有的毕业设计课题,都是生产线上所需要的设备和工艺装备,毕业设计出来的东西,要经过图纸审查,接着投入试制,试制以后经过安装调试,就能投入生产。这样扎扎实实地做毕业设计课题,就是利用工程环境培养工程技术人员,包括技术工人、技术员和工程师等。这样培养出来的学生工程实践能力较强,当时在全国是比较领先的。

这个班的学员是扎扎实实学出来的,办得还相当不错。我记得有一名中等成绩的学员,当时分到中科院武汉分院的一个研究所,业务能力比当时一些本科生还要强。原因很简单,那就是基础知识很扎实,动手能力很强。我指导的博士生吴雅,就出身于这个班,业务能力相当强。现在看来,"开门办学"本身并没有错,但"文革"中错的往往是"开门不办学"!

再补充一点,当年的二汽职工大学,现在已经国务院批准成为全日制普通本科院校,校名为湖北汽车工业学院,这十分难得,在全国很难找出第二个。它的现任校长钟毓宁同志是我指导的1988年入学的博士,是江西都昌人。

1978年是不平凡的一年。

1978年,对国家来说,是改革开放的第一年,科学的春天来了。对我们家来说,1978年是"双喜临门"的一年。这一年,我和徐辉碧都评上了副教授,这在当时非常不容易。因为"文革"中断多年的职称评定制度在这一年才得到恢复,虽然九思同志积极从省里为我们学校多争取了一些名额,但是积压多年,总体名额相当不够,能够评上副教授,是相当不容易的,也反映了领导和同事们对我们工作的肯定。这一年我们双方都被学校评为优秀教师,一同戴着大红花接受学校表彰。

1978年，与徐辉碧一起同受学校表彰

从1978年起，我就开始指导研究生，第一批招收的研究生是王治藩、汪大总和韦庆如。王治藩很刻苦，硕士、博士连读（"硕博连读"），毕业后留在我们教研室工作；汪大总读研究生之前没有上过大学，直接考研究生，他后来到美国通用汽车公司工作，是公司里技术方面的重要权威；韦庆如也发展得不错。

改革开放后，在朱九思同志的领导下，华工明确提出"科研要走在教学前面"的办学思路，实际上他在"文革"前就开始这样做了，只是在改革开放后进一步深入、进一步强调科研。与此同时，华工开始加大力度走国际化办学道路，当时学校千方百计、想方设法派遣优秀教师出国深造，这在当时是走在全国高校前列的。

1979年11月，徐辉碧作为我们学校第一批教师被派遣出国深造了，而且是首批派出的五位教师中唯一的女同志。这次能够派遣出国深造的起因是，1979年9月，美国加州大学圣地亚哥分校（UCSD）校长麦坎罗艾先生带领一行九人的代表团来我校访问，在访华代表团中，除校长夫人外，还有物理系主任林绍基和世界生物力学奠基人冯元桢等。

这次访问非常成功，他们表示愿意接受我们学校的教师到他们学校做访问学者，而且接下来的手续办得非常快。学校第一批就派遣五位优秀教师出国深造，徐辉碧是其中唯一的女教师，另外四位同志分别是李再光、邹海明、徐则琨、叶能安,他们在圣地亚哥分校分别待了一至两年,学成回国后都成为学术带头人,例如:李再光同志是光电学科的学术带头人,邹海明同志是计算机学科学术带头人,徐辉碧成为化学学科的学术带头人等。

徐辉碧被派遣到美国加州大学圣地亚哥分校访学,开始定的访学时间是一年,后来由于合作较愉快,取得了一些成绩,就又延长了一年。正是在美国访学后,辉碧确定了她新的研究方向,对"长寿微量元素"硒进行研究,这属于新兴领域的生物无机化学,属于前沿研究。

徐辉碧很能干,她后来取得了一系列的成果,特别是在国内率先对硒的生物无机化学进行研究,并取得丰硕成果,1983年她就被评上了教授(这在当时也是属于年轻教授),后来做了化学系的主任和理学院的副院长。我当校长时,准备组建生命科学与技术学院,有人提名她来当院长,我没有同意。她后来担任学校生科院院长,是周济当校长时任命的。她在院长的位置上干得很好,并将这个学科建成了重点学科,培养了很好的学术梯队,也培养了不少人才。

1980年10月,我在当了两年副教授之后,又被破格提拔为教授,当时是华中工学院最年轻的教授,也是湖北最年轻的两位教授之一。

当时评教授和现在不同,当时是"提教授",不需要个人申请,由领导提名与基层推荐相结合。我被提名与推荐时,并不知情。因为"文革"期间学衔职称冻结,很长时间没有评职称。当时除了新中国成立前留学归来的一些教师是教授外,很少有教授,教过我的老师中,有些系里的或教研室的领导等,当时都还是副教授。积压了这么多年的职称评审工作,名额又有限,正教授怎么可能轮到我呢?当教研室的同志们向我祝贺时,我不敢相信,以为是开玩笑,我严肃地讲:"别乱开玩笑!"教研室的领导与教授就讲:"不是开玩笑,我们都签字画押了的!"

我一听心里非常感动,也有些忐忑不安,我的领导和老师在自己还是副教授的情况下,推荐自己的学生当教授,这种高尚的品格,让人感动。这也反映了当时的学风很好,社会风尚很好。当然这也得益于朱九思同志自从 1979 年访美归来后，决心大力抓学术建设和大胆提拔优秀年轻人的政策。

1980 年，也是我非常繁忙的一年。这一年我开设了两门研究生课程，一门是处于学科前沿的现代工程控制，另一门是有一定深度的数学课程变分法。当时由于学校大量外派留学人员，留在校内的教师教学工作量大大增加，我们系有两位老师要到英国留学，工程控制论的课程教学工作没有人接手，也都由我接手了。

现代工程控制当时属于前沿学科，这门课程是从著名科学家钱学森同志、西安交通大学阳含和教授（他当时是机械工程学科的第一权威）等的研究中受到启发而来的，也是从日本学者绪方胜彦的专著《现代控制工程》而来的。我找到绪方胜彦的著作《现代控制工程》来学习。这是一本非常厚的书，但我两个星期就看完了，跟看小说一样快，因为我的线性代数和物理基础都很好，我将这两个领域的知识要领结合起来去理解、消化和吸收。讲课中，又加进自己多年的工作实际和工程实践，并慢慢形成自己的东西。

变分法研究泛函极值问题，是属于数学方面的知识，是一门比较深奥的数学课程。我平时喜欢看书，并看了大量数学方面比较高深的书，所以能开讲这门课。"泛函"是指函数的函数，函数只是泛函的一个特例而已。学工科的人要想在基础技术上有所突破，一定要把数学基础学好，大学期间学的那些微积分或数学分析，只不过是基础中的 ABC，远未触及基础的要害，只能是一些表面的应用。

而且，这两门课程是相得益彰的，在备课中我还写了一首《备课有感》反映当时的心情，时间是 1980 年 9 月，诗云：

"变分法"课欲承肩，来佐"工程控制"篇。

极值探求应有术，潜心事业却无边。

如饥似渴求知者，破浪乘风济海贤。

浩劫十年遗祸烈，须争朝夕力荒田。

另外，还需要说明的一点是，从自身几十年的教师经历中，我深刻体会到教授进行教学工作、教学相长的重要性。在教学中由于工作需要,我除了教授专业课之外,还先后教过或部分教过高等数学、变分法、积分变换、线性代数等数学课程;教过理论力学、材料力学、机械振动学等力学课程;以及教过控制工程、现代控制理论基础等专业基础课程和专业课程。这些经历对我后来的研究有很大的帮助,特别是对于我率先开拓机械智能制造很有帮助。

十二、开发国内第一台微机信号处理系统

1981年是充满期待的一年。

这一年,除了正常的教学,业余时间我基本上在为访学美国做准备,特别是在英语学习方面。当时学校还聘请了外籍教师,为教师开设英语口语班,教我们班的是一位非常友好的美国女教师。

我学习英语像当年学习俄语一样,几乎到了废寝忘食的程度。学习英语,整块时间当然很好,但零星时间也很可贵。一天之中,零星时间不少,如走路、等人、饭前饭后、课间休息等,都可以利用起来,复习生词、回忆语法、联想对比等,一个小时记几十个单词或上百个单词,根本不成问题。

有意思的是,2007年,我作为组长到深圳大学进行本科教学评估,当时在深圳大学工作的校友们相约来看我,有一位校友说起,他当年在学校读书时,课间休息,时常看见我在我们学院楼下的草地上边听收音机边跟着念念有词,还模仿我听收音机时跟着练习的情形。我承认是那样的。

1981年12月,我去美国访学深造,这时距徐辉碧11月从美国访学回国才一个月。当年因为去国外留学的人不多,回国的时候,家人

一般会去北京机场迎接,但我因为时间紧,就没有去北京接辉碧,她表示理解。

临赴美国前,我写了一首诗,表达了自己此行的志向,诗云:

腾空越海异乡行,不在金元不在名。

惟有学成归国愿,人间最重梓桑情。

我去访学的学校,是美国威斯康星(Wisconsin)大学麦迪逊(Madison)分校,我在该校机械系知名教授也是华人教授吴贤铭先生手下做访问学者。当时在麦迪逊做访问学者的人不少,我校机械系比我早去几个月的宾鸿赞同志到机场接我,比我晚来几个月的还有我校的杨绪光、陈志祥、诸兴华等同志,还有兄弟院校来的学者,如南京工学院(现东南大学)的黄仁同志、北京农业机械化学院(现中国农业大学)的陈继武同志、浙江大学的黄逸云同志、中国科技大学的李川奇同志、北京航空学院(现北京航空航天大学)的陈克兴同志等。我到美国不久就是春节。春节期间,大家一起包饺子、吃年饭,弄得热热闹闹。

在美国,我主要是协助吴教授进行研究与教学,为他手下的访问学者和研究生讲授数理统计及工程应用这门课程。我当时用的主要参考书就是我们学校知名教授林少宫先生关于数理统计及其应用的专著。这也为我后来从事的"时间序列分析"研究奠定了基础。

在美国的一年中,我除了去芝加哥参加一个国际机床博览会之外,其他城市都没有去过,而且这次还是学校选派了一批人用专车送过去的,因为时间对我来说非常宝贵。我写过一首诗描述这段在美国进修深造的生活,题为《五律·赶写回国用讲稿,稍歇,外出观景》:

枫叶经霜醉,层林染晚霞。

他乡情纵厚,报国爱无涯。

学问朝朝做,文章页页加。

唯求心自慰,不欲世人夸。

1982年底,我按期回国。归国之前,有人问我:"想不想留在国外?"我说:"不想,我要回国,我想早点回国。"接下来又问:"为什么要回国?"我反问:"为什么不回国?"对于留在国外,我从来没有想过。

当时,在国内的工资,一年只有600美元左右,而在国外,一名教授年薪至少10万美元,差距相当大。但是在我们这一辈人心中,"出国就是为了回国","回国就是为了报国","惟有学成归国愿,人间最重梓桑情","出国学本领,回国搞建设",理所当然!用学到的先进科学技术,建设我们亲爱的祖国,理所当然!这是生我养我的祖国,我们不去热爱她和建设她,指望谁去热爱她和建设她,难道指望外国人去热爱她和建设她?这绝不是大话,而是发自内心很真实的想法。

顺便说一下,对于青年人出国学习,我十分赞成。出去走一走,看一看,学习外国先进科学技术,"洋为中用",报效祖国,振兴中华,当然是大好事。但是如果一去不复返专门为外国人服务,甚至帮助外国人"宰"中国人(这方面的例子我也见过,而且比外国人"宰"中国人更严重),弄成"中为洋用",用中国人民的血汗钱为外国培养人才,这显然不公平。

回国不久,1983年1月4日,像对待所有从国外访学归来的教师一样,朱九思院长在他的办公室里约见了我。在朱九思同志国际化办学思路指导下,当年学校较大力度地派遣教师出国深造,同时也接受不少外国教师来学校任教。我记得我出国的编号是144,也就是说,在我之前已经有143人被派出国了,从1979年11月第一批派教师出国深造到我1981年底出国,只有两年时间,派出这么多教师出国深造,当时这在其他高校是少见的。而且每位同志归国后,九思同志一定要安排会见,询问在国外的学习情况和见闻、归国后的打算、有什么要求、有什么困难等,当时这在其他高校也是少见的。

"回国的第一课",就是在朱九思同志的办公室上的,可以看出九思同志对学校的深厚感情。我到九思同志的办公室时,看见他正在严肃地批评一位分管后勤的同志,说是后勤有一块大石板压了一棵树苗,那位同志也很诚恳地说,回去一定好好改正。我当时深有感触,九思同志真是爱校如家,爱树如命。

九思同志结束与后勤同志的谈话后,他的态度温和下来,开始询问我在美国的学习情况和回国以后的打算,还问我有什么要求。我就说了我的一些想法,我说:"我希望有段时间不再担任社会工作和行政工作,我想全心全意搞学术,集中力量把在美国学到的知识和我正在研究的问题进一步向前推进,做出成绩。"

九思同志表示赞同,他当即就打电话同当时机械系的总支书记李德焕同志商量,请系里支持我的工作,让我能一心一意搞业务。李德焕同志表示坚决支持我的工作。我们系是学校比较重视的一个系,我们机械制造专业又是重点学科。当时系里精心安排,从多方面支持我的工作,为我业务上的进一步发展大力提供保证。

当时系里从相关专业抽调人员,特别是从段正澄同志任教研室主任的自动化教研室中分出一部分人,组建工程测试教研室,安排我当教研室主任,作为学术带头人,带领大家一起干。而且在段正澄等同志的支持下,系里还将当年用 50 万美元引进的振动噪声测试全套硬件软件装备起来的实验室划归我们教研室管理。当时,支部书记是卢文祥同志,其他主要成员还有杜润生、刘经燕、吴雅、王治藩、赵振平、黄长艺等,当时我正在指导研究生,后来我所带的 1982 年和 1983 年毕业的研究生陈小鸥、丁洪、梅志坚毕业后也都留在了教研室。这样,我们教研室就成了一个朝气蓬勃、团结和谐、兢兢业业干事业的老中青结合的新教研室,我们这个教研室也渐渐组建了一支能干事业、人际和谐的团队。

段正澄同志还进一步慷慨相助,从科研经费中拿出两三万元,买了一台当时最好的也是非常贵的台式苹果计算机 Apple-II 供我们使用。这真是很大的支持,这种识大体、顾大局的风范我永远铭记。很高兴的是,2009 年,段正澄同志当选为中国工程院院士。

当时也有人说,"杨叔子只搞理论,不重视实际"。李德焕同志作为系总支书记在一次全系会议上讲:"我不认为杨叔子只搞理论,他也很重视实际,我们既需要杨叔子这样重基础理论的人,又需要段正澄这样工作在实际生产一线的人,也需要两个方面都有所长的人,每种人我们都需要,都要大力支持。学校要发展,不这样做绝对不行!"

1983年,与徐辉碧(后排右一)一起受学校表彰(前排右三为赵学田教授,右四为朱九思同志,右五为老红军辛忠贵同志)

我们很快以实际行动说话,打了"漂亮的第一仗":我们团队成功开发出了国内第一台微机信号处理系统。感谢段正澄同志支持的Apple-Ⅱ,正是在这台苹果计算机上,我们团队成功开发出了国内第一台微机信号处理系统,成功实现了所测得的信号在微机上自动处理与显示。这台微机信号处理系统比用一般的信号处理器快得多。

1984年5月,《光明日报》还进行了报道,报道中提到:这台微机信号处理系统的作用,好比老虎插上了翅膀。消息一传开,一些商谈合作的或者购买的人纷纷前来。我们还开发出了一些产品,很快就售罄了。这又为我们积累了一些后续的科研资金。

十三、突破断丝定量检测的国际难题

"科学有险阻,苦战能过关。"

这是那些年激励人们的叶剑英同志的名句,校园里有时会挂这样的标语。1984年,我同我们教研室的同志们一起组成课题小组,攻关"钢丝承重和内部断裂定量检测",要用仪器检测出钢丝绳的一个捻距内断丝的数量。当时这在国际上是一项技术难题,或者说是一个世界性的难题,这个检测技术世界上还没有过关,用一位外国权威的话讲,断丝定量的检测,"如果不是不可能的,那也是十分困难的"(If it is not impossible, it will be very difficult)。

钢丝绳用得极广,从矿山到码头,从旅游到航天,从军事到民用等,现在用得越来越广泛。如果钢丝断裂到一定数量,钢丝绳就会断裂,轻则物损,重则人亡。例如,在矿井中,因为钢丝绳断裂就造成了不少事故,每年因这个方面的原因造成的死伤人数也不少。如果事先就能测出所用钢丝绳的钢丝断裂情况,就可以防患于未然,减少事故的发生。然而,100多年来,世界上对钢丝绳的检测一直是人工目测评估的老办法,没有取得关键技术的突破。

1984年以前,我国煤炭部门向其下属的一个研究所先后投资了三四十万元进行这个问题的研究,该项研究还被列为国家"六五"和"七五"攻关项目。这个研究所解决了传感器的研制问题,但是没能解决传感器取出的信号处理问题,他们先后找了五、六家单位进行合作,但都没有成功。1984年,他们就找到我们,但是项目资金只剩下1.9万元,他们问我们干不干?我同师汉民教授经过研究,便下定决心:"干!"

接下任务后，我们对研究方案进行了多次讨论，并把具体任务交给了以陈日曜教授名义招收实际上是由师汉民教授指导的博士生王阳生，以及我指导的硕士生叶兆国，组织他们一起干。他们两个都很能干，用武汉话来讲都是"叫鸡公"，我们就告诫他们："要搞好合作，不能互相拆台。"他们讲："杨老师、师老师，你们放心，我们一定干好！"

后来我指导的1985年入学的博士生李劲松也加入了这一攻关课题组。大家都是全力以赴，日夜加班，除了农历除夕、初一、初二这三天休息外，其他时间几乎没有休息。

当时我还为此写了一首七律：

国际难题解未酬，书生意气兴方遒。

前驱未果文犹在，后续有踪路可求。

断裂绳丝存迹象，新兴测试察根由。

从来登顶无平路，不领风骚不罢休！

在实际的检测过程中，钢丝绳损伤情况复杂，检测环境恶劣，干扰信号严重，给断丝的定量分析和识别带来许多困难。一年过去了，我们经历了一次次的失败，又一次次地从失败中总结经验教训，一点点地取得进步，到1985年底，我们基本上成功了！

组织验收时，钢丝绳刚通过传感器，计算机屏幕上立即显示出清晰的数据——与测量起点处的距离，断丝数量，共计断丝数量，最危险区在何处，等等。

很自豪的是，1986年5月，我在美国时的导师、著名的华人教授吴贤铭教授来我校访问时，特别仔细地参观了我们的实验装置，询问了许多情况。对我们在简陋的情况下做出的成绩，表示大大的赞扬。

到1987年春，我们已经实现了可用微机在线进行定量检测。但我们并没有停步。1987年入学的研究生康宜华等也加入我们的研究，经过综合应用电磁理论、信号处理原理、计算机技术、模式识别等多学科知识，从软件与硬件两方面积极探寻抗干扰措施，使钢丝绳断

进行钢丝绳断丝定量检测实验　　　1986年5月,美籍华人吴贤铭教授来访

丝检测技术从定性到定量方面取得了突破性进展,我们的研究出成果了!

随着实践的深入,我们开发出钢丝绳断丝第一代测量装置——GDIY-Ⅰ型便携式钢丝绳断丝检测仪。当时,这是国内首创!

专家给出的鉴定结果如下:

> 参加评定的专家一致认为,断丝定量检测系统综合应用了电磁理论、信号处理原理、计算机技术、模式识别等多学科知识,使钢丝绳断丝检测技术从定性到定量方面取得了突破性进展。在断丝定量检测技术方面是国内首创,达到了国际先进水平。

这意味着我们的成果突破了国际技术瓶颈,达到了国际先进水平。

接下来,我们继续努力,相继开发出一系列产品:第二代测量装置 GDJY-Ⅱ型钢丝绳断丝定量检测仪;第三代测量装置 GDJY-Ⅲ型钢丝绳断丝定量检测仪;第四代测量装置 GDJY-Ⅳ型钢丝绳断丝定量检测仪;等等。

我们从软件与硬件两方面积极探寻抗干扰措施,使钢丝绳断丝定量检测误判率从300%降至3%,这是一个非常了不起的成绩。

我们可以自豪且毫无愧色地讲,钢丝绳断丝定量检测技术已经得到突破，问题已经得到解决，可以在企业中得到应用。"千钧一索系安危"，外国人没能做到的事，我们中国人做到了！

当然，我们也凭借"钢丝绳断丝定量检测"的理论与技术获得了大奖，为学校争得了荣誉。1991年7月，"钢丝绳断丝定量检测理论及其技术"获得国家科学技术进步二等奖；1992年10月，"钢丝绳断丝在线定量检测方法与仪器"项目的系列成果，获得了国家发明奖。

1991年，"钢丝绳断丝定量检测理论及其技术"获国家科学技术进步二等奖证书

1992年，"钢丝绳断丝在线定量检测方法与仪器"获国家发明奖证书

特别要说明的是，国家发明奖对获奖人数名额有限制，只能填报6个人，就以我、师汉民、卢文祥、刘经燕、梅志坚等六人的名义申报了国家发明奖。其实，做了贡献的远不止我们六人，例如，杜润生同志

就做出了重要贡献,但他总是践行他人优先的优秀传统。我们这个优秀集体就是这样,总是为他人着想。

十四、时间序列分析及其工程应用

在美国访学期间,我看到吴贤铭教授指导的博士生 Pandit 的博士论文经过修改,与吴贤铭教授一起出版了一本专业书,名为 *Time Series Analysis*(《时间序列分析》)。这是一门数学与工程相结合的新兴学科、前沿学科。

我读高中时起,数学成绩一直很好,上大学填报志愿时有人劝我报考数学专业,我单纯地以为,学好工科就可以更好地为祖国工业化建设做贡献,就报了工科专业。现在发现了数学和工科交叉开展的新兴学科,我当然不会错过。我想,我能写出比这更好的著作,于是我开始动笔写起来。初稿写好之后,我请吴贤铭教授过目,吴教授表示了肯定。

回国之后,我以这个书稿作为讲义基础,给研究生开设了一门时间序列分析及工程应用的课程,试图将"时间序列分析"这一数学方法运用到工程应用中,同时也是在工程应用中为数学发展做出贡献。

与此同时,我同一批在吴贤铭教授门下做访问学者的学者们一起,开展了一系列这方面的学术活动,结合系统论和数据处理技术,不断完善并进行工程应用推广。经过多方面的努力和筹备,特别是得到一批专家,如南京工学院的黄仁同志、浙江大学的黄逸云同志等的支持,1983 年 12 月,我们在我校举办了"时间序列分析在机械工程中的应用学术讨论会",这是我国第一次召开的时间序列分析这一数学方法在工程中应用的学术讨论会。会议开得很成功,有 100 多位专家学者参加，代表中除机械工程方面的专家外，还有不少力学、自动控制、无线电技术、电机、土建、医学、数学等方面的专家，这本身就反映了时序分析应用广阔的发展前景。会后还出版了论文专集。

在此期间，我和我的团队不断取得成绩，如在微机信号处理技术、钢丝绳断丝定量检测技术、时间序列分析理论以及由此引发的设备故障诊断技术等方面逐渐引起同行专家的关注，来商谈合作和邀请讲学的单位渐渐多了起来。

1985年上半年，天津大学机械系彭泽民教授邀请我去天津大学，为该校机械制造专业研究生讲授时间序列分析及其工程应用。当时我是带着我的研究生丁洪一起去的，丁洪兼作辅导教师。

彭泽民教授是西南联大的毕业生，后赴美国留学，他是机械制造方面的学术权威，是国务院学位委员会机械制造学科组的主要负责人之一。当时，无论是评博士点，还是评博士生导师，都要经过国务院学位委员会学科组评议。我在天津大学时，彭泽民教授真诚地跟我讲："过去我对你不了解，上次你没评上博士生导师，今天看来，我感到十分抱歉，你的条件已经足够了。"我听了十分感动，赶紧说："彭先生，您怎么能这么讲，只怪我长进慢了，今后岁月还长着呢！"那次在天津进行了半个月的讲学，与彭泽民教授结下了深厚的友谊，用彭泽民教授的话说："我是老兄，你是老弟，我们是忘年交！"彭教授认为时间序列分析应用前景广阔，他建议我尽快将这本讲义出版成专著。

但是，我一直在修改完善，将其运用于工程应用之中，并结合大量工程实际进行分析，也得到越来越多同行专家的肯定。一直到1991年，我才与吴雅一起合作出版了《时间序列分析的工程应用》一书。这本书出版后得到高度评价，书中提出的一些概念与方法，在时间序列研究领域是领先的，国外专家也认为，我们为"时间序列分析"做出了有价值的理论与方法上的贡献，有些方面达到国际先进水平。

1986年，对我而言是具有里程碑意义的一年，是我开始走向全国的一年，我参加全国性的学术活动开始多起来了。

1月,我到了广东从化,参加国家教委组织的"国家教委系统学位授予机械制造学科评议组初审会议"。1月的武汉还很冷,广东却很暖和,有些像武汉的春天。当时参加会议的大多是一些知名的老专家,包括我们学校的路亚衡教授、天津大学的彭泽民教授等,比较起来,我算是中青年专家。

接下来,2月是春节。春节刚过,还没过元宵节,我就在九思同志的带领下去了葛洲坝。九思同志带领一批学术骨干与刚完工不久的葛洲坝工程公司商谈科研合作事宜,更重要的是下一步,想要参与接下来宏大的"三峡工程"。九思同志真是了不起,这种开放办学、合作办学的思路太正确了。葛洲坝的壮观,让人连连感叹"高峡出平湖"的奇迹。葛洲坝所在地位于长江三峡的终点宜昌市,那时还没有火车直通武汉。从武汉到宜昌,要先向西北到郧阳,再折向东南,转很大的一个圈。从宜昌回武汉的那天,正好是元宵节,在火车上看元宵月夜,碧空如洗,皓月当空,银辉盈地,别有一番景致。

6月,我到沈阳参加了一次学术会议。接着,由沈阳又去了哈尔滨,参加哈尔滨工业大学的办学评估工作。重新回到哈尔滨工业大学,倍感亲切,这离1956年4月到1957年2月我在哈尔滨工业大学进修已经29年了,我还去拜访了我当年实习期间的老师们,特别是我的导师孙靖民教授。6月的东北平原,风飘柳絮,枝摇榆荚,有着春天的景色和秋天的凉爽,美不胜收,我又乘船游览了松花江,正如歌中所唱的,"浪花里飞出欢乐的歌"!

7月到成都,在成都工学院访问,并进行了学术讲座,这是应成都工学院机械系赵沨教授的邀请而来。赵沨教授是机械领域的权威。1956年6月,国务院发布《国务院关于工资改革的决定》,对工资进行定级。赵沨教授在1956年就是二级教授。这是我第一次到成都,在火车上看到巴山蜀水的壮美,印象极深,一边看着窗外,一边在头脑中填了两首《虞美人》,其中有几句是:

奇峰险涧看难了,桥隧知多少!

飞驰呼啸趁长风,蜀水巴山犹胜画图中。

接着,直接从成都坐火车到昆明,到昆明工学院进行学术交流。这次来昆明工学院是应屈维德教授的邀请,他的助手郭之潢同志、杨肃同志与我也很熟。屈维德教授是20世纪30年代中山大学的毕业生,是全国著名的机械振动专家。

8月到湖北黄石,同黄石钢铁厂和黄石科技界、工业界、教育界等相关人员商谈教育和科研合作事宜。一直到现在,我们这个团队仍同黄石社会各界有着多方面的合作关系,种子就是那时播下的。

10月国庆期间,我去北京参加大学毕业30周年聚会,老同学相见,分外亲切,大家都非常高兴。当时一起去的还有李德焕、黄铁侠、褚玉秋等同志,李德焕同志这时已是学校的党委书记。在参加同学聚会时,仍可从中找到不少校、研、产结合的途径!办好大学,一靠国家,二靠朋友(特别是校友),三靠自己。前两条是外因,后一条是内因。校友的支持,是十分必要的,绝不可缺。现在,越来越多的学校意识到校友工作的重要性,各高校纷纷成立校友会。我们学校办学历史短,更要注重校友会及校友联络工作。

10月,我先后去了湖南张家界和江苏扬州参加学术活动。

11月去了南昌,南昌是我的第二故乡,是我人生发生转折的地方,是唐代文学家王勃写有《滕王阁序》的地方:"豫章故郡,洪都新府。星分翼轸,地接衡庐。襟三江而带五湖,控蛮荆而引瓯越。""落霞与孤鹜齐飞,秋水共长天一色。渔舟唱晚,响穷彭蠡之滨;雁阵惊寒,声断衡阳之浦。"

我的任务是到南昌做报告,并进行招生宣传,于是我就回到了母校南昌一中,拜访了我熟悉的老师和熟人。我第一个去拜访的就是魏民同志,她当时躺在病床上。当然,我还去了南昌二中和南昌三中等学校。

当时,我们学校的思路是:办学,第一,要有高水平的师资;第二,要有高水平的学生,所以认为招生宣传是必要的。当时也有人给我们提建议,说你们这样的名校,大可不必为招生宣传而来,多派些名家做些高级的科普讲座或研究成果报告,就是很好的招生宣传。我认为,这种建议是有道理的,吸引学生的,最根本的还是学校的实力,名校的传统是"行胜于言",以行动说话,以实力说话,以为社会服务说话,以为社会做贡献说话。

十五、振动工程及攻下"洋宝贝"难关

1984年开始,我和我的团队一起从事有关"振动工程"方面的研究和学术活动,包括有关信号测取、信号分析、故障诊断,以及对机械设备特别是对大型发电机、电动机的振动检测诊断等。当时在国内,这方面是一个很大的缺口,往往是只重视设计、制造,而不重视监视、诊断与维护。对此,我曾经讲过:"先天不行,后天何用?后天不行,前功尽弃!"也就是说,既要强调设计、制造的"先天"的重要性,又要强调监视、诊断与维护的"后天"的重要性,特别是如果只重视设计、制造,不重视监视、诊断与维护,往往会前功尽弃。

当时,国内振动工程方面的一些专家学者和前辈已经意识到,设备诊断是振动工程的重要方面,他们推荐我作为中国振动工程学会筹备委员会的副主任,这也是我学术道路上走出的具有里程碑意义的一步。1986年10月,中国振动工程学会正式成立,挂靠在当时的南京航空学院;1987年5月在南京召开了学会成立大会暨第一次全国会员代表大会,胡海昌院士任首届理事长。

饮水不忘挖井人,有几位先生我永远感念。例如:中国科学院的胡海昌院士,他是力学权威,1981年就当选了中国科学院学部委员

（院士）；西安交通大学的阳含和教授，他是江西南昌人，1943 年从位于南京的中央大学①航空机械系毕业，1945 年赴美国留学，还去了美国空军基地进修，他是国内第一个将控制论引入机械工程的人，创建了机械控制工程学科，他当时是国内机械工程学科的第一权威；哈尔滨工业大学的黄文虎教授，他 1949 年毕业于浙江大学，1950 年进入哈尔滨工业大学研究生班，后长期在哈尔滨工业大学工作，1995 年当选中国工程院院士；还有上面已经说到的天津大学的彭泽民教授；等等。

2006 年，参加天津大学"211 工程"验收时与彭泽民（前中）、刘又午（后中）诸教授及老同学叶声华院士（前右）在一起

1986 年 11 月，我被评为博士生导师。当时，博士生导师的评审非常严格，要经过国家学位委员会评审组评审、主任委员会同意，才可以指导博士生。在此之前，我校机械系只有路亚衡先生和陈日曜先生两位新中国成立前留学回国的老先生可以招收博士生。到 1986 年 11 月，系里增加了两位博士生导师，一位是我，另一位是余俊老师，这样我们机械系加起来一共有 4 位老师可以招收博士生。余俊老师是我的老师，40 年代毕业于武汉大学机械系，1956 年毕业于哈

---

① 全称为国立中央大学，是南京大学、东南大学、南京师范大学、南京农业大学、南京林业大学、河海大学等的前身。

尔滨工业大学机械系研究生班。

感谢路亚衡、陈日曜两位先生对我的信任,实际上这时我已经在指导以两位先生的名义招收的博士生了,如1986年招收的丁汉、郑小军、尤政等实际上是由我指导的,丁汉同志现在已经是中国科学院院士了。

1987年,我就开始以自己的名义直接招收博士生了,首批招收的博士生就是吴雅和康宜华。他们于1990年博士毕业后,都留校任教了。吴雅1994年出国,后来在国外因车祸去世。如果没有这场意外,吴雅回国一定会发挥很大作用。

1988年指导研究生

(从左至右:何岭松、杨叔子、吴雅、雷鸣)

1988年,我们已经与第二汽车制造厂进行了科研合作,同时也在合作培养工程类在职研究生。当时,二汽从美国Wickes公司进口了曲轴连杆颈车床Mx-4,这个"洋宝贝"被称为"独生子",是唯一加工曲轴连杆颈的车床,是生产中的关键设备。由于制造中就有"先天不足",在美国试车时就出现了"闷车"的现象,加工精度达不到要求,投产仅三个月,就出现加工振动剧烈、中心架支板断裂的情况,并发生被加工曲轴断轴的严重事故。美国曾两次派专家来厂,但无法解决这些问题,只好按合同进行了赔偿。但是,赔偿并不能真正解决加工难题,如果不尽快解决这个问题,二汽公司将面临着因曲轴断轴而导致被迫停产的局面,其后果可想而知。

在这种情况下，二汽找到我们团队，希望能帮助其解决难题。经过研究，我们与二汽进行了合作，同二汽的专业技术人员一起，组成课题小组，开展"Mx-4曲轴连杆颈车床振动、噪声源分析与对策"的课题研究，进行技术攻关。我还指导吴雅专门以这个课题为基础写作博士论文。

1989年，我派吴雅和吴雅指导的硕士生柯石求去二汽进行技术攻关。吴雅是一个事业心很强、非常踏实而且能干的人，交给吴雅的工作，尽可以放心。这一年里，吴雅一次次带着柯石求到二汽，一共去了12次，每次都待半个月以上，经常加班加点。在试验中，她既按照我们事先商量好的方案来做，又根据现场出现的问题灵活处理。

我和师汉民同志也多次到二汽进行现场研究和攻关，专门解决这个问题。我们与工厂技术人员、操作人员一起，在车间内密切监测机床，关注加工情况，经过反复严密试验，多方系统比较，发现这是一种新的切削"颤振"，危害极大，一旦形成共振将有可能振垮整个机床。

经过一年多的时间，我们终于找到了"颤振"原因，攻下了"洋关"，对车床及其加工进行了调整。激动之中，我写了一首《七律·赞曲轴连杆颈车床难题攻关胜利》：

  何惮攻坚难上难，洋人无奈国人担；
  同心厂校争筹策，勠力师徒不计班。
  数据严思征兆识，缘由细析处方探。
  蓦然妙解连环结，心共苍山一片丹。

1990年10月，由二汽科工委组织的鉴定会在现场举行，来自全国11个单位的12名专家组成鉴定小组进行现场鉴定，专家鉴定认为，这一课题"解决了二汽生产中一个紧迫的重大关键问题"，确认该成果处于国际先进水平。

在鉴定这项成果时，专家们从计算机屏幕上可清楚看到，一旦颤振即将出现，机床即自行调节加工参数，将颤振抑制和扑灭于初期。鉴定认为，这一成果"无疑在理论深度与应用前景方面都取得了创造性的新进展……使其在该领域的学术水平,继续保持国际领先地位"。

1991年,该项成果后来与师汉民同志及其教研室同志们合作完成的"金属切削机床颤振的非线性理论"项目一起,获得国家自然科学二等奖。

十六、首倡智能制造

机械制造本是一门比较古老的学科,但在科技高度发展的今天,工程研究不仅要解决生产实际问题,还要研究产业未来的发展趋势和发展方向,走在产业发展的前沿。这就要求不断创新再创新。

1989年10月,在非常困难的情况下,经过多方筹备,我校仍按期举办了"专家系统工程应用国际学术会议(1989)",会上来了不少国内外机械领域的著名专家学者,会议开得很成功。

1989年,"专家系统工程应用国际学术会议(1989)"在我校召开

我在会上宣读了一篇以"智能制造"为主题的论文,探讨制造系统的集成化与智能化问题,也就是"智能制造"系统问题。这是国内首次提出"智能制造"的问题。

会议期间，我还写了一首七律：

  桂香月满趣无穷，国际切磋情更浓。

  潜力惊人称技术，智能涌秀出人工。

  瑜珈山势英贤聚①，黄鹤楼高气象雄。

  客主把杯相与祝，专家系统更葱茏。

当时，由于国内制造业水平与工业发达国家之间存在差距，一些与会人员尚不认可智能制造这一概念，认为智能制造是虚无缥缈的东西，或者说，还是很遥远的东西，有些不切实际。

实际上，20世纪80年代以来，特别是到了90年代初，如何提升制造产业的决策自动化水平，促进人工智能在机械制造中的应用，成为各国制造业从业人员都在思考的问题，其中专家系统成为人工智能中较为新颖和活跃的领域之一，当时美国和日本在这方面比较领先。

自1985年开始，我们团队就积极开展了这个方面的研究，追踪国际制造业发展前沿动态，寻找中国制造业转型升级的突破口，进行理论和实践上的科技攻关。我带领我指导的1983年入学的硕博连读的研究生丁洪、1985年入学的研究生周安法、1986年入学的研究生郑小军等，和师汉民教授等一起，进行人工智能方面的研究。我当时意识到，智能制造会成为21世纪的高科技，前景广阔。我们最初是探讨人工智能在机械设备中的诊断、机械的发展以及人工智能的应用，并发表了国内第一篇"智能制造"方面的学术论文。

随着研究的深入，我们意识到，未来的方向，不仅仅是将人工智能引入机械制造，那样只会形成一个个"智能化孤岛"，无法从总体上提升机械制造中决策的自动化水平。要想从总体上提升制造的整体决策的自动化水平，未来的大方向和大趋势就是"智能制造"——迈向智能系统的全面自动化、集成化和智能化。我相信"智能制造"将

---

  ① 瑜珈山，指我校所在的喻家山，我校诗社习惯称之为"瑜珈山"，诗社称为"瑜珈诗社"。

是 21 世纪的主流制造技术。

我们认准了方向，就要往下干，要把握先机，趁势而上，机不可失，时不再来。当时我们团队既发表一系列论文，探讨智能制造的内涵和要素，构建智能制造的完整体系。1990 年，我们出版了《人工智能与诊断专家系统》，由西安交通大学出版社出版。这是国内初步探索人工智能方面的专著。与此同时，我们也切实做出一些应用成果。

1991 年，我们就组建了"智能制造"学科组，和团队成员一起开展国内最早的关于智能制造、智能装备等方面的研究工作。

1992 年，由我牵头，联合兄弟院校相关专家向国家自然科学基金委员会建议，设立"智能制造"专项课题。

1993 年 8 月，第一届全球华人智能控制与智能自动化国际会议在北京召开，我带领史铁林、李军旗、阎明印等到北京参加了这个会议。

1993 年，我和丁洪、史铁林、郑小军一起合作出版了《基于知识的诊断推理》一书，这是国内第一本将人工智能、信息技术与设备诊断技术相结合研究智能诊断理论和技术的专著，该书于 1995 年获得全国优秀科技图书二等奖和国家教委科技进步二等奖。

1993 年，我们还拿到了国家自然科学基金重点项目"智能制造技术基础"，这是国内第一个有关"智能制造"方面的重点项目。从这一年起，国家自然科学基金委员会开始高度重视"智能制造"技术，每年都会资助相关的研究项目。

团结力量大，我们这个国家自然科学基金重点项目"智能制造技术基础"聚集了该领域的精英。当时由我牵头，联合南京航空航天大学、西安交通大学和清华大学的相关专家共同承担，研究内容主要涉及智能制造基础理论、智能化单元技术与智能机器等三大方面，每一方面又分成若干具体领域。我校的任务，主要是承担智能制造基础理论、智能设计、智能工艺规划、智能制造关键技术、智能加工中心以及其相关技术的研究与开发。

当时，日本在这个方面比较领先，我就选派学生赴日本留学。我将1991年招收的硕博连读的研究生李军旗送到日本东京大学攻读博士学位,他学成回国后,现在富士康工作,成为富士康集团董事长的得力干将。另外,还更新了一些实验设备,积极组织人员参加国际会议,取得了一系列的成果。

1999年5月,我们的"智能制造技术基础"项目通过专家组验收。专家组鉴定认为,我们在理论上和实践上都取得了丰硕的成果,促进了我国制造业的产业升级换代和智能化改造,我国制造业在国际市场的竞争能力大幅提高。

1994年6月,首届国际智能制造会议在我们学校召开,会议的主题就是交流智能制造技术的最新成果,交流如何促进制造智能化、集成化和柔性化发展。会议汇聚来自16个国家和地区的近百名智能制造权威,其中40位是海外专家。

现在,我很高兴地看到,智能制造已上升为国家战略。2015年5月,国务院部署全面推进实施"制造强国"战略,明确提出中国要从制造业大国向制造业强国转变,要"把智能制造作为两化深度融合的主攻方向"。制造企业如何走出具有自身特色的智能制造发展道路,我们还需要不断创新。

"工欲善其事,必先利其器。"随着研究生招生数量的增加,我越来越意识到教材的重要性。要能教,能教好;要能学,能学好;作为教与学的教材,就要好,因此,我决定编写教材。编写教材,要出精品,需要凝聚专家的智慧,我就组织我们教研室的教师们与兄弟单位的有关同志一起,边教学、边科研、边撰写教材,我们先后出版了机械类本科生专业基础课用的《机械工程控制基础》(我和杨克冲、吴波、熊良才等编著)、机械类研究生用的《机械工程测试·信息·信号分析》(卢文祥、杜润生编著)、工程类研究生用的《时间序列分析的工程应用》(我和吴雅编著)等三本教材。这几本教材后来广泛应用于相关学科领域,都是一版再版,多次获得国家级和省部级奖励。特别是《机械工程控制基础》,是机械工程类专业的重要理论基础之一,从

1984年的第一版开始,至 2017 年已出第 7 版,发行 60 多万册,这是不断修改完善的结果,得到了兄弟院校教师的认可。

教研室编撰的部分教材

另外,还需要说明的是,我们搞科研,明确了三条方针:

第一条,要有水平;

第二条,要解决生产实际问题;

第三条,要有科研经费。

第一条,要有水平,争取达到国内国际先进水平。没有水平,就没有竞争力。今天的水平,是明天的财富。没有今天的水平,明天就会落后。"科学技术是第一生产力",讲的就是科技要有水平,没有水平就难以促进生产力的发展。

第二条,要解决生产问题、实际问题。我们学科属于工科,工科就是要搞工程,工程就是应用理论解决生产实际问题,不能解决生产实际问题,浮于表面,那么工科的作用就没有体现出来。基础理论当然应该研究,不研究就没有突破,但基础理论应该主要由"数、理、化、天、地、生"等学科负责,工科应该要搞工程实际,用现在的话说,就是要"接地气"。

第三条，要有科研经费，要有钱。工科没有经费，科研寸步难行。我们想尽一切办法，千方百计争取科研经费，也想办法与企业合作，以便得到经费的支持。

但是，这三条方针的顺序不能颠倒。最重要也是最基本的，是第一条，要有水平，要做前沿科研，没有水平就是空谈；第二是要解决生产实际问题；第三才是要有经费。

正因为有着明确且正确的方向，决定了我所在的团队每年都能出一批高水平的理论与实际相结合的科研成果，我也代表我们教研室和我们系接受了不少荣誉与奖励，我们也不断在国内外产生影响。

最后，特别想说明的是，作为中国人，我们一定要有自己的知识创新和知识产权，不仅在工程技术领域要有知识创新和知识产权，在人文科学领域也要有自己的知识创新和知识产权。20世纪的中国，就是依靠哲学社会科学、依靠正确的政治路线和马克思主义与中国革命相结合来解决问题的。例如，1935年遵义会议后，确立了以毛泽东为代表的新的中央，正确领导革命接连胜利，1949年新中国成立。1978年十一届三中全会后，实行改革开放，国家实现发展，等等。无论哪个领域实现重大突破，国家都会有所发展。因此，不管专业、学科，只要在自己的领域做出贡献都是对国家、民族和人类的巨大贡献。

在《国家中长期科学和技术发展规划纲要（2006—2020年）》其中有一个指标——"技术依存度"，它是指一个国家的关键技术依靠国外的程度。纲要指出，在2020年左右，我国的对外技术依存度要降到30%以下。20世纪90年代中期，工业发达国家技术依存度平均为10%，美国为1.6%，日本是6.6%；发展中国家，如韩国为24%，当时我们国家远远超过50%。而目前离30%的目标还有差距，关键科学技术和知识产权远远不够，面对外国人，我们还不能真正挺着腰杆站起来。这个任务，我们这一代不能完成，下一代应该完成，中国人必须完成这个目标，不能总是受制于人。作为中国人，我们一定要不断敢于啃硬骨头,敢于开拓创新,只有不断创新,才不会受制于人。

十七、当选中国科学院院士

1991年是丰收的一年。

1991年7月,我和师汉民等同志合作的研究成果获得国家认可,我们拿了两个国家级奖项,而且都是二等奖,一个是"钢丝绳断丝定量检测理论及其技术",一个是"切削过程动态稳定性在线监控的基础理论与技术"。

1991年9月,我又被评为"全国教育系统劳动模范"。这些不仅仅是我个人的荣誉,也为学校争得了荣誉,对此,学校还进行了宣传。当时孙女杨易还小,我高高兴兴地抱着她在学校的光荣榜前拍了一张照片。现在她已经长大成人,从英国爱丁堡赫瑞-瓦特大学获得硕士学位后成为我校的工作人员。

1991年,与孙女杨易在学校光荣榜前

1991年,中国科学院决定增选第四批学部委员(经国务院批准,1993年10月之后改称为中国科学院院士)。中国科学院1955年成立了中国科学院学部,评选了中国第一批学部委员,第二批、第三批学部委员分别是1957年和1980年评选的。1991年第四批学部委员增选开始了，学校将我作为候选人参加中国科学院学部委员的评选。当时学校一共推荐了三位候选人，学校意识到学部委员申报非同小可，不仅事关申报者个人事业发展，而且事关整个学校发展。大家都是团结一心，全力以赴，不仅学校书记李德焕同志、校长黄树槐同志费了心血，主管研究生工作的副校长梅世炎同志更是同研究生院的同志以及我们教研室的吴雅、史铁林等一起，亲自参与填写、反复讨论和修改候选人推荐书。推荐书既要实事求是，又要把成绩讲清讲透，不能有遗漏，也不能无重点。推荐书中有约300字的推荐理由，原文如下：

  杨叔子教授立足于机械工程，致力于机械工程与有关新兴学科的交叉，拓宽了机械工程学科的研究领域，在精密机械加工与机械加工自动化方面，发展了切削振动理论与误差补偿技术，研制出不解体的发动机诊断系统，解决了有关单位中重大关键问题。在机械设备诊断理论与实践方面，建立了一套概念体系，发展了诊断模型与策略，研制出不解体的发动机诊断系统；还发展了钢丝绳无损检测理论与技术，解决了国际上断丝定量检测难题。在时序分析的应用与工程应用上，结合系统论与数据处理技术，发展了某些理论与方法，对时序分析的工程应用起了一定的推动作用。在专家系统应用、信号处理、机械工程机制上，也有多方面的成就。科研成果通过鉴定18项，获重大奖励9项，专利1项，发表论文250多篇，出版专著10种。

1992年1月3日，正式结果出来了。1月4日，中央人民广播电台广播了新增选的中国科学院学部委员名单。记得是1月4日上午，我正同我们系的陈卓宁、丁洪以及我指导的研究生们一起，在位于汉中的汉江机床厂进行技术攻关。我们攻克的是高精度滚珠丝杠制造技术关，有人跑过来，兴奋地告诉我，同时也广而告之："今天早上，中央人民广播电台广播了新增选的科学院学部委员名单，里面有你的名字！"我一听，心里很激动，但还是加了一句："没听错吧？""没听错!"言之凿凿。过了一会儿,学校电话就打到厂里来了,电话中也是兴奋地告诉我,我被增选为中国科学院学部委员,并让我尽快返回学校,说是学校决定召开一个庆祝会。

院士(学部委员)证

听到这个消息,我的心情非常激动,周围的人也都非常高兴,纷纷前来祝贺。实际上这之前,我已经从其他途径知道了结果,而当正式听到消息,心情还是非常激动,当晚几乎彻夜未眠。但是手头还有些工作没有做完,不能丢下不管,我还是按原定计划,将手头的工作做完,直到1月7日才赶回学校。回到学校,也是一派欢喜和祝贺。后来才知道,11月底评选结果就出来了,但要经过一些审查与通报手续,需要一些时间。

1月10日,学校专门召开了一个庆祝会,也是鼓舞士气的会议。庆祝会上,学校党委书记李德焕同志、校长黄树槐同志、老校长朱九思同志等都发表了热情洋溢的讲话。学校还宣布奖给我们教研室20万元和2个进人指标,以加强教研室建设。这是华中理工大学在学部委员上的"零的突破",其意义不言而喻。这不仅仅标志着华工结束了无学部委员的历史,也标志着结束了5万余名毕业生中无学部委员的历史;这不仅仅是对我工作成绩的肯定,也是对学校工作的肯定;这不仅仅是我个人的荣誉,也是整个学校的荣誉,所以全校上下,都很高兴。

会上,我非常激动,发言时,几度哽咽,既是兴奋,也是感激。我朗诵了我刚填的两首《七律·闻增选为中国科学院学部委员喜赋》中的一首:

  欢欣热泪共交流,竟夕沉思卅八秋;
  大树参天培种始,高楼遍地拓荒谋;
  敢将壮志酬书史,岂让华年化悔羞?!
  饮水应知源远处,征程跃马越从头。

1992年1月10日,学校学部委员(院士)"零的突破"庆祝会

我是真诚地感谢党,感谢学校,感谢老师,感谢同事,感谢集体。这不是客套话,而是真诚的。我是在党、学校、老师和集体的关怀下成长起来的,人不能忘本,饮水要思源。"尽心尽力,未能十分尽职;任劳任怨,不敢半点任功。"我认为我就应该如此。韩愈有两句诗:"杨花榆荚无才思,惟解漫天作雪飞。"杨花榆荚没什么才华,绝对赶不上万紫千红的鲜花,但也增添了春的气息。我也只能算作随风起舞的杨花,给大好春天增添一份春的气息。个人的荣誉算不得什么,荣誉应该归功于集体。

更重要的是,这不是结束而是开始,更要开启新的征程,进行新的攻关,"征程跃马越从头",也如毛泽东同志诗词中所讲的"而今迈步从头越"。

回顾我的成长历程,我觉得,从环境和条件来说,我遇到了好的环境、好的条件、好的伯乐、好的集体……我发自内心地、衷心地感谢我所遇到的好环境、好条件、好伯乐、好集体……特别是我所在的团队,我们机械系一直努力营造一个良好的学术氛围,发扬良好的学风。我之所以能被评为学部委员,离不开我所属的集体,这是集体的荣誉。

至于我自己,我觉得最重要的还是勤奋。我想,人才的成长,必须同时具备三个重要条件:一是天赋;二是环境和条件;三是勤奋。

天赋、环境和条件,当然都相当重要,这是成才的基础。天赋需要承认,而环境和条件,也就是机遇。周恩来总理曾讲过这样一句话,他指出,比他伟大的人有很多,但是他们没有机遇,而他自己很幸运地能走到今天。我非常赞同这句话。

但关键的是,也是最重要的是,自己能够把握的还是"勤奋",人的成功,在于勤奋、勤劳、勤勉、勤快,而且贵在坚持。东汉时期的大科学家、天文学家、思想家、政治家张衡说过:"人生在勤,不索何获?""不索",就是不去求索、不去追求,怎么会有收获呢?勤,不是一天两天,也不是一年两年,而应该是一辈子,贵在坚持。伟大的发明家爱迪生也讲过:天才是1%的灵感加99%的汗水。

我给自己的工作和学习立了一个规矩:"大忙小干,小忙大干,无事全力干。""忙",是指忙于工作;"干",是指自己的学习。不管怎么样,都要坚持不懈地学习。学习,其实也是为了更好地工作。当时有

1992年元月,与孙女杨易在杨叔子当选为中科院学部委员喜讯栏前

记者采访我的治学经历,称我为"快人",即"思维快,说话快,走路快,办事快",我就谈到了要珍惜时间,还顺口说道:"悠哉游哉,明日复明日,舒服复舒服,从容复从容,那绝不是学者与科学家。"不过,还是毛主席那句话说得好:"好好学习,天天向上。"我的理解是,只有好好学习,才能天天向上;没有好好学习,哪能天天向上?

回顾我的成长过程,我总结了四句话,并在不同场合多次给青年学生们讲起,希望给年轻人一些启发,那就是:

① 人生在勤,贵在坚持;
② 敢于开拓,善于创新;
③ 尊重他人,依靠集体;
④ 理想崇高,自强不息。

"人生在勤,贵在坚持",是基本因素,人不仅要勤奋,还要长期坚持不懈。

"敢于开拓,善于创新",是关键因素,是战略和战术相结合,不能只是"敢于",而不"善于"。

"尊重他人,依靠集体",是保证因素,要讲团结,讲和谐。只有尊重他人,包括尊重他人的劳动成果,才能得到他人的帮助,才有集体可以依靠。

"理想崇高,自强不息",是核心因素,人要不断进取,但不是一味地为了"小我",而是要将自己的事业和祖国的事业联系在一起。没有崇高的理想,没有自强不息的精神,勤奋、坚持、开拓,就没有方向。

《钢铁是怎样炼成的》小说的主人公保尔·柯察金说:

> 人最宝贵的是生命。生命每个人只有一次。人的一生应当这样度过:当他回首往事的时候,他不会因为虚度年华而悔恨,也不会因为碌碌无为而羞愧。在他临死的时候,他能够这样说:我的整个生命和全部精力,都献给了世界上最壮丽的事业——为人类的解放而斗争。

这段话对我们这代人的影响太深刻了,人只有一次生命,我们当然要好好珍惜。

第二章

出思想・优生态・办氛围

一、重任落双肩

1992年是不平凡的一年。

年初,邓小平同志南行,经过武昌,到深圳、珠海、上海视察,沿途发表重要谈话,称为著名的南方谈话,基本精神中就包括改革开放胆子要大一些和科学技术是第一生产力等。南方谈话为正在进行的改革开放注入了活力,促进改革开放进一步走向深入,美丽的"春天的故事"续写了新的篇章。

1992年上半年,国家教委派人到我们学校做民意调查,目的是了解谁可接任校长一职,因为黄树槐同志的校长任期将满。黄树槐同志是机械专业出身,做过我们机械系主任,1984年8月调任学校教务处处长,1984年12月底接替朱九思同志任校长,已任两届,即将届满。

当时,国家教委的来人也找我征询了意见,还问了一些关于大学办学的问题,我就如实地谈了我的一些想法,大体是:办学,最重要的是抓办学思想,抓育人,抓学科建设等。过了几个月,有消息说,要我接任校长一职。但是,我并没往心里去,我认为这是不可能的事。从行政上说,我没有从事行政工作的经历,我只是学校机械系一个教研室的负责人,要我组织团队进行科研攻关,我行;但要我去管理一所重点大学,我自认为不行,而且认为这是不可能的事。因而也就没去理会它,照样做自己的事。这一年也是我科研成果比较丰富的一年。

1992年4月,我还去北京参加了中国科学院院士大会,这是中科院第六次院士大会,是我当选院士后第一次参加院士大会。

1992年4月,在中国科学院院士大会期间

(从左至右:杨叔子、钱令希、胡海昌、闻邦椿)

1992年11月下旬,我去了新加坡南洋理工大学,商谈科研合作的事情,很快达成了合作协议,还举行了比较隆重的签字仪式。当时,一起去的有三位,除我之外,一位是国家自然科学基金委的姓陈的同志,一位是西安交通大学的屈梁生教授。我和屈梁生教授是老熟人,1964年6月至1965年6月,我们一起在上海机床厂劳动锻炼,结下了深厚的友谊。记得当年分别时,我还赠了他一首诗。这次老朋友重新见面分外高兴,一起开拓新的科研项目,就更高兴了。整个新加坡之行,我们每天都很开心,而且,新加坡的美丽风光和现代化,也给我们留下了非常美好的印象。

从新加坡回国后,我去了北京,参加学术会议和办一些事情,这时已经是12月份。一天，突然接到学校打来的电话，说是要我在北京再停留两三天，等党委书记李德焕同志的到来，同时说国家教委有重要事情找我，至于具体是什么事情，没有多说，我也没有多问。

李德焕同志来到北京后，开门见山地跟我说："国家教委要你接任校长，我们是来领任务的。"我跟李德焕同志是老同学、老朋友，说话也就很直接："我干不了校长！你李德焕是了解我的，我只有这点能耐，怎么能干校长？！"

李德焕同志是很直爽的人，他说："相信你能干好！你放心，你干不了的事，大家干，我这个老同学来干！你放心，一定不会出问题的！"李德焕还讲了要服从大局，要为学校发展考虑等。因为我是学校目前唯一的院士，当时院士当校长，是人心所向；校长是院士，对学校发展有利。这个大局是一定要服从的。

我相信李德焕同志。李德焕同志1984年就与黄树槐同志搭档，担任学校党委书记，这时已经做了8年的党委书记了，对学校的情况十分熟悉。

李德焕同志是比我高一届的老同学，比我提前一年留校，为人正派，工作能力强，很早就是系里领导，从系的领导到学校领导，工作都很出色，也一直肯定和鼓励我。记得他刚毕业留校时，我还在读大学四年级，他带我们去毕业实习，我叫他"老师"，他就跟我讲："你叫我老师，我听着不习惯，公开场合，你可以叫我老师，但私下里，你还是叫我的名字吧。"我觉得这个主意不错，也就恭敬不如从命。后来我毕业留校后，下一届的同学叫我"老师"，我也这样跟他们讲。随着时间推移，与李德焕同志一起共事时间长了，我们就当成老同学相互对待了。

到北京的第二天，我就和李德焕同志一起，如约去了当时的国家教委，国家教委主任李铁映同志约见了我们。一见到我们，李铁映同志就开门见山地讲："杨叔子同志，你是华中理工大学的校长！"我谦虚了一下:"我不行!我没有这个能力!"李铁映同志就讲:"你行的!我们已经派人做了调查!"

这次见面,李铁映同志主要同我们讲了两个方面的问题:

一是高等院校最基本的要抓什么工作?

二是高等院校工作首要的问题是什么?

我想,实际上这就是讲"怎么培养人"、"怎么办大学"的问题,我便如实地说出了自己的一些看法,大体的意思是:

高等院校的首要任务是培养学生,是育人。学校从领导到教师,都是为培养学生服务的,如果不注重培养学生,那要教师干什么;如果不重视教师,那又如何培养人才。对于这个问题,越是在中小学就越清楚,而越是在高等院校,反而越不清楚。

至于在"怎么办大学"方面,高等学校首先要做的,是抓办学思想、抓战略。办学方向对了,一切都好办。怎样抓办学思想呢?

第一,抓教学。

第二,抓教师。

第三,抓干部队伍。

这三条抓好了,办学就容易了。因为如果没有教学,就没有教育;没有教师,就没有学生;没有干部队伍,办学就成了一句空话。

我还同李铁映同志讲了一些关于学科建设的看法,大意是:办学最主要的是要落实在学科建设上,学科建设是平台,学科建设搞好了,学校的水平就能提高。我还谈到在学科建设上要注意抓住四点,也就是后来逐步形成的"强化基础学科,扶持优势学科,支持新兴学科,重视交叉学科"的思想。

李铁映同志还听取了李德焕同志的意见,询问了我们学校的发展情况。最后李铁映同志讲:"杨叔子同志,你讲得非常对,高校首先要抓办学思想,你完全可以干,你完全可以干好!李德焕同志已经表了态,全力支持你干。就这样,你回去当校长去!"

我只能说感谢组织的信任,而且不能辜负组织的信任。就这样,我和李德焕同志一起从国家教委领下了任务①。我深知,前几任校长查谦、朱九思、黄树槐都是了不起的人物,干得有声有色,促进了学校的大力发展。我接任校长,接过接力棒,只能干好,不能干坏;只能竭尽全力,促进学校更上一层楼,不能将学校在我手上办砸了。返程路上,我们俩一路都在谈论学校的工作以及工作思路,我感到我身上的担子重了。

正式任命,则是1993年1月11日。从此,作为一名忠诚于党的教育事业的共产党员,作为华中理工大学成长起来的第一位中国科学院院士,因缘际会,服从大局,我走上了学校领导岗位,成为华中理工大学历史上的第四任校长。

华中理工大学从1953年建校到1993年,正好40年;我从1953年由武汉大学转入华中工学院读书,到1993年我就任华中理工大学校长,正好40年,"四十而不惑"!这一年,我正好60岁,"六十而耳顺"!这离我当选院士正好一年,百感交集中,我填了一首《浪淘沙·接任校长感赋》:

重任落双肩,夫复何言?深情挚语又华笺。风雨同舟年四十,一瞬依然。

立誓创新篇,梦绕魂牵!成城众志是源泉。谋政须符身在位,无愧前贤。

接任这所重点大学的校长,就是"重任落双肩";"风雨同舟年四十",就是指我随着这所学校一起成长,已经40年了;"成城众志是源泉",就是要依靠众人,依靠大家,将众人的力量凝聚起来,团结一心,众志成城;"谋政须符身在位",孔子说"不在其位,不谋其政",那么在其位呢?当然是"既在其位,应谋其政",要尽心尽力,任劳任怨,这样

---

① 不久之后,与我同时当选院士的湖南大学的化学家俞汝勤教授,也被任命为湖南大学的校长。这也反映了当时的情况。

才对得起前贤，对得起大家的信任；最根本的是要追求创造新的篇章："立誓创新篇！"

二、继承传统，丰富发展（上）

继承传统，丰富发展。

这是我当校长后给自己定的任务和目标。

我于1993年1月11日被正式任命为校长之后，接下来不久就是寒假，正好让我有比较充裕的时间进行调查研究，我就与各部处、各院系负责人进行座谈，了解实际工作情况，讨论学校的未来和发展。学校工作千头万绪，当时教师们积极献言献策，给了我很多启示，真正体会到毛主席说的"没有调查就没有发言权"的英明之处。

"继承传统，丰富发展"，这两方面是相连的，两者缺一不可。一方面，没有继承传统，就没有根，没有依托，工作就无法顺利开展；另一方面，没有丰富发展，就没有目标，没有方向，就不会开拓进取、改革创新。现在是过去的继续和发展，继承传统的目的，是为了面向未来、开拓创新、丰富发展。一所重点大学的优良传统和校风，是它之所以成为重点大学的根本，这就要从它的历史发展中去寻找，而不是另起炉灶，推倒重来。

1993年，为了庆祝校庆40周年，我校推出了一本校史，书名是《缩影——华中理工大学的四十年》，这个书名取得很好。有外国专家说，我们学校是新中国高等教育事业发展的缩影，看到我们学校的发展，就等于看到了新中国高等教育的发展，这是有道理的。所以，如果去参观我校的校史馆，就会发现校史馆的墙上醒目地写着："在共和国旗帜下。""在共和国旗帜下"这个提法很好，它至少有以下三种含义：生长在共和国，依托共和国，为了共和国。

到我当校长的时候，在40年来的历史积淀中，在历任校长及领导班子成员的带领下，在师生员工的共同努力下，我校已形成了优良校风，高度凝练成内涵丰富的8个字："团结奋进，严谨求实。""团结奋进，严谨求实"是在办学几十年的积淀中慢慢形成的。所以在此有必要简单回顾一下学校的办学历程。

1953年，华中工学院组建时，首先注重的就是团结。因为其建校之初来源于五所不同的高校，所以从建校开始，学校就非常注重团结。首任院长查谦同志，是从美国回国的物理学家，以其爱国热忱、严谨求实的作风和个人魄力，很快将这所由不同高校相关院系组建而成的大学凝聚起来，使学校上下形成共识：一是要团结，二是要有办学目标。

当时，在党委书记彭天琦同志和查谦院长等的带领下，学校全体师生员工认识到：只有团结互助，发挥潜力，克服困难，形成高度的组织性和纪律性，才有凝聚力，才有前进的动力，才能完成国家所交付的光荣而艰巨的任务。反之，如果不能团结互助，形成合力，什么事都干不成。华工虽由五所学校相关院系合并而成，但总体来说，谈不上有派系斗争。所以，后来在"文革"中，华工很幸运没有像有些学校一样，乱成一团糟，元气大伤，不仅没有乱成一团糟，反而不断发展壮大。

学校的办学目标非常明确，学校一开始就明确地提出：

以教学为中心任务，照顾全面。

办学，什么是中心？教学是中心。这就抓住了重点。对于任何一所学校来说，没有教学，就没有教育。这两点是紧密相连的。因为没有中心，就会失去目标；不能照顾全面，中心就没有保证。正是在以教学为中心的前提下，照顾全面，学校上下一心，团结奋进，狠抓教学质量，狠抓教师队伍建设，逐渐形成了良好的学风，为后来"学在华工"的良好声誉奠定了基础。

1960年，办学仅7年，新组建的华中工学院就被国家确定为全国重点高校，这是非常了不起的成就。重点院校既是国家要重点投资建设的院校,更是要在人才培养、教育质量和科研成果等方面对社会产生重大影响的院校。进入60年代后,在原先以教学为中心的基础上,学校更加注重学术活动和科学研究。当时,学校提出,要提高教学质量,必须提高师资水平;要提高师资水平,必须开展科学研究;要开展科学研究,必须开展学术活动,营造浓厚的学术氛围。这一切都是为了促进教师积极教学,积极钻研,否则,就与一般中等学校教师没有区别了。

从70年代初开始,华中工学院就"敢为天下先",大量引进师资,实际上已经开始进行今天所说的学科建设了。时处"文革"时期,不少学校包括一些重点高校,不能进行正常的教学工作,但是华中工学院仍在认真地搞教育。这要十分感谢当时派驻我们华中工学院的军宣队指挥长刘崑山同志。刘崑山同志人品好,政策水平高,他在主持学校工作时,非常有远见地提出了"三不准":

不准放走一位教师,不准丢失一本图书,不准解散一个实验室。

这在当时的环境下,是非常了不起的,这也是华工之幸!

刘崑山同志主持学校日常工作后,首先将朱九思同志从不公正待遇中"解放"出来,恢复、尊重和支持九思同志工作,并让九思同志实际上主持学校工作。九思同志后来一再强调说,要感谢刘崑山同志,说工作不是他一个人的功劳,如果没有刘崑山的支持,他什么也做不成。

当然,华工的发展更要深深感谢老院长朱九思同志。朱九思同志曾在武汉大学就读,延安抗大出身。1953年,朱九思同志作为主要建校者来到华中工学院,之后一直担任副院长和院长及党委书记,长达30多年。朱九思同志很有魄力和远见,他以过人的胆识和智慧,抓方向,抓中心,抓大事,抓教师队伍建设,抓学科建设,努力促进学校向综合化方向转变……这不仅为华工的发展做出了巨大贡献,在中国高等教育史上也留下了辉煌的一笔,成为当代著名的教育家之一。

"文革"后期,很多知识分子仍被闲置,不少人还在遭遇排挤或打压,有的还在工厂或农村接受劳动改造。朱九思同志敏锐地意识到,这种状况不会持续太久,于是他大胆地进行了有名的"广积人"活动。当时有些学校是"斗批散",华工则是"广积人"。当时有一个口号"深挖洞,广积粮",在朱九思同志的领导下,华工则被形容为"高筑墙,广积人",有些人讽刺九思同志是比"走资派"还快的"跑资派"。"文革"前,学校教师有1100多人,"文革"结束时,学校教师增加到2200多人,一般的学校在"文革"期间,教师数量几乎都在流失和减少,而我们学校教师人数翻了一番。九思同志不拘一格选人才,仅从1972—1979年,他先后从全国各地调进600多名教师,不少人是非常有名的骨干教师。

不少同志在被调入我校之前仍在劳动改造,有的教师当时正在田里干活,发现有人叫他到华工报到,于是穿着一身下田干活的衣服就来了。这种"解放",在当时的条件下使这批"臭老九"得到了保护。从他们个人而言,他们发自内心地愿意努力工作,为学校发展服务;从学校来说,不仅满足了当时学校发展的需要,更为学校未来的发展提供了坚实的力量和宝贵的财富。他们中的许多人后来成了教学、科研的骨干和学术带头人。这为华工积蓄了宝贵的师资力量,积淀了宝贵的学术财富,一直到我当校长时,我们还在享用优秀教师队伍带来的良好的学术资源。可以说,华中大能有现在的发展,人才的汇聚,离不开朱院长当时对于人才的重视与集中。没有他,学校就没有这个基础。

邓小平同志恢复工作后,自告奋勇抓教育工作。1977年8月8日,邓小平同志决定恢复高考。1977年10月,朱九思同志以华中工学院党委的名义给邓小平同志写信,对办好重点大学提出三点建议:一是在实现科学技术现代化的过程中,高等学校特别是重点高等学校能够发挥同科学院同样重要的作用,应该受到同样的重视;二是要加强基础理论研究,实现理工结合;三是发展研究生教育。回过头来看,这三点都是极具敏锐而超前意识的。

1978年3月,在全国科学大会上,我校被授予"全国科学研究先进集体",当时只有两所学校获此殊荣,另一所是浙江大学。我校为大会提交了一份发言（后改为书面发言），题目就是《科学研究要走在教学的前面》，这种观点在当时受到一些人的质疑。九思同志认为，"高等学校只有真正办成科学的中心，才能培养出高水平的人才，真正成为教学的中心"。这一看法正确地解决了科研和教学的关系。他高度重视科研，在他当校长时，科研处长由一位校领导兼任，而且他亲自抓科研。与此同时，他以开放的视野，瞄准世界先进水平进行办学。九思同志还组织教师搜集资料，了解世界著名大学的情况，包括教学、教材、科学研究等情况。80年代初，提出华工特别要向美国麻省理工学院（MIT）学习，提出"瞄准 MIT，赶上先进水平"的办学目标。

当时，学校大量派教师出国访问学习。1979年第一批派出徐辉碧等五位同志出国深造后，到1981年底学校就派出了140多位同志出国深造。从1979—1984年，学校派出了近500人出国深造，力度之大，当时在全国高校中是少有的。

80年代初，朱九思同志在全国率先提出：50年代照搬苏联模式，高等教育设置过窄的专业，存在弊端，文科与理科、工科分家，很不合理；把文科、理科搞在一起就叫综合性大学，实际上并不综合；真正的综合性大学，应该是文、理、工、管等相结合。他还给教育部写信，提出大学应向综合化发展。从1980年开始，华中工学院就在全国率先突破原有办学模式，开始创办理科、文科和管理学科，并重视基地建设和重点实验室建设，搭好了综合性大学的良好框架，开始向国内一流大学迈进。

"敢于竞争，善于转化"，这是我校极为重要的优秀传统。这两句话的基础首先是由九思同志提出的，后来不断得到完善。九思同志最初提的是"敢于竞争，敢于转化"，是两个"敢于"，后来经过讨论，我和周济同志提出建议，将第二个"敢于"改为"善于"，就变成了"敢于竞争，善于转化"，这样就战略和战术相结合了，也更符合辩证法了。没有"敢于竞争"，就没有方向；没有"善于转化"，就没有道路。只有藐视，就会不切目前实际，脱离立足的实际，浮而不实，夸而为荣，将想象作为现实；只有重视，就会鼠目寸光，看不清全局，看不到未来。

"敢于竞争,善于转化",本质上体现了毛泽东同志的战略战术思想。毛泽东同志讲过:在战略上、在全局上要藐视敌人和困难,在战术上、在具体问题上要重视敌人和困难。"敢于竞争,善于转化"是联系在一起的,藐视就能敢于竞争,重视就要善于转化。"别人能做,我为什么不能做;别人做不到,我为什么一定做不到",讲的是敢于,是藐视;"细节决定成败"、"集中优势兵力,歼灭敌人",讲的是善于,是重视。二者结合,方向对了,道路宽了,就有利于促进扎扎实实做事。

推而广之,不管是做科学研究还是做人文社科的学问,无论是做大事还是做小事,都要敢于走、善于走,走一步是一步,积小胜成大胜,从量变到质变,借此逐步达到既定目标。这是最具智慧品格的做法。敢于走、敢于竞争,敢于在战略上高度藐视困难与敌人,敢于担当战略上的责任感,这是着眼之处;善于走、善于转化,善于在战术上高度重视困难与敌人,善于强化战术上的责任感,这是着手之处;走一步,是一步,老老实实,扎扎实实,每走一步无论是成是败,都必有所得、必长一智,必定能为走下一步做好铺垫,这就是所谓的做人与做事的智慧的合二而一。

"敢于竞争,善于转化。"现在这两句话刻在学校图书馆右侧巨大的泰山台上,成为一道美丽的人文景观。

学校图书馆右侧草坪上的石刻"敢于竞争,善于转化"

三、继承传统，丰富发展（下）

承上启下，继往开来。

这是"继承传统，丰富发展"的另一个翻版，可以说是对当校长的一个职能定位，任何一任校长，任何一任学校领导班子，其实都是"承上启下，继往开来"的。

1993年5月，中央电视台策划了一个高端人物访谈栏目《东方之子》，第一期是1993年5月1日开播的，大约是春天的时候，节目组来采访我，主持人是白岩松同志，暑假时就播出了。在节目中，我谈了自己的成长经历，谈了自己的人生观和教育理想，也谈到我当校长的一些办学思路，谈到学校的发展要总结过去，面向未来，不断丰富发展。（后来我们也常看《东方之子》节目，据说现在已经采访了2000多位"东方之子"[①]。）

1993年，中央电视台《东方之子》栏目记者白岩松同志来采访

黄树槐同志任校长时也体现了这一点。1984年12月，黄树槐同

---

① 整理者注：《东方之子》是中央电视台开办时间最长、品牌影响力最持久的一档人物访谈节目，也是迄今为止中国电视界人物层次最高、最具权威性的人物访谈节目，被采访者多为各行各业高端优秀人物，被采访者，也被称为"东方之子"。

志接任校长,他在学校发展上做出了重要贡献。虽然黄树槐校长曾经诚恳地讲过:"朱九思同志把学校建设与发展的框架搭好了,基础奠定了,方向明确了。我们没搞什么新的,只是添砖加瓦、调整巩固、充实提高而已。"我认为他讲得十分谦虚,但也具有丰富的内涵,我曾经用了5个"扎扎实实"来形容黄树槐同志任校长时期学校的发展,即学校的建设扎扎实实地发展,师资队伍扎扎实实地加强,办学水平扎扎实实地提高,学校地位扎扎实实地上升,学校扎扎实实上了一个新台阶。

这绝不是讲假话,而是实事求是。例如,黄树槐同志提出了"异军突起,出奇制胜"的办学谋略,就迸发出了极大的活力。以"华中数控系统"为例,其中就饱含了黄树槐同志的心血。他深知我国硬件基础薄弱的瓶颈,非短期可以解决,创造性地提出了"基于PC平台、软件突破"这一出奇制胜的发展数控的技术路线,在80年代后期,他集中全校与数控相关的力量,组建了"数控工程中心",为今日"华中数控"成为国内重要的数控产业基地奠定了坚实的基础。可以说,黄树槐校长的工作,既继承与发展了朱九思同志创建的并为历史高度肯定的事业,又为后来学校的顺利发展夯实了更广、更厚的基础。

回顾学校的发展历程,学校快速发展,足以让人自豪;能成为新中国高等教育发展的缩影,是学校的骄傲。正是在这个过程中,积淀了学校优良的办学传统。这当然与全校广大师生的努力分不开,特别是与查谦同志、朱九思同志、黄树槐同志等老校长的贡献分不开。后来在2010年,朱九思同志90华诞时,我写过一篇文章《继承历史财富,不断丰富发展》作为庆贺。文中讲到,要办好学校,既需要继承历史财富,也需要不断丰富发展。

回顾和总结学校的办学历程,学校的办学传统可以总结为以下几点:

第一,团结好。

第二,方向对。

第三,工作实。

第四,长期干。

第一,团结好,无内耗。团结好,就是关系好。这是前提。没有这个前提,一切免谈。只有内部关系好,没有内耗,没有钩心斗角,才能集中力量干事业。我们的领导班子也是这样,说要做什么事,大家团结一心,相互配合,很快就做起来了,而且做得很开心。

再比如说,学校内部关系好,一个重要的标志是,学校领导每个人的办公室从 20 世纪 80 年代初到今天,仍然十分简朴,而学校多少座十分现代化的教学大楼、科研大楼、学院大楼拔地而起,办公条件好得多。例如,校长办公室的简朴,在国内高校中也是有名的。

第二,方向对,不折腾。把准方向,就是方向对。这是关键。无此关键,就会迷路,就会折腾,甚至瞎折腾。方向一错,全盘皆输;方向摇摆,反复折腾;方向有偏,事倍功半;弄虚作假,没有方向。

我们学校为什么发展如此快?就在于有明确的、正确的、持续性的发展方向,不断向前推进。在有关学校发展的全局问题上,立足现实,把握全局,面向未来,既能在战略上藐视困难,又能在战术上重视困难,确立"实事求是"的办学思想,规划切实可行的办学方案。有人深入研究我们学校的发展后评价说,我们学校的历届领导,都做了自己应该做的事情,而且是相互继承和发扬,没有相互拆台,瞎折腾。我认为这种评价是对的,我们的不相互拆台、不瞎折腾,既是表现在同一任期的学校领导班子成员之间,也表现在后任领导班子对前任领导班子的继承与发展。

第三,工作实,不浮夸。这是根本。"敢于竞争,善于转化",体现在行动中,就是实干。学校的每一步发展、进步和成就,每一次大的转变,都是广大师生员工一起,在良好的校风中,脚踏实地、实事求是、兢兢业业干出来的,经得起检验,绝不是吹嘘和捏造出来的。

第四,长期干,不懈怠。这是保证。积累量变,才能达到质变。我们学校的发展是长期一贯地实干,自强不息,坚持不懈,不断进取。

现在看来,这些总结还是比较准确也比较精炼的,它们虽然是在我当校长的过程中,不断总结提炼出来的,却是真实存在于我们的优良传统和良好校风之中,是我们"华工人"团结奋斗、开拓创新的巨大的精神动力。

我们学校是一所有着优良传统和良好校风的重点大学,学校的优良传统和良好校风一定要在我们这一届班子中得到发扬,并进一步向前推进,面向未来,开拓创新,促进学校的发展更上一个台阶。

好在我接任校长时,只是换了校长,学校领导班子的其他成员都没有变动。党委书记还是李德焕同志,其他几位副校长、副书记,一切照旧:常务副校长是钟伟芳同志,主管教学的副校长是姚宗干同志,主管科研和产业的是朱耀庭同志,主管研究生工作的是梅世炎同志,主管后勤的是黄承堂同志,主管宣传工作的是冯向东同志,主管学生工作的是霍慧娴同志,主管纪检工作的是曾得光同志,校办主任是李宜昌同志等。

2013年9月,校庆60周年华中科技大学部分老领导合影
(从左至右:朱玉泉、姚宗干、钟伟芳、杨叔子、李德焕、霍慧娴、曾得光、梅世炎)

在学校党委常委会上,我老老实实地讲:"你们主管的工作,你们放手去管,不必问我;解决不了的大问题,学校党委民主讨论,集体决定,少数服从多数。"我还拜托李德焕同志总负责。

我在党委会上还讲到:我们华中理工大学是干出来的,只要我们"团结好,方向对,工作实,长期干",就一定能干出来,到了我们这一届,一定要干好!

我们领导班子用李德焕同志的话说，是一个"年富力强、讲政治、讲团结、懂教育、干实事的领导班子"。领导班子成员也都是同学校一起成长起来的。他们对学校有深厚的感情，热爱学校，热爱自己的工作，对学校的教学和科研情况，对育人环境和办学条件等十分熟悉，领导成员之间相互了解，学科专长不同，优势互补，最关键的是，大家既各司其职，各负其责，又合在一起讲团结，兢兢业业，认认真真做事，没有内耗，大家相互支持，努力去做。

领导班子的工作作风也体现了民主集中制的原则，体现了党委领导下的校长负责制，我们明确规定每位领导成员分工负责的岗位责任，把主要精力用到分管工作上来，许多重大改革措施都是在常委会和行政办公会上充分讨论、统一思想、形成决议，然后按分工分头执行的，体现了党政的协调一致，这就从组织上和制度上保证了集体领导和科学决策。

四、总结学校发展"三个转变"

创新是一个民族的灵魂，也是一所学校的灵魂。一所学校的发展，就是在不断创新中向前发展的。

我接任校长的 1993 年，正好是学校建校 40 周年。做好 40 年校庆的准备工作，无疑是这一年工作中的一件大事。但我们不是为了校庆而校庆，更不是为了讲排场而校庆，而是为了回顾过去、立足现实、面向未来，为了总结经验、明确目标、更上一层楼。

回顾我们所走过的历程，我们可以欣喜地发现一个关键词："转变！"我亲身经历了这个令人自豪的巨大的"转变",这种"转变"的实质就是创新,就是一步一个脚印、一步一个台阶的创新。

40年来,作为当年校园面积和规模较大的几所高校之一,学校的变化是巨大的。整个喻家山已经旧貌换新颜,发生了翻天覆地的变化。昔日的荒山秃岭不见了,代之而起的是一座生机盎然、绿意盎然、朝气蓬勃的拥有两万余名师生的"大学城"。山上,郁郁葱葱,万木争荣,鸟鸣雀语,绿道蜿蜒。山下,大树参天,浓荫蔽日,高楼林立,道路宽阔,纵横延伸。校园美景如画,春天桃花娇艳,夏天荷花映日,秋天丹桂飘香,冬天蜡梅傲雪——这些令人欣喜的变化当然是非常了不起的成就。

更重要的是,包括广大师生在内的整个学校的精神面貌发生了巨大的变化,整个学校的办学结构和体系发生了巨大的变化,促进整个学校的办学规模、办学结构、办学质量、办学水平产生质的飞跃。整个学校通过一次次的转变、一次次的发展,一步一个脚印,一步一个台阶,不断地上层次、上水平,取得了令人瞩目的成绩。

这些成绩和经验需要认真梳理,后经过反复讨论,总结出学校发展历程中经历的三次大的转变,即"三大转变",并在建校40年校庆上正式提出。

1993年10月15日,是学校40周年校庆的日子,当天秋高气爽,晴空万里,长空如洗。"森林校园"里,各方客人,纷至沓来,喜气洋洋,国家教委的有关领导也来了,中央领导江泽民、李鹏等同志也题送了贺词长幅。

校庆典礼上,我作为校长发表了讲话,题目就是《新中国高教事业发展的一个缩影——庆祝华中理工大学建校40周年》。原文有如下内容:

华中理工大学走过了光辉的40年历程。

当仁不让,全力竞争。……学校迅速成长为国家教委直属重点院校之一,也是全国规模最大的几所高校之一,是新

1993年,校庆40周年,与党委书记李德焕同志(右一)一起接待校友陈仕贤同志(左三)、曹少芳同志(左二)等

中国高等教育事业发展的一个缩影。

集中来讲,40年来华中理工大学的巨大变化表现在三个方面:第一,由建校初期基本上是从事教学转变成教学与科研并重,教学与科研两个中心,按工作量计,教学与科研的教师大致各占一半;第二,由建校初期只招收本科生与专科生的办学模式转变成招收博士后、博士生、硕士生、本科生、专科生、留学生、访问学者与办成人教育的多层次、多类型的办学模式;第三,由建校初期仅拥有机、电两个专业的工科院校转变成为以工为主,理、工、文、管相结合的综合性大学。

在这个讲话中,我鲜明地提出了关于学校发展中"三大转变"的说法,这一说法后来得到广泛认同。

这里所说的"转变",就是指在学校发展过程中从总体上影响学校发展格局或结构的大的变化和大的发展。事物是发展变化的,事物的发展变化是相辅相成的,事物就是在发展中变化、在变化中发展的。唯有变化才能发展,唯有变化才能持久。办学,就是要不断进取,不断转变,不断创新,争创一流。

对于"三个转变"的表述,我后来又进行了提炼,特别是在文字上

更为精练,变成如下表述:

  第一个转变——由机电类工学院向文、理、工、管、生命类相结合的转变。

  第二个转变——从基本教学转变到教学和科研两个中心,重视为社会服务功能,特别是高科技产业发展。

  第三个转变——从原来只有本科生教育到研究生教育、本科生教育并重,高度重视继续教育、成人教育、远程教育、网络教育等等。

这三大转变,都是既适应了当时社会条件和社会经济发展的需要,又顺应了社会发展潮流,有的是走在潮流的前列。总体来说,都是脚踏实地,推动学校一步一个脚印,一步一个台阶,不断向一流大学发展前进。每一步都体现了"方向对,发展好"。分析起来,都有丰富的内涵。

第一个转变,由机电类工学院向文、理、工、管、生命类相结合的转变。实质上就是学科建设的转变。学科建设是办好大学的龙头,学科结构是学校上水平、上层次的基础。一所大学,就像大自然的生态一样,学科结构好,学科生态群好,就会向着良好的方向发展。作为重点大学,假如学科不能向着综合化发展,便很难达到一流水平。

作为一所50年代初按苏联教育模式、经过院系调整建立的工科院校,我校最初基本上是按产品或工艺设置专业,分专业培养"专家",60年代,我校被确定为全国重点理工大学,成为培养高级专门人才的重点高校,成为发展科学技术的重要基地,这是很了不起的成就。但是,随着时代的发展,特别是科学技术的发展,继续沿用或照搬苏联狭窄的教育模式,弊端日益显现,如:工科和理科分开,单纯设置部分工科专业,理论基础不够,专业口径过窄,使工科缺乏强有力的理科支撑;工科和文科分开,忽视人文教育,不利于学科的发展和改造,不利于培养学生的全面素质和创新能力。

"文革"结束后,特别是在80年代初,我校就开始办文科和理科专业,实际上是开始进行了各高校后来才意识到的学科建设。比如说,激光当时还是新兴学科,朱九思同志看准了激光学科这一方向,从全校物理、电、机各学科中抽调一批骨干教师,组织攻关,让科研走在教学前面,然后在此基础上,再建设专业。现在,激光学科不仅有博士点、国家重点实验室,而且有了国家工程研究中心。

第二个转变,实质是关注高等学校的职能,以及它们之间的关系。大学有三大职能:一是教学,二是科研,三是为社会服务。这三者顺序不能颠倒。教学是基础,科研是提高,为社会服务是适应社会发展的活力。

教学和科学研究的关系,从理论上很好理解,而在实践中正确处理教学和科学研究的关系,是高等学校工作中的重要课题。教学和科研是相辅相成、相互促进的,不应将两者对立起来。不进行科学研究,教师的水平难以提高,教学内容难以更新,更难以充实学科前沿的内容,教学质量也就很难提高,也就谈不上发展研究生教育,为国家培养高层次人才。但是如果处理不好,有可能导致"重科研,轻教学"。

第三个转变,反映了学校的发展水平。本科教育是基础,研究生教育是提高,而继续教育、成人教育、远程教育、网络教育是适应社会发展的体现。

重点理工大学要提高学术水平,办成具有世界先进水平的大学,必须提高办学层次,在指导思想上,实现由主要培养本科生向培养本科生和研究生并重转变,逐步扩大研究生教育特别是博士生教育的规模。没有一定规模的高质量的研究生教育特别是博士生教育,就不可能办成具有世界先进水平的大学。

特别需要说明的是,当时我国的高等教育还没有进入高等教育大众化阶段,高等教育总体规模还是不足的,所以重点高校也会招收一些专科生,有着成人教育、网络教育等的多层次、多类型的办学模式,这是当时的实际情况。后来随着高等教育走向大众化,重点大学的精力更多地放在了本科生教育和研究生教育方面。

在40周年校庆讲话中，我还指出：

"百年大计，教育为本；国之兴亡，人才为基。"我们要清醒地看到，学校最根本的任务是培养德才兼备的人才；作为国家重点大学，应努力培养德才兼备的高层次专门人才。

我们决心朝向办成一所研究型大学的目标，团结一致，抓住机遇，当仁不让，全力竞争……立志通过若干年的不懈努力，跻身于世界第一流大学之林。

这里就鲜明地提出了我校是"国家重点大学"，"学校最根本的任务是培养德才兼备的人才"，我们要注重"培养德才兼备的高层次专门人才"。并且在办学目标上，鲜明地提出了"办成一所研究型大学"，"跻身于世界第一流大学之林"。

40周年校庆讲话之后，一些老师跟我讲："杨校长，你讲得太好了，很有气魄，很有感染力，我们很受鼓舞！"我就讲："我们当然要有气魄！"

"谁谓河广，一苇杭之"，这是《诗经》中的两句诗，讲的是那时的一位宋国妇女，为了追求她既定的回国目标，以大无畏的浪漫主义气魄，喊出这一响亮的口号。现在我们新中国的儿女，我们华工的建设者们，更应以"欲与天公试比高"的豪情与毅力，以"只争朝夕"的精神与步伐，追求更远大的目标。

顺便说一下，我们提出"跻身于世界第一流大学之林"，这在当时是比较大胆和超前的，当时能这么提的学校不多。后来，之所以越来越多的高校提出建设"一流大学"，是缘于1998年5月江泽民同志在北京大学百年校庆讲话中提出要建设"一流大学"，随之出现了"985工程"。

中国应该有世界第一流大学！

中国一定要有自己的世界一流大学！

五、促进学校"第四个转变"

我当校长以后,学校有两个方面明显地产生了变化:

第一个方面,整个学校实力在提升,学校的地位得到了承认。

第二个方面,教育思想发生了深刻的变化,校园的学术氛围更为活跃。

当然,这绝不是我一个人的功劳,确实是学校历史累积的结果,是学校几代人努力的结果。

1993年我接任校长之时,听到一些批评。有人讲,我们学校是"自我感觉良好",这句话显然是带有批评性质的,言外之意是,我们还没有那么好,只是自我感觉良好而已;也有人说我们的科研"在数量上拿金牌,在质量上拿铜牌",言外之意是,我们的科研论文、科研项目虽多,我们学校虽然发展很快,但是质量并不高。

但是到了1994年,情况就发生了变化。1993年,我们学校在国内发表的论文数量居全国高校第一位,我们学校获得的国家自然科学基金资助项目经费数目在全国高校中名列第六位。1993—1995年,我们学校的科研论文数连续三年排名全国第一,我们科研项目经费也是名列前茅。我们学校的声誉度不断得到提升。

1994年5月28日,中央政治局常委、国务院副总理李岚清来我们学校视察,对我们学校的发展高度评价,他讲道:"你们是超级大学,理工文管都有,也是综合性大学。"他还参观了激光技术工程研究所,观看了万瓦级的激光器、激光刻字机、激光医疗仪和激光焊接切割的演示,他高度赞赏,兴致勃勃地谈到激光技术应用的前景。1995年2月25日,国家教委副主任张孝文一行到我校检查工作,对我们的工作表示满意,并说:你们学校确实很不错,给我们印象很好。特别是他对机械学院院长周济汇报的数控技术发展前景表示出极大兴趣,到了罗俊他们的引力实验室,他连说:"真没想到你们有这样的实验室,我感到很兴奋。"1995年10月14日至17日,全国研究生教育工作会议在我们学校举行,国家教委主任朱开轩参加了这次会议,并检查了我们学校的工作,包括与中青年教师座谈,我陪他参观实验室并汇报了我们的文化素质教育工作,他对我们的工作高度肯定,说了好几次"没想到"。

到了1995年,我校好事连连。这一年,我们学校的科研力量进一步增强,发表的论文数量仍居全国高校第一位;在全国研究生院评估中,我校进入了前十强;我们顺利通过"211工程"院校预审,进入"211工程"院校行列;我们学校一次性就取得了多个博士学位授权点,除了传统的优势学科外,文科博士点实现了"零的突破",这个文科博士点是高等教育学博士点(国家教委真正下发文件是1996年6月,当时拿的是教育管理博士点,后改为高等教育学博士点,这是全国第四个高等教育学博士点)……这就是靠实力说话,发展才是硬道理!

1995年4月10日,波兰副总理亚历山大·乌查克访问学校

此外,我们学校的教育思想发生了深刻的变化。教育思想和教育观念的转变是更为深刻的转变。教育改革,观念是先导。

1992年12月,在正式接任校长之前,我同国家教委主任李铁映同志就办学问题谈了自己的想法,我谈到办学首先要抓办学思想,得到李铁映同志的赞同。之后有记者采访我,也有研究高等教育的博士生问我:"办学最重要的是抓什么?"我都是如此回答:"最重要的是抓办学思想!""这是战略问题,是办学方向问题。"

这个思想来源于毛泽东同志的战略和战术思想:从战略战术上综合考虑,首先必须抓战略问题。办学的战略问题,首先就要抓办学思想和办学方向问题,因为这是将学校带往何方的问题。毫无疑问,办学的指导思想,应符合时代要求,应符合国情,符合学校历史,符合学校现实,符合高等教育自身发展的规律,紧紧围绕"育人"而进行,包括"育"什么样的人,以及如何"育"怎么样的人。

1996年1月,我到台湾参加有关高等教育的研讨会,当时两岸交流不多,相互之间并不了解,甚至由于长期的隔膜还存在一些误解。我想借此机会宣传大陆的高等教育和我们学校,也正好趁着这个机会,进一步梳理我校的办学思路。

参加此次会议的论文从1995年12月就开始准备了,主要是介绍和总结我校的经验和办学思想,我特地请《高等教育研究》的主编姚启和同志到我办公室,我们一起讨论我的会议论文。姚启和同志当过学校党委副书记,当时和九思同志一起在高教所,主要从事高等教育管理研究。在这篇文稿中,我进一步提炼了在40周年校庆中提出的学校"三个转变"的提法,而且加上了"第四个转变"的提法:

第四个转变——从注重专业教育、科学教育转向科学教育和人文教育相结合,在注重专业教育的同时高度重视素质教育。

"第四个转变",是一个极为重要的教育思想深处的转变,实质是教育思想上的一个根本性变革。我当校长的任务,就是既要将学校发展中前面的"三个转变"进一步做得扎扎实实,进一步向前推进,同时也要花大力气促进这个内涵深刻的"第四个转变"。在办学方向上,毫不动摇地、紧紧地抓住"育人"的根本目标,培养德才兼备的高层次、高素质的专门人才、创新人才。教育是"育人",而非"制器",除了专业教育以外,我们要高度重视人文教育,重视科学教育与人文教育相结合，重视文理渗透，适应现代化建设的需要，培养高素质的高级专门人才。

实际上，我们已经开始这么做了。从1994年开始，我们就在全校大力抓文化素质教育，特别是人文教育，促进文理交融，整个校园的学术氛围更为活跃，对人的影响更为长远。

在这个过程中，我自己也在发生着转变。当了校长以后，我的生活方式、关注的事物和思考的问题都发生了很大的转变。从教师到院士，角色只是稍微有点变化，我的工作还是专业领域的工作；从院士到校长，角色就有了很大的转变。以前全心全意搞专业，要站在机械制造、智能制造的前沿，致力于让自己成为一个优秀的专业教师；当了校长之后，我多了一项任务，增加了一种责任，不仅要思考专业问题，还要思考教育问题，我变成了一个忠诚于党的教育事业的工作者，变成了一个致力于让学生成为"现代中国人"的教育工作者。

当然，刚开始有一个适应过程和学习过程，特别是在一些办事程序上。日常行政事务不少，每天要接待的人和处理的事也不少，刚开始忙得团团转，我开玩笑说，有些像"热锅上翻烤的烧饼"。我平时走路就比较快，这时似乎更快了，而且一边走路，一边还在想问题。

毛主席的战略战术思维给我很大的启示，这时战略思维和时间管理就很重要了。当校长不是做官，更不是揽权，而应该放权，运用战略战术相结合的思维，加上民主集中制，调动一切积极性。当校长，有很多大大小小的事情，如果事必躬亲，陷入琐碎的事务主义中，那么校长的工作一定做不好。我的体会是，当校长，首先应把眼光放在学校发展战略上，抓办学思想、抓发展方向；同时必须在战术上可行。无前者，是近视；无后者，是盲动。战略战术相结合，学会放手，依靠集体，聚合力量。

业务上，我原来所在的机械系的教学科研团队，已经成为一个良好的能钻研、肯实干、讲团结的优秀集体，已经形成了良好的学术风气、浓厚的科研氛围。对于很多事情，我基本上是抓大的方向，抓机械智能制造前沿研究，抓课题科技攻关。

当校长后,我开始注重教育理论问题和教育实践问题,注重教育研究。虽然以前也进行了一些研究,但那属于教学方面的研究,研究如何做一个好老师,如何上好课,如何搞好教学。

学校高教所的涂又光先生,给了我很多启发。可以说,在教育研究方面,在文科方面,涂先生是启我深思的第一位老师。① 涂先生比我大6岁,学识渊博,见解不凡。他是著名哲学家冯友兰先生的高足,在冯先生晚年和过世后整理冯先生的文稿,包括中文稿和英文稿,中译冯先生的英文著作《中国哲学简史》,编纂《三松堂文集》等。比如《中国哲学简史》,翻译得相当漂亮,就像是冯先生自己用中文写的,是翻译著作中的经典。

2006年9月,在涂又光教授80华诞寿辰庆祝会上

涂又光先生积极支持"第四个转变"的提法,他还从另一个侧面提供了理论上的支持。1996年,他提出"教育发展三阶段论"的观点,即"人文—科学—科学·人文"。涂又光先生认为,高等教育发展经历了三个阶段,第一阶段是人文阶段,即工业革命前的阶段;第二阶段是科学阶段,从工业革命开始,科学文化教育逐渐加强且越来越强,直到20世纪几乎压倒了人文教育;第三阶段是科学·人文阶段,

---

① 涂先生则同样谦虚地说杨校长是"不耻下问"。2012年农历六月,涂先生曾为杨校长杖朝大庆撰联:敏而好学不耻下问,初开八秩更展令才。——整理者注。

科学技术发展到今天,信息革命蓬勃发展,知识经济初见端倪,工业经济的弊端越来越明显,片面强调发展科学技术的后果越来越严重,现阶段应该充分重视人文教育,人文文化应当与科学文化并重,人文教育应当与科学教育并重。

随着教育思想的深刻变化,以及大力推行文化素质教育,促进文理交融,校园文化氛围更好了。

1995年,国家教委在成都召开了一个会议,我去参加时,听到不少赞扬,国家教委的不少司局长跟我讲:"华中理工大学发展真快,质量也好,在国内是一流的!"我听了心里非常高兴,却还是非常谦虚地讲,我们有"学在华工"的传统,但是我们与一些兄弟院校仍有差距,我们要继续努力,"华工在学"!

"学在华工"与"华工在学"含义是不同的,两者结合,"学在华工,华工在学",形成了一种良性循环,一种良好的学术氛围。这一点,最受益的是我校的学生,是我校所培养的人才。

六、关心和尊重教师(上)

办好教育,教师是基础。

办好一所学校,一个重要的前提是要有高水平的师资。

没有学生,就没有学校;没有教师,也就没有学校。为什么办学校,通过学校实现教育!为什么要教育?培养学生,造就人才,化民成俗!怎么办学校?怎么办教育?首先第一条,一定要有教师。

在一篇文章中,我曾就学校与教师的关系说过这样一段话:

学校与教师的关系,就是山与虎的关系;名校与名师的关系,就是大山与猛虎的关系。山壮虎威,虎靠山势。

大师,顶尖学术水平的教师;名大学,顶尖的学术水平机构,顶尖学术水平教师的"集"。

学校是一座山,是教师施展才华的舞台,没有学校这座山,教师纵有满腹学问,也很难施展自己教书育人的才华,这就是"虎靠山势";"虎壮山威",学校这座山,有了教师充分施展教书育人的才华,这座山才会有气势,有威武的雄风,有名山之胜。

教师是办学的基础,办学不能不依靠教师。大学,没有教师,就没有学生;没有一流的教师,就没有一流的学术,就没有一流的学生,也就根本没有一流的水平。没有大师,就没有顶尖的学术,就没有顶尖的学生,也就根本没有顶尖的水平。合起来看:

百年大计,人才为本;

人才大计,教育为本;

教育大计,教师为本;

教师大计,教学为本;

教学大计,课堂教学与实践教学为本。

这几句话,层层递进,层层深入,既表示它们之间的关系,也是为了表述得更为全面。

也许有人说,学校不是应该"学生为本"吗?我认为,单独这么表述还不够全面,大学是育人的,一切为了学生,头等重要的任务是培养好学生,这样理解没有错,但最基础的仍是离不开教师。没有教师,就没有学生,就没有教学。我记得60年代时九思同志讲过一句话:"什么叫为人民服务?在大学中,就是为教师服务,教师就是为学生服务。"我认为讲得非常深刻。

教师的发展与学校的发展紧密相连,高校间的竞争本质上是人才的竞争。在90年代初期和中期,我校师资队伍年龄结构不平衡,有

1999年,与朱九思同志(左一)、周济同志(左三)一起在学校纪念五四运动80周年大会上

些"青黄不接",再加上在市场经济大潮的冲击下,师资队伍很不稳定。当时学校要留住人才,都要用一些办法。我们学校的办法就是"四个留人",再加上"精选、重用、严育、厚待"的八字方针。

当时学校党委经过多次讨论,提出"事业留人,待遇留人,房子留人",我又加了一条"孩子留人",这样就变成了四条:

事业留人,待遇留人,房子留人,孩子留人。

第一个方面,事业留人。

教师是学者,是知识分子,当然最关心的是自己的学术事业、自己的教学和科研成就,什么地方能让他干出最有成就的事业,什么地方能让他有事业成就感,什么地方能让他干得舒心,他就愿意留在什么地方,并扎根下去。

"山仗虎威,虎靠山势",办学就要给教师提供专业成长和发展的舞台,营造一个良好的学术氛围,一个干事业的氛围,让教师有用武之地,学以致用,学有所用,用有所长,体会到事业成就的快乐。

第二个方面,待遇留人。

教师是学者,看重学术,但也是人,也要养家糊口,要提高他们的待遇,这也是体现邓小平同志所说的"尊重知识,尊重人才"。一般各单位都会从待遇上特别是物质待遇上吸引人才,这是人之常情。我们学校也一样,努力提高教师的待遇。

当年,大学教师收入比较低,不少人下海经商或"孔雀东南飞"。我校各单位都想办法增加一些收入以提高教师待遇,特别是想办法改善收入较低的年轻教师的待遇。我们学校还有一个不成文的规定,即尽量帮助解决或者安排家属工作问题,对于新调进的教授、副教授、博士等,只要符合条件,尽量安排;校内不好安排的,尽量提供力所能及的帮助,想办法在其他单位落实。

第三个方面,住房留人。

这是从"待遇留人"中单独划出来的,因为当时住房普遍比较紧张,能解决好教师的住房问题,是一个大问题,让教师能"安身立命",这是当时解决"留人"的一个非常重要的办法。我们学校在这方面做得比较好。

很多兄弟院校羡慕我们学校的老师既能住在校内,而且住得不错。在教职工住房条件改善方面,我校在全国高校中是进行得最早的。当很多院校的教师仍是几代人挤在以前的筒子楼或单身宿舍里的时候,我们学校很多教师已经住进了两室一厅、三室一厅的房子中了。这既得益于我们校园面积大,也体现了学校一直关心教师生活。

我接任校长后,在校内做的第一件大事,就是把前任校长黄树槐同志任期内建好的教职工宿舍卖给教职工,而且在政策上向教师倾斜。这就使教职工住房从原先的十分紧张到得到基本满足,让教职工能安居乐业,这在当时确实是关系民生的一件大事。

我们学校的住房改革和住房改善,在全国高校中是比较早的也是解决得比较好的,当时各个高校都处于观望状态。1993年,我们还在全国率先实行住房公积金制度。记得卖房后不久,国家教委主任朱开轩同志来到我校检查工作,他肯定了我们学校的一些做法,当他亲眼看到我校教职工住房问题解决得比较好时,还委婉地进行了赞扬,由于当时尚处于市场经济初期,能得到委婉的赞扬,已是相当不错的肯定。

当时是高校经济特别困难的时期,学校的办学条件和教师的生活条件仍比较困难。据说,到 1998 年陈至立同志接任国家教育部部长之前,是高校经济最困难的时期,到陈至立同志接任教育部部长之后,她提出,高校要着力解决教职工的住房问题,改善教师的生活水平,包括办好高校的食堂。

第四个方面,孩子留人。

这样做的目的是解决教职工的后顾之忧。我在任校长时提出,前面三个"留人"都正确,都有效,但我还要加上一条"孩子留人"。为什么?"可怜中国父母心,不重自己重子女!"中国人特别看重子女的教育问题,要争取留人,就一定要关心教师所关心的,想教师所想的,关心教师的子女教育问题,特别是青年教师的子女教育问题。

当时,我经常讲:幼儿园、托儿所、附属小学、附属中学一定要办好。而且我们学校的特色是,这些单位由学校领导直接负责管理,校领导直接负责,而不是由下面的处长负责,体现了学校对此的重视。

尽管那时学校经济很困难,但为了解决教师的后顾之忧,我们咬紧牙关,克服困难,想方设法,拆除幼儿园一幢危房,重新修建了幼儿园,大修了附属小学和附属中学。对于这方面的投入,学校党委的认识高度一致,大家一致同意。而且我们学校空调的安装也是幼儿园先于办公室进行安装的,当时许多办公楼和家庭都没有安装空调。有一次,电子工业部的一位领导到我们学校参加会议,他发现学校的一些办公室没有安装空调,而幼儿园安装了空调,十分感慨地说:"华工对教职工后代的关爱,真是抓到点子上了,这对稳定队伍、调动积极性很起作用。"

"孩子留人",还真发挥了不少作用。我听说,学校有些单位引进青年教师,为了吸引他们,解除他们对子女上学的后顾之忧,就带他们到位于校园之内的幼儿园或附属小学或附属中学参观,让他们亲眼看一看他们的孩子将来要上的幼儿园、附属小学和附属中学,不少人因此而留了下来。

我给自己立了一条不成文的规矩:不题字。现在学校有很多的文化素质教育建筑,我、刘献君和余东升等同志,没有一个人留下了题字。但是我给附中题了校训:"读好书,立好志,做好人。"

我告诉附中的校长,这是从我中学时的母校同文中学的校训"读好书,做好人"中演化而来的。中间加"立好志",就是强调"志"的重要性,"志于学","志于成人","三军可夺帅也,匹夫不可夺志也",讲的就是"志"的重要性。抓住"立好志",脉络就更清晰了。

后来,不知道从什么时候开始,学校不再直接负责附小和附中了,而是和武汉市教育行政部门共同来管理。这是我从校长位置退下来之后的事,"不在其位,不谋其政",事情总是一分为二的,我也绝没有再去插手。但是幼儿园、附属小学和附属中学还在校内,给学校广大教职工提供了便利。

七、关心和尊重教师(下)

教师是大学最基本的力量,是学校学术的象征。

民国时期,清华大学的校长梅贻琦先生曾讲过一句非常精辟的话:"大学者,非谓有大楼之谓也,有大师之谓也。"就是说,大学不是指有"大楼",而是指有"大师",这话说到重点了。大学的声誉主要取决于教师的学问和水平,一所重点大学,需要聚集一批名师,聚集有高水平的学术大师,创造一种"尊师重教"的氛围。

我们学校一直非常注重师资队伍建设。在师

资队伍建设上,学校提出了八字方针:

  精选、重用、严育、厚待

这8个字内涵丰富,相互关联,体现和落实了邓小平同志所说的"尊重知识,尊重人才"的精神,也符合教师队伍成长规律。

首先是"精选"。在招募教师时把好德才兼备这一关,也要注意不拘一格降人才。精于教学的,要;善于科研的,要;两者兼长的,当然更要。年龄偏大的,要,他们是台柱;中年的,要,他们是中坚;年轻的,要,他们是未来!

接下来,是"重用、严育、厚待",聚人才,凝人心,促进教师专业成长,促进教育事业发展,培养和造就学术带头人,让他们挑大梁。否则,不"重用、严育、厚待",不关心教师生活,不重视教师事业发展,就是浪费人才,也是浪费国家的资源。

当时学校采取了一系列措施提高师资队伍建设。例如,实行特聘、特招、特殊津贴,以及各种倾斜政策,在校内选拔、在国内外招聘学术带头人和中青年学术骨干,聚集了不少人才。同时,精心制订师资培养规划,促进老、中、青传帮带,并促进教师队伍结构优化,特别是促进年轻人成长。

我在当校长期间,定期召开教师座谈会,同年轻教师特别是骨干教师进行座谈。教师座谈会上,同时要求教务、科研、人事、后勤、校办等有关部门的负责人参加,了解年轻教师的生活和工作情况,听取年轻教师的要求和意见,能当场解决的就当场解决,能当场确定的就当场确定,一时不能解决的就约定时间,但是一定要给确切的答复。这种做法,体现了"为教师服务"的精神,受到教师们的欢迎,也得到了学校党委的大力支持。

正常情况下,教师队伍具有合理的年龄结构,本来不存在向某个年龄段倾斜的问题,但当时的情况是,师资队伍年龄结构不平衡,导师队伍年龄偏大。我校当时的政策,就是注重优化教师队伍年龄结构,在年龄、专业、学科等方面对导师队伍进行优化,鼓励年轻人边教学边攻读博士学位，让年轻人尽快成长起来。

当时的一个重要举措是，不搞论资排辈，大力提拔优秀的年轻人。我接任校长后，制定了职称评审制度向年轻人倾斜的政策，为中青年教师晋升职称开辟特殊通道。当时规定：年龄45岁以下的教师晋升正高职称、40岁以下的教师晋升副高职称，不占本单位年度指标的限额；若年龄46岁到50岁的教师晋升教授职称，职称指标限额单列，由学校统一掌握，集中评审。这样做的好处就是增加各学科的后备力量，优化教师队伍的年龄结构，促进一批中青年骨干教师脱颖而出。对于青年才俊，或者提拔为学科带头人，或者提升为领导，让他们成为"双肩挑"式的人物，这样很快就将一批优秀的年轻人提上来了。当时还有人担心："是不是太快了？""是不是不够成熟？"我就讲，从不成熟到成熟，并没有一个严格的、泾渭分明的界限，所谓成熟，就是一个补充和积累新鲜经验、调整和融合新旧经验的过程，没有相应的实践就不可能形成相应的经验系统，也就不可能成熟。

人才在岗位上能更快地成熟，千万不能求全责备，这样一批年富力强的年轻人很快便脱颖而出。实践证明，他们不但合格，而且优秀，很快成为学术骨干。

后来的事实证明，这些被提拔起来的年轻人，很快就能挑大梁，一些人后来成为院领导、校领导，一些人后来去其他学校当校长，将学校良好的办学经验带到其他学校。例如，引力中心的罗俊教授、力学系的王乘教授等，当时都不到40岁。对他们委以重任，使得他们很快成长起来。罗俊后来担任学校副校长，2009年被评为中国科学院院士，现任中山大学校长。王乘做过研究生院副院长、学校副校长，后来调任河海大学校长、兰州大学校长。还有骆清铭，他于1993年博士毕业留校，后去美国做博士后研究，1997年初回国，创建生物医学光子学研究中心，当时才30岁出头。他后来担任生命科学与技术学院院长、学校副校长，现担任海南大学校长，2019年被评选为中国科学院院士。现在社会有一个说法，说是出现了"华中科大校长群"现象。我认为,这既与他们自身的努力分不开,实际上也与学校良好的成长氛围分不开。

"山壮虎威,虎靠山势"。"名校与名师的关系,就是大山与猛虎的关系","名大学,顶尖的学术水平机构,顶尖学术水平教师的'集'"。一定程度上说,"大师就是大学",离开了大师,想办好大学,办好一流大学,是不可能的。

在一定意义上说,大师就是大学。大学是有故事的,大师也是有故事的,大学和大师的故事里有大学的精神。与大师们的交往,是心与心的交流,何止体现学校的关心和尊重,对此,我自己也有颇多收获。

例如,发展经济学创始人张培刚先生。张培刚先生是湖北红安人,20世纪40年代在哈佛大学获得博士学位,他的博士论文创立了系统的农业国工业化理论,为发展经济学的诞生奠定了重要的理论基础。1952年组建华中工学院时,他就是建校筹备组成员,后来长期分管学校后勤和基建工作,我们学校能有面积这么大的校园,张培刚先生和查谦院长功不可没。当年张培刚先生分管学校后勤和基建工作时,他和查谦院长等人一起规划了很大的面积,在校园四周插上"华中工学院用地"的牌子,待后来学校有钱时再建围墙围起来。他很得意地说,这就是围棋中"金角、银边、草肚皮"的原理。

改革开放后,人们才发现,张培刚的经济学理论受到国际高度认可。据说,有一次,世界银行一位行长到上海,在会上问:"知道发展经济学真正的奠基者是谁吗?"众人说不知道,这位行长就说:"是你们中国人,名字叫张培刚!"虽然由于种种原因,张培刚先生没有得诺贝尔奖,但他的影响绝不低于诺贝尔奖获得者。

张培刚先生的研究日益受到重视,他也在不断地为社会主义市场经济做出新的开拓,学校尽力为他创造良好的工作条件。我任校长期间,有一次到他在我校一号楼二层东侧的住处去看他,当时他正拿着一本外国一位诺贝尔奖获得者送给他的英文书在看,他的夫人谭慧也在场。据说他们的婚姻是谭慧的哥哥——另一位著名的经济学家谭崇台先生介绍的。我们讲起文化素质教育，张先生高度赞扬，他还说："老杨啊，文，就是教人怎样做人啦！"

张培刚先生80岁生日时，我写了一首诗祝贺：

  年高八十夕阳红，一代奇才一代宗。

  旧著曾教新论立，新章更把旧篇宏。

  童心伏枥身犹健，浩气牧牛心亦雄。

  灯火通明常达旦，辛勤智慧注书中。

张培刚先生天性乐观，"文革"中即使放牛也在研究问题，"浩气牧牛"就是指他在咸宁农村劳动时放牛的事。当时程良骏教授和他一起放牛，两个人在放牛中也作诗。张培刚先生于2011年过世，享年98岁。

再如，当年和张培刚先生一起在咸宁农村劳动放牛的程良骏教授。程良骏教授是新中国成立前从英国留学回来的水利水电和水利机械专家，新中国成立前就是教授，为三峡工程建设做出了不少贡献。程良骏教授平时喜欢写诗，我当校长后的第一个春节，他写诗相赠，其中有两句我非常喜欢："有诗有梦方称意，无怨无嫌最可人。"春节期间，我通常会给我校的教授们打电话拜年。而诗友之间的相互唱和，更增加了乐趣。于是，我也步原韵和了一首诗：

  良辰接福又迎春，喜读华章着意新。

  梦绝功名唯悟道，诗酬岁月是藏真。

  汗颜倍感诚夸我，伏枥长驱乐助人。

  饮水思源勤凿井，清泉涓涓汇芳津。

我和程良骏教授在一起聊天时就会兴致勃勃地谈诗，我们都高度一致地认为，诗词是一个民族的灵魂，也是一个人人品和思想的反映。

有一次，程良骏教授在协和医院住院，我去医院看望他，就用了这个典故，我说："程老，你是'有诗酬岁月'啊！"他也笑了。

再如，高教所的涂又光先生。涂先生是在退休后已经66岁时被返聘到高教所的，教授教育哲学、中国高等教育史等课程。据高教所的所长文辅相教授告诉我，在返聘涂先生之前，根据九思同志的要求，高教所想聘请一位学术功底好、讲课又好的教师来给高教所的学生上课，他们就在文学院已经毕业的学生中做了调查：上课给人印象最深、影响最大的老师是谁？学生们的答复是涂又光先生，并且认为特别是随着时间的推移，越来越感觉涂先生了不起。这样，涂先生退休后就被高教所返聘了。

1993年接任校长后，我认识了涂先生。一经接触，我就感到他很不一般，文史哲兼通，中英文兼通，诗词经文烂熟，书法造诣也很了不起，我的感觉是"相见恨晚"。后来在教育问题上，我经常向涂先生请教，他的很多观点我都很赞同，也可以说是一拍即合。我感到涂先生是个人才，可惜发现晚了。

由于涂先生将大量的时间和精力用来帮助冯友兰先生整理文稿和翻译文稿，自己独立研究的东西虽然分量很重，但是数量不多，按照当时的职称评审制度，涂先生是在副教授职称上退休的。按水平，涂先生早该是教授、教授的教授！我感到这不公平。都知道涂先生学问了得，高教所就返聘了涂先生，并向学校打报告申请将涂先生直接聘为教授，"同意！""大力支持！"这是我的态度，也是学校的态度。

这就是特殊与一般的关系。因为职称条例是按照一般性原则来做事的，但事情也有特殊性，具体问题具体分析，涂先生作为教授，是当之无愧的。

当时学校经济困难，办学条件有限，教授特别是文科教授没有自己独立的研究室或办公室。感谢学校图书馆的同志们，他们为了支持涂先生做研究，专门为涂先生在图书馆开辟了一间研究室。涂先生80岁生日时，我写了一首诗祝贺：

楚开八秩意如何？道骨仙风感佩多。

篆隶楷行通草籀，诗文哲史溯希罗。

陈词拍案砭时弊，解惑殚心育幼柯。

贫富安危都了了，南山松鹤舞婆娑。

还有建筑学院的张良皋教授。张良皋教授既是一位建筑学专家，也是一位"红学"专家，多次在人文讲座上讲《红楼梦》，深受学生欢迎。我们一起谈诗，还一起同时登上人文讲座的讲台。他讲《红楼梦》时总喜欢幽默地说："我不是不务正业，文理交融，这是杨校长支持的！"

我们学校就是这样一所学术氛围浓厚的学校，教授们的故事说不完，还有我校的女教师们，巾帼不让须眉，也有很多精彩的故事，这里无法一一讲述，但她们的精神值得后辈们学习。

总之，办大学，教师是基础，要创造一个自由、宽松、和谐的学术氛围，促进教师的积极性、主动性与创造性充分发挥。

八、学科建设是龙头（上）

1995 年，是我们学校取得大丰收的一年。

这一年学校有好几件振奋人心的大事：一是学校顺利通过"211 工程"预审，成为全国首批"211 工程"院校之一；二是在全国高校研究生院评估中，我校进入研究生教育前十强；三是熊有伦同志增选为中国科学院院士，成为我校第二位科学院院士。1996 年，我们学校又拿到教育管理学博士点，这是我们学校拿的第一个文科博士点，后改为高等教育学博士点，这是继厦门大学、北京大学、华东师范大学之后的全国第四个高等教育学博士点。

这些大事都是对我们学校实力的肯定，表明学校再上了一步台阶，也进一步促进学校再上新的台阶。在这个过程中，每一步都付出了艰苦的努力,体现了积极进取的精神。下面说一说学校的"211工程"建设。

我当校长后遇到的一件重要的大事,就是带领学校力争进入"211工程"院校行列。1993年2月,国家出台了《中国教育改革和发展纲要》,其中就规划了"211工程"建设项目,即面向21世纪重点建设100所左右的一批重点大学和1000个左右的重点学科。"211工程"的目的,是促进一批重点大学和重点学科提高水平,培养面向21世纪的高素质的人才,促进一批重点大学朝向世界一流大学迈进。

这是国家教育强国的战略和促进向世界一流大学迈进的战略。对于各高校来说,能进入"211工程"行列,不仅意味着学校上了一个新台阶,还意味着能争取到更多的经费支持,有利于促进学校今后的发展建设,所以一些有条件的学校都在积极争取。当时除北京大学、清华大学等少数教育部部属院校外,其他部委、省(直辖市)只有1~2个名额。当时不少重点高校都在积极争取。这是一件很大的事情。

当时湖北省委对此也高度重视,积极支持我们学校和武汉大学向"211工程"冲刺,特别是主管文教的副省长韩南鹏同志亲自过问,我还跟着韩南鹏同志一起去了国家教委。韩南鹏同志是南洋归国华侨,他作风踏实,颇有学识,善于交谈,没有官架子。一次,学生请他到我们学校的人文讲座开展讲座,他也欣然来了。他在讲座中讲的第一句话就获得了学生的满堂喝彩,他说"我就是这样子的"。他结合自身经历讲了"当官"就要"全心全意为人民服务"。

我们当时是"当仁不让,全力竞争",将争取进入"211工程"作为重要大事来抓,全校几乎各个部门的力量都整合进来了。当时在经费极度困难的情况下,学校还是抽出资金整修了通往南二门的主干道,进一步改善了校园环境,更进一步推进"森林校园"的建设。而更重要的是进行学科建设。

我始终记得周恩来同志的一句话:"政治挂帅挂在什么地方呢?就是要挂在业务上。"总结我们学校的历史和经验,我们学校之所以

1998年,韩南鹏副省长(右二)给我校颁发本科教学优秀奖(右一为党委书记朱玉泉同志)

进步快,发展好,就在于学科建设搞得早、搞得好、搞得有特色。我们学校的成功经验有一条,就是抓学科建设。20世纪70年代末80年代初,在朱九思同志的带领下,华中工学院率先在全国进行学科结构改造,从单一的工科院校发展到文、理、管相结合。黄树槐同志接任校长后,仍是沿着这一思路,将工作继续向前推进,并做扎实。这些都是在抓学科建设。

在迎接"211工程"评审过程中,学校党委经过多次讨论,大家意识到,"学科建设是龙头",要将学科建设作为整个学校工作的"龙头"来抓,明确"以学科建设为龙头",并将此作为学校办学的指导思想。

"龙头"这个比喻,很有中国特色,翻译成英文很难译出这种特点。中国人是龙的传人,信奉龙的精神,每逢重大节日,特别是春节,民间有舞龙灯的习惯。舞过龙灯的人,或看过舞龙灯的人都知道,舞龙灯时,龙头舞动好了,龙身就能带动起来;龙头舞不好,龙身就舞不好;龙头不动,龙身就无法带动。办学要抓"龙头"建设,以"学科建设为龙头",带动整个学校发展;"龙头"工作抓好了,其他工作就联动起来了。相反,没有学科建设作为依托,其他工作也很难发展起来。

学科建设和学校发展的关系,是局部和整体、重点与一般的关系。抓学科建设,就是以局部带动整体、以重点带动一般,通过提高每个学科的质量和水平,来提高整个学校的办学质量和水平。当时,我们学校明确提出：

  以学科建设为龙头，建设良好的学术环境。

  学科建设就是学术建设，就是建设良好的学术环境，办出良好的大学氛围。有了良好的学术环境和氛围，就可以做学问了，就可以培养人了。大学不搞学术就不能称之为大学，没有可以作为依托的基础。生物界有生态平衡，学科建设也要有生态平衡，不能只搞单科独进。

  在一次会议上，我讲过一句话："一定要抓住重点，没有重点，就没有政策；但是突出重点，不等于不照顾全面，千万不要把面上丢掉。"这里的"面"有两层意思：第一，"点"在"面"上；第二，"面"上可以有"新"的生长点。千万不要只看这个点，其他的都不看，没有"面"发展不了"点"；以"点"带"面"，以"面"促"点"，都要重视。抓学科建设就是这样的，要"点"、"面"结合。

  经过多次讨论，学校党委认识到，抓学科建设，首先从战略上、从未来发展方向上，明确学科的战略定位，在原则上做到：

  第一，坚持有所为，有所不为。

  第二，继承优势，拓展领域。

  第三，以特色求发展，以交叉促创新。

  第四，以学科优势重点突破，以部分突破带动学科整体水平提升。

  这几个方面相互联系，共同目的是促进学校办学质量上层次、上水平，促进学校人才培养上水平、上素质。

  关键是，学科建设怎么做？哪些学科先启动？哪些学科后启动？先后之间是什么关系，如何呼应？等等，这些问题都特别考验人的智慧。当年的情况是，办学经费紧张，办学资源有限，师资力量"青黄不接"，教师待遇不高，等等，都需要大力改善。而且，各校有各校的情况，难以确定具体的做法，各个学校的做法也都不一样。

  当时，我总结提炼了学科建设的八字方针："强基、扶优、支新、重

交。"后来又加了 8 个字:"走向综合,办出特色。"这样总结提炼成学科建设的十六字方针:

> 扶优,强基,支新,重交,走向综合,办出特色。

直到今天看来,十六字方针还是比较准确和精炼的,结合具体实践及措施,就是:

> 扶持优势学科,加强基础学科,支持新兴学科,重视交叉学科,走向综合,办出特色,形成学科群集效应、综合效应,办出特色,办出水平。

第一,扶优——扶持优势学科。

扶持优势学科,就是抓重点,突出重点。学校能否站住,就要看其是否拥有优势学科。没有优势学科,就会没有特色,就会缺乏竞争实力。一个人不可能什么都能干,一所学校也不可能什么事都能干。学校首先就得加强优势学科,优势上不去,学校水平就上不去。优势学科扶持好了,就走活了一盘棋。我曾同国家教委的同志开玩笑说,北京有句话叫"扶大个儿",扶持优势学科就是"扶大个儿"。国家政策上,除了对老少边穷地区是扶贫外,其他都是扶优的。比如,评基金是评优的,评奖是评优的,评院士是评优的,评劳动模范也是评优的……这些都是评优的,不会是评劣的,这就是"扶优"。

扶优,就是拿自己的优势学科去竞争,不断上水平。我们知道"田忌赛马"的故事,田忌赛马就是以自己的长处去竞争,以自己之长胜人之短,扬长避短。我们学校为什么能在短短的办学历史中就进入名校行列?就是因为有自己的优势,我校的优势就是机电类专业较强。我校在全国机电类专业排名中经常是第一名,在重点学科评审中也经常是第一名。

我在当校长时,对机电类重点学科一直都是重点扶持,在资金投入、师资队伍建设等方面,一直都是重点扶持的;要政策,给;要钱,尽量倾斜;要进人,只要条件符合,批准!只要有利于推进学科建设的,一律支持!

第二，强基——加强基础学科。

优势学科与基础学科，就像鸟的双翼，两个翅膀硬了，才能飞得高、飞得远，才能搏击长空。没有优势学科，就没有今天；没有基础学科，就没有明天；要有明天，一定要加强基础。没有基础，优势学科就会成为无源之水，优势难以维持，更难以创造出新的优势。

对于重点理工大学来说，理科是工科的基础，文科又是理工科的基础，必须加强理工科结合，文理科渗透。从学科关系来说：

理科是工科的基础，文科又是理科、工科的基础；

没有一流的理科，就没有一流的工科；

没有强大的文科，就没有一流的理科和工科，就没有一流的大学。

重视理科，就是指要重视基础研究；没有基础研究，怎么能出原创性的科研成果，谈何有高水平的工科？人文求善，为科学指引方向，没有文科的基础，没有人文的基础，没有观念和思想的指引，如何建设一流的大学？因而，可以说，没有应用学科，就没有今天；没有基础学科，就没有未来；没有理科，就没有明天；没有文科，就没有后天。

办文科，不仅是为了工科发展，还有它本身的发展。原因在于，一切的源头是人，不注意人文的基础和人的培养，便不可能有很好的理工科发展。理工科很强，可以出很好的理工科研成果，但不可能较多地出一流的理科、工科人才。因为人不是机器，教育是"育人"，而非制造"机器"。人才首先是人，如果人的精神世界贫乏，思维呆板，怎么成为人才？现代高级工程师、高级技术人员的培养不能只追求经济效益，必须把人文科学和社会科学融入工程技术中，要有广阔的知识基础。如果不懂得人文，必定会走向危险的路途。

工科是我们学校的优势学科，我们对机电类的优势学科一直都采取重点扶持的政策。我当校长后，不断加强理科和文科等基础学科建设，加大对理科、文科、经济学科等的投入，而且理科和文科办得越来越好。我们的策略是"有限目标，重点突破"。例如，我校的数学、经济学、高等教育学等发展势头强劲。

当然,加强基础,加强理科,加强文科,必然受到社会经济的冲击,因为这些学科中较少有用货币来表现的价值。这就要求学校领导、我们的学术带头人要在冲击面前坚守基础研究的阵地,把文科、理科的基础研究坚持下来。

现在文科和理科发展中有非常不好的现象,就是用工科的思维发展理科和文科专业,还有一些理工科学校,发展文科阻力很大。理科、文科不同于工科,工科强调工程实际应用和应用价值,办理科和文科不能只看到眼前的、物质的、功利的东西,不能要求立竿见影,而要将眼光放长远些,要有长远打算,要注意深层次的、精神层面的东西。

第三,支新——面向未来,支持新兴学科。

中国古人讲:"人无远虑,必有近忧。"还有"凡事预则立,不预则废","事前定则不困"与"道前定则不穷"的说法。这是我校在学科建设中经常引用的话,我和我的继任者周济同志都喜欢这么说。抓学科建设一定要看到未来,不能只看到眼前,"风物长宜放眼量"。这就要关注社会发展方向,关心学科发展动态,及时抓紧建设。

我们学校的激光学科现在实力较强。为什么强?就是因为20世纪70年代初我校仍在坚持"搞教育革命"。激光学科当时是新兴学科,很多人没有意识到它的发展前景,我校从1971年就开始创办激光专业。为了办好激光专业,我校从机械、电力等专业抽调80多位教师,成立科研组,开始进行艰难的探索和开拓。到20世纪90年代,20年间,我校的激光学科就发展起来了。当时如果没有进行激光学科建设,就没有现在的激光学科的优势。我当校长时,我校激光专业获准设立国家级的工程研究中心,这个项目当时能够争取下来,很不容易。现在学校附近光谷发展得很好,一个重要的支撑,就是激光学科的发展及应用。

比如,20世纪80年代初期,学校已开始建立生命学科。到90年代,我当校长时大力支持生命学科发展,因为我们意识到生命学科未来会是关键的带头学科,所以我校瞄准生命科学这一科学前沿,发挥理工结合、多学科交叉的特点建设生物工程专业。这一专业经过努力探索,利用生物工程技术研制抗癌药物,取得了突破性的成果。

再比如,信息、电子、计算机、微电子、光电子、光子、光亮子等学科,在其刚出现时都是新兴学科,在这些学科发展的初期,我们学校都是敏锐地意识到这一点,抓住机遇,大力支持学科建设,不仅如此,我们还意识到,这些学科仍是方兴未艾,还要继续扶持,还要看得更远一点。

第四,重交——重视交叉学科。

对于学科建设,不仅要看得长远,还要看得深刻,一定要注重学科交叉。我们学校在发展中一直极为关注和支持交叉学科的发展,支持现有学科从事交叉、跨学科的发展。"交叉出新意,交叉出活力,交叉出新的优势,交叉出新的基础"。我校建立了不少交叉学科的研究机构。

例如,我校机电学院实力很强,原因在于80年代初我校有一批教师积极带领团队开拓前沿和交叉地带。当时有些人很不理解,认为我校当时搞光子论、信息工业化、系统论、计算机,而别人无事可做,便是因为我们看到了交叉学科的发展大有可为。

80年代中期,我校机械系就超前意识到学科发展前景,决定要办一个"不是机械系的机械系"。意思就是交叉!那时,我们已经把光子论和机械专业相交叉,微电子与计算机相交叉。

就我来说,我不是数学老师,但我数学一直很好,当时看了很多数学方面的书籍,并带头主讲数学课程,讲光子论,努力把传统机械制造与计算机结合起来,把传统机械制造与信息工程结合起来,开拓智能制造领域,从而取得一些成绩。

我们机械学科是一个传统学科,有较强的师资队伍和实验设备。我们注重拓宽专业口径,与自动控制、微电子技术、计算机技术、人工智能等学科交叉与结合起来,逐步形成了计算机辅助设计与制造、数

第二章　出思想·优生态·办氛围

1995年,与周济同志(左二)等研讨工作

控技术、CIMS(计算机集成制造系统)、智能制造等新学科领域。在此基础上,与激光技术相交叉,形成了光、机、电相结合的具有特色的智能制造技术方向,使传统专业焕发了青春活力。我们就在这个方向上建设博士点、重点学科、开放实验室及国家实验室、工程研究中心的宝塔形结构,并承担了多项国家重点攻关项目及国家自然科学基金项目。

九、学科建设是龙头（下）

1995年11月,我们学校顺利通过了"211工程"预审,成为"211工程"重点建设单位。这是我们学校发展中的一件大事,意味着我们学校又上了一个新的台阶。

11月18日,在清华大学校长王大中院士的带队下,包括由浙江大学校长、天津大学校长、同济大学校长等9个人组成的专家组来到我们学校,对学校进行"211工程"预审,当时湖北省委领导、省教育厅有关同志也来到我们学校。在几天的评审中,专家们对我校进行了认真的检查。

经过几天的专家评审,我们学校比较顺利地通过了"211工程"预审。这是对我们学校工作的肯定,意味着我们学校又上了一个台阶,向前迈进了一大步。在我校"211工程"预审之前,我作为组长,参加了西安交通大学的"211工程"评审工作、天津大学的"211工程"评审工作等。在对这两所学校进行评审的时候,我带着梅世炎同志等人对他们的工作进行观摩考察,也是取经。当然,我们学校能顺利通过"211工程"评审,真正起决定性作用的,还是学校的办学质量,是学校的实力和学校严谨的办学作风,这是学校在长期办学过程中积累的结果。

在"211工程"预审会上,我做了《团结奋斗、跨世纪、创一流》的报告。为了"211工程"预审和最终形成这个报告,我们花了两年多的时间,聚合力量,进行各方面建设,进行自我评估等。其中的一大亮点就是学科建设。在报告中,我重点讲到我校的学科建设,讲到我校立足学校长远发展来进行学科建设。当年常务副校长是钟伟芳同志,主管科研工作的是朱耀庭同志,我请他们专门负责学科建设事宜,他们专门到各个学院听取学科建设规划,最终经过校党委讨论,确定了一批"学科群"建设和重点学科建设方案。而且,在材料整理工作中,校领导中主管研究生院工作的梅世炎同志亲自负责准备工作,研究生院的负责人叶鲁卿、杨焕祥等负责材料撰写工作,并反复修改。

为了更好地促进学科建设,我当校长时做了一件重要的事就是设

1995年,在我校"211工程"预审会上作工作报告

立学院。我接任校长时,学校教学单位的基本组织是系所,我当校长后在系所组织建制的基础上组建学院,目的是让学科建设在一个更大的、更容易沟通的、更容易进行学科交叉的平台上发展,实际上是在建设"学科群"。

建设"学科群"的好处是,有利于形成学科群集效应和综合效应,促进交叉学科和新兴学科的发展,从而办出特色,办出水平。这样,我在任时就分别设立了文学院、理学院、生命科学与工程学院、经济学院、工商管理学院、建筑工程学院、机械科学与工程学院、信息科学与工程学院、能源科学与工程学院、材料科学与工程学院以及药学院(筹)等,目的在于:

> 以文科、理科为基础,以生命学科、信息学科为龙头,以优势学科为主导,促进文、理、工、管、生命科学等综合化发展。这样不仅促进传统的优势工科大力发展,而且让理科、文科、经济学科、管理学科、生命学科等形成特色。

学科建设是系统工程,不是孤立进行的,而是要有系统思维,统筹考虑,用毛主席的话说,就是"统筹兼顾,适当安排"。同时,学科建设不是为了学科建设而建设,学校是育人的,学科建设是紧密结合学校的教学、科研和为社会服务而进行的,是服务于育人的。所以,我校的学科建设是与教师队伍建设(特别是骨干教师、学科带头人的培养)、与研究生教育、与实验室建设等联系起来的,综合一盘棋。总结起来,就是:

> 第一,学科建设与教师队伍建设(特别是骨干教师、学科带头人的培养)同步发展。
>
> 第二,学科建设与研究生教育同步发展。
>
> 第三,学科建设与实验室建设同步发展。

学科建设、教师队伍建设(特别是骨干教师、学科带头人的培养)、研究生教育、实验室建设在良好的氛围中同步进行,形成意想不到的共激效应和综合效应,所带来的收效之大、之好,有时候会超出想象。

第一,学科建设与教师队伍建设(特别是骨干教师、学科带头人的培养)同步发展。

学科建设是依托人来进行的,离不开人的支撑。在学科建设中,我校特别注重教师队伍建设,特别是注重骨干教师和学术带头人的培养。杰出的学术带头人,往往能敏锐地把握学科发展方向,善于组织和带出一批团结合作的学术梯队,既敢于又善于同学术梯队一起建立高水平的学术基地。抓学科建设,要与教师队伍建设同时进行。没有学科建设,教师队伍建设就没有依托;没有教师队伍建设,学科建设就是空架子。

当年我们学校的学科建设之所以发展得好,就是得益于一大批学术骨干和各个学科的学术带头人,他们是学校发展的顶梁柱。

例如,我所在的机械领域的学科带头人有路亚衡、陈日曜、余俊、段正澄、熊有伦、宾鸿赞、李柱、陈志祥、周济、廖道训等教授(路亚衡是我的老师,是我们机械领域的前辈,可惜路老师在1989年因病去世了);力学领域有黄玉盈、杨挺青、钟伟芳等教授,钟伟芳教授当时是学校的常务副校长;流体传动及控制领域有李壮云教授;金属材料及热处理领域有崔崑、张以增、孙培祯、谢长生教授(崔崑教授于1997年当选为中国工程院院士,我们是好邻居,有些事会一起商量);铸造领域有王文清、林汉同、黄乃瑜等教授;金属塑性加工领域有黄树槐、肖景容、王运赣、李德群等教授;工程热物理领域有程尚模、钱壬章、黄素逸等教授;内燃机领域有刘颖、刘永长、陈国华等教授;流体机械及流体动力工程领域有吴克启教授;制冷及低温工程领域有郭方中、周远等教授;电厂热能动力工程领域有马毓义、韩才元、郑楚光等教授;电机领域有林金铭、许实章、周克定、李朗如、邵可然、詹琼华等教授;电力系统及其自动化领域有陈德树、程时杰等教授;电力传动及自动化领域有刘育骐、王离九、陈坚等教授;通信与电子系统领域有万发贯、黄铁侠、赵梓森、黄载禄、朱耀庭等教授(朱耀庭教授当时是分管科研和产业的副校长);物理电子学与光电子学领域有李再光、丘军林、黄德修、刘贤德等教授;电磁场与微波技术领域有漆兰芬教授;电子材料与元器件领域有李兴教、李佐宜、何华辉等教授;工业自动化领域有陈锦江、黄心汉等教授;系统工程领域有陈珽、李牧安、邓聚龙、费奇、冯珊等教授(有一年我和费奇教授同年获得国家奖励);模式识别与智能控制领域有彭嘉雄、柳健等教授;计算机器件与设备领域有张江陵、裴先登、余胜生等教授;结构工程领域有唐家祥教授;水力发电工程领域有程良骏、叶鲁卿、张勇传等教授;船舶与海洋工程领域有郑际嘉、曾广武、程天柱、程尔升等教授;生物医学及生物化学领域有王君健、康华光、林家瑞、徐辉碧等教授;管理工程领域有黎志成、陈荣秋等教授;经济学领域有张培刚、林少宫等教授;教育管理及高等教育哲学领域有朱九思、涂又光、姚启和、文辅相、刘献君等教授。

与我校费奇教授在一起

当时,我们面临的最大问题是教师年龄结构老化,"青黄不接",大力培养年轻人和促进年轻人成长成为当务之急。例如,1994年具有硕士学位和博士学位的教师分别是1029名和164名,分别占教师总数的44%和7%,我们就大力采取措施鼓励年轻教师攻读博士学位和出国进修,给年轻人压担子,从而促进年轻教师成长。

第二,学科建设与研究生教育同步发展。

研究生的培养是学科发展的后备力量,研究生也是在学科发展中成长起来的。学科水平上不来,研究生的培养质量就上不来;研究生质量上不来,学科水平就难以提高,这是联动的。而导师又是带领、指引研究生进行研究的关键,是形成学术共同体的关键。导师队伍建设当然非常重要。我当校长的时候,多次提出,在保证质量、合乎条件的前提下,要努力争取各个学科都有自己的博士生导师,有自己的学术带头人,有自己的骨干教师,这就要既注重培养人才,又注重引进人才。

好在我们学校的研究生教育有发展优势。1993年9月,国务院学位委员会第十一次会议决定,在第五批学位授予审核工作中,选择少数代表性的博士授予单位进行新增博士生导师自行审批试点工作,我们学校获准取得这一权利。当时是在5个一级学科、15个博士学位授权点进行的试点,5个一级学科是机械工程学科、材料科学与工程学科、动力工程与工程热物理学科、电工学科、电子学与通信学科等。我们就开始进行新增博导评选工作,政策上向年轻教师倾斜。例如,1995年,我们新增博导37位,平均年龄才50岁。对于其他学科,我们也同样注重发展,特别注重学术梯队建设。例如,我们学校的经济学科实力之所以较强,培养了一批有影响的经济学家,原因是除了发展经济学的创始人张培刚教授外,还有林少宫教授也相当厉害,林少宫教授是数学家出身,而经济学非常强调数学基础。值得一提的是,我校在1998年就拿到了经济学博士点。

第三,学科建设与实验室建设同步发展。

比如,引力实验室的例子,就是注重实验室建设的例子,是重视加强基础和交叉的例子,同时也是重视和关心教师的例子。我校的陈应天教授是著名物理学家严济慈先生的得意门生,"文革"时期从中国科技大学毕业后,被分配到山东聊城机械厂工作了许多年,九思同志派学校人事处副处长去把他请了过来。1981年,学校又公派陈应天教授到英国剑桥大学著名的卡文迪许实验室访学。访学期间,他解决了一个国际上很多学者都没有解决的引力方面的难题,实验室主任Cook教授很高兴,并同意将实验装置无偿送给我们学校。于是,学校决定在此基础上建设引力实验室。

建设引力实验室谈何容易！引力实验室对环境条件的要求很高，必须具备恒温、隔音、防震等严格的条件。当时学校反复讨论，有一次院务会议一直开到深夜，最后确定把引力实验室建在喻家山下已经修好的"防空洞"里。工科学院建设这样一个理科最基础的实验室，这就是远见和气魄。

在实验室人员构成中，除了物理实验室外，还有土木系、力学系、机械系的参与，4个系齐心协力建设引力实验室。为什么？就是"交叉"！1983年10月，引力实验室终于建成，这是非常了不起的事。现为中山大学校长、引力物理专家罗俊院士就是陈应天教授1983年招收的研究生，罗俊后来成为学校引力实验室的学科带头人和学校副校长，2009年当选为中国科学院院士，2015年调往中山大学任校长。

有一次，当时的国家教委副主任、中国工程院院士韦钰同志到我校检查工作，她参观了引力实验室，走出山洞时，大为感慨地说了一句："想不到你们学校还有这样的宝贝！"

1994年，罗俊到澳大利亚参加一个引力实验国际会议。美国有一位权威根本看不起我们。罗俊同志把报告拿上去后，这位美国权威看都不看，把报告往桌上一放，说："中国没有这方面的条件，没有这方面的基地，没有这方面的人才。"罗俊同志做完报告后，反响非常不错，改变了这位美国权威的看法。

回来后，罗俊同志跟我说起这件事，我跟罗俊同志开玩笑说："你打了一个大胜仗啊！""什么大胜仗？""一个$1:n-1$的大胜仗！n个人参加会议，1个人反对，$n-1$个人赞成。"罗俊同志说："校长，他一个人反对厉害呀，我做完报告以后，他又找到我，问：'你这个实验室有没有恒温设备？'我讲：'先生，我这里不仅没有高级恒温设备，连一般恒温设备都没有。'这个美国权威说：'恒温设备都没有，实验怎么能做得准确呢？'我说：'先生，我们这个实验室里的温度波动不超过0.003度，千分之三，为什么？在山洞里，进去100米，离山顶100多米，最薄的地方80多米。非常恒温。'美国权威便无话可讲了。"

我当校长时，虽然学校经费相当困难，但还是在引力实验室"万有引力测量基地"外面建了一座引力大楼，将山洞与引力大楼连成一体。当时建引力大楼，学校确实下了很大的决心。记得在建幼儿园和修缮中小学问题投票时均是全票通过，但在建设引力大楼问题上并不是全票通过，还有一些形式上的反对票。因为当时经济确实困难，但又要办事，因此学校党委就开会研究，然后投票表决。管后勤的副校长黄承堂同志很不错，他经常讲，学校没有钱，又要办事，如果党委讨论通过，他便坚决执行。

为什么要建引力大楼？第一，罗俊同志他们干得很出色；第二，表示学校高度重视基础；第三，也是特别重要的是，山洞中含氡气，长年累月待在里面会得白癜风。人命关天，健康第一，怎能不关心教师的身体？关心教师的事业发展，更要关心教师的身心健康。建引力大楼的预算是80多万元，结果建成后用了100多万元，这在当时是一笔很大的投入，但是很值得。现在我校的引力实验室已经是世界领先水平，被国际同行称为"世界引力中心"。

前些年，罗俊跟我讲：世界上选了8个万有引力常数G测量数据，即G测量数据，我校也入选了。到今天，我校的G测量数据已经成为权威的数据之一，我校的引力实验室被誉为"世界引力中心"，我校这个学科培养了不少一流的人才，罗俊同志也成为中国科学院院士，成为国际上比当年那个"美国权威"还要权威的权威，这是非常了不起的成就。

再比如，我校机械学院的学科建设（我总喜欢用我熟悉的机械学院作为例子）。如果讲我们学校是新中国高等教育建设的"缩影"，那么可以讲，我们机械科学与工程学院就是华中理工大学、今天的华中科技大学建设的"缩影"，我们学校的多数院士和不少校领导就是出自机械学院，我们处于先进制造科技前沿！例如，我们所研制的"五轴联动数控系统"，打破了国外对我国这一关键技术的封锁等。

我所在的智能制造学科方向，每年在国内外刊物和国际会议上都

在学术委员会上与罗俊同志(右,现中山大学校长)和骆清铭同志(左,现海南大学校长)在一起

发表相当数量的论文,大都是指导教师及梯队和研究生合作发表的,不少获得省部级以上的奖励(包括科技进步奖与国家发明奖),形成了一个既出成果又出人才的良性循环体,充满了活力。

唐朝著名的宰相魏徵讲过:"求木之长必固其根本,欲流之远必浚其泉源。"学校做这一切,就是为了各个学科取得应有的地位,学科相互支持,协调发展,既有重点,又有全面;既有特色,又有生长点;相互促进,共同提高,良性循环,形成能持续发展的良好的学术生态和育人环境。

讲到这儿,还需特别讲明的一点是,1995 年左右,我作为大学校长去上海交通大学参加"211 工程"预审,会上我还介绍了我们学校的经验。上海交通大学源于 1896 年在上海设立的南洋公学,是中国较早的高校之一,在 20 世纪 50 年代的院系调整中,1955 年至 1957 年,交通大学的主体部分迁至西安,一部分留在上海与原上海造船学院合并,成为交通大学上海部分,1959 年由国务院批准,上海、西安两个部分分别独立设置,建设成为上海交通大学和西安交通大学两所学校。后来上海交通大学长期也是一所工科性质的院校。

当时上海交通大学的校长是翁史烈同志,他是机械动力专家,在 1995 年当选为中国工程院院士。在翁校长的带领下,上海交通大学已经在向综合化的方向迈进,但是当年的上海交通大学还没有达到今天这样综合化很高的水平。当时,上海交通大学提出的奋斗目标大体是:建立以理科、工科、管理学科为主,兼有人文社会学科的学科体系。专家组评审讨论时,会上有人提出,上海交通大学还是以工科为主的院校。

这时我就发表了自己的看法,我介绍了我们学校的一些做法。我在会上讲:这些年来,我们华中理工大学的办学思路中明确提出"以工科为优势",而不是以工科为主,"以工科为主"和"发挥工科优势",这是两个不同的概念,要区别开来,发扬某个学科优势,不等于是以这个学科为主。这就是我校的经验。

十、教学是立校之基

1995年,国家教委开始第一次组织"本科教学工作评估"工作。当时属于评估试点,需要进一步摸索和总结经验,为后来大面积的教学评估工作积累经验。当时选择了两所高校进行试点,一所是西安交通大学,一所是我们华中理工大学。本科教学评估工作,由当时的国家教委副主任周远清同志亲自抓,引起社会多方面的广泛关注。最先开始接受评估的是西安交通大学,本来那一年我们学校也要参加评估,但因为我们学校要准备进行"211工程"预审,就没有参加。

1995年,我们学校通过"211工程"预审后,1996年12月,我们学校就接受了教学评估。1996年12月1日(星期日)至7日(星期六),我们学校接受了教育部组织的"本科教学工作评估",我校的本科教学工作被评为"优秀"。

对我们学校而言,这不仅是对学校本科教学质量的检验,而且是对学校方方面面的一个很重要的检验。教育部评估组组长由清华大学原党委书记方惠坚担任，评估组成员包括来自上海交通大学、西安交通大学、天津大学、浙江大学、哈尔滨工业大学等10多所学校的校长、副校长或知名教授，中国科学院院士、北京科技大学教授柯俊也是成员之一，国家教委高教司也来了领导。评估组到来后，认真、严肃、随机、全面地对我校工作进行了检查。评估工作做得非常认真，例如，评估专家们星期天到校，说星期一他们自己开会，没我们的事。实际上他们星期一上午第一节就随机听课，接下来几天，上课之前，评估工作组成员在各个教学楼前观察学生进教室的情况，观察有没有迟到现象；评估检查项目都是临时通知，比如说要到哪个单位哪个教室听课，都是临时通知，不可能事先准备。再比如，专家们在星期一上午就要求交最近三年全部毕业生7000多人的名单，名单一交上去，就随机抽查学生的毕业论文。接下来几天，随机抽不同年级的学生参加各种测试，如数学、英语、实验等；随机抽学生干部进行问卷调查等。

  我校平时一向重视教学，我跟教师们讲，你们既要认真些，也要镇定些，就像你们平时上课一样认真就行，随时接受检查。我们在平时就做好了全面的准备工作，教务处与各院系更是如此，可以放心地让专家随便抽查。总体来说，专家组对听课的评价是好的，认为50%以上老师的课讲得好，10%左右老师的课讲得差，这基本上反映了学校教师上课的水平。专家们对我们学校的毕业设计很满意，当时浙江大学的副校长黄达人看了数学系的毕业设计后，提出免试推荐两个毕业生去他们那里读研究生。黄达人后来担任过中山大学的校长。

  当时主管教学的副校长是邹寿彬同志，我和邹寿彬同志一起，每天到学校接待评估人员的学术交流中心8号楼，关注评估工作的进度。邹寿彬同志是搞电子技术的，业务能力、工作能力都很强，他这时刚升任副校长不久。2001年，他调到电子科技大学当校长，2007年12月，我受教育部委派作为教学评估工作组组长，对电子科技大学进行本科教学评估,发现他在电子科技大学干得很有特色。当年教务部门负责人黄乃渝、王筠等同志,都很认真负责,从教务日常管理到材料整理,都非常认真细致。

评估结束,我们学校的评估结果为"优秀"。大家都很高兴,我们的努力得到了肯定。当然,也让我们思考学校需要改进的地方。比如,如何促进青年教师成长,促进他们在教学和科研上都做出成绩;如何在发展优势学科的同时,发展基础学科;如何发展文科;等等。

另外,在评估之前,朱九思同志给学校党委写了一封长达16页纸的信,谈到要注意的事项,反复提到要保障万无一失。九思同志经常给学校党委写信,或者直接跟李德焕同志、朱玉泉同志等打电话。1984年他从校领导岗位退下来时,虽然他仍是学校的名誉院长,但国家教委的同志还是委婉地跟他讲,退下来就不要过多干预学校的管理,他说:我不会搞"垂帘听政",但是作为共产党员是终身的,我要尽一个共产党员的责任。对于这一点,我是从积极的意义上去理解他是爱校如家,也是帮助我们从多一个角度去考虑问题。另外,还有一个趣闻,守自行车车棚的工人都热烈欢迎评估专家,主动介绍学校情况,也给专家们留下了好印象。

唐代诗人刘禹锡有一首长诗《杂曲歌辞·浪淘沙》,其中有一句是这么说的:"千淘万漉虽辛苦,吹尽狂沙始到金。"联想到我们学校的教学评估,感慨万千,我特地选了一个词牌《浪淘沙》,填了一首词:

宝剑价如何?此日观摩。提纯炼细锻精多。更得良工来淬砺,光逼银河。

万树舞婆娑,气势巍峨。"育人""制器"岂乖讹?毕竟根深方叶茂,雨润风和。

这时学校党委书记是朱玉泉同志,李德焕同志已于1996年6月卸任。评估工作结束后不久,我和朱玉泉同志一起去杭州参加国家教委直属高校书记、校长一年一度的咨询工作会议。会议报到那天,我们报到后就去找周远清同志,一见面我就跟他说:"远清同志,我们跟您汇报一下学校教学评估的事情。"他连连摆手，开心地说："不用汇报了，我每天都亲自打电话询问。"看来他已经掌握了情况，对于我们学校的教学评估，周远清同志高度重视，也十分满意。

当时的国家教委副主任周远清同志跟有关院校讲，有三所大学的本科教学质量他是了解和放心的，这三所学校，一是清华大学，一是华中理工大学，一是西安交通大学。这是相当高的评价，也代表了当时社会上一般的看法。

当时高度重视我校本科教学评估工作的不仅有周远清同志，还有一个学校也很重视，就是东南大学，因为接下来就是对东南大学进行评估了。东南大学当时的校长是韦钰同志，她派了一个"侦察团"到我校考察评估工作。东南大学"侦察团"带队的就是他们学校的教务处长陈怡同志。陈怡同志是我校的毕业生，他长期从事高教研究，后来我们在推行文化素质工作中也有过合作。

说实话，本科教学评估工作对我们学校而言有着很好的促进作用。这时周济同志已经是学校副校长。周济同志也是我们机械学院出来的，他是1995年从机械学院院长升任为学校副校长的，他亲自感受到了教学评估的好处。后来周济同志任教育部部长时，将我校办学的一些成功经验推向全国，做出了自己的贡献。这是后话。

2003年3月，周济同志出任教育部部长之后，他就将这一经验带到了教育部，教育部组织了比较大规模的本科教学工作评估，可以说是对我国本科教学工作的大检阅。我参与了11所高校教学评估工作，而且每次都是担任专家组组长，每次都有余东升同志同行，他是专家组秘书，有时也兼任专家组成员。按评估日期排列，这11所高校是：郑州大学（2006年10月24日至28日）、汕头大学（2006年11月20日至24日）、哈尔滨工业大学（2006年12月3日至8日）、深圳大学（2007年5月20日至24日）、天津大学（2007年10月14日至18日）、清华大学（2007年10月22日至26日）、华南理工大学（2007年10月29日至11月2日）、西安交通大学（2007年11月24日至

12月1日)、电子科技大学(2007年12月10日至14日)、东南大学(2008年4月21日至25日)、国防科技大学(2008年6月9日至14日)。在评估中,我真切感受到"以评促建,以评促改,以评促管,评建结合,重在建设"的评估方针的作用。

对这个举措,社会上有些不同的看法,甚至有些激烈的批评。我个人认为,本科教学工作评估,大方向是正确的。没有评估,就没有教学质量的检查,也就是没有对本科教学工作的调查研究,就是不了解本科教学质量的真实情况。毛泽东主席讲过:"没有调查,就没有发言权。"不了解本科教学质量的真实情况,如何能有发言权,如何能实事求是?!

2006年2月12日,春节期间,我曾就教学评估工作,向当时的教育部部长周济同志、副部长吴启迪同志写过一封信,强调教学评估中要强调文化素质教育评估,因为这时我已是全国高等学校文化素质教育指导委员会的主任。现摘录信中部分原文如下:

启迪同志并转周济同志:

你们好!春节好!

又一次打扰你们了!我要建议是,高校教学评估中应恰当强化文化素质教育评估,特别是人文教育的评估,尤其是民族文化教育、中国语文教育的评估。

据我所知,高校一般是赞成评估的。也有的高校口头上有怨言,然而内心也十分明白:教学评估是"善莫大焉"的大好事。百年大计,人才为本;人才大计,教育为本;教育大计,教学为本。教学搞不上去,还谈什么办学?!谈什么人才培养?!特别是对理工科占优势的院校,人文教育尤其是民族文化教育、中国语文教育,教学评估应对此有明显的促进。

……

如果我们的青年大学生中,有相当多的人的民族文化水平低下,那实属堪忧!!!所以我建议在高校教学评估中,明确与增强对人文教育特别是民族文化教育的评估;当然,进一步希望教学评估有利于高校文化素质教育的深入开展。

这里就强调了"教育大计,教学为本"。在高校工作中,教学是基础,是学校一切工作的主旋律,这是我一贯的看法。因为大学是"育人"的,大学是培养人才的。"育人"是任何一所大学首先的、根本的、重要的任务,丢失了高等教育自身这一"育人"的根本,就等于丢失了学校存在的意义。对于一所大学来说,学生是来求学的,没有教学工作,没有教学质量,就丢失了学生,大学也就不成其为大学。

2010 年,给本科生上课

我认为,不了解教学情况就无法指导教学。一般每学期开学之前,我都要带领教务处长、总务长以及相关部门负责人到教学楼现场办公,了解教学设备与设施情况,解决相关问题。因为教学设备与设施的任何一项如果出了问题,都会直接影响课堂氛围,影响教学效果。有一次,我带领教务处、总务处等同志去现场办公,到西五楼的一个教室,我发现教室前面的灯挂得太低了,这就会挡住后排同学看黑板的视线。有同志往后面一坐,果然如此,当即要求后勤人员改正过来。再比如说,1993 年 2 月 8 号,新学期开学第一天,我就和教务长王筠及教务处另两位同志一起,从东一楼到东六楼,每人听四节课,每人填 4 张干部听课记录表。

后来,我们学校制定了一个制度,要求院系及相关部门领导深入课堂听课,并填写干部听课记录表。我当校长时,只要不出差,每周都要去听一至两次课,而且听课时往往就是一个上午,这也是在表明我认真抓教学质量的决心和态度。在听课中,我认真填写了详细的听课记录,课后,对于认为很好的课提出表扬,对于需要改进的地方也向相关教师提出来,目的是促进教学质量提高。

没想到的是,1995年国家教委对我校进行本科教学工作评估时,教务处的有关工作人员将厚厚一叠听课记录表,包括我的听课记录交给评估专家看,评估专家一看我们的听课记录相当认真,其中不少是我的听课记录,大为赞赏。这也为我们学校的本科教学评估加了分。

在我的建议下,学校党委制定了向教学倾斜的政策。在教师待遇方面,包括从工资、奖励、职称评聘等方面,都坚定地向教学倾斜。我常对教师讲,进行教学有利于促进自身学术水平提高。《礼记·学记》讲:"是故学然后知不足,教然后知困。知不足,然后能自反也。知困,然后能自强也。故曰:'教学相长也。'"作为教师,首先是教师,然后才是科研人员。一方面,如果只做科研,就只是研究人员,而不是教师,这类人才更适合到科研院所去做研究。另一方面,只做教学,不做科研也不行,不利于自身学术水平提高,也不利于将学生带领到学术前沿领域,很难推动科研进步。

如何落实"教学是基础"?首先要抓课堂教学质量。当时学校每年都要举办青年教师讲课大奖赛,评选优秀教学成果奖。学校的所有政策,都是为了有利于促进教学。年轻的讲师,如果在青年讲师比赛中获得一等奖,只要考核合格,必定提为副教授,一票通过。为什么?教学!重视教学!相反,如果教学不过关,对教学敷衍了事,出了教学事故,那么便会一票否决,工资不要谈,职称不要谈,一切都不要谈!

作为教师,首先要能将课讲好。我一直提倡和鼓励专业课教师教一些基础课。教师进行教学,不仅对提高教学水平有帮助,而且对提高科研水平有好处。教师多教几门课,特别是一些基础课,有利于拓宽自己的知识领域，有助于提升自己的业务能力。

青年教师讲课大奖赛最后的评审，我是要参加的。记得有一次，我参加青年教师讲课大奖赛评审工作，最后一位是经济学院的教师，他讲的是资产，指出"资产是企业所拥有和控制的、能够以货币数量来表示的能力"。他这样讲，在经济学上当然是正确的。但是，我又有所感悟，所以我在点评时指出，我想将这个定义修改一下，接下来我讲了下面一段话：

> 对我们学校所有的资产而言，要把"能够以货币数量来表示"这几个字删去。因为如果以货币来表示，我们是"穷鬼"，但是用哲学观点来看，从更高的宏观观点来看，学校的资产就不能完全用货币来表示。这一点很清楚，对一个单位的评估，其中有一条，就是"无形资产"。什么是无形资产？就是声誉！声誉就是资产，是极大的资产！如果我们有很高的声誉，这个声誉就可以转化为资产。声誉高，可以拿到的课题就多；声誉不高，就什么都难以拿到。这是声誉带来的有形资产。

> 我们华中理工大学享有良好的声誉，有"学在华工"的美誉。我们还有一种了不起的无形资产，那就是全校师生员工的积极性、创造性、主人翁精神与奉献精神。这种声誉和积极性都是我们巨大的财富。我们一定要善于利用我们的优势，依靠学校的声誉和师生员工的积极性和创造性，把精神财富转化为能够用货币表示的资产，转化为物质财富。

我们一直重视教学，强调抓课堂教学质量，年轻人不断在良好的氛围中成长，看到一些青年教师讲课讲得很好，我非常高兴。一次，我参加我校青年教师讲课大奖赛，我一坐下来，我校化学系的施文赵教授就跟我讲，华中理工大学大有希望。施教授的课讲得非常好，在国内也很有影响。我问施老师为何如此讲。他说："你看，这些青年教师讲课，比我们当年讲课不知道好多少，他们非常有希望。"我听后认为非常有道理,这也说明华中理工大学的确大有希望。

正因为我们学校一直非常重视教学,我校培养的学生素质较好,如基础知识扎实、动手能力强、思维方式好、作风踏实、做人讲诚信等。我校的毕业生一直非常受欢迎。到企业工作的,受到企业欢迎,特别是一些高新技术企业每年都会从我们学校接收大量的毕业生;参加考研的,上线率较高,如本科生考取清华大学、北京大学的研究生,均受到清华大学、北京大学老师们的欢迎,他们非常愿意招收我们学校的毕业生。

此外,我还想讲一下教学信息化的问题,即教学中运用信息化的问题。首先需要肯定,在教学中运用信息化手段,"计算机辅助人"(computer assist person,CAP)和"计算机辅助教学"(computer assist teaching,CAT),毫无疑问是正确的、必要的、合乎时代需要的。但是,如果离开了人与人之间的"互动",完全以多媒体技术代替人与人之间的交流,见物不见人,见技术不见精神,形成了"人辅助计算机"(person assist computer,PAC)和"教师辅助计算机"(teacher assist computer,TAC),那么就会出现"人不见了"、教师"消失"了、学生"消失"了的情况,教师眼中没有了学生,学生眼中没有了教师;屏幕居中居大,教师居偏居无;学生只见屏幕,不见教师;只闻其声,不见其形;或者上课只能看到教师的头顶。这样的教学是不可取的,也不可能得到较好的教学效果。

任何手段、任何技术决不能取代师生的"互动",取代师生的直接交流,取代教师在教学中的主导地位。这里,并没有贬低信息化教学的意思,而意在反思多媒体技术的过分运用,对互动教学模式的破坏、摧残。我们需要明确的是课堂教学的主体。课堂教学的主体不是投影仪,而是教师和学生。师者,传道、授业、解惑。而投影仪和电脑屏幕怎么回答学生的问题呢?还是唐代韩愈的《师说》讲得好,韩愈讲:"古之学者必有师。师者,所以传道受业解惑也。"提高教学质量,要以教学为基础,需要师生之间真正的教与学互动。

也许有人讲："现在网络教育、远程教育发达了,可以用网络教育、远程教育代替教师,教师质量就不那么重要了。"我不同意这个观点。网络教育、远程教育,不能取代学校教育。在网络上,优质资源共享,只是"共享"而已,没有直接接触的东西,绝对不行,而人与人之间接触,绝对不是网络所能取代的。有一次,我到深圳开会,有位书记讲,"院士们,尽管深圳很发达,网络很充足,但不能取代你们到这里来,深圳欢迎你们来!"这位书记讲得有道理,他懂得,不能用网络代替人。的确,网络再发达也不能取代人与人之间的接触。

我们现在的教师,很多都是博士毕业后就直接上讲台了,实际上博士毕业到成为一个合格的教师,是有很大距离的。我们需要强调在团队和集体中的"传帮带",促进年轻教师成长。现在各高校纷纷开展教学竞赛活动,这是好事,不仅有利于促进教师提高教学水平,也表明一个态度:"一定要重视教学!"

十一、科研是强校之路

前面已经说过,1993 年至 1995 年连续三年,我们学校在国内发表科技论文数量位列全国高校第一;科研经费总额进入全国高校前六行列;1995 年全国研究生院评估中,我校研究生院进入全国十强,成为经国务院学位委员会批准的博士报批、硕士免验单位;到 1996 年时,我校有 4 个重点学科(机械制造、金属塑性加工、电厂热能动力工程、电机),3 个国家重点实验室和 2 个国家专业实验室(激光技术国家重点实验室、煤燃烧国家重点实验室、塑性成型模拟及模具技术国家重点实验室、新型电机国家专业实验室、外存贮系统国家专业实验室),1 个国家工程研究中心(激光加工国家工程研究中心);等等。

这些都表明,学校的科研实力在迅速提升,并不断得到或逐步得到积极的肯定和认可。有一件事我记得非常清楚,1994年4月1日上午,我与学校党委书记李德焕同志一起到国家教委汇报工作,我在汇报中讲到:"去年我们学校获得国家自然科学基金面上项目的经费总额上升到全国排名第6位了。"教委负责人当即打断我的话,问道:"杨校长,您讲错了吧?!"李德焕讲:"没讲错,是第6位!"

我们学校的学术水平不断提升,这与我们学校"科研强校"的战略分不开。

我当校长时明确提出:

> 教学是立校之基,科研是强校之路。

作为重点大学,出高水平的科研成果是我们义不容辞的责任。在一次会上我就讲,高等学校的职能,简单来说就是"一二三"。"一"是指一项根本任务:育人、培养人才。"二"是指两个中心:教学、科研。"三"是指高校的第三项职能,即直接为社会提供服务。

这三者之中,教学是基础,科研是提高,为社会服务是适应社会发展的活力。如果说"教学是立校之基"、"科研是强校之路",那么"为社会服务是增加大学活力"。但总体来说,无论是教学、科研,还是为社会服务,都是围绕着一项根本任务——"育人"而进行的。绝对没有离开教学、离开科研、离开为社会服务而存在的大学和大学教育。

当时我们抓"科研强校",主要是抓好两点:

> 一是把科学研究放在重要地位。
> 二是把发展研究生教育放在重要地位。

第一个方面,把科学研究放在重要地位。

对于重点大学来说,把科学研究放在重要地位,毫无疑问是正确的。当然这里面包含着如何正确处理好与教学的关系。有些人喜欢将教学与科研对立起来,要么认为重视教学就一定会削弱科研;要么认为重视科研就一定会忽视教学。实际上两者并不是矛盾的,做得好可以相辅相成、相互促进,不应将两者对立起来。当然,正确处理教学和科学研究的关系,是高等学校工作中的重要课题。如果处理不好,有可能导致"重科研、轻教学",这也是人们担心的问题。

我们的方针是:"教学是基础,科研是提高;教学是立校之基,科研是强校之路。"作为重点大学,我校要取得一批高水平的研究成果,培养出高质量的高层次人才,应成为办教育和搞研究的"两个中心"。

如何做到这一点,一条重要途径就是,将研究引入教学过程。通常来说,学校大体上分为三种类型:研究型、研究教学型、教学型。不管怎么分,教学研究都是要做的。研究型的大学,不可能没有教学,没有教学就不能称之为大学,特别是工科院校,搞科研以及科研成果产业化,首先要服务于育人。如果只有科学研究,没有教学,或者教学不过关,那就不是学校了,与科研院所也就没有区别了。如果科研水平低,教师的学术水平难以提高,教学内容难以及时更新、难以充实学科前沿的内容,教学质量也就很难提高。

再者,教学型的大学,不可能没有研究,没有研究也不是真正的大学,也不能提高大学的教学质量。如果只有教学,没有科研,就不是大学教学,与中小学教学没什么区别了。对于大学教学来说,教学也是一种学术,如果不进行钻研和研究,很难有高水平的教学,为社会服务就缺乏重要的智力源泉。为社会服务水平低,学校就会脱离社会,既难以取得社会的支持,促进教学与科研水平的提高,又无法发挥大学在现代社会中应有的作用。

我经常对教师讲,注重科研,对自己、学生和社会都有好处,一是提高教学质量,二是提高学术水平,三是给国家提供科研成果,为国家做贡献。同时,科学研究也是培养人才的一种手段,让大学生尽可能参加一些研究,无疑能提高人才培养的质量。

第二个方面,把发展研究生教育放在重要地位。

我当校长时特别强调:科学研究要与研究生教育同步发展,特别是要与博士生教育同步发展。科学研究要与学科建设同步发展。因为一流大学必须有一流的科学研究和学术水平,而研究生特别是博士研究生是大学进行科学研究的重要力量,是学校出研究成果的生力军。

我们学校在1984年成立研究生院,是全国第一批建立研究生院的22所高校之一。1993年我当校长后,同时兼任研究生院院长,副院长是叶鲁卿,我们明确提出:作为重点大学,必须大力发展研究生教育特别是博士生教育,当时提出的研究生教育发展战略是:"积极发展,不拘一格;百年树人,质量第一。"

首先是从战略上高度重视研究生教育,将重视研究生教育上升到战略高度。谈起教育,人们自然想到,高等教育与基础教育相比,基础教育显得更为重要;高等教育中,研究生教育与本科生教育相比,本科生教育更容易受到关注。这当然是正确的。但是,这只是一个方面,而不是全部。

常言道,"千军易得,一将难求",从这个意义上讲,高层次的研究生教育,尤其是博士生教育、出类拔萃人才的培养更为重要。作为重点大学,当然要重视本科生教育,这是天经地义的,但是同时要向高水平发展,向世界一流大学进军,没有高水平的科研,没有高水平的研究生教育,学科的高度就难以发展,学术水平就难以提高,就不可能向高水平发展和迈进一流大学。

研究生教育,关系到一个国家前沿科技力量的补充,一个社会最优秀分子的造就,也关系到基础教育师资的改善。因为没有高水平的科研,就不可能进入重点大学、著名大学之列。没有高水平的研究生教育,就难以有高水平的科研,就难以有高水平的教师,从而也必定严重阻碍教学质量的提高。

世界一流大学大多是研究型大学,多把培养研究生放在重要地位,办学层次以培养研究生主要是培养博士生为重点,而且研究生教育的规模几乎等于或大于本科生教育的规模,就是这个道理。研究生教育是关乎上水平、上层次的问题,没有一定规模的高质量的研究生教育特别是博士生教育,就不可能办成接近或达到世界先进水平的大学。

当时我们意识到,我国高层次人才不是多了,而是太少了,严重不足,与国外相比还有很大的差距。例如,1978年至1993年,我国毕业的博士生仅有1.4万人,硕士生有25.7万人。因此,我们学校对研究生教育采取了"积极发展,不拘一格;百年树人,质量第一"的措施。好在我们学校是经国务院学位委员会批准的博士报批、硕士免验单位,有一定的自主权。当时学校确定了培养本科生与研究生并重的方针,并逐步增加研究生特别是博士生教育的数量。为此,我们建立和强化了研究生激励、竞争机制,如学士硕士连读,硕士生直接攻博,硕士、博士学位论文评选,中期筛选,优秀博士生评选,导师和研究生互选以及多种奖学金制度等。

我们当时清醒地也是比较早地意识到,我们国家研究生的人数远远不够,还需要进一步扩大。因为现代科技越来越需要研究生这类高层次专门人才,我国高层次专门人才严重不足,而各校研究生占在校学生的比重都还不大,比较多的也就占20%左右,这与世界一流大学50%左右的比例是有较大差距的。例如,当时东风汽车公司(二汽)曾进行过预测,为使企业面向21世纪,至2000年二汽需要600名以上的研究生专业人才。当时全国在校研究生总数也就10.6万人,单靠国家分配的研究生远远不能满足这个需要。他们认为,一个重要渠道是促进在职人员攻读研究生,提高职人员的水平,我们就同二汽合作,在二汽办华中理工大学研究生院分部,积极进行在职研究教育。当然,强调重视研究生教育,绝不是忽视本科生教育。本科生教育是关乎打好基础、稳定全局的问题。世界一流理工大学的本科毕业生读研究生的比例一般为70%以上,本科生教育主要是打基础,为研究生教育输送优质生源。加强研究生教育,必须以提高本科生教育的质量为基础,二者并不矛盾。加强研究生教育,还可以带动本科生教育的提高。研究生的研究工作能创造出一种浓厚的学术氛围,带动本科生在良好的学术环境中成长。

在发展研究教育的过程中,我们坚持"以质量求生存,以特色求发展"。注重特色,实质上是更高层次的质量。为促进学校办出特色,学校和研究生院对具有特色的学科、专业和学术带头人等,都给予重点倾斜和支持,在招生人数、课题、经费等方面都"网开一面",不搞平均主义,促进"以学科特色促成学校特色,学校特色带动学科特色"的良性循环。

在研究生教育的质量建设方面,重点抓导师队伍建设,特别是促进年轻教师成长,鼓励年轻教师攻读博士学位,鼓励年轻教师出国深造。当时学校有一个政策,对于刚毕业不久的年轻博士,让他们作为副博导,同资深教授一起指导博士生,促进他们教学相长,尽快成长起来。另外,我校积极开展学术活动、成果鉴定、学位点的自评等,强化研究生培养中的激励机制。对于研究生来说,如果不进行科学研究,就谈不上是研究生教育和为国家培养高层次人才。

为保证研究生培养质量,学校在理论和实践两方面都有明确要求和具体措施。例如,在博士论文答辩前,要求博士生至少发表3篇论文,其中,2篇论文在国内外重要刊物上发表,1篇论文在重要国际会议上发表。硕士论文答辩前,硕士生至少在刊物或学术会议上发表1篇论文。这些论文是导师及其梯队和研究生的劳动结晶。这对导师和研究生都提出了要求,对于工科研究生来说,其学位论文,选题要求紧密结合经济建设和生产实际中的关键技术问题,使研究生在完成论文的过程中,从理论到实践都得到提高。

通过大力开展科学研究,学校的学术水平有了更快的提高,有的学科在国内已处于领先地位,并在国际上有一定影响。这是了不起的成绩。

今日的情形,高等教育大发展,研究生普遍扩招了,有人认为是"研究生教育大众化"、"研究生教育本科化"了。对此,我可以照着当年对本科生的说法来讲。在20世纪90年代末,几个本科生找到我,说:"现在大学生贬值了。"我说:"对呀,是好事情啊,说明整个社会文化水平提高了。"就是这个意思。扩招以后,整个大学的平均水平可能变低了,但我从来不相信,现在的教育质量因此而变低。假如从现在大学本科生中选择一百个优秀的学生,从70年代的大学本科生中选择一百个优秀的学生,将这两个"一百个"进行比较,那么结果肯定是现在的"一百个"更优秀一些。同样,在扩招以前,选择一百个优秀的硕士生,现在仍选择一百个优秀的硕士生,我认为现在"一百个"肯定比扩招前的"一百个"更优秀。平均水平降低,但是实际水平并没有降低。

有人说,中国没有世界一流大学,我不赞成。什么叫世界一流?有两个主要指标:第一,毕业的学生对社会所做的贡献,这是最重要的指标;第二,学校教师的学术水平高低,以及对学生的贡献。目前来看,在第二条指标方面,我们仍有欠缺,但这不是全部的情况。关注民族文化和中华文化,我们不见得比国外低,第一条更值得关注,中国革命的胜利,中国社会主义建设的胜利,中国的现代化建设,我国的大学毕业生做出了很大的努力。用国外的标准来评价中国大学,我认为不太公正。在我看来,论"一流",最根本的指标应该是培养出来的人才质量、学术水平高低和对社会的贡献。

十二、服务增加大学活力

为社会服务,是大学应尽的义务,也是大学自身的活力之源。

这一点是从我们自身发展经验中充分体现出来的,我们的科研成果需要在工程中得到推广应用,客观上要求与企业合作,为社会服务。

1986年,我陪同九思同志一起去了宜昌和葛洲坝,联系有关合作事宜。当时武汉到宜昌还没有直达火车,需要绕道郧阳。我当校长时,我国启动了举世瞩目的三峡工程。这是我们学校利用自身特色和地理优势参与社会经济发展的重大机遇,我们有效地抓住了机遇。1993年6月20日,我和老校长朱九思、副书记冯向东等一行访问宜昌,参加宜昌校友会成立大会,并访问了葛洲坝工程局、电厂、中国长江三峡工程开发总公司、宜昌市政府等,商谈科技与教育合作机会。

1993 年 6 月,与朱九思(右一)等同志在葛洲坝

1994 年 3 月 16 日,我和冯向东等一行再一次去宜昌,这次去的人员不少,包括研究生院、科技处、机械学院、电力系、自控系、计算机系、经管学院、成教学院等单位和部门的负责同志,我们访问了中国长江三峡工程开发总公司、宜昌市政府、葛洲坝工程局、湖北清江水电开发有限责任公司等单位,还带去了"华中理工大学在三峡工程建设中可以承担的工作"的书面材料。当时我们已承担了三峡工程的科研课题 61 项,接下来又领回一些任务。

可以自豪地说,我们为三峡工程做出了贡献。例如,水力机械专家程良峻教授提出"增容十万解双涡"的建议,解决水力机械中涡的问题;控制系的费奇教授承担课题解决三峡工程建设中物料调度问题,他的调度系统成了三峡物料的"大管家",他也因此获得国家科技进步成果奖,有一年我们一起在人民大会堂领奖,愉快地一起合了影。王乘教授率领的课题组承担了"三峡工程的施工系统分析、仿真和诊断研究",周建中教授率领的课题组承担了"计算机网络化管理"等,还有社会学系参与三峡移民研究等等。这么多年来,我们通过科研和社会服务参与三峡工程建设,创造出数以亿计的经济效益和不可估量的社会效益。

1994年12月14日,长江三峡工程开工典礼举行,我作为校长去宜昌参加了当时的开工典礼,当时住宿是两人住一间,我与天津大学副校长单平教授(他后来成为天津大学校长)共住一间。一见是天津大学的人,我倍感亲切,我跟他谈了天津大学彭泽民教授对我的帮助以及我对天津大学的感情,还谈了如何为社会服务的问题。

后来,在与三峡开发公司、清江开发公司等单位的合作中,我们还在宜昌建立了研究生培养基地,还有与其他一些地方或兄弟院校的合作等。实践表明,这种新体制是有成效的。

三峡工程举世瞩目,现在以三峡工程为核心的"三峡-葛洲坝-清江"联成一片,成为世界最大的能源基地。有人讲,三峡工程是世界级的,葛洲坝工程是国家级的,清江工程是省级的,在我看来,都很壮观。湖北的水资源丰富,向全国输送,是大局观念,只有形成全国一盘棋,这盘棋才能走活。

我校还积极争取和参加国家大电厂的建设。20世纪90年代初,史铁林同志还在做博士后(他现在是机械学院的党委书记),当时火车票很难买,买不到卧铺票,我们就坐硬座前往。我们先坐了近20个小时的硬座到北京,在北京站等几个小时后,再坐近20个小时硬座到哈尔滨,近两天两夜,就是为了争取国家"八五"科技相关项目。之后到东北大庆,参加大庆新华电厂的验收鉴定工作,并认识了一批知名专家,为更好地参加大项目创造条件。

我和史铁林同志一起还到有关军事基地,研究柴油机的故障诊断。史铁林没少与我一起坐火车硬座。1993年我已经当了校长,有一次到北京出差,接下来要从北京去南京,我们也是坐硬座。我们还与扬子石化热电厂合作,建立远程监测与诊断平台,这一技术当时在国内处于领先地位。我还与吴雅同志、杜润生同志、史铁林同志一起,多次到吴雅同志的老家汉川,同汉川电厂进行技术合作。

我当校长时提出，我们学校要"立足中南，面向全国，走向世界"。我常常讲："我们学校是吃了湖北的粮，喝了武汉的水，呼吸了洪山的空气，当然要想到为省、市、区做些事情。只有立足本地，同本地的关系处理好了，才可安心地面向全国、面向世界、面向未来。"

学校要想稳定而长期的发展，没有立足之地，与地方关系处理不好，绝对不行。武汉，湖北，这是我们首先要有的立足之地。"问渠那得清如许？为有源头活水来！"作为一所国家重点大学，我们一定要抓紧"面向"，为国家服务，面向全国、面向世界、面向未来；但是同时千万不能忽视"立足"，也就是立足之地，这是前提条件。我们这类学校，作为重点大学，为社会服务，应该有一批科研成果为国家做贡献，把科学研究成果转化为生产力，还应该成为政府部门与有关企业的思想库、智囊团、决策的咨询机构等，应该承担这种责任，尽可能多地与社会联系，直接为社会服务。

我们学校处在中南地区的湖北武汉，对于武汉的、湖北的、中南地区的建设，我校不仅要为其输送大批的高层次专门人才，还要为其提供先进的科学技术，进行多方面的技术合作。这是完全可以做到的。

例如，我校与二汽进行了长期且密切的合作。湖北汽车工业发展较好，已经形成了"十堰—襄樊（现襄阳）—武汉"组成的汽车走廊。我当校长时，湖北汽车工业主要在十堰和襄樊，我们当时经常去这两个地方，特别是位于十堰的二汽。

20世纪90年代，我们在一些大型厂矿企业做调查研究，发现企业高层次人才不足，缺口很大，单靠国家分配的研究生远不能满足需要，提高在职人员的水平，成为社会强烈的需要，我们就探索新的办学机制，发展在职研究生教育。例如，我们发现二汽人才缺口大，专业类型多，且人才大多是技术骨干，要长期脱产很困难，客观上要求探索一种新的办学机制。我们就在二汽建立华中理工大学研究生院分部，与二汽合作培养在职研究生，为企业培养技术带头人。这是一种教学、科研、生产、社会服务相结合的新体制。

再如,"EDUC"中心,即华中地区教育科学网的建立。当时教育部正在制定与实施中国教育网计划,按地区设置网络中心,华中地区的网络设在何处?显然会设在武汉。武汉设在哪个高校?这就需要去竞争。与我们竞争的是有关兄弟学校。当时我与我们学校负责网络建设的石冰心、黄载禄两位教授,还有科技处有关同志一起,全力以赴,奔走于京汉两地之间,争取支持。这要处理好方方面面的关系,既要处理好学校同教育部的关系,又要处理好同兄弟院校的关系,还要处理好同具体负责校园网络 edu.cn 规划与实施的负责人的关系,更要处理好同省邮电局的关系(因为要规划当时的几网合一的问题)。我记得当时省邮电局的梁清章局长喜欢书法,在这方面,我就与他多了共同语言,我还赠了他一首词《蝶恋花》,最后两句是:"意载微波情载线,蓝图同绘基同奠。"

经过多方努力,我们争取到了这个项目。华中地区校园网络中心就建在我们学校,一直到现在,具体地点、建筑未变。

后来,我校与美国 IBM 公司合作的中心也建在同一处。与 IBM 公司建立合作中心,这是加强开放的一个重要步骤。

还有一件事,就是撤销学校总机,设立电信分局。当时很多人反对,认为华工这么大一个单位,没有总机怎么行,撤销后的这批工作人员如何安排?但我跟主管科研和产业的副校长朱耀庭同志等人坚持认为,设立电信分局是大势所趋,时势所趋,必须设立。而且,当时省邮电局给了我们很多优惠条件,我们同省邮电局签订了科学技术与人才培养的长期合作协议,使我校受益匪浅,甚至今天还在受益。现在看来,我们的这种坚持是正确的。

还有与武钢(原武汉钢铁厂,武汉钢铁公司)和武重(武汉重型机床厂)的合作。由于我校工作中曾经的某一次失误,导致武钢与我校在工作中存在一些心结。我当校长后,专门带队参观了武钢,签订了合作协议,并妥善地解开了曾经的心结,化不利为有利。当然,我也带队去了武重,新中国第一台立式车床就是最先在武重投产的,同样我们也与武重签订了合作协议。

在与社会和企业的合作过程中,为了更好地适应社会需要,我们学校主动调整了自己的学科结构,培养社会所需要的人才。例如,我们同华为公司建立了良好的合作关系。从1993年起,华为每年为我校少年班、提高班设立奖学金,以及优秀教师奖教金。每年我们都有大量的毕业生进入华为工作,而且我们的毕业生非常受欢迎。再如,我校虽属非国防系统的院校,但是我们认为:为军事现代化服务,为国防建设培养高层次人才,也是我们责无旁贷的任务。我校承担了一批国防科研课题,取得一些接近或达到国际先进水平的成果,并与国防科研院所相结合,共同培养国防建设高层次专门人才,开创"民口学校"为"军口服务"的局面。

有一次,参加一个有关教育研究的会议,来自厦门大学的教育家潘懋元先生讲:"随着社会发展,大学越来越走向社会中心。"我禁不住补充了一句:"随着社会发展,大学越来越成为生产力的动力源,提供新的成果、新的技术和新的产品。"这就是强调大学应当为社会服务。

至于高校发展高科技产业,有利有弊。我不赞成一个提法——"校办产业"。"办"字用得不好,学校是办教育的,不是办产业的。从理论上说,育人必须立足于治学,治学首先服务于育人;育人、治学都服务于社会;在服务社会中更好地育人、治学。在实际中,学校到底是办产业还是培养人?产业如何办?如果是以赚钱为目的,那该如何育人?"逐利"与"立人",是不同的两个方面。我很赞同一种讲法,即实行"三步跳":科研成果—高校产业孵化—真正进入企业。推出去后,学校与企业是经济关系、服务关系,至于企业如何发展,必须依靠企业自身。

例如,我校进行程控交换机研究,成功后推出去,并成立了金鹏公司,非常不错。但学校这样来办产业,不一定是好的办法。学校主要是办学,即育人、治学并服务社会,首先是育人。

据教育部同志讲,以后高等院校的产业不准挂高等院校的名称,我非常赞同这种做法。为什么?高等学校主要目的是育人,是办教育,而不是办产业。当然,就我们国家的情况来说,高等院校发展产业,在个别时期可以理解,但是从长远来看,高等院校的任务只是推动产业发展,而不是直接运作产业。

为了保证学校拥有良好的氛围和良好的外在环境,我们也在坚守一些东西。当年高校办学经费太紧张了,有些学校,包括一些著名大学都把围墙拆了,开店、做门面,这是我校党委坚决不同意的事情。风物长宜放眼量,虽然一年几千万元的出租费用没有了,但是为我校保持了一个较好的文化氛围、学术品位和教学环境,这是非常值得的。1994年,国家教委组织了对直属高校校园、学生学习和生活环境的大检查,我们学校在全国第一个通过了检查,获得了国家教委颁发的特别奖,而且是唯一一个获得特别奖的学校。

还有一件事值得一提。当时,在武汉市的城市规划中,鲁巷广场的选址本来是设在学校正门南一门前,但我校党委坚决反对。经过多方努力,特别是负责后勤工作的黄承堂副校长等人为此四处奔走,最后广场才没有建在我们学校门口。如果广场建在我们学校正门口,我们的南一门广场可能会变成商业聚集地,学校环境会变得非常嘈杂。现在,鲁巷广场离我校有着合适的距离,对我们学校的学习环境影响不大。

我校还非常注意加强与武汉地区高校的联系。武汉市的校与校之间的关系一直不错,每年春节,武汉大学、华中师范大学、华中理工大学的领导都要举办联欢活动。我开玩笑说:"武大是武老大,华师是武老二,我校是武汉老三。"因为武汉大学的历史最长,华中师范大学其次,我校的历史最短。为了学校发展,我们还从武汉大学、华中师范大学设法引进了一些骨干教师。

当然,我也有一些想办好却没有办成的事情。比如,我和李德焕同志去我们学校正对面、只隔一条马路的湖北省中医院商谈合并的事情,但谈了很多次,都没有成功。再如,我校想与美国的一个企业合作,促进先进技术的开发,结果也没能成功。此外,还想在举办人文讲座的同时举办科学讲座,但办了二三十期后,也没能继续下去。

十三、管理就是服务

邓小平同志曾经十分精辟地讲过"领导就是服务",我的理解是,这句话也可以反过来说,"服务就是领导"。"领导就是服务,服务就是领导",即是强调学校的干部队伍要为教师队伍服务,管理就是服务。

回想起来,我当校长能够做成一些事情,至少有两个方面值得我感谢:一是我们这个领导班子很讲团结,二是学校教师和管理队伍很支持我。如果还要加上第三条,就是我这个人肯学习,愿意听取不同的意见。

第一个方面,我们这个领导班子非常讲团结。

我接任校长时,党委常委、校行政领导只换了我一个人,这个班子理解我、帮助我。我没有做过系副主任、主任,没有当过副院长、院长,副校长更没做过,让我当校长,十分缺乏行政经验。

当校长不久,我还闹过一个笑话。记得第一次召开党委常委扩大会议,会议进行中,校办送来一份有关财务的文件让我批示,我看后便直接递给财务处负责人说:"这是你的事,你看吧。"过了几天,这位财务处负责人来找我,他说:"杨校长,国家教委的文件你没有给我啊!"我说:"我给你了!"他肯定地讲:"没有!"我相信他没有说假话,也相信我没有记错。最后发现,问题出在手续不全,这份文件应该是由校办登记以后才给财务处,不应该由我直接给。这么简单的问题,我当时都搞不清楚。

好在我这个人有自知之明，我知道自己行政经验不足，我做不好的事，便下放权力，请其他校领导做。他们尽职尽责，帮了我许多忙，也给我们这个班子带来了活力。我们这个领导班子要做什么事情，大家都是一心想把事情做好，以大局为重，相互支持，结果就是相互成就，工作做得也很开心，也做成了一些事情。

后来经常有人问我："你们领导班子的关系真的那么好？"我就讲："至少没有任何人用任何方式去拆别人的台！关系再不好，最多彼此少讲话而已。虽然不是个个都很和谐，但绝对没有一个人在背后拆另一个人的台，讲他人的坏话。"这是实情。当然，并不是说班子成员之间所有人的关系都很好，但是在最坏的情况下，也绝对没有人背后拆台，讲他人坏话。这就从整体上形成了合力：

讲团结，顾大局，干实事！

"讲团结，顾大局，干实事"，这是我们学校良好的工作作风。例如，学校领导的行政楼南三楼，也就是学校领导和学校职能部门办公的地方，办公条件并不是学校最好的，一些院系的办公条件比南三楼好很多，现在来看，南三楼似乎有些"过时"了，但是学校领导并没有讲条件、讲排场。

2007年6月，香港著名企业家李嘉诚先生率基金会来我校访问，他对我校校领导办公不讲奢华讲求务实、十分注重学校教学和实验室建设大加赞赏。他回香港后还亲自来函称道，我在给李嘉诚先生的回信中也特别谈到：

创业不易，守业不易，与时俱进，继续创业更不易。我多次深有感触地讲过，在我国，我校能有今天，要有三条：一靠国家，二靠朋友，三靠自己。少一条也不行。不靠自己不行，阿斗是扶不起来的，自助者才有天助。靠自己要有四点：团结好，方向对，工作实，长期干。少一点也不行。

我曾经讲过：南三楼现在不要搬。不是说它不应该搬，因为现在社会上有一股很不好的风气，讲求奢华。南三楼是我们学校精神象征性的标志。将来要搬,什么时候,那就要看条件了。

再比如说,我们学校校领导从过去到现在,书记、校长是副部长级别的了,但也没有听说学校专门为书记、校长配专车。学校专门建了很不错的院士楼。院士楼就是提供给院士居住的,如果校领导不是院士,那么校领导也不能住。周济校长当选院士后没有立即搬进院士楼,在他搬进去时都快离开学校了。李培根校长2003年就当选了院士,2010年才搬进院士楼居住。这就是一种清正的风气,也是一种价值取向。

第二个方面,学校教师和管理队伍的支持。

我非常感谢我们学校教师和管理队伍的支持。我接任校长时,我就讲过办学要抓三个方面:第一,抓教学;第二,抓教师;第三,抓干部队伍。这三条抓好了,办学就容易了。如果说,没有教学,就没有教育,没有教师,就没有学生;那么,没有干部队伍,办学就成了空话。而最关键的,就是抓两支队伍:一是教师队伍,一是管理队伍(包括职工队伍)。

1998年,代表学校荣获第二届中国京剧节金菊奖

教师直接从事教书育人与治学工作,管理队伍最根本的是必须为第一线的教学、科研工作服务,为教师服务。强调教师的基础作用,绝不是说行政干部不重要。学校管理部门的工作是"运筹帷幄之中",教师则"决胜千里之外"。但是"运筹帷幄之中",要兑现于"决胜千里之外"。

比如说，作战的时候讲"一切为了前线"，这绝不是意味着后方不重要，其他的事情不重要。譬如，在解放战争中讲一切为了前线，是不是毛主席所在的西柏坡就不重要了呢？当然不是。一方面，一切为了前线的含义，是讲战争胜负最终取决于前线将士的搏斗，取决于前线战事的情况，再好的军事规划、军事战略、军事战术，如果不能在前线发挥作用，一切都等于零。但是，另一方面，打仗不能只要前线，没有后勤，没有指挥机关，否则，仗怎么打？怎么胜？所以，不管是教师也好，还是学校学术委员会也罢，都不可能也不应该去取代行政部门的工作人员。

我们的教师就是在学校这个战场上的前线将士。我们讲"一切为了前线"，一切为了教师，全力支持教师，绝对不是讲干部队伍与职工队伍不重要。后方的作用就是为了服务前线，干部队伍与职工队伍的存在，就是为了服务教学、服务科研、服务教师、服务学生。

在干部会议上，我经常讲：我们的干部同志不能有"官本位"的行政色彩，要明确办学"一切为了学生"。而要一切为了学生，就必须首先一切为了教师。为了教师，就要为教师们排忧解难，支持和帮助教师们把工作做好，不要让到行政部门办事情的老师和学生有进了衙门的感觉，"脸难看，事难办"。能办的事一定要好好办，不能办的事一定要好好讲；如果不好好讲，事情哪怕办好了别人也会很不舒服；如果不能办，又不好好讲，就会引起大的冲突，影响或严重影响我们队伍的团结与士气。

当时学校还与高教所合作办了干部培训班，利用周末时间，组织干部们学习一些基本的管理知识和中国文化知识。这样做的原因在于办学思路要贯彻下去，就要提高干部队伍的管理水平和认识水平。所以有些兄弟院校的人来我们学校进行交流的时候，有人说，华工行政部门的干部们很有素质，一般的干部都能对学校的办学思想说出个"子丑寅卯，甲乙丙丁"。

在教师会议上，我就讲：教师们要懂得一个道理，打仗，没有后方的支持,哪会有前线的胜利。演出,没有后台辛勤的劳动,哪会有前台出色的表演。教师在教学、科研工作中所取得的成就,都包含了干部与职工的辛勤劳动。我们的教师应该体贴干部与职工,体谅学校的实际情况,努力做好自己的工作。

第三个方面,我这个人肯虚心学习,听取不同意见。

就我个人来说,我这个人谦虚,肯学习,能听取不同意见。我这个人肯想、肯学、肯干。我在做学术报告时讲了"人生在勤,贵在坚持"。"人生在勤",是指要勤奋学习、深入思考、笃于实践等。

每隔半个月,我都要同有关干部一起到学生宿舍,去跟学生们聊天,也召开学生座谈会,了解学生的学习和生活情况以及需要。我也经常召集青年教师开座谈会,了解教师的工作和生活情况以及需要。我还经常到一些基层单位,到院、系、所里,了解院、系、所的实际情况。每年我们都要定期去看望困难户。

1993年12月,我在学校校报上写了一篇文章《"岔巴子"好》。"岔巴子"是武汉话,是指爱多嘴、爱管闲事的人。事情的缘由是,1993年上半年,总务处有一位叫马洛莉的同志,给我这个上任不久的校长写了一封信,反映公款吃喝问题。我在党委会上传看了这封信,党委高度赞扬了马洛莉同志的精神,并提出了一些整改措施,准备发一个通报,一方面进行表扬,一方面进行整改。过了一段时间,她的丈夫罗达明同志在校报上发了一篇文章《妻子是个"岔巴子"》。不久,我就在校报上就此事发表了《"岔巴子"好》,希望通过表扬"岔巴子",表扬新时代的"李双双",既要关心教职工生活,又要弘扬正义、公道和清廉,抓物质文明建设和精神文明建设,"抓两个文明建设",而且"两手都要硬"。这篇文章发表后,反响很好,有些人发现,校长会抓这些"小事"。这个事,看上去是小事,实际上是"大事"。说实话,公款吃喝、铺张浪费是个大问题,需要常抓不懈。当然,正常的交往或业务往来也是需要的。

还想说一下学校的国际合作和国际化的问题。我很喜欢邓小平同志的这句话:"教育要面向现代化,面向世界,面向未来。"这句话讲得很深刻,这是指导我们教育发展的战略思想。现代化的今天,要有现代化的人,当然要有现代化的教育。全球化时代,地球成为一个"地球村",办大学当然要面向世界,面向未来,融入国际,置身于国际大环境中,参与国际竞争。这就要"开放",也就是要国际化。"开放"才有生气,才有活力,否则,就要落后,就要"挨打",乃至"消亡"。我国学习人类各种优秀文化成果,化西为中,化外为中。历史上,佛教文化就被彻底中国化了,形成了中国"儒、道、释"三大主流。而今天的化西为中,也必将为中国所用,为中国的发展服务。

服务国家发展,提升国际地位,这是我们办学的"学术平台定位",即国际化定位。办学的学术水平以国际水平为依据,学科建设、学术建设,特别是理工科的学科建设、学术建设要以国际水平作为参考平台。在新的历史条件下,对于竞争而言,不仅是国内竞争,而且是国际竞争,全方位的国际竞争,涉及师资、设备、研究等方面。所以,向一流大学学习,跻身于世界一流大学之林,是我校努力的方向。

一个开放的系统,才是"为有源头活水来"的欣欣向荣的、永不衰败的系统。文化既具有世界性,又具有民族性。同样,大学也兼具世界性与民族性。继承就是对内开放,吸收的是本民族优秀的文化和优秀的传统。借鉴,是对外开放,吐故纳新,吸收其他民族优秀的经验。创新,就是在继承与借鉴的基础上,求同存异。我十分赞同涂又光先生的观点,他讲:"我们要办的是 a university of China,而不是 a university in China。"注意,这里是"of China(属于中国的)",而不是"in China(在中国的)",一字之差,差之千里。

我们学校比较年轻,"文革"前,与国际上的交往极少。改革开放后,我校大力走国际化道路,现在已是"朋友遍天下"。我接任校长以后,开展全方位的对外开放政策,促进国际科技合作。我到国外出差,基本上都是谈科技合作和人才培养合作的问题,特别是推动与国外大学或研究机构联合培养博士生工作的开展,在人员交流上,大量"请进来"与大量"派出去"相结合,促进教师国际化程度的提高。

1994年,与马来西亚
国王端古会见

1994年,访问马来西亚(从左至右:段正澄、马来西亚国王、杨叔子、王运赣)

1994年,与日本高校
签署合作协议

1995年,与韩国高校校长
签署两校合作协议

作为重点大学,我校一直有一个追求世界一流大学的梦想。1993年,我在接任校长后的40周年校庆的庆典上,曾鲜明提出我们努力的目标是"跻身于世界一流大学之林"。我在校长任期内,一直朝着这个目标努力。

最后，还想说一下学校的后勤和后勤改革。由于我吃了30多年的食堂，我深知后勤的重要性，特别是办好食堂的重要性。也可以自豪地说，我们学校的食堂是比较好的，为了节约时间，很多教师平时不在家里做饭，大多数时间都是在食堂吃饭。对学生来说，他们处于正在长身体的年龄段，办好学校食堂就更为重要了。

当然，后勤改革是必须的。办学，一切都是服务于育人，对于后勤改革，我们当时采取逐步"断奶"的办法，学校给后勤的拨款逐年减少。1997年以后，学校就不再给后勤拨款，而且后勤还要向学校交钱。还要再讲一点，那时水、电、煤、煤气、汽油等供应十分紧张，单位间的关系又复杂，后勤部门与有关同志为此做了大量的工作，这一点特别要肯定和感谢。

归纳起来，大学的管理体制与运行机制，是大学教育思想观念的直接体现，同学校领导的教育思想观念、品德作风密切相关。在正确办学思想指导下，学校才可能有一个好的管理体制，以及与之相应的运行机制，才可以凝聚各种力量，克服各种困难。

十四、办出大学氛围

1995年6月，著名物理学家、诺贝尔奖获得者杨振宁先生访问我校，我作为校长与学校有关负责同志一起，陪同杨振宁先生参观学校，参观了几个重点实验基地，特别是参观了国内知名教授、国家级教学成果奖获得者康华光先生的实验室。康先生正从事电子技术与生命领域的交叉研究。一路上，杨振宁先生兴致很高，问了不少问题，也提出了不少有益的建议。他真切感受到我们学校办学氛围之好。参观结束之后,我们意犹未尽,一行人登上了学校后的喻家山。站在山顶,登高望远,极目楚天舒,校园风光,尽收眼底,一片绿意,一派生机。杨振宁先生不禁连声称赞:"你们学校干得不错!大有潜力!算起来,你们学校差不多与新中国同龄,看到你们学校的发展,就等于看到了新中国的发展。"

听到这句话,我们一行人不约而同地开心笑起来,杨振宁先生就好奇地问:"你们为什么笑得这么开心?"我们就告诉他:真是英雄所见略同,之前有位外国高等教育专家访问我们学校,也曾说过类似的话,他说我们学校是新中国高等教育事业发展的缩影。杨振宁先生听后也开心地笑了。

杨振宁先生看到的,正是一所朝气蓬勃的、有着大学真正模样的、良好的大学。那天晚上,杨振宁先生在我校露天电影场面向全校两万多师生做演讲,更感受到一个大学的氛围,情不自禁地预言:"20年,中国一定有诺奖!""30年,华中理工大学一定会成为世界一流大学!"

1995 年 6 月,给诺贝尔奖得主杨振宁先生颁发聘书

而杨振宁的老师著名物理学家吴大猷先生曾讲过:"我们该用怎样的标准来评判一个机构或是一个人对中国物理发展的贡献呢?主要是根据他们在若干年之内,是否有建立起传统,包括人、设备与稳定的气氛等;他们在几年内又能够吸引多少学生或是激励、唤起多少学生继续做物理研究工作。"这句话所表述的含义,也可以这样表述:

办大学就是要办出良好学术氛围、办出良好的学风,继承、弘扬、丰富、发展传统,激励广大师生热爱学术和进行学术研究。办大学,就是要办出一个大学的氛围。一个良好的大学氛围,是一个大学有着真正大学模样的文化氛围、学术氛围。这方面我与南开大学原校长母国光院士的观点不谋而合,我们两人都是1991年当选中国科学院院士的。有一次,我接待母国光院士到我们学校做报告,他讲了一句话:"我做了十几年的大学校长,我的体会是办大学就是办一种氛围。"我就讲:"我非常认同!"我相信,办大学就是办氛围。一所具有良好氛围的大学,一所生机勃勃、团结奋进的大学,就是一个巨大的精神文明的象征,就是一个巨大的精神文明的熔炉。

实际上,我们学校一直努力的一个方面就是办一种大学氛围。我们推行文化素质教育,开展文化素质教育活动。除了一系列"人文讲座"的开设外,还有多种文化活动形式,如:"读书会"、"无形学院"、"人文沙龙"、"京剧社"、"国画班"、"书法社"等文化活动;"瑜珈诗社"、"夏雨诗社"经常举办各类诗会。此外,还在理工类高校中第一个创办"诗词创作班"以及举办各种文化节、科技节与社团活动等。这些活动让整个校园充满了文化的生机,也在营造着一种文化氛围。

涂又光先生据此提出了有名的"泡菜理论"。涂又光先生的"泡菜理论"实际上也是在讲大学氛围。涂先生从腌制泡菜的原理,悟出关于校园文化建设和大学氛围的道理,他说:泡菜的味道,不是取决于要泡的萝卜、白菜本身的味道,而是泡菜坛子里泡菜水的味道。如此类比,校园文化环境对学生的影响,就像泡菜水对于泡菜的影响一样,日积月累,潜移默化地熏陶和影响着学生的文化素质。

办出大学的氛围,就是营造出一个良好的学术生态。这一点从我们学校生态系统上可以得到启发,也可以说是相互呼应。我们学校绿树成荫,是一个真正的"森林校园"、"绿色校园",是一片"可心的绿"。在80年代以前,学校的生态系统并没有现在这么好,当时校园里主要树种是法国梧桐,但是毛毛虫很多,一到夏天,毛毛虫就把树叶吃了,当时没有其他办法,只能依靠杀虫剂,甚至还动用人力抓虫。喻家山上主要是松树,有一阵子松毛虫特别多。到了80年代中期之后,情况就发生了巨大的变化,因为校园内和喻家山上的树木种类增多了,鸟类也多了。鸟多了,虫就少了;虫少了,树木就更加欣欣向荣了。"树·鸟·虫"三者形成了一个良好的生态平衡。

大学是一个生命有机体,是一个生态系统,一个良好的学术生态系统是一个适合教育发展、学术发展、学科群发展的系统。大学首先是学术机构,而不是行政机关,不是工厂,不是市场,不是研究机构。没有学术,大学就没有了源头,就没有了生命力,因而大学需要发展学术,营造学术环境。例如,在学科建设上,我们是"以学科建设为龙头",实行"扶优,强基,支新,重交,走向综合,办出特色",加强文、理、工、管、生命科学等综合化发展,建设良好的学术环境。

我们现在发展中很大的阻碍,就是用工科的思维去发展理科和文科专业,只看到眼前的、物质的东西,很少看到长远的、深层次的、精神的东西。现代工程教育不能只追求眼前的经济效益、物质利益,"风物长宜放眼量",必须把人文科学和社会科学融入工程技术当中,促进人文与科学相融合。如果不懂得人文,不懂得人文的导向作用,必定会走向危险的道路。

全国政协副主席钱伟长同志来访

一种良好的大学氛围,是一种自由、宽松、和谐、融洽的适合做学问、搞业务的氛围;是一种"尊重知识、尊重人才"的氛围;是一种能充分发挥教师的积极性、主动性与创造性的学术氛围;是一种既有学术责任,又有学术自由的生动活泼的、育人为本的氛围;是一种文人相亲,而不是"文人相轻"的氛围;是一种和谐共激,而不是钩心斗角的氛围;是一种相互帮助、相互支持而不是相互拆台、相互打击的氛围。

李岚清同志举的例子很能说明这一点。他说:唐朝的诗歌为什么那样发达,其中有一点就是唐朝的诗人是"文人相亲"。他举了很多例子,比如:孟浩然比李白大一些,李白诗的成就比孟浩然高,可李白却说"吾爱孟夫子,风流天下闻",还说"高山安可仰,徒此揖清芬"。杜甫比李白小,杜甫讲李白"白也诗无敌,飘然思不群"。李白思念杜甫,写道"思君若汶水,浩荡寄南征"。元稹听到白居易贬官九江,在病中写道:"垂死病中惊坐起,暗风吹雨入寒窗。"

办出一个大学的氛围,就是要营造出一种学术宽松、活跃、自由、和谐的氛围;一种奋发向上、积极进取,可以推动学校前进的氛围;一个适合教师做学问、搞业务的学术环境,促进教师将主要精力沉浸在学术中,以学术作为生活方式。如此,大学才会拥有大学真正的样子。

给诺贝尔奖得主内尔教授颁发聘书

再举一个例子,我们机械学院为什么能如此迅速发展? 就是因为我们有一种良好的学术氛围。人的成长,离不开所属的集体,当然要感谢所属的集体。1991年,我当选院士之后,接下来我们机械学院每四年就会出一个院士,熊有伦、周济、李培根、段正澄、丁汉、邵新宇等同志先后被评为院士,丁汉是1986级的博士生,虽不是以我的名义招收的,实际上由我指导。邵新宇是我1992年招收的博士生。我相信接下来还会有院士。这不仅是他们个人的荣誉,也是属于集体的荣誉,也证明我们良好集体、良好学术氛围的作用。我们这个集体之所以是一个优秀的集体,我们有三条不成文的规定:

第一条,真心真意地承认他人的劳动及其成果。

第二条,公开地承认他人的劳动及其成果。

第三条,时刻为他人着想。

这三条归纳起来,就是"实事求是"。"实事求是",就是承认客观事实,尊重客观事实,这也是我党的优良作风。在我们的集体中,大家可以说都是"见困难就上,见荣誉就让"。

正因为有这么好的一个集体,大家都干得很欢,一方面感到工作紧张,另一方面感到心情舒畅,更重要的是,容易出成果、出人才。这样,既回报了自己,也为社会做了贡献,更证明了"团结就是力量"的道理。

2012年,机械学院院庆
与丁汉同志在一起

2012年,机械学院院庆
与同事相聚
(从左至右:张国军、刘玉华、杨叔子、
杜润生、史铁林、刘世元)

我们有一个优秀传统与学院精神,这就是"STAR"("星")。STAR代表什么?

S代表striving,自强不息。

T代表teamwork,团结协作。

A代表agility,快速反应。

R代表responsibility,尽职尽责。

这四点,也正好同我总结出的学校的四大优良传统"团结好、方向对、工作实、长期干"相互对应,只是表达方式与领悟角度不同。

这四点,在我们学校其他许多优秀学术团队身上、许多优秀学术带头人身上,都有鲜明的反映,这就是良好的学风、良好的大学氛围的反映。

再如,我们学校一向有重视教育研究,重视高教所、重视教育科学研究院的传统。要办出大学氛围,就要尊重教育规律,就要重视发挥高教所、教育科学院的作用。在此方面,我是向朱九思同志学习的。朱九思同志一向重视高等教育研究,他在1984年底从校领导岗位退下来后,还是学校的名誉院长,同时他花了大量精力发展高教所,从事高等教育研究和培养研究生。1996年初,学校拿到教育管理博士点(后改为高等教育学博士点),实现了文科博士点"零的突破",这是继厦门大学、北京大学、华东师范大学之后的全国第四个高等教育学博士点,这是非常了不起的,这也与九思同志的贡献和在全国的影响力分不开,当然也与潘懋元先生、顾明远先生等的支持分不开。据说拿到博士点的当天,高教所的老师们非常兴奋,大多失眠,朱九思先生、姚启和先生、文辅相先生、涂又光先生都是一晚上没睡着。消息传来时,恰逢正月出生的九思同志80岁寿诞,大家说这是给九思同志最好的生日礼物。

高教所每周举行一次学术讨论活动,用九思同志的话说,是"风雨无阻,雷打不动",这对于促进教育研究很有意义。学校还有两本高等教育研究的杂志——《高等教育研究》和《高等工程教育研究》——都办得相当不错,它们是教育思想大讨论的学术阵地,在推动高等教育研究方面发挥了积极作用,现在都成了权威刊物。

高教所的老师们所从事的高等教育理论研究,为学校发展特别是学校开展的文化素质教育提供了理论支持,特别是涂又光先生等提供了有力的理论支持,刘献君同志也开始了对教育方面的研究。现在我校的高等教育学科保持强劲的发展势头,年轻一代人也培养出来了。

我任校长时曾提出,高教所首先要将我们学校当成活的样本来研究,高教所的所长应列席校长办公会了解学校情况,但这一做法似乎不合规矩,所以就没有继续下去。

要办出大学的氛围,就要办出一种"教授治学"的氛围。1997年7月1日,是香港回归的日子,普天同庆。当了四年半的校长,我的校长任期届满了。在举行校长任免仪式的那个晚上,学校同时举行了庆祝香港回归的纪念活动。我的继任者是周济同志,当时规定,校长不能同时兼任学校的学术委员会主任,所以由我担任学校的学术委员会主任。那天晚上,我和周济同志、学校党委书记朱玉泉同志三人一起参加了学校的庆祝活动,我们三人都讲,一定要把"三驾马车"驾好。

"三驾马车",是我们在办学实践中逐步形成的华中理工大学办学理念的一个形象说法,具体内涵是16个字:

党委领导,校长负责,教授治学,民主管理。

这16个字,实际上是我从当校长的工作经验中反复思考而得出的,它涉及书记、校长和教授的职责,周济同志形象地将其称为"三驾马车"。"党委领导,校长负责,教授治学,民主管理",目的是平衡行政权力和学术权力,造就学术氛围!周济同志当教育部部长后,又将这四句话带到教育部并向全国推广。

从校长岗位退下来后,我继续任学校学术委员会主任,其间组织制定了《华中科技大学学术委员会工作条例》,2001年10月,学校党委常委会讨论通过了该条例,其中,最关键的是如何保证"教授治学",造就一种浓厚的学术氛围。

"教授治学"的内涵:一是教师要做学问,二是教师要参与学校的学术管理。它从下面三个方面来体现:

第一,学术为基,育人为本,教授治学。

第二,依法治校,以德治校,教授治学。

第三,党委领导,行政管理,教授治学。

总之，大学是培养人的学术机构，学校的根本任务是"育人"。办出大学的氛围，最终的目的就在于"育人"，让学生在一种健康良好的学术氛围中受到潜移默化的影响，"蓬生麻中，不扶自直"，成为全面发展的人。

十五、办出大学特色

我当校长时有一个体会，我们学校能发展到今天，主要依靠三种力量：

第一，依靠党和政府的领导与支持。

第二，依靠朋友的支持与帮助。

第三，依靠自己的努力。

首先是依靠党和政府的领导与支持，这是最基本的一条。第二条是依靠朋友的支持与帮助，特别是校友的支持与帮助，这一条绝对不能少。作为办学历史相对较短的学校，更要注意抓这一条。我们学校的校友会做了不少工作，校友给予我校大量的支持。第三条，依靠自己的努力，这是最根本的。前两条是外因，第三条是内因。毛泽东同志讲过："外因是变化的条件，内因是变化的根据，外因通过内因而起作用。"没有这三条，没有自己的努力，一切都是空谈。

60多年来，我们学校从单科性的华中工学院，发展到华中理工大学、华中科技大学，走过了辉煌的历程，靠的就是这三方面的共同努力。

60多年来，它寄托了全校广大师生的光荣和梦想，也寄托了我们的感情和依托，它是一所团结进取、开拓创新、特色鲜明的朝气蓬勃的一流大学。

忆及此处，值得提及的一件事是，我们几个院士当年在"院校合并"中所写的一封信中所体现出的一种心愿和努力。

与学校现任党委书记邵新宇同志(左)、校长李元元同志(右)在一起

当年高校大合并搞得热火朝天,有一种传闻是武汉的两所重点大学武汉大学和华中理工大学将要进行合并,校名是武汉大学,书记和校长则由华中理工大学的领导出任。对于这种传闻,我们有些担心,于是我们几个院士联名写了一封信。

信的原文如下:

同志:

您好!我们怀着很不情愿,但又无可奈何的严肃心情,来写这封信,来打扰你们的工作。

我们四人都是共产党员,都是院士,而且都是随着我校的发展而成为院士的。我校现有院士六人,其中两位是去年引进的。据我们所知,他们两位在不赞成我校与武汉大学合并这个观点上,同我们也是一致的。我们本着对党、对高等教育事业、对湖北省、对武汉市、对华中理工大学负责的精神,来反映我们的意见。

最近突然传开,而且已经证实了有关并校问题,即湖北省决定要建立一所世界一流的大学,武汉大学同华中理工大学牵头,合并几所大学,这是主要的方案。对于建立世界一流大学,江泽民同志在北大百年校庆庆祝大会上的讲话中已明确提出，我们认为完全正确，衷心拥护。但是，在湖北省如何具体实行，则需要慎重研究。如将我校同武汉大学合并，我们认为不妥，现在不存在合并的条件，如果匆忙行事，势必导致一系列重大问题的产生，华中理工大学势必下滑，乃至受到严重破坏，学校内部很可能出现极不稳定的乃至于我们极不愿意看到的有关情况。我们的理由如下：

（1）华中理工大学建校45周年，能以相当快的步伐发展，在综合实力与水平上位于全国大学前10名之内，而且目前发展势头依然很强劲，此非易事；这表明我校有着良好的内部因素，是一个强大的自我发展能力的良性系统。同时，目前在人文社会科学与自然科学等学科方面正加强同科研机构的实质性的合作，在工程技术等学科方面正在推进与发展产、学、研实质性的一体化工作，一派欣欣向荣的景象，充满着朝气与活力。一旦合并，这一良性系统将遭破坏。

（2）华中理工大学是新中国成立后，我们国家凭借自己力量建设起来的一所很有影响的大学，早在50年代中期，国外有的教育专家就认为我校的建设与发展是新中国高等教育建设与发展的一个缩影。我校被社会公认为发展快、规模大、水平高、学科齐、校风好、环境美。我校在接待外宾、向外宾介绍时，以此为新中国的发展与成就而自豪。一旦合并，这么一所显示我们党领导下的社会主义中国发展高等教育的巨大成就的大学将不复存在。

（3）华中理工大学45年来形成了团结一致、艰苦奋斗、方向正确、举措落实的优良办学传统与顽强上进精神。这是极为可贵的精神财富，是我校能取得不断较快发展的重要内部因素。一旦合并，一经调整，这种传统与精神将受到严重伤害。目前已有相当的骨干教师表示，一旦合并，他们即离此而他去。这绝非虚言，欲需举例，比比皆是。

（4）华中理工大学45年的建设与发展，在学科建设、专业发展、教学、管理等等方面形成了良好的"生态环境"。工科占优势，非工科占1/3以上，工科中电子信息类占1/2以上。而机械、电气两个最基础的工科学科有着强大的实力；同时，文、理、生物等正在以更快的步伐发展。一级学科博士点9个，二级学科博士点41个，硕士点71个，博后流动站9个，而且文、理、管理都有了博士点。学科彼此渗透，相互支持，关系交融。教学思想、教学改革、教学管理等都有着明确的要求与落实的举措，教学质量一直有着保证。科学教育与人文教育并举，彼此渗透。管理上一贯以"严"著称，运转效率较高，办学效益较好。一旦合并，一旦调整，这种良好的"生态环境"势必被破坏。

（5）华中理工大学，目前在校学生已近两万人，校园面积达3600亩，建筑面积达500万平方米，规模已十分大。几校合并，规模更大，如何管理，如何实现真正的合并，而绝非形式上的合并，问题很大。在一定管理条件下，只能大到某一规模，质量与效益才最佳；一旦超过，"过犹不及"，甚至"过"还比不上"不及"，质量与效益将下降。山不在高，水不在深，校不在大，学校在于能否出高质量的人才，高水平的成果，做出卓越的贡献，在于能否办出明显的"非我莫属"的特色。一所世界一流大学，不一定学科都要齐全，不一定所有学科都是一流，MIT与哈佛两者就是如此。如不从实际出发，一旦合并，后果不能不令人深深忧虑。

我们四人从我校的历史与现实出发，从我们所广泛接触的师生员工的思想状况出发，共产党员的责任感使我们不能不写此信。一所世界一流大学的建设，在于按客观规律、按教育规律、符合民心办事，在于长期艰苦奋斗的历史沉淀，而绝非仅凭美好的希望所能及。建国后这种苦头我们吃得够多了。华中理工大学目前师生员工思想上不稳,有的反应十分强烈,我们为此十分担忧。有的在合并计划内的大学竟然将合并计划至少传达到中层干部,甚至传达到了全体,而我们学校据说连党委常委都是在很早之前讨论过一次并校之事(而且意见很不一致),这是极不正常的,甚至是令人难以容忍的。"政府行为"是建立在尊重客观、尊重人民感情的基础之上的;即使"政府行为"是对的,而大多数群众还不能接受时,还需要等待。何况,目前情况都非如此。

我们四人深知,华中理工大学的发展与成长,同湖北省与武汉市的关心支持与帮助分不开,我们四人的成长也是如此。我们的感情是忠于荆楚大地的,我们不愿意出现"事与愿违"的后果。我们衷心支持李岚清同志在新浙大成立时的一个讲法,大意是:待新浙大成立并运行几年后,看看情况,再谈并校之事。这是既解放思想,又是实事求是的见解,是符合邓小平理论的见解。

在写这封信时,我们学校建筑学院有位老师告诉我们,在上海同济大学中竟然出现了这样的招生广告——武汉大学建筑学院招生广告,广告中写明武汉大学与华中理工大学建筑学院招生,并校后,称为武汉大学建筑学院。这位老师还到武汉大学建筑学院查证这一情况。我们听到这一消息,更使我们认识到我们的看法是正确的。这种令人愤慨的、无法无天的做法,怎能带来好的并校结果?! 继续下去,怎能不引起令人所不愿意看到的严重事态?!

我们深信,我们党领导的我们伟大社会主义祖国的建设是任何困难都不可能阻挡的,我们高等教育的改革与发展是一定会继续取得伟大成就的。

我们这封信寄呈给教育部至立同志、韦钰同志、远清同志、秉林同志、宝成同志,省委志杰同志、祝平同志,市委守海同志、宪生同志。

  打扰了！谢谢！

  此致

  敬礼

华中理工大学教授
中国科学院院士　杨叔子　熊有伦
中国工程院院士　崔　崑　张勇传
1999.1.14

第三章

以文化人，以人化文

一、做人·做事·素质（上）

曾有研究生研究我的教育思想，他们采访我，很直接地问了我一个问题："杨院士，您在华中理工大学任校长期间，最满意的地方是什么？最大的遗憾是什么？"他们想以我为研究对象做硕士论文。从校长位子退下来后，我也想过这类问题。我就老老实实地讲了下面一段话：

> 当校长，我最满意的，是整个学校的工作取得良好的发展，是推行文化素质教育，特别是人文素质教育，是整个学校的文化氛围变得更好了，当然这绝不是我一个人的工作成绩。

最大遗憾，是没抓校史馆建设，当时没有校史馆。一个大学不能没有历史，校史是无形资产，没有抓校史馆建设，这是一个遗憾。也许我表面上抓了一些，如在校庆40周年时组织出版了《缩影——华中理工大学的四十年》一书，但实际上没有认真和坚持抓，当时没有一个像样的校史馆。

我当校长,大力推行文化素质教育,特别是抓人文素质教育,这是我最满意的,也是合乎时代需要、合乎教育规律的,所以这一部分就主要谈谈我们所推行的文化素质教育、人文教育工作。

但遗憾的是,恰恰是校史这样的人文资产,我没有认真抓,这是事实,这当然是非常遗憾的事。因为从本质上讲,校史联系着历史,不仅是历史本身,而且是文化传承,恰恰是人文教育很重要的一部分。现在联系着历史,历史是现在的土壤,重视历史,就是"数典不忘祖,温故而知新,继往能开来"。中华民族延续到现在,代代重视历史,尊重过去。最早的一部编年史就是《春秋》。

这些研究生很聪明,他们接着问:"如果让您再当校长,您最想解决这个问题吗?"

我一听就笑了,我反问了一句:"是这个时间当校长呢?还是那个时候当校长?是1993年当校长呢,还是现在当校长?"

他们一听,也都笑了,就问:"有什么不一样吗?"

我就讲:"当然不一样,不能脱离历史背景,当时的情况同现在不一样。"

当时是怎么样一个情形呢?当时是1993年,大学教育所面临和所要解决的主要问题、主要矛盾与现在不一样,主要有以下几方面的情形。

一是"文革"在思想上的影响并没有彻底消除。"文革"期间,真理被扭曲成一团,随意拿捏。虽然1978年改革开放以后,提出"实践是检验真理的唯一标准",解放思想,实事求是,但是"文革"在思想上的影响并没有彻底消除。

二是由于对传统文化不加分析地批判,造成学生在文化知识方面的欠缺,特别是在传统文化知识方面的欠缺,有些人甚至认为我们的传统文化是包袱。

三是改革开放后,西方一些腐朽思想也进来了。改革开放当然是正确的,但是也不可避免地带来了一些西方不良思想意识的影响,如果不加分析地全盘吸收,肯定是不好的,需要从思想上对青年人进行引导。

四是由于 20 世纪 50 年代院系调整和学习苏联模式，造成学生的专业口径和知识视野十分狭窄，需要为学生打开一个广阔的视野，"宽基础，厚专业，拓展思维"是一个重要任务。

五是由于应试教育、高考升学的压力，导致幼儿园过早进入文化知识课教学，小学过早学习中学内容，高中过早进行文理分科，造成学生的基础知识不完整，大学还有不少"补课"的任务。

六是社会处于大转型时期，不少人心态浮躁，急功近利，过于物质化，将人品、人格、修养放在一边，一些年轻人彷徨、苦闷、压抑，不知怎么办，这些都需要进行引导。

针对这些情况，当时我校高教所所长文辅相教授提过一个说法："过弱的文化陶冶，过窄的专业教育，过重的功利导向，过强的共性制约。"我认为他总结得有道理。

还有一件事，积压在我心中很多年了，总是想找出办法解决。事情缘于 1982 年我在美国做访问学者时与一位华人教授的对话。这位华人教授跟我讲：

> 中国来美的留学生，ABC 很好，XYZ 也很好，也懂得美元、英镑，就是不太了解长城、黄河，不太了解文天祥、史可法，一点也不知道四书、《老子》、《资治通鉴》、《史记》。请问，这种学生毕业出去以后能很好地为中华民族服务吗？

我认为这位华人教授讲得非常好，非常深刻。

分析起来，ABC 很好，代表外语很好；XYZ 很好，代表数学很好、业务很好；懂得美元、英镑，代表会打个人经济算盘；不太了解长城、黄河，意味着不太了解祖国地理；不太了解文天祥、史可法，意味着不太了解民族的历史，对民族的历史知之甚少；一点也不知道四书、《老子》（又称《道德经》）、《资治通鉴》、《史记》，说明对祖国与民族的悠久文化传统一无所知。

这表明我们的教育存在缺陷。邓小平同志也曾指出，我们的教育存在弊病，我们最大的失误就是教育。1985 年 5 月，邓小平同志在全国教育工作会议上指出:"我们国家,国力的强弱,经济发展后劲的大小,越来越取决于劳动者的素质,取决于知识分子的数量和质量。"1986年6月28日,邓小平同志在中共中央政治局常委会上又特别指出:"法治观念与人们的文化素质有关。现在这么多青年人犯罪,无法无天,没有顾忌,一个原因是文化素质太低。"试想一下,我们培养的大学生,我们培养的高层次人才,基础知识面非常狭窄,对自己国家与民族的地理、历史知之甚少,对悠久文化传统一无所知,那么他们可不可能对自己的国家与民族有深厚感情?能不能很好地去为这个国家与民族服务?这几乎是不可能的。这就是我们教育上的缺陷。

大家都知道,英国哲学家培根说过一句很有影响的话:"知识就是力量。"这句话在历史上、在教育方面产生了深远而广泛的影响。严格地讲,这句话不完全对,因为有知识是有力量的必要条件,但绝对不是充要条件。这句话如果换一个角度,从反面讲即"没有知识就没有力量",这就对了。要学好文化,首先要学好知识;文化的载体是知识,不学好知识,文化是空的,一切都是空的。教育当然要为学生打下深厚、扎实的知识基础,但是还不够,还要教会学生做人,引导学生创新。

一切创新都是文化创新,文化创新源于知识创新,而知识只是载体,更重要的是做人。教育是育人的,就要培养全面发展的人,培养具有完整人格的能够创新的一代新人。

还有一个原因,90年代的时候,社会上出现了一些口号,但又不全面,比如说:"先学会做人,再学会做事。"一直到前些年,我到北京的工厂参观,去了一家民营工厂,这是一家很不错的工厂,他们还在用这句口号。这句口号有道理,但不完全正确。因为做人和做事分不开,做人与做事是同时的、统一的;做事体现做人,做人统率做事;做事以做人为基础,做人通过做事才能体现。我们不能说,我今天在做人,明天再做事;我现在在做事,以后再做人。我的看法是:

  首先要学会做人,同时必须学会做事;以做事体现与升华做人,以做人统率与激活做事。

毛泽东主席在《纪念白求恩》一文中说过这样一句话:

一个人能力有大小，但只要有这点精神，就是一个高尚的人，一个纯粹的人，一个有道德的人，一个脱离了低级趣味的人，一个有益于人民的人。

就做人的两端而言：一端是真正大写的"人"，是毛泽东主席所说的"五种人"，是纯粹的人、全人和完人；一端是连禽兽还不如的披着人皮的"人"，是"不是人"的人。做人当然要向好的看齐，努力追求成为毛泽东主席所说的"五种人"。

人有什么样的精神追求，决定着人有什么样的言行，决定着人是什么样的人。作为人，实际上就是：

思想决定行动，行动体现思想；

躯体体现灵魂，灵魂支配肉体；

做事体现做人，做人统率做事；

才体现德，德统率才；

形而下的"器"体现形而上的"道"，形而上的"道"支配形而下的"器"。

二、做人·做事·素质（下）

大约是1995年，中国科学院召开院士大会，一起开会的南京大学校长曲钦岳院士生病了。他是天文学方面的院士，在南京大学校长任上干得相当出色，我们一起讨论教育问题总是很合拍。那次我去医院看他，跟他聊天，聊到一半，他突然问了一个问题："杨校长，你说现在大学最主要的问题在什么地方？"这个问题我当校长以后感触很深，我早就想过这个问题，便脱口而出："我自己的感觉是，高等学校问题很多，但根本问题不在高等学校！"曲校长一听，马上从病床上坐起来，连忙问："你说，问题在哪里？"我很肯定地说：

"在中小学!"他像找到了知音般极力赞同,连说:"不要讲了,我完全同意!"

我们两人的意见不谋而合,我们一致认为,大学教育问题的根本,不在高等学校,而在中小学,是中小学从地基上没打牢固。

"九层之台,起于累土",要想建好高层的楼台,必须将底层的、低层的基础打好。没有底层、低层,起不了高楼;底层的、低层的基础打不好,筑于其上的高层也好不到哪里去。我当校长时,认真想过这个问题,对于大学教育的这些问题,归结起来,大致有以下两大类问题。

第一类问题是,人格不够健全,感情不够健康,习惯不够良好。

不少大学生存在的一些问题,表面上看,是习惯不够良好,没有养成良好的习惯,往深层次上分析,实际上是人格不够健全、感情不够健康所致。习惯不够良好,只是人格不够健全、感情不够健康的具体反映。为什么这么说呢?中国人讲"道在人伦日用间",日常生活的细节,日常生活的习惯,日常的行为处事,日常的待人接物,实际上能反映出一个人的素养和品质。你不能说,"我这个人素养很高啊,只是我的习惯不够好。"这说不通嘛!一个人再好,如果习惯不好,也就好不到哪儿去。

这个问题主要是幼儿园、小学阶段留下来的。"少成若天性,习惯成自然",这个阶段养成良好的习惯,自然而然地形成一个人良好的品行和作风,好像是自然的一样,让人终身受用;这个阶段如果没有养成好的习惯,让人很受累,后来改起来不太容易,但不是不能改。

第二类问题是,基础知识不够全面、不够扎实,总结来说,就是基础不牢。

第二个问题主要是中学阶段产生的。你看现实教育是什么样子的?"幼儿园小学化,小学中学化。"孩子一进到幼儿园,不是注重本该注重的良好习惯的养成,而是学习上"小学化",开始学小学的课程,过早进入各种文化课程的学习,从幼儿园开始就被送去上各种各样的"培优班"。不知从什么时候起,"不能输在起跑线上"成为社会上的一个流行语,造就了焦虑的家长和受压抑的孩子,让不少孩子失去了快乐的童年。

接下来,进入小学,为了应试,就打各种提前仗,低年级提前学习高年级的内容,高年级提前学习中学的内容。其实我们国家小学的一些课程内容,从课程教学大纲上来讲,与国际上相比,已经是提前的,比如说小学数学学习的内容就比美国小学数学学习的内容要提早,低年级段就学了美国高年级段学的内容。实际上,知识学得不够灵活,而且不注重培养良好的学习习惯,特别是思维习惯的养成。

进入中学以后,高考的压力下移到中考。高中以后,为了应试,过早实行文理分科,学生很难有宽厚的基础。社会上曾经一度非常流行"学好数理化,走遍天下都不怕",学生偏科的情况普遍存在。

我到过许多重点中学,看到学生确实可怜,一个学生的桌面上,堆着一大堆厚厚的书,一个星期最多休息一天,而那一天在家中还得"啃"书本。湖北有的中学一个学期只休息三天——大年三十晚上、初一、初二,其他时间根本不能休息。这不是把学生当人来看待,而是当成机器,搞题海战术,照葫芦画瓢!即使拿到奥数奖,也并不是很厉害,因为这些全都是技术问题,并没有悟性。现在中小学从总体上是轻视人文学科的,大致是:成绩好的学生学理工,成绩差的学生学文科。这样忽视人文学科,使人文学科得不到发展,不仅对学生思维束缚极大,而且对国家繁荣、民族昌盛的危害极大。

进入大学以后,学什么呢?大学开什么课呢?还要从头教基本的道德规范,比如:不打人,不骂人,要爱护公物,要遵守秩序,不在公共场合大声喧哗,要有文明礼貌,等等。这本应是幼儿园和中小学的事情,现在却"移植"到大学课堂里来了。

因而有人说,现在是"幼儿园学小学,小学学中学,中学学大学,大学学幼儿园"。这在某种程度上就是对应试教育下教育现象的反映。这里,前面的三个"学",实际上是指学知识,是急于让小孩子成才、成名,恨不得把一生要学的知识一下子教给孩子,从而忽视了如何成人和如何做人的教育。

到进了大学,只好从头来补,既要补学做人最基本的规范,又要补习一些在中学就应该掌握的基础知识,以及独立思考的学习习惯。你会发现,一些大学生,由于习惯了中学课堂灌输式教育,面对大学宽松自由的学习环境与对独立学习和思考的要求,有些无所适从,找不到目标,渐渐变得散漫起来,将 university 变成了谐音"由你玩 4 年"。

我很佩服拿破仑。拿破仑曾经讲过:战争的胜负取决于幼儿园教育、幼儿教育。这是很有道理的。因为幼儿教育是决定一生教育的基础。可是我们现在的幼儿园教育在干什么呢?为了"不输在起跑线上"而去进行所谓的"培优"。培什么"优"呢?实际上都是些知识层面的、"形而下"层面的东西,与思维训练、思维开拓、"形而上"没有关系,反而是限制和束缚了人的思维,导致人思维僵化。长此以往,不是"培优",而是"培忧",是"忧患"的"忧",培养出很大的"忧患"。

我很佩服钱学森同志,他所说的"为什么我们的学校总是培养不出杰出人才?"成为著名的"钱学森之问"。其实我当校长的时候,我看到钱学森同志有一句话是"教育工作的最终机理在于人脑的思维过程",让我很有感触。钱学森同志认为,学习知识最重要的东西就是思维训练。其实,大脑的思维过程就是人的精神世界最高活动的一种过程,是对某一事物、某一规律、某一过程深化认识的过程,思维的结果就产生了相应的认识。人的认识深化是无止境的,人的实践也可以是无止境的。

同样,物理学家劳厄也曾经说过类似的话。他说,教育重要的不是获取知识,而是发展思维能力,教育就是把所学的知识全部忘掉后剩下的东西。这不就是强调要进行素质教育吗?

三、"五重五轻"现象反思

高等学校最根本的任务是育人,所培养的人才最重要的是爱国和创新。

这是推行文化素质教育最基本的一个指导思想,我将它系统表述出来是在1997年4月的一次会议上。①

1997年4月,国家教委在北京召开全国90多所重点高校教学工作研讨会,参加会议的主要是主管教学的副校长、教务长等,请了四个方面的人做报告:一类是搞高等教育研究的,一类是大企业的负责人,一类是大工程的负责人,一类是在任的校领导。在会上,我作为大学校长进行了发言,题目为《不失其所者久——君子务本,其命维新》。

——"不失其所者久",出自《道德经》,用来指高校最重要的责任是"育人",不能丢了这个根本,这样才能"不失其所者久"。

——"君子务本",出自《论语》,用来表明培养一个学生最主要的是抓他的根本。这个根本我以为首先是爱国,高等学校培养出的人才首先要爱国,这是中华民族最根本的。德才兼备,首先是德,最重要的德是爱国,做不到这一条,这所大学就不要办了。

——"其命维新",取自《诗经》,是说高等学校培养出来的人才要能创新,不能创新,这所大学也不要办了。

在报告中,我还讲到,新中国成立以来我国教育发生了翻天覆地

---

① 从逻辑上来说,相较于后面所要谈到的推行文化素质教育的一些措施来说,这一部分内容属于对"原因"的思考,所以将这一部分内容放在前面来叙述,虽然从表述的时间上来说它在后面,但事物就是这样,实践—理论—实践,不断深入。

的变化,取得了巨大成绩,为我国现代化建设做出了巨大贡献,这是无可争议的事实,我们必须充分看到和肯定这一点。但是不可否认,其也存在着一些弊端,可以概括为"五重五轻",即:

重理工,轻人文;

重专业,轻基础;

重书本,轻实践;

重共性,轻个性;

重功利,轻素质。

这"五重五轻"的弊端,在理工科大学中更为突出,这是我当校长几年来对教育问题的思考和体会。现在回头来看,我认为我的看法是有道理的。

(1) 重理工,轻人文。

重理工、重科学技术,没有错,应该重,而且现在的重视程度还不够!"科教兴国",为什么不应该"重"?自鸦片战争以来,我们受尽欺侮,很大一部分原因就在于我们科技落后,缺少坚船利炮。即使到现在,如果我们在关键领域的科学技术没有创新或者还不能创新,其他国家可能还会欺侮我们。为什么要欺侮我们?就是因为我们没有足够的科学技术力量。这一点,老一代科学家身上的爱国热情非常令人敬佩,他们看出旧中国没有科技,被人欺侮,所以满腔热情献身祖国的科技事业。这是非常了不起的。今天我们还需要继续努力。重理工,没有什么不对。

一个国家、一个民族,没有先进科学,没有现代科学技术,就会落后,一打就垮,永远受制于人,痛苦受人宰割;一个国家、一个民族,没有优秀民族传统,没有民族人文精神,就会异化,不打自垮,无限受制于人,甘愿受人奴役。因此,"重理工,轻人文",把人文弄丢了,不对,也不好。"人"的问题不解决,科学问题也得不到解决。人不解放,生产力能解放吗?科学是人掌握的,我们的工作是调动一切劳动者的积极性、主动性、创造性。新中国成立以后,我们国家研制的原子弹、氢弹成功爆炸,导弹命中精度较高,卫星也能上天了,可是我们在建设中犯了那么多错误,经过那么多挫折,这并不是科学失误,而是我们人文科学及人文方面的决策失误。如果我们仍然轻视人文科学,那么绝对不行。而现在问题最突出的是中小学,中学分文理班,讲得好听一点,是因材施教,讲得不好听,实际状况是,成绩好的学生学理科,成绩差的学生学文科。

(2) 重专业,轻基础。

高等学校从事专门教育,重专业对,轻基础不对。重专业知识、重专业,绝对不是意味着仅仅重视狭窄的专业知识,仅仅按照原来的苏联模式那样重视狭窄的专业。我读大学的时候,学制造,不但学刀具,还学齿轮刀具、齿轮铣刀和齿轮盘铣刀。毕业后几人能搞齿轮刀具,更有几人能搞齿轮盘铣刀?专业那么窄,能起多大作用?!

一次,我们学校管教学的副校长姚宗干同志带队到美国访问,拿我们的教学计划去跟美国大学进行交流。他回来后跟我讲,根本没办法进行充分交流,因为我们教学计划中基础性的课程太少了,职业教育的东西太多了。这方面我也深有同感。

1982年,我在美国做访问学者时,在威斯康星大学美籍华人吴贤铭教授手下做访问学者。一天,吴教授请来自大陆的一位大学副教授代他讲一讲专业课,那位副教授上去讲了不到一分钟,吴教授就把他叫了下来,并说:"不要讲了,不要讲了,太浅了。"第二次,那位副教授又认真备了课,讲专业课里面比较有深度的知识,讲了三分钟,又被叫了下来。第三次,那位副教授把课程里面最有深度的知识加上他自己研究的内容,吴教授才认为马马虎虎。吴教授讲:"你讲什么课,你看这个齿轮传动那个齿轮,二十个齿比四十个齿,一比二,下面三十个齿的齿轮带动九十齿的齿轮,一比三。一比二乘一比三等于一比六,这东西你讲了干嘛?学生还看不懂,在大学里还干这个玩意儿?这是职业教育嘛!"

实际上,我们原来大学教育做的就是职业教育。可以说,我们原来照搬苏联模式,那种专业教育就是职业教育模式,那位副教授自己接受的教育就是在狭窄的专业教育模式下的教育。长期以来,我们的专业教育模式就是这样过窄的专业教育。什么专业,就学什么专业课,要学什么专业课就学什么专业基础课,要学什么专业基础课就学什么基础课。基础课百分之百为专业基础课服务,而专业基础课又百分之百为专业服务。这当然不对。

这种模式的最大弊端就是轻视基础。这样分科太细,甚至学工的不懂理,更不懂文,学机械的不懂电气,学制造的不懂汽车,如何能有交叉和创新?大学教育不仅要教学生解决问题,还要教学生打好基础,追求更大的发展,不能只顾眼前,急功近利。

(3) 重书本,轻实践。

"重书本,轻实践",事出有因,但必须校正。例如,看书,一小时可看十几二十几页。试验和实践搞来搞去几个小时,似乎学不到什么东西。重书本、轻实践的风气,在对学生考核中也时常表现出来,不少人认为,考试的成绩好就行,实践有什么了不起。有人讲,重书本、轻实践,是中国传统教育的流毒。我说:不对,重书本、轻实践不是中国教育的流毒,是科举考试的流毒,应试教育是变相的科举考试。

中国教育本来有非常好的传统,实践是非常根本的事情,一定要注重实践,特别是对工程教育、职业教育而言。我在后面还会专门谈到这一点。

(4) 重共性,轻个性。

"重共性,轻个性",这是我们教育中一个极大的毛病,过分重视共同规格,共同要求。这个毛病一直影响到幼儿园。我们到国外幼儿园参观,老师弹钢琴,小朋友随着节拍律动跳舞,大家各跳各的,千姿百态,各不相同。到中国幼儿园参观就不同了,老师一弹钢琴,所有小朋友一个标准姿势跳舞。我绝不是讲一个姿势不好,问题是,为什么都是一个样?可不可以发挥个性,自由律动?

有一次,全国机械制造专业召开研讨会,讨论教学计划工作。会上,对教学计划讨论得十分热烈,争论的焦点在专业课程安排上。我就讲,专业课可以根据学科方式安排:设计、制造、控制;可按产品来设置:汽车、摩托车、拖拉机;也可按其他方式来设置。不要过分追求共性,要充分重视个性。

杨振宁先生1995年6月到我们学校,讲过一句很精彩的话,他说:"中国给了我很好的共性教育,美国的教育则发展了我的个性。"我认为,杨先生的话非常对。我们应在遵守共同规范下,充分发挥个性,发掘人才,没有个性,就没有人才。

凡是有伟大成就的人物都是有个性的。学生没有个性,千篇一律,怎么能行?顺着学生的本性去引导他,学生才可能成才。学生的本性,一个是父母给的基因,另一个是从小到大的经历,特别是少年儿童的经历所造就的特有品质。

(5)重功利,轻素质。

教育中的最大时弊,也是社会上的最大时弊,就是急功近利。所谓的急功近利,就是浮躁,想快点出成绩,做事情都想立竿见影;做什么都要问有什么用,似乎没有发现"用",就不去做。急功近利,急目前可见之功,近眼下物质之利,由此而导致浮躁、不诚信、假冒伪劣、物欲横流、见利忘义、贪污腐化、道德失范等。这是十分危险、极其可悲的。

毛泽东主席讲过"风物长宜放眼量",眼光要放长远一点。例如,信息产业怎么搞起来的?计算机怎么来的?芯片怎么来的?半导体怎么来的?都是看得很长远。20世纪40年代有科学家研究半导体的时候,包括一些著名的科学家都说,你们研究半导体干什么,一堆乱七八糟的东西?!如果真这样下去的话,就没有半导体,就没有芯片,就没有信息革命。谁说半导体没有用?另外,居里夫人发现镭,开始为什么研究镭的放射性?有很多东西都不知道有什么用处。

重素质的根本,是教学生做人。现在的大学教育过分重功利,过分重视教学生做事,而过于忽视教学生做人,从而导致学生创造力不足,或者有创造性,但为个人而创造,不为公家而创造,或者为洋人而创造,不为中国而创造。

这里所讲的"五轻五重",五个方面是相互关联的,从实质上来讲,就是"重功利,轻素质","重视科学文化,忽视人文文化",忽视了教育培养人的全面素质的意义。这样培养出来的人,不仅是梁思成先生在1948年所讲的"半个人",甚至可能是"四分之一个人"、"八分之一个人",而不是德、智、体、美诸方面全面发展的人。

这是一个绝对需要引起重视的问题,也是需要大学教育进行改革的地方。正是基于这些思考,我当校长后大力推行文化素质教育,认为大学要做"补课"的任务,不仅是"补"知识方面的课、文化方面的课,还要"补"做人方面的课。

而要从根本上解决这些问题,一是要转变思想观念,二是要在教育教学上进行改革。没有正确的思想,就没有正确的行动;没有正确的行动,思想也会成为空谈。行动体现着思想,思想统率着行动。正因为如此,在实践上我们切切实实做了一些事情。

四、人文讲座的精神魅力

从1994年开始,全国高校掀起了一场"人文教育风暴",激起了人文教育大潮,我们学校似乎成了领头羊。

1994年1月,学校依据"学科建设为龙头"的思路,努力促进学科建设和"学科群"建设,组建了一些学院。我们在原来中文系、社会学系、哲学系、新闻系、语言研究所等单位的基础上,成立了文学院,刘献君同志任院长,李振文同志任院总支书记。

人文学院成立后,刘献君、李振文、徐晓林等同志就想干一些事情,他们反复思考、反复讨论,策划和举办了别开生面和效果始料未及的"人文讲座",这后来成为我校乃至全国高校的一件大事。他们还慧眼识人,聘任了姚国华、周长城二位年轻老师为讲座主持人。

与文化素质教育工作中共事多年的刘献君同志在一起

拉开帷幕的第一讲,是1994年3月3日,由政教系何抗生教授讲授《当代世界经济与中国》,地点就在学校西五楼的117室。这是一个拥有260个座位的大阶梯教室。当天教室里座无虚席,连走道和走廊上都挤满了听众,反响出乎意料地好。讲座结束后,何抗生教授非常兴奋,连说:始料未及,没有想到,来这么多的学生,他们有这么大的热情!

这件事刚开始我并不知道,当时是新学期开始不久,我忙着新学期各项事务,以及准备为参与三峡工程的技术合作去宜昌。听说反响很好,特别是第四讲,我校建筑学院的张良皋教授讲授《建筑大师曹雪芹和〈红楼梦〉》,教室都挤满了。

张良皋教授文理兼通,既是建筑学家,也是红学家。他后来还讲了几场《红楼梦》欣赏,场场爆满,连走廊、走道和教室外都挤满了听众,其中还有不少教师,听说不少学生为了能听到张良皋教授的讲座,通常提前去教室占座位。张良皋教授还曾风趣地说:"我不怕杨叔子校长批评我不务正业,他自己说的,'要办成一流的理工,一定要办一流的文科'。况且他自己搞机械,也照样吟诗诵词。"

第五场讲座,我去现场了,当时九思同志也去现场了,九思同志后来还去了很多次。很多学生平日只是听说过老院长朱九思的大名,但是没有亲眼见过他。当他们得知,坐在身边的人就是久仰的老校长朱九思时,内心非常激动。当然,他们知道我在现场也很受鼓舞。

在讲座现场,身临其境,亲身感受到现场气氛的热烈和大学生对开阔视野的渴求。我真心感到,人文讲座是一件合乎人心、合乎教育需要的大好事,一定要坚持下去,一定要大力支持。之后,我在校务会上提出,拨出专款支持人文讲座,得到党委的赞同。

当然刚开始的时候,也会有少数教师不理解,有几个老干部提意见,说:"你们闲着没事干,搞人文讲座有什么用?把这个时间留下来,让学生多做两个实验,好多了。"还有人当面对我说:"杨校长,你把钱花在文化素质教育上,不如多买几台实验设备。"更有人认为我是"不务正业"。

这让我意识到,一方面一定要将人文讲座坚持下去,另一方面要进行耐心的说服和细致的宣传工作;同时从理论和实践上进行总结。

我们提出,办学要办出一个氛围,作为以理工科见长的重点大学,改变重理轻文的倾向,推行文化素质教育,促进科学教育与人文教育相融合,培养有感情、有思想、有个性、有灵性的高素质的高层次人才,是我们义不容辞的责任。

爱因斯坦讲过,知识是有限的,艺术开拓人的想象力是无限的。他的"相对论"就是在艺术思维中发现的。我们的教育为什么要处于狭窄的专业知识和过弱的文化陶冶中呢?爱因斯坦不仅深受哲学与文学的启迪与熏陶,而且深受音乐与艺术的感染与滋润,他精通小提琴演奏,他甚至认为,如果早年他没有受过音乐教育,那么无论在什么事业中,他都将一事无成。

后来,我们得到越来越多的支持。当然这里面非常重要的一点,是得到国家教委的大力支持。1994年春夏之交,我到广州参加华南理工大学入选"211工程"的预审会。当时国家教委副主任周远清同志也参加了预审,我就借此机会向周远清同志汇报了我校加强文化素质教育的情况和思路,而且说到我们也有一些顾虑,因为当时有些人认为"人文"的字眼与"资产阶级自由化"联系在一起。周远清同志一听非常高兴,他非常支持我们学校的做法,他说:

> 教委刚抓了英语素质教育、计算机素质教育,接下来要抓一下文化素质教育、人文素质教育,没有问题,你们放手去抓!

回来后,我将这事向学校党委做了汇报。党委非常积极,一致同意,大力推行文化素质教育、人文素质教育。我们的人文讲座也办得越来越好了。

第129期,我去讲了《人才·教育·底蕴——从"君子不器"谈起》。没想到,当时来了400多人,教室已经挤得水泄不通了,但临时无法换地方,只好按原定计划开讲。当时的情况是,讲台前一些学生席地而坐,走廊、走道和教室外都挤满了听众,气氛热烈,我几乎是被围在学生中间讲的。第二天,我接着又讲了一次,教室还是挤满了人,大约有270人。

大体上,我们是每周推出一期人文讲座,有时一周推两期或三

1995年,我校人文讲座

期,讲座内容包括文、史、哲、艺术、政治、经济等。地点基本上固定,就在西五楼的117室。主讲人尽量广泛,不限于学校内部教师,而是包括武汉各大高校、全国各地以及国外的学者,几乎都是各个领域的知名教授、副教授或知名人士,每一次讲座,学生的反响都十分热烈,很快就形成了品牌。

要真心感谢所有的主讲人,没有他们的支持,也就没有人文讲座的盛况。往往打一个电话,就答应下来了,从来没问过什么"出场价"。例如,著名演员、电视剧《三国演义》中曹操的扮演者鲍国安同志,在赤壁参加一个活动时,被我校中文系傅隆基教授遇到,傅隆基教授便请他来我校做讲座,鲍国安同志欣然来了,讲了一场相当生动的"我演曹操"的讲座,深受学生欢迎,并没谈什么"出场价",反而对我校评价相当高。

华中师范大学前校长章开沅教授,是著名的近代史研究专家、教育家,他来我们学校做了一场"传统文化与现代化"的讲座。讲座中,章开沅校长谈到一个观点,他说:一个民族是保存着还是抛弃了自己的历史,是它将要强盛还是衰落的标志。这一点我非常赞同,多年后印象还是非常深刻。讲座结束后,章开沅校长非常感慨,他说:"没想到华工这样的工科学校能办人文讲座,华工的道路,是培养通才的道路。"

还有著名美籍华人教授、新儒家的代表人物杜维明教授对我们的讲座也是大加称赞。1997年,杜维明教授一来我校就说:在美国就听说华工的人文讲座办得不错。

登上学校人文讲座讲台的,年龄最大的是裘法祖院士,他当时已是年近九旬。他结合自己的人生经历,讲述如何做人、如何做事的亲身体验,一讲就是一个半小时,然后又热情回答学生的问题。当时主持人担心他的身体,想让他少回答,但他仍然坚持热情地回答完学生的问题,才结束讲座。

我们学校的人文讲座20多年来一直坚持下来,影响越来越大,办得越来越好。2005年3月,李岚清同志登上我校人文讲座的讲台,举办了题为"音乐·艺术·人生"的讲座。李岚清同志有很高的音乐素养,出版过《李岚清音乐笔谈》。他认为,要开发人的"音乐脑"。讲座中,他谈到:我们常说音乐能陶冶情操,这句话对,但不全面,很容易让人误以为音乐对人是可有可无的东西,其实不然,音乐能开发人的大脑。人的左脑担任语言、阅读、逻辑推理、数学、分析等功能,称为"语言脑";右脑侧重形象、音乐、艺术和直觉等活动,称为"音乐脑"。目前的教育偏重于左脑开发。我们还应提倡右脑开发、全脑开发。他还举了一些例子,比如,中国第一首小提琴曲的作者是地质学家李四光,他于1910年至1911年在巴黎创作了小提琴曲《行路难》;"中国杂交水稻之父"袁隆平的小提琴拉得好,这一点很像会拉小提琴的爱因斯坦;物理学家、诺贝尔奖获得者普朗克具有很高的音乐素养,是钢琴家,还会作曲等。讲座中,现场氛围热烈,李岚清同志还即兴演唱了《莫斯科郊外的晚上》、《思乡曲》、《送别》等中外经典歌曲。

2005年3月,李岚清同志来我校做报告

人文讲座,受益最大的是学生。后来,负责讲座的同志告诉我,平均每场讲座人数在300人左右,可见讲座是多么吸引人。到今天已经举办2000多场讲座了,这样算来,有六七十万人次听过讲座了。

学生说,在校四年,没听过人文讲座,大学白上了。有的学生甚至听过400场讲座。一些外校的学生也经常过来听讲座。

我记得有一位学生毕业时，拿着厚厚的听讲笔记本让我签字，还兴奋地告诉我，因为听讲座，他的见识和视野开阔了，综合素质提高了，找到了心仪的工作。

我们学校的人文讲座和文化素质教育陆续出现在很多媒体报道中。例如，《光明日报》曾在谈到新时期高校向素质教育转变的问题时指出：以华中理工大学为代表的一批高校在探索加强大学生的人文素质教育方面，已走出了一条有中国特色的复合型人才之路。

《美国侨报》也报道称：为推进全国高校文化素质，国家教委特别推介华中理工大学的经验和做法。

之所以能有如此大的影响，乃至被称为掀起"人文风暴"，实际上是抓住了当时教育问题的要害。在此方面，我们学校高教所所长文辅相教授曾说过，我们的高等教育存在"过弱的文化陶冶，过窄的专业教育，过重的功利导向，过强的共性制约"等问题，这不利于培养高素质的人才。

以人文讲座为抓手，这一切入点，切中时弊，是"牵一发而动全身"，对广大学生来说，是"及时雨"。"好雨知时节，当春乃发生。随风潜入夜，润物细无声。"我们所推行的文化素质教育工作就是春雨化育，对人的影响是潜移默化和深刻持久的。

在实施文化素质教育10年后的2004年，我校在总结这10年来的文化素质教育成果时，推出了一本书，书名就叫作《春雨化育》。

2004年，在纪念我校人文讲座第1000期、文化素质教育10周年时我填了一首词：

喜事正盈园，沃土良田，何须击鼓又鸣鞭！入夜无声思十载，佐证千篇。

种播瑜湖边，德茂才翩，莘莘学子满堂贤。际会风云来日是，大树参天。

有一件事让我印象非常深刻。2007年3月的一天早晨，我从家中出发，走在去上班的南二路上，突然一个学生跑过来，感激地对我说:"谢谢您,杨校长!"我问:"为什么要谢我呀?"他从包里拿出一摞笔记本递给我看,说道:我是您倡导的"绿色教育"和人文讲座的受益者。大学四年,咱们学校举行的人文讲座我几乎全听了,总共差不多500场。您看,这是我做的笔记。我已与一家心仪的高科技企业签约了,许多人竞争这个岗位,面试的时候我考得最好,别人还不解地问我,学工的怎么懂得那么多?我说是听人文讲座得来的。

那个学生在一个笔记本的扉页上,还写着我说过的一段话:

"绿"字,象征着一种文化与文明。"绿色"象征着春天,象征着生命,象征着前途无量的教育事业。"绿色教育",既是现代教育的目标,又是教育的内容与方法,而其思想与观念的核心,就是素质教育。

五、中国语文水平达标测试

当校长后不久,我收到一位学生来信,信中讲:

杨校长,我有件事想不通。作为一个中国的大学生,四级英语过不了关就不能拿学位证。但是作文不通,汉语错别字一大堆,用词不妥,句子不通,文章不顺,连母语都不过关,居然可以拿到学位证。这能算一个合格的大学生?

这封信对我触动很大。当代大学生的语文修养,特别是理工科大学生的语文修养,很成问题,要大力着手改变这种状况。可以理解,因为改革开放和对外交流的需要,我们需要重视英语,但为什么要顾此失彼,忽略掉自己民族的语言文化呢?

教育应该重视中华民族优秀文化的传承,作为一个中国大学生,

语文水平不过关,绝对不行。要将中国语文、中国语言文化教育提到一个相当的高度来认识:

> 中国语文,不是简单的中国语言文字,承载的是中国优秀传统文化、中国的人文精神。大学生的语文水平,不是简单的语文水平问题,实际上是对中国优秀传统文化的继承问题,对中国人文精神的传承问题,对祖国情感的认同问题,关系到爱国主义教育问题。

文化素质教育,其核心就是人文教育。人文教育牵涉一个人的人品灵性,牵涉一个人的思维能力。对我们国家而言,这一点恰恰是一个很大的问题。人的思维分两部分:一部分是抽象思维、逻辑思维,与左脑相联系;另一部分是直觉思维、形象思维,与右脑相联系。人的创造性往往是和直觉思维、形象思维联系在一起的。而直觉思维、形象思维是求异思维,往往是和人文学科联系在一起的,如果忽视这一部分,就会缺乏对这一部分大脑的开发,这是巨大的损失。

实行文化素质教育,当然要着眼于文化,大学生还有一些"补课"的任务,也要弥补学生在这些方面的不足。要通过提高大学生的语文水平,来提高大学生的文化素质,它至少有两大好处:一是树立对国家、民族的高度责任感,这涉及感性问题与人性问题;二是丰富大学生的知识结构,开阔视野,发展思维能力和想象力,这涉及人的灵性问题。一个科学家的想象力源于人文,而不是源于科学。语文教育,是人文教育的重要方面,对一个学生来讲,既牵涉他的人性、人品,又牵涉他的思维能力。

采取什么办法和途径?通过举办中国语文水平测试来引起大家对中国语言文化的重视,并以此作为切入口引起大家对人文教育的重视,不失为一个好的办法。我在校务会上提出了这个想法,得到大家的赞同。于是,1995年6月,学校颁布了《关于提高我校学生人文素质和中国语文水平的决定》。该决定指出:

> 当前高等学校中有少数学生的人文素养和中国语文水

平较差,既不能正确运用中国语言、文字工具,更缺乏对中华民族历史与传统文化以及我国国情的了解,这在不同程度上影响了对民族和祖国的感情,严重地影响了人才培养的质量。

中国语文教育、中国语文水平是和人文素养以及民族文化联系在一起的,和对民族的感情是联系在一起的,实际上,也是爱国主义教育问题。如果语文不及格,不要说学位证,毕业证都拿不到。

1995年上半年,经过校务会议讨论通过,学校决定:从1995年秋季入校的新生开始,每年对所有入学新生,包括本科生、硕士研究生、博士研究生,举行一次中国语文水平达标测试,所有学生在校学习期间必须通过中国语文水平达标测试,如果在校期间未能通过,就不能毕业或不能获得学位。一次考试未通过的,第二年可以再考。

1995年9月17日,星期天,新学期开始不久,仍然沉浸在新入学喜悦中还没有完全恢复过来的全校3511名新生,包括本科生、硕士研究生、博士研究生等,像参加7月份刚结束的高考一样,参加了由学校对全校新生组织的中国语文水平达标测试。大家都认真应考,有些同学经过了一些准备,有些同学则从容应考。

考试题目包括汉语知识、古代文学、阅读与理解、写作四大部分。例如,古代文学部分的题目中就有大家非常熟悉如李白、杜甫、白居易等唐诗或宋词的名篇,给出上一句(或两句)后请写出下一句(或两句),或给出下一句(或两句)后请写出上一句(或两句);还有类似于"请写一句你所熟悉的老子、孔子、孟子等人的名言"的题目。考题并不难,有些同学认为,比高考语文题目容易得多,总分为150分,90分为及格。

考试结果,有些出乎意料,没想到考试成绩相当不乐观,全体新生总平均成绩95分,也就刚刚及格,不及格者占26%,超过四分之一。其中,本科生考得最好,有意思的是,本科生中考得最好的,不是文学院的学生,而是经济学院的学生,经济学院的学生多数是学理科的;硕士生比本科生考得差,但比博士生考得好,总平均成绩89分,虽接近及格,但仍属不及格,不及格人数占52%,超过一半;考得最糟糕的是博士生,总平均成绩87分,不及格人数占61%,60%以上不及格。

在四部分考题中,汉语知识、古代文学成绩更差,总平均成绩不及格,不同层次新生的平均成绩也不及格;阅读与理解、写作成绩稍微好些,但也只是比及格分数略高一些。

这反映了我们理工科大学生的语文水平令人担忧,应该引起重视,也说明了理工大学加强人文教育的必要性。我校作为重点理工大学,决不能忽视这种情况,而是有责任改变这种状况。"天下兴亡,匹夫有责",我们应对中华民族的荣辱兴衰负责。

没想到,我们举办大学生语文水平测试当时在社会上产生了很大的反响,也可以说是轰动。不断有记者来采访我,我一再说明这样做的目的,无非就是以下几点:

一是真正提高学生的语文水平,中国学生要学会用中国语言进行表达。

二是提高大学生的文化素质、人文素质,学好语文,进一步了解中国历史文化,培养对祖国的感情。

三是人文素质好,有利于促进科学素质提高。

为了帮助学生提高语文水平,后来中文系教师还编写了《中国语文》教材,以及开设了中国语文选修课程,目的在于让大学语文教育落到实处。

我们的《中国语文》教材,不仅让我们学校的学生受益,也让很多学校的学生受益。当年不少学校的调查反映出,我国大学生的语文水平,也就是母语水平状况实在令人担忧。也许有人认为"母语教育应该在中学解决",但实际情况远没有那么乐观,母语素质应该有一个终身提高的任务。

六、文化素质教育课程体系及基地建设

1994年，我们学校大力推进教学改革，将"加强大学生文化素质教育教学改革"进行课题立项，分设了几个子课题，包括以下几项：加强大学生文化素质教育的目的、意义；理工科大学生文化素质状况；国外高等工程教育中人文社会科学教育的现状；高等工程教育中人文社会科学教育的基本规格；文化素质教育与大学德育的关系；等等。

通过这些研究，我们明确提出"人文教育具有基础性地位，人文社会科学在工科教育体系中具有基础性地位"和"人文教育拓宽了德育的内涵和视野，是德育工作的题中应有之义，为加强和改进德育开拓了新的领域"，并以此来统一全校的思想认识。

通过研究，我们对理工科大学生的基本素质状况有了一个大致的了解，提出要从五个方面对大学生进行人文教育，主要包括：①以弘扬爱国主义精神为主要目的的历史与民族文化的教育；②以集体主义为核心的价值观与道德教育；③以社会主义为核心的公民教育；④以马克思主义哲学为主要内容的世界观与方法论教育；⑤以陶冶高尚情操为宗旨的文学、艺术教育等。

我校文化素质教育方兴未艾，在社会上引起了良好反响，得到国家教委的支持和肯定。特别是国家教委副主任周远清同志调研了一段时间之后，大力肯定了我们学校的做法。1995年9月，国家教委在我们学校组织召开"高等学校加强大学生文化素质教育试点院校第一次工作会议"，这也是对我们学校文化素质教育所取得成绩的肯定。

大会上，周远清同志做了报告，他从战略高度强调了大学生文化

素质教育的意义,他说:"提高大学生文化素质,是我们这几年面向 21 世纪教学改革的重要思考,也是一个重要的探索。"周远清还谈到为什么要加强大学生文化素质教育,归结起来,就是 8 个字即"针砭时弊,涉及根本",他还充分肯定了我们学校的文化素质教育工作,他特别讲道:"这次会议带有现场会性质。"

应该说,这次会议取得了现场会的作用,来自北京大学、清华大学、复旦大学等几十所著名高校的领导对我们学校进行参观和调查,真切感受到我们学校文化素质教育带来的活跃的文化气息,一些校长不禁感叹:"百闻不如一见,理工科大学有这样的文化气息!这才真正像个大学的样子!"

"大学要像个大学的样子,大学生要像个大学生的样子。"经过不断深入研究和反复讨论,我们决定将文化素质教育纳入课程体系。

由于这一改革涉及面广,影响较大,因此我们决定先进行试点,还成立了试点工作领导小组,我担任组长,机械学院带头作为试点。这时,机械学院的院长是李培根,周济已是学校的副校长,他们对文化素质教育进入课程体系大力支持。经过调查研究,我们制订了《机械学院文化素质教育课程体系和教学计划设置方案》,决定在机械学院 1996 级学生中开始试行。这个文化素质教育课程体系包括核心课程(必修)和选修课程两大系列,每个系列包含 1~2 门核心课程和若干门选修课程,学时为 464,占总学时(按 2600 计)的 17.8%,计 29 学分,其中核心课 14 学分,选修课 15 学分。

与此同时,学校还实行了人文学科辅修专业制和双学位制。学校面向全校学生开设中文、哲学、经济法、管理、经济学、科技英语等辅修专业,每年都有 40% 左右的理工科学生参加辅修。同时,在辅修专业中开办部分双学位班。例如,经济法辅修班,1992 级至 1994 级共有 800 人参加学习;再从中挑选 6 门功课都在 80 分以上的 150 名学生进入双学位班学习,他们再学习 9 门课,完成毕业论文便可以拿到法学学士学位证书。最后有 50 多位学生拿到了双学位。

我们学校的人文选修课达 100 多门,其中艺术类选修课 40 多门,四分之一以上的学生会选修艺术类课程。例如，1996年上半年开设的选修课"京剧欣赏"，报名者400多人，师生一起欣赏、学唱京剧，效果特别好。

文化素质教育课程体系改革在机械学院试点成功后，接下来向全校推行，将文化素质教育纳入人才培养计划，进入课程培养体系，进入学生的学籍管理之中，规定全校学生必须选修6个学分的文化素质课程，否则不能拿毕业证书和学位证书。

实践证明，我们的文化素质教育取得了良好的效果，不仅是学术氛围更深厚了，学术水平也在提升。仅就学生学业水平方面，例如，1995年全国研究生院评估，我校进入前10名，居第9位；在全国大学生4次"挑战杯"竞赛中，我校是唯一一所连续4次进入前三名的大学。

我校的文化素质教育得到了国家教委的肯定，顺应了教育改革的时代需要。有一次，我到国务院参加一个学术会议。会上，李岚清同志谈到：学科一定要交叉，特别是文理科要交叉；一个人没有很好的文化素养不行，一个人要成就伟大事业的话一定要有人文底蕴，没有足够的人文底蕴，成就不了伟大的事业。

实践证明，学校的文化素质教育课程体系建设取得了良好的成效，教育质量在提升，我校的毕业生在社会上广泛受到好评和欢迎。社会上的评价称，华中理工大学文化素质教育搞得好，他们的学生素质高，不是精致的利己主义者。

1996年底，为了进一步加强文化素质教育，经过校务会议决定，我们学校着手筹建"文化素质教育基地"。1997年5月，文化素质教育基地正式成立，我担任文化素质教育基地领导小组组长，副组长是邹寿彬、刘献君，基地建在老图书馆四楼。

这成为全国第一个大学生文化素质教育基地。随后，清华大学、北京大学等不少兄弟院校陆续成立了大学生文化素质教育基地，一些高校的文化素质教育开始向全面深入迈进。

20世纪90年代后期,兄弟单位有关领导参观我校大学生文化素质教育基地,我和朱玉泉同志(左二)、余东升同志(右二)、郭玫同志(右三)陪同参观

文化素质教育之所以在我们学校能搞得好,能持续和深入,要特别感谢我校各级干部和广大师生的支持,感谢学校党委的全力支持。整个学校上上下下,从领导到教师,都倾注了极大的热情,历届校领导像朱九思、李德焕、朱玉泉、周济、樊明武、李培根、路钢、丁烈云、邵新宇等同志,都一直支持和推动文化素质教育。还有高教所、宣传部、文学院、教务部门、学生部门和各院系等的支持,一批文科教授从理论上提供支持,如涂又光、文辅相、欧阳康、张曙光等教授,还有一批理工科、医科的老教授也对文化素质教育倾注热情,亲自登台开设讲座,如裘法祖、张勇传、马毓义、程良骏、张良皋、龚非力、李柱、费奇、张端明、师汉民、黄乃瑜等教授。这股力量,形成了氛围,没有内部这股起着决定性作用的力量,绝对不行。

当然,我们学校能在全国率先干起来,第一,要感谢国家教委(教育部)的支持。第二,要感谢清华大学、北京大学等兄弟院校的积极支持。由于我国的历史与现状,有些事情,国家教委(教育部)想做,如果清华大学和北京大学不做,那就做不成。在文化素质教育方面,清华大学、北京大学不仅积极做,支持我校做,而且做了许多我校还无法做的工作,事情就好办了。第三,我们一些兄弟院校都有这个想法,大家一起做,达成了共识,形成了气候。第四,还要感谢与我一起从事文化素质教育活动的一些专家学者,尤其是张岂之、王义遒、胡显章、李延保、母国光、张楚廷、余东升、陆挺、于德弘等教授。

七、《中国大学人文启思录》

1995年9月,国家教委组织在我们学校召开的"高等学校加强大学生文化素质教育试点院校第一次工作会议",不管是对我们学校,还是对全国高校推行文化素质教育,都起了积极的推动作用。我们学校的人文讲座进一步开展得有声有色,不少兄弟院校陆续开展了人文讲座。有的学校人文讲座的开设,是由于有教授被请来在我们学校做了讲座,感受到热烈的气氛,受到启发,回到自己的学校后组织开设起来的。

此后,全国高校文化素质教育的开展、人文讲座的开展蔚然成风,彼此之间形成了相互呼应的态势。"忽如一夜春风来,千树万树梨花开","一花独放不是春,百花齐放春满园",这就出现了形势大好的喜人局面。

当时有人提出,将讲座内容整理出版。这一提议很快得到响应,文学院院长刘献君同志、讲座主持人姚国华同志以及出版社领导和编辑等共同策划,希望将人文讲座的精彩内容整理出来,结集出版。当时不少兄弟院校也已经开始进行了人文讲座,所以,我们在汇集书稿的过程中,就汇集了其他兄弟院校的讲座内容。当时汇集了全国部分知名大学,如清华大学、北京大学、武汉大学等兄弟院校受学生欢迎的人文讲演录,一共收集了150篇,又从中精选出50篇,整理出版。

1996年10月,《中国大学人文启思录》终于出版,出版社就是华中理工大学出版社。这个书名取得好,是"启思录",而不是"启示录",是"启思",而不是"启示",虽是一字之差,但内涵差别极大。对此,姚国华同志有一个说法,不妨引用一下,他说:"请注意是启'思',而不是启'示',是平等对话,而非以上示下,以是示非,启篇思夜而行。"

1996年11月,国家教委组织的"高等学校加强大学生文化素质教育试点院校第二次工作会议"在湖南大学召开。湖南大学校长俞汝勤院士与我的情况一样,直接从院士任命为校长。我校就将10月份新鲜出炉的《中国大学人文启思录》带到了会场,准备送给与会者人手一册。

当时的情况,有些人认为,讲"人文"就是讲资产阶级自由化的东西,所以有人就讲,书中资产阶级自由化的论点太多,不能发行。周远清同志就问刘凤泰同志:"书中有没有这种观点?"刘凤泰同志深知出版情况,他斩钉截铁地讲:"没有,一点也没有!"周远清同志将手一挥,坚定地讲:"发行!坚决发行!"语气果断,态度坚定,表明了他坚决推行文化素质教育的决心。

这次会议,也进一步明确提出:加强文化素质教育,是高校教改的重要组成部分,是教改的切入点;并做出决定,将加强文化素质教育引入课堂,列入教学计划。这就将方兴未艾、蔚然成风的文化素质教育进一步向前推进。

说到这里,特别要感谢周远清同志。他在担任国家教委副主任、教育部副部长以及后来担任中国高等教育学会会长期间,站在战略高度,同时身体力行,积极倡导文化素质教育工作,并做了不少精辟的理论阐释。他十分关心我们学校文化素质教育工作,多次亲临学校指导,提出了不少宝贵的和富有建设性的意见。

还要特别感谢高教司原司长钟秉林同志、原副司长刘凤泰同志、文科处处长阎志坚同志等。我曾笑称,文化素质教育有"军长"(周远清同志)、"师长"(钟秉林同志和刘凤泰同志)、"团长"(阎志坚同志)等。他们都在推动文化素质教育工作中发挥了积极作用。

读一本好书,就是和一位高尚人士谈话;

读《中国大学人文启思录》就是同许多高尚的人谈话。

这是很多人读《中国大学人文启思录》的感悟。

周远清同志出席《中国大学人文启思录》第二卷首发式并为同学们签名

《中国大学人文启思录》投放市场后,很受欢迎,不仅是大学生在看,高校教师、高校领导和学者等都喜欢看,很快销售一空,不得不一再重新印刷。

接下来,《中国大学人文启思录》第二卷、第三卷、第四卷、第五卷、第六卷等,陆续推出,汇集国内高校人文讲座精品。第二卷以后,主要由余东升同志组稿、统稿,东升同志是位很负责的同志,既能出谋划策,又能埋头苦干。出版社的余健棠、韦敏、张峰、钱坤等同志都满腔热血地给予了大力支持,都意识到出版《中国大学人文启思录》的重要意义。

1997年6月,周济接任校长后,继续大力推进文化素质教育。有一段时间,他出差时都随身带着《中国大学人文启思录》,一有空便读。

1999年教师节,学校给每位教师发了《中国大学人文启思录》,作为教师节礼物,受到教师们欢迎。

《中国大学人文启思录》受到各界的广泛欢迎和好评,产生了良好的影响,《人民日报》誉之为"重塑大学人文精神的力作"。《中国大学人文启思录》已成为我校文化素质教育标志性成果之一,总发行量超过50万册。

八、博士生培养及要求背诵《老子》和《论语》

> 域中有四大，而王居其一焉。人法地，地法天，天法道，道法自然。

1978年起，我开始指导硕士研究生。1986年，经过国家学位委员会评审组评审，我被评为博士生导师，1987年起开始招收博士生，实际上在此之前我已经在指导由路亚衡先生、陈日曜先生两位老先生名义招收的博士生了，如1986年招收的丁汉、郑小军、尤政等实际上就是我指导的。后来，就主要是培养博士生了，1999年以后有几年还指导了几个高等教育学的博士生，例如余东升同志就是我指导的高等教育学的博士生。

40多年来，我一共培养了30名硕士、100多名博士、10多名博士后，他们都是学有所成、事业有成，成为单位的学术骨干或管理骨干，有的还当选为院士，有的成为"杰青"，有的成为"长江学者"，无论是在高校工作的，还是在科研院所或是在企业的，都是在干事业、挑大梁、做贡献。

我常对人讲："我所取得的进步，我所做的贡献，我所获得的荣誉，无不沉淀着我的学生的辛勤劳动与珍贵心血。"这绝不是客套话，我一个人的精力是有限的，我是带着研究生特别是博士生们一起干的，在博士生培养中，我主要是培养他们既能独立探究又能相互合作的科研能力，最根本的一条，包含了我对他们的一个基本要求：做博士研究，最重要的一条是能够创新。

从自身的经历和他人的经验中，我深深感觉到，博士生培养重在引导和激发，而不是代替学生进行研究；要激发学生进行创造性和原创性的探索，而不是人云亦云，简单重复他人的经验；既要自主研究，更要促进研究团队团结合作。具体到每个博士生而言,最重要的是要因材施教,发挥所长,培养他们独立的科研能力和团队合作的能力。

我的老师路亚衡先生给我讲过一个故事,对我启发很大。他跟我说,他曾有两个项目,一个项目理论性比较强,一个实践性比较强。他手下有两位博士生,正好是一个理论性比较强,一个实践性比较强。他就想,为了促进学生进一步发展,补学生的短板,让理论性比较强的博士生做实践性比较强的项目,让实践性比较强的博士生做理论性比较强的项目。这看似"取长补短"的安排,结果事与愿违,他们的博士论文虽然都做得不错,但还是没有达到最理想的状态。路亚衡先生后来跟我说,这件事给他一个深刻的教训,如果注意"扬长避短",让理论性强的人做理论性强的项目、实践能力强的人做实践性强的项目,效果肯定会更好。这一点,我也深有同感。

后来,我在指导博士生时就尽量注意发挥他们的长处,引导和激发学生进行创造性的探索,对于他们的博士论文研究方向和选题,从总体上严格把关,从大的方向上强调前沿研究、研究水平、研究质量的创新性以及解决工程实际问题,具体工作则放手让他们去干,让他们自由成长,培养他们独立进行科研工作的能力。

博士生培养,一定要注重培养科学精神,最重要的是培养创新能力,如果博士生还不能创新,那绝对不行。如何培养创新?我切身的体会是:

在宽基础中创新,在学科前沿中创新,在学科交叉中创新,在工程实际应用中创新,在文理交融中创新。

我常对学生说:"一定要努力探索前沿,如果什么事情事先都看得清楚,说得清楚,也就不需要去研究了。"工程专业一定要结合实际,在实际工程应用中、在做项目中寻求突破,注重"面向国家重大需求,瞄准国际学术前沿",这也是我们机械学院的特色和传统。至于博士论文的要求方面,正如我带的 1985 年入学读硕士、1988 年读博士的李劲松印象深刻的那样,我跟他们讲:博士论文"至少要在领域有创新,要达到领域的国际水平,要在领域内具有影响"。

博士生培养更应注重德才兼备,在严谨求实的学风中,在为民族振兴而贡献力量中形成良好的品德。博士生的培养,一定要从严。我认为,"三老四严"就非常好,"三老"就是"做老实人,说老实话,做老实事";"四严"就是"思维严密,作风严肃,态度严谨,步骤严格"。这样才能做到求是创新。还有一点,就是要有献身精神,为国家富强和民族振兴贡献力量。

再者"下学而上达",博士生的培养影响终身,在思维方式上,更需融通,不仅需要严密的逻辑思维和实证方法,还需要灵动的形象思维和直觉。这就需要人文与科学相融。我一再呼吁"人文科学,和而不同"和"人文科学,不同而和"就是这个道理。

因此,我倡导读经典,要求我带的博士生背《老子》和《论语》,这对于促进思维融通很有好处。学理工的人思维讲严谨,方法讲实证,但是如果不注意开阔思维,就容易出现"学机械的人很机械",如同孙悟空戴上了"紧箍咒",增加些人文的东西,可以培养发散思维,增强形象直觉体悟能力,在研究创新上就不会死钻"牛角尖"。当然,学文科的人发散思维好,也需要学一点科学文化,培养严谨思维。

中华文化的一个哲理就是整体观。老子与孔子的观点都是基于整体观的同一体系。老子是面向自然界与宇宙讨论"道"与"德"等问题,侧重于自然界与哲学的层面,社会只是老子讨论的部分论域。孔子是面向社会讨论伦理,讨论修身、齐家、治国、平天下等问题,侧重于人文社会与伦理的层面。而且老子的"守中"与孔子的"中庸",本质上是相通的。

人生活在社会中,首先要面对社会,具有关注社会、洞察社会的胸怀,有了身心和谐的品性,有了与自己、与他人、与社会和谐的品性,才能做好具体的事情,才能做好具体的研究。我自己从《老子》和《论语》中大为受益,《老子》我不知道背了多少遍,我感觉,它是一部奇书，2000多年来，它那深邃的哲理与惊人的智慧，一直滋沃着中华大地。

例如，《老子》的第三十三章说："知人者智，自知者明。胜人者有力，自胜者强。知足者富，强行者有志。不失其所者久，死而不亡者寿。"这是我经常吟咏的一段话。每每想起这段话，都有一种"于我心有戚戚焉"的感觉。这段话也是对历代人物事业成败的总结，古往今来的立功、立德之人，莫不具有如此的品性。

"人法地，地法天，天法道，道法自然"。长期沉浸在工科思维中的博士生们，懂一点《老子》，有利于促进思维融通，进入一种更加豁然开朗的境界，对研究工作有思维上的启发。基于这些考虑，我就做出规定：从1998年起，我指导的博士生必须学《老子》，背《老子》。刚开始，学生多少有些抵触情绪，认为"学这些没有什么用，还不如多花点时间在科研上"，还有些学生问我，"杨老师，学这些有什么用？"我就跟他们讲，"无用之用乃大用"，"风物长宜放眼量"，需要用长远的眼光来看。

我还请了高教所的涂又光先生来给博士生讲《老子》。涂先生讲课，是大师风范，他不看课本，不用讲稿，思维通达，形象生动；为了表达得深刻，有时候中英文互相阐释；他同时也是书法家，他会恰到好处地在黑板上板书重点，一堂课下来，黑板上就留下了一幅漂亮的字。这让学生很受感染，学生听完涂先生的课后都非常激动。例如，1995级的博士生张海霞听了涂先生的讲座非常激动，还特地买束花，郑重地送给涂先生表达谢意。她现在北京大学工作，多年以后回忆学《老子》的情形，仍很有感触，对她形成文理相融相通的思维很有帮助，对她在工作中的帮助很大，明白了我的良苦用心。

涂先生讲《老子》，很受欢迎，对科研和开拓思维很有帮助。例如，1997级的博士生程涛，毕业后到深圳大学工作，现调到新设立的深圳技术大学工作。有一次我去深圳，我在深圳的学生们都来看我，程涛和大家分享当年背《老子》的经历，说是"被逼"着学《老子》的，没想到非常受益，当时是"能让心静下来"，后来感觉到是在思维方式方面受益。再如，我们机械学院有个研究生郭昊龙，因为听了涂先生的课，成了涂先生的"粉丝"，坚持去旁听涂先生的课。听着听着，他为了走近涂先生就改行，报考高等教育学的博士，终于如愿以偿，成为高等教育学的博士生，并且成为我指导的高等教育学的博士生。

我在我小时候的基础上，在当校长后又一再重新读了《论语》，对此，我自己的体会是受益匪浅。从1999年起，我对所招的博士生又加了新的要求，即还需学《论语》，背《论语》前六七篇。如果达不到这两个要求，就不能参加博士论文的答辩。这一要求一直执行下来。

这样做用心良苦，是为了学生长远发展考虑。同时我叮嘱大家，不要宣传。一宣传就有人问我："杨校长吃了没事干，还规定博士读《老子》，有什么用？"但后来还是被媒体报道，引起社会关注，我就说：经典之用，是"无用之用"，"无用之用乃大用"。

我还对学生说："如果你在学术上的某些方面不能超过我，你就不是一名好学生；如果你不能对我所讲的问题和观点提出自己的见解，或者对我的研究不能有所创新的话，你也不是一名好学生；如果你做的工作，我一眼能看到底，你做的这个工作也就没多大价值。"我一向鼓励学生超过老师，学生不超过老师，后人不超过前人，社会怎么进步？

2008年9月，我75岁生日，学生们来给我过生日，我写了一首《七律·七十五周岁答谢诸生设宴祝贺》：

  绛帐团欢祝蝦筵，南情北意汇晴川。
  得时后代超前代，识路前贤励后贤。
  水曲千回终入海，心诚一片可撑天。
  今朝七五开颜乐：强我中华有铁肩。

九、文明以止，化成天下（上）

潮流总是应运而生，潮流也是势不可挡的，文化素质教育的应运而生，蔚然成风，深刻地体现了这一点。同时也体现了《易·贲卦·象传》所说的"观乎天文，以察时变；观乎人文，以化成天下。"

文化素质教育是中国高等教育本土化的创新，它应时而生，掀起了中国高等教育改革的大潮。这个大潮是突破几十年来狭窄的专业教育、走向全面推进素质教育的大潮。这也从另一个侧面体现了中国高等教育改革的历程。

1995年9月，国家教委在我们学校组织召开了"高等学校加强大学生文化素质教育试点院校第一次工作会议"，参加会议的是来自北京大学、清华大学、复旦大学等几十所著名高校的领导，国家教委副主任周远清同志参加了这次会议。周远清同志在会上指出了这次会议的意义，他说，有以下几方面的考虑：第一，切中我国当前重理轻文的时弊；第二，提高大学生的文化素质是世界各国高等教育改革都在探索的热点；第三，提高大学生的文化素质符合我们党的教育方针，有利于培养德、智、体全面发展的社会主义建设者和接班人；第四，探索教育思想、教育观念和人才培养模式的改革。

"一花独放不是春，百花齐放春满园"，这次会议具有拉开文化素质教育"序幕"的作用。这次会议后，国家教委开始有计划、有组织地在包括清华大学、北京大学、华中理工大学等52所高等学校开展加强大学生文化素质教育试点工作，成立"加强高等学校文化素质教育试点工作协作组"，促进试点院校充分认识加强文化素质教育的重要性和紧迫性，转变教育思想和教育观念，采取多种途径和方法，推动高等学校人才培养模式、课程体系和教学内容的改革。

会上,我做了一个报告《身需彩凤双飞翼——谈高校加强文化素质培养问题》,我在报告中谈及:

> 无论是从目前教育中暴露出的一系列问题与社会上的严重时弊来考虑,还是从我国面向21世纪的建设与发展来考虑,应该是加强学生全面素质教育特别是人文素质教育的紧迫时刻了。
>
> 科技教育与人文教育,在当代的教育中,特别是高等教育中,是两个同等重要的方面,各有各的地位,各有各的作用,缺一不可,它们是相互支持、相互补充乃至相互渗透的。

这次会议上,我们学校被推举为试点院校协作组组长单位,我担任协作组组长。清华大学、北京大学被推举为副组长单位,清华大学的党委副书记胡显章同志、北京大学的常务副校长王义遒同志担任副组长。说起来,王义遒同志可算是南昌时期的老同学,当时我在南昌联合一中,他在南昌联合二中,1950年南昌市团委组织共青团培训班,我们都被选派去参加培训班,算是那时的旧相识。当时,徐辉碧也参加了,她还是培训班的团支部书记,王义遒同志是班上的宣传委员,王义遒同志后来考上了北京大学物理系。

1996年11月,"高等学校加强大学生文化素质教育试点院校第二次工作会议"在湖南大学召开。在会上,我做了一个报告《永必求真,今应重善》,强调科学教育与人文教育并重;真是善的基础,善必须为真做导向;永必求真,今应重善。

这次会议出了论文集,交流文化素质教育的思想和经验。前面已经讲到,这次会议我们带去了新鲜出炉的《中国大学人文启思录》,《中国大学人文启思录》的反响始料未及,后来发行多达50万册。

1997年5月,国家教委组织在我们学校召开52所文化素质教育试点院校经验交流会,总结交流各院校推行文化素质教育的经验措施,我们学校仍发挥了"现场会"的作用。从1994年到2004年的10

年间，教育部（国家教委）召开的全国性的关于文化素质教育的大会有4次是在我们学校召开的，文化素质教育大大提高了我们学校在全国的知名度和影响力。另外，1998年4月，教育部颁发了《关于加强大学生文化素质教育的若干意见》，该意见初稿的不少重要部分是由我们学校提供的。

21世纪初，与南昌老同学王义遒同志（北京大学原常务副校长）在一起

这是1997年寒假期间我去国家教委领回的任务。当时，我去国家教委汇报工作，特别是汇报了我校文化素质教育开展的情况，得到国家教委领导的大力肯定。国家教委领导同志就讲，1998年要召开52所文化素质教育试点院校经验交流会，希望将会议地点定在我们学校，我当然求之不得。国家教委领导还提出，希望会议能总结经验，为进一步在全国范围内推广文化素质教育提供指导借鉴，希望我们学校起草一个《关于加强大学生文化素质教育的若干意见》的初稿。我毫不犹豫地满口答应。因为我心里有谱，经过这么多年的文化素质教育实施工作，我们已经有比较好的基础，包括实践基础和理论总结。

回到学校后，我就向学校党委汇报了在国家教委领回的任务，得到党委的支持。同时，我与当时高教所的同志，如涂又光先生、所长文辅相教授等进行了讨论，委托文辅相教授组织力量进行意见起草工作。时间紧，任务重，他们春节期间就干起来了，带着年轻老师和博士生如贾永堂、肖海涛、李小平等一起干，很快就交出了起草意见稿的重要部分。

1998年3月，经国务院批准，国家教委更名为教育部，教育部组织召开"全国高等学校第一次教学工作会议"。会议通过了《关于加强大学生文化素质教育的若干意见》。该意见于1998年4月10日正式颁布,其中指出:

> 大学生的基本素质包括思想道德素质、文化素质、专业素质和身体心理素质,其中文化素质是基础。我们所进行的加强文化素质教育工作,重点指人文素质教育。主要是通过对大学生加强文学、历史、哲学、艺术等人文社会科学方面的教育,同时对文科学生加强自然科学方面的教育,以提高全体大学生的文化品位、审美情趣、人文素养和科学素质。

> 加强文化素质教育,是一种新的教育思想和观念的体现,不是一种教育模式或分类。因此,各高等学校要确立知识、能力、素质协调发展,共同提高的人才观,明确加强文化素质教育是高质量人才培养的重要组成部分,必须将文化素质教育贯穿于大学教育的全过程,进而实现教育的整体优化,最终达到教书育人、管理育人、服务育人、环境育人的目的。

1998年5月,"高等学校加强大学生文化素质教育试点院校第三次工作会议"在四川大学召开,进一步总结交流工作经验。在这次会议上宣布,文化素质教育工作由"试点"转入"全面推广"。这次会议充分肯定了文化素质教育对全面提高高等教育质量具有"突破口"和"切入点"的作用,强调要加强政府行为,进一步科学化、规范化、制度化。

1998年10月,教育部组织在清华大学召开会议,宣布成立"高等学校文化素质教育指导委员会",以促进在全国范围内开展文化素质教育。在这次会议上,我被任命为高等学校文化素质教育指导委员会的主任委员,清华大学的党委副书记胡显章同志、北京大学的常务副校长王义遒同志担任副主任委员。

1999年1月,教育部批准建立32个(包括53所院校)国家大学生文化素质教育基地①,并一直努力建立文化素质教育体系、课程体系。从此,在教育部领导下,大学生文化素质教育以蓬勃的生机,在各高校不断走向深入、走向全面,并取得良好的成绩。因为它正如周远清同志代表教育部指出的:这是顺乎潮流,针砭时弊,涉及根本,涉及"培养什么人,怎样培养人"这一办学、办教育的根本。

十、文明以止,化成天下(下)

担任国家高等学校文化素质教育指导委员会主任委员以来,我多了一项任务,即关心全国高校文化素质教育工作,推广文化素质教育、人文教育。"人生自是有情痴。""俱往矣,数风流人物,还看今朝,更看明朝!"

算起来,我先后在全国各地100多所院校进行了300多场讲座,参与听众30多万人次。听众最多的是大学生,还有中学生。我深深地感到,今天的中国,发展迅速,转型快速,成就辉煌,但问题也纷至沓来,特别是诱惑太多,一些人在许多方面感到迷茫和困惑,一些大学生又何能例外?大学生如何度过有意义的大学生活,以及有意义的人生?这是教育工作者需要考虑的。我的一个殷切希望是"长江后浪推前浪,一代新人胜旧人。"人是可塑的,正在成长中的青年人需要引导。有记者曾就此采访我。记者说:"现在'80后'是垮掉的一代,'90后'是脑残的一代。"我说:不对,"80后"、"90后"有他们的弱点和优点,他们最大的优点是,他们生活在多元化的社会中,这是我们过去没有的多

---

① 2006年4月,教育部增设第二批61个(包括104所院校)国家大学生文化素质教育基地。

元社会,在多元社会中生活要有判断力,不能说是垮掉的一代、脑残的一代,而是多元文化中成长起来的最有判断能力的一代,但是一定要进行引导。

我一直强调:文化(尤其是人文文化),是人类社会得以发展和延续的"基因";民族文化是一个民族生存和延续的"基因"。通过对现实的了解,也会发现一些摧残青少年的不健康的东西。例如,我曾看到一些调研报告,内容是对电影院、娱乐场所、大学周边网吧的调查,对影视、网络、娱乐内容的调查,发现一些不健康的东西正在毒害、摧残、腐蚀青少年,因此要对青少年进行正确的引导。田里不种庄稼就会长荒草,导致荒草疯长。要在青少年的心里种上庄稼,春华秋实,代代相传。

推行文化素质教育工作,不仅仅是在高校中进行一些讲座,还包括通过媒体宣传报道。例如,我们每次召开文化素质教育会议,都会有电视台、电台及报社的记者前来,对我们的会议精神进行报道,会后会下,记者们通常也会对我进行采访,我很乐意接受他们的采访,就是为了更好地宣传推广文化素质教育。例如,有一年冬天,我们去广州华南理工大学参加一个文化素质教育会议,会后电视台记者采访我,到了第二天电视台就播出了报道。

另外还想说的是,我的老家是江西九江湖口,九江学院合并组建后,邀请我担任名誉校长,我欣然同意,也十分感激,这样我就可以为家乡做点事,聊以报答。九江是生我养我的地方,饮水应思源,数祖不忘典。我也多次回到九江学院,关心学校的发展情况,开设讲座、进行科研合作,我还在九江学院设立了"杨叔子爱莲奖学金"。为什么叫"爱莲奖学金"呢?是因为写过著名《爱莲说》的周敦颐的缘故。周敦颐是北宋理学开山鼻祖,在九江做过县官,他第二年退休后在莲花洞创办了濂溪书院,设堂讲学,收徒育人。《爱莲说》中讲到莲的品质是"出淤泥而不染,濯清涟而不妖,中通外直,不蔓不枝,香远益清,亭亭净植,可远观而不可亵玩焉",这也是做人应有的高尚品格。

我在 2005 年春节填写的一首《菩萨蛮》，大约也可以用来表达我对文化素质教育的情感：

春流滚滚春江曲，春风浩浩春芳绿；春意动春弦，来人诚可传。

小楼欣伫立，春雨瑜园碧；举目望高层①，鹤鸣霄汉清。

2005 年春节，学生与同事来家拜年，在家门前合影

还有几首《五绝随笔》也是表达"育人之乐"心情的，其中一首是：

新叶催陈叶，自然法则先。

精心扶后辈，方可谓知天。

2005 年 8 月，中华诗词学会的原副会长、中华诗教促进委员会的副主任梁东同志在写给我的一封信中有诗相赠："一往情深路几千？暮云芳草不成眠。"表达了对我们推广诗教的称赞，当然诗教也是文化素质教育的一个重要组成部分（我后面会提到）。我步梁东同志的韵，和诗云："笺彩歌吟动大千，乘空我欲伴云眠。"

当然，也有些人不理解，说我不搞专业了。开始，徐辉碧也有这样的想法，后来她看到有关浙江大学原校长竺可桢的报道后，她很快

---

① 高层，指我校教工所住的高层小区，不少教师住在这里。这首词原为春节期间机械学院同事和学生来家拜年贺春节而作，当时我们还在我家门前照了张大合影，以作留念。

理解了我的用意和想法,赞成我在当前的情形下向竺可桢校长学习,成为一个办教育的内行,一个忠诚于党的教育事业的教育工作者,一个致力于让学生成为"现代中国人"的教育工作者。

回过头来讲,文化素质教育作为一种指导思想,促进了人才培养模式的改革。20多年来,文化素质教育从当初的高等教育改革的"切入口"、"突破口",到"深化教育改革"、同"全面推进素质教育"结合起来,不断走向深入,构建了文化素质教育体系,取得了令人瞩目的成绩。

从基本精神上,它做到了"三个提高"和"四个相结合"。"三个提高"就是:第一,提高大学生文化素质;第二,提高教师的人文素养;第三,提高学校文化品位和格调。这里面特别提到了,对学生进行文化素质教育的同时,教师的文化素质教育也有一个要加强、要提高的问题,这也是文化素质教育中的一个关键问题。"师者,所以传道受业解惑也"。教师素质整体需要提高,如果教师素质整体上不去,文化素质教育质量就很难提高。提高学校文化品位和格调的问题,就是要办出大学氛围。

"四个相结合"就是:文化素质教育同思想政治教育相结合;以爱国主义为核心的民族精神教育同以改革创新为核心的时代精神教育相结合;人文教育同科学教育相结合;学生文化素质的提高同教师人文素质的提高相结合。

需要说明的是,如何理解文化素质教育,如何理解文化素质与通识教育的异同。首先,要从文化、文化的整体来认识文化素质教育。其目标在于,重建教育的整体性:

> 它以知识为载体,通过激活思维、学会方法、掌握原则、提升精神境界,通过促进科学教育与人文教育的融合,通过加强实践教学,进而全面提高学生的素质。

通识教育(general education),严格地说,是美国高等教育在其历史发展中,将西欧的自由教育与美国的本土实践相结合而产生的一种高等教育思想和实践,它是美国高等教育的创新之举。通识教育的核心是文理教育,是以本科教育的基本构架(文理教育＋专业教育)为基础和保证的。

文化素质教育,是中国现代高等教育逻辑发展的必然产物。在思想上,文化素质教育继承了中国教育哲学思想中的两大精髓:第一,在教育本身方面,高度重视人文教育,重视"做人"、重视"在明明德"的教育;第二,在哲学思想方面,主张"天人合一"、"物我一体"、"主客一体"的整体思想,从而也就深刻体现出中国传统教育哲学的精髓"化育"。"化育"的精髓,不是外在的约束,而是内在主动的追求,是内在文化生命的生长。

应该承认,文化素质教育与通识教育具有一致性,这方面我们应虚心而真诚地学习通识教育丰富的经验。但是通识教育最大缺陷之一,是对如何讲解人文精神、理工科的课程如何渗透人文精神和人文内涵以及文科专业课程里面如何渗透科学基础和人文精神没有讲或没有讲透。

比较起来,通识教育更多的是强调课程,强调"文理教育＋专业教育"构架中的"结构性"。而文化素质教育的重点不是放在知识方面,而是强调文化;不仅具有"结构性",更具有"弥漫性";不只是开设课程,而且涉及课内课外、校内校外、教师和学生、校园整体文化,要求在整个教育过程中都体现和贯穿文化素质教育的思想。可以说,文化素质教育的内容比通识教育的内容更全面、更丰富、更深刻,作用更巨大,影响更深远。

文化素质教育也受到境外高等学校的高度关注,如我国香港、台湾地区部分大学通识教育的实践已经吸纳了文化素质教育的养分。例如,2005年我去参加香港中文大学举办的通识教育·文化素质教育讨论会,会上不少港台学者提到,他们吸纳了大陆文化素质教育的精神和做法。这个会议的主题定得特别好,是"人文的科学,科学的人文",杨振宁先生也参加了这次会议。

2005年,在香港中文大学通识教育·文化素质教育讨论会会议期间,与杨振宁先生(右一)、胡显章同志(左一)在一起

2005年,在香港中文大学通识教育·文化素质教育讨论会会后,与王义遒同志(右三)、胡显章同志(右五)等合影

涂又光先生曾说过:我们办大学,是办"a university of China"(属于中国的大学),而不是"a university in China"(在中国的大学)。这是非常深刻的见解。中国高等教育的发展,应该在借鉴他国成功经验的基础上,走本土化创新的道路。文化素质教育就是中国高等教育思想和实践的一种本土化创新,素质教育就是中国化了的马克思主义教育的体现,是党的教育方针的体现。文化素质教育的理论和实践在高等教育中的作用将来会得到更加深刻的证明。

教育是"育人"的,我们办教育,就是要让我们所培养的高级专门人才成为"人",成为"中国人",成为"现代中国人"!

第四章

以人为本,以育为法

一、育人为本

教育有两个根本性的问题:一是培养什么人,二是怎样培养人。

大约是1994年间,有一次我们请了一位大音乐家来学校做人文讲座,我作为校长不能不出面接待。当时从内心来说我有些不想去,因为我自觉音乐才能不高,我读书时音乐老是不及格,对唱歌兴趣也不大。

西五楼117教室,音乐家讲严肃音乐。音乐家在台上生动地讲,我在下面认真地听。他说,交响乐是严肃音乐,歌剧是严肃音乐,各种演奏曲也是严肃音乐,严肃音乐总是围绕主旋律而展开的,严肃音乐有两个特征:一是有主旋律,二是主旋律有特色。其间,他放了3首曲子,分别是《江姐》、《洪湖赤卫队》、《梁祝》。他说,《江姐》以川剧为基础,《洪湖赤卫队》、《梁祝》主旋律特色十分明显……没想到,这场讲座让我受益匪浅。

讲完后,音乐家被激动的同学们包围了,纷纷要求音乐家签名。过了好一会儿,我才有机会走上台和音乐家交谈。我很高兴地握着他的手说:我很感谢你,我们的同学把你包围起来签字,尽管我没有签成,但是我有很大收获,听了你的有关"主旋律"的说法,给我很大的启发。我在思考,高等教育有没有"主旋律"?我们华中理工大学办学的"主旋律"是什么?

高等教育有没有主旋律?这个我倒比较清楚。1992 年,我接任校长时,国家教委主任李铁映同志问过这个问题,我说是培养学生。学校从领导到教师,都是培养学生的,没有学生,要教师干什么?没有教师,学生来学什么?1997 年 7 月,我卸任校长,将校长职位交给下一任校长周济同志,在交接仪式上,我依然讲了这句话:"高等院校的根本任务是育人。"

"育人"就是高等教育的"主旋律"!"育人",而绝非"制器",这是教育的实质,也是教育的主旋律。高等学校最根本的问题是培养学生,是"育人"。

这个观点比较系统地表述出来,是 2001 年我在《高等教育研究》第 2 期上发表的一篇文章,题目就是《是育人,而非制器——再谈人文教育的基础地位》。没想到这个观点引起广泛的认同,包括得到港台学者的认同。有一次,一位从事高等教育研究的老师告诉我,她有一次去台湾参加一个学术会议,会上有台湾学者在报告中还引用了我的这个观点。

2010 年,我所带的在武汉的博士生们,如史铁林、吴波、吴昌林、李斌、赵英俊、易传云、康宜华、何岭松、李锡文、黄其柏、胡友民、管在林、刘世元等及有关同志和学校出版社张罗,将我的部分教育研究方面的文章结集出版,名为《杨叔子教育雏论选》(上下册)。他们发现,在我的文章中,《是育人,而非制器——再谈人文教育的基础地位》一文是被引频次最高的,多达数百次。他们觉得,我的这些文章的核心,都是围绕着"育人"这一教育的永恒主题而展开的。余东升同志还以《育人:教育的永恒主题》为题写了一个序言。余东升同志是我带的 1999 级的高等教育学博士,为了推行文化素质教育,跟我一起东奔西走,跑了不少地方和高校。他现在是教育部高等学校文化素质教育指导委员会秘书长、《高等工程教育研究》常务副主编。在序言中,东升同志的解读为:"育人"是教育主旋律中永恒的主题,是教育的"正题";教育的"反题"就是"制器";之所以出现教育的"反题",就在于没有正确地认识教育的本体性与工具性的关系。东升同志的解读是有道理的。

2004年6月,与余东升同志在山西平遥古城城墙上

这些年来,我体会最深的、教训最深的、看得最多的、想得最深的,就是高等学校办一切事情,都要想到我们是在"育人"。高等学校的任何部门,特别是主要领导不能忘了高等学校最主要的任务是"育人"。离开了"育人"这一根本点,就是偏离了主题。高等教育是培育高层次和高素质的人才,而不是制造高档次、高性能的器材。

教育是"育人",而非"制器"。

"育人",是"以人为本,以育为法"。

"制器",是"以器为本,以制为法"。

这里通过"制器"来做反衬,是为了进一步凸显教育的本质是"育人"。教育是育人,不是制器;是培养人才,不是制造机器;关键在培育,不是制造。

人是教育的对象,人是万物之灵,人不是物,人是活生生的。教育就是要培养有血有肉、有思想、有感情、有个性、有创造、有真善美内涵、有精神境界的人才,不是制造冷冰冰、无感情、无知觉、无个性、千篇一律的"器材"。再高级的器材,再高档的智能机器人,也不过是具有了人所赋予的功能或程序罢了。

孔子讲:"君子不器。"君子,是有学问的人;不器,就是指不要做器皿,不要一成不变,不能只有一种用处而没有多种用处,不是只能做一件事情而不能做其他的事情。

"育人",是"以人为本,以育为法"。"以人为本",就是一切以人为出发点,以人为归宿点,将教育的对象如实地看成是"人"。人是世间第一宝贵的因素,人世间的一切,莫不是以人为出发点,以人为归宿点,以人贯穿于一切。失去人就会失去一切。教育就是要培养有人性、有灵性、有情感、有思维、有精神境界的人,就是要去关注、爱护、引导、熏陶、教化、养成人,以促进人身心健康发展,进而体现为人的德、智、体、美的全面发展。教育就要促成"人作为人"的人性的完成,如果不能促成人性的完成,就不是真正的教育。

因此,教育"以人为本",就必然内在地要求实施"以育为法"。"以育为法",就是针对"人"所遵循的指导思想、所采用的实施方法。这个方法就是"育",是"化育",如春雨化育万物。"化育",就要充分尊重"人"作为"人"的内在因素,调动"人"的内在的主动性、创造性,并以此为基础,与外在环境相结合,进行化育,这也就是柳宗元在《种树郭橐驼传》中所提出的"顺木之天,以致其性"(我以后还会专门谈这一点)。

再来看"以器为本"。"以器为本",就是将学生看成材料,看成容器,看成机器,看成无人性、无灵性以及更无人性与灵性、情感与思维交融而形成的精神境界的机器,看成装知识的容器,一切听从外界摆布,拼命往里面填东西,而忽略了其是一个人。所以表现出的手段就是"以制为法"。

"以制为法",就是针对这块材料所遵循的指导思想、所采用的实施方法,就是"制"、"制造",就是外在因素主宰一切,决定一切。"以制为法",轻则扼杀灵性,重则异化人性;轻则制造出"机器",只会刻板行事而缺乏创新能力的"机器",重则异化出坏蛋、祸水,以及比恶禽害兽还不如的"祸害"。不仅如此，还会害了学生，害了社会。

"育人，以人为本，以育为法"，就是按人成长的客观规律去"育"，而不是凭着不管实际情况的主观意愿去"制"；"育"出的应是有人性、有灵性，而且是有高尚精神的人性，有原创能力的灵性的人才，而不是"制"出毫无真正的人味、毫无原创能力的精巧的机器。

"育人，以人为本，以育为法"，就是教会学生如何做人、如何做事、如何做学问。人的一生，无非做人和做事。事是由人去做的，做不好事，怎么做好人？当然，不去做事，怎么去体现做人？做事，要由做人来引导方向；做人，则要由做事来体现内涵。做人，做事，做学问，是解决人性与灵性的全面、协调、自由、健康发展的问题。

一个人如何做人，如何做事，如何做学问（大学教师和大学生还包括做学问），归根结底，其实就是一个人的素质问题。特别是对高层次人才来说，更是如此，高层次人才最终重在做人。在大学里，"做人，做事，做学问"是统一的，做人是灵魂，做事是躯体，两者的融合，就是做学问。教师属于高层次人才，怎样把教师做好？书教不好，行吗？教书的人本身业务、底子不好，行吗？方法不好，行吗？要教好书，就要做好人，就要负责任，同时必须懂得教学方法，三者缺一不可。所以我讲的，大学要学好业务，是对的，但是不全面，还应重视"德"。比如说，科学技术是一种了不起的力量，既可以是伟大的造福于人类的力量，也可以是狂野的毁灭人类的力量，问题在于科学技术掌握在谁手里，谁又怎么去使用。这就是"德"的重要性。

做人要做一个大写的"人"，也就是毛泽东主席在《纪念白求恩》一文中所讲的"一个高尚的人，一个纯粹的人，一个有道德的人，一个脱离了低级趣味的人，一个有益于人民的人"。一个大写的"人"，就是一个具体存在的、有情感的、有道德素养的，并且会体验生命的鲜活的人。

举一个哈佛大学的例子。哈佛大学1960年招收了1520名本科生，当时进行了一个调查：你为什么进哈佛大学？其中，82%的学生回答是为了赚钱，剩下18%的学生回答是为了理想。跟踪调查20年之后，到了1980年，这1520名本科生中有101位大富豪，其中，100位是当初为了理想的，只有一个是为了赚钱的。这些大富豪中，几乎全是为了理想而学习，因为信念执着，当然还要加上品德优良，遇到任何困难，绝不屈服。等到理想实现、事业成功的时候，"副产品"钞票也就有了。这一个为了赚钱的，似乎可以说是瞎猫碰上死耗子——撞上了。那些只为了赚钱而学习的人，没有执着信念，碰到困难就退缩，因此很难取得成功。

这个例子给人的印象非常深刻，所以我经常告诉学生，上大学，干什么？需要做好三件事：

第一，学会如何做人。

第二，学会如何思维。

第三，学会掌握必要的知识，以及运用知识的能力。

这三者不可分割，相互渗透，彼此支持，而如何做人是基础，如何思维是关键，掌握必要的知识与运用知识的能力必不可少。现代大学应高度重视对大学生进行人文教育，增强他们的社会责任感。

二、教育定位于文化

人类社会的历史本质，是一部文化史、文明史。

人类的社会生活存在三个基本领域：政治，经济，文化。

那么，教育之位、教育定位在哪里呢？答案是：在文化！

教育既不是定位在政治领域，也不是定位在经济领域，而是定位在文化领域。关于这一点，我和涂又光先生讨论过很多次，每一次讨论都有新的感悟，感悟带来生命的快乐。

教育之所以定位于文化领域,理由是:教育既是文化传承的主要形式,又是文化创新的必要基础。社会既靠教育的存在而延续,又靠教育的发展而进步。最为根本的是,教育是通过文化去"育人",去培养德、智、体、美全面发展的人,进而通过所育之人来为政治服务,为经济服务,为社会服务。

看起来,这是一个很好理解的理论问题,但在实践中往往很容易出现错位或偏差。比如,过去搞阶级斗争,就是将教育错误地定位在政治领域内,学校成了阶级斗争的战场。再如,市场经济初期,一些高校直接从事经济活动搞"创收"的行为,就是将教育定位在经济领域。这些就是教育的错位。教育既不能失位,也不能越位,更不能错位,这三点极为重要。

《中庸》讲:"致中和,天地位焉,万物育焉。"天地各就其位,万物生长繁育,多么欣欣向荣!同理,教育位焉,学术位焉,人才育焉!教育定好位,学术定好位,人才得以培育,多么生机勃勃!

将教育定位在文化领域,也是推行文化素质教育的理论基础。生机勃勃的教育气象,才会带来生机勃勃的人才繁盛,才会带来生机勃勃的文化繁荣。

什么叫文化?文化的定义有上千种,我的理解是文化实质上就是"人化","文化即人化"。人之所以叫作"人",是因为人有文化。人经过了"文"化,人才成为真正的"人"——从动物人变成社会人,从野蛮人变成文明人,使人成为真正的"人"。换句话说,人是通过"文"来化的,人之所以能够从动物人变成社会人,从野蛮人进步为文明人,从低级文明人发展为高级文明人,靠的就是文化,而且只能是文化。因此,文明与野蛮相对,文化与自然相对。

文化是人类社会的"基因"。生物界有自然基因,人类社会的"基因"就是文化,人类社会的基因是"文化基因"。人创造了文化,文化也创造了人、成就了人。一切的创造离不开人,一切的创新都是从文化创新开始的。人类社会因文化得到传承,因文化创新才能发展。人类社会的进步,无不镌刻着文化的烙印。

生物界靠基因遗传而延续,靠基因变异而演化。

人类社会靠文化传承而延续,靠文化创新而发展。

文化要传承,主要靠教育;教育要发展,依托于文化。教育是文化传承的主要形式,是文化传承的必要条件,是文化创新、发展的必要基础与前提。正因为如此,社会因教育的存在而延续,因教育的发展而进步,也就是"文明以止,化成天下",正如《易·贲卦·象传》记载:

刚柔交错,天文也。文明以止,人文也。

观乎天文,以察时变。观乎人文,以化成天下。

如果说文化是人类社会的"基因",那么民族文化是民族的"基因",民族文化是"民族基因"。民族的概念不是种族的概念,而是文化的概念。

"科教兴国"的道理在于:"强国必定要强教,强教一定会强国。"繁荣发达的教育一定会带来繁荣兴盛的国富民强。所以,要看一个国家的未来,可以看它现在的教育。因此,"百年大计,教育为本"。离开了教育这个"本",离开了教育所培养的人才,一切都是空谈。没有哪个国家是因为办教育而变穷了的。

社会越进步越是如此,高等教育更是如此。高等教育是优秀文化传承的重要载体和思想文化创新的源泉,是一个国家综合国力的体现,所以有人将"文化传承创新"作为大学的第四职能提出来,也是有道理的。

既然教育定位于文化领域,那么学校就应定位在文化领域,而不是其他领域。学校是实施教育的机构,学校不是工厂、公司和市场,也不是衙门。把学校当成工厂,学生就会变成制造出的"机器";把学校当成公司和市场,学生就会变成可以交换或买卖的"商品";把学校当成衙门,学生就会成为只为升官发财的功利主义者、精致的利己主义者。

学校是培养人的地方，教育就要把学生看作"人"——有血、有肉、有个性、有灵魂的生命体；而不是无思想、无创造、标准化、千篇一律的"机器"。这里的"器"，不仅是指机器，"器"，中国文化中也指器具、器物，也就是具象的、形而下的、物质的东西。教育如果只是把学生看作装知识的器皿，知识再多也是无用的。

教育定位于文化领域，高等学校就应定位在文化领域，大学就应定位在文化领域，而不是其他领域。作为实施教育培养人才的地方，高等学校的中心任务就是"育人"，培育高素质的高级专门人才。大学的主题、大学的主旋律是育人，"育人为本"。大学是通过所培育出来的人才来为政治、经济、文化服务，而不是让大学直接去从事阶级斗争和下海经商。

通常说，高等学校有三大职能：教学、科研、为社会服务，这三大职能实际上都是围绕着"育人"这一中心任务而展开的。特别是科研不是"为了科研而科研"，高校的科研主要是为培养人才服务的，为后继有人服务的，如果不是这样，那么高校和专门的科研院所有什么区别？同样，为社会服务也是为育人服务的，是为了人才更好地成长服务的，如果不是这样，那么高校和公司与产业有什么区别？

离开了"育人"这一根本，离开了学生，那何必要教师，又何必要学校？！丢失了学生，就丢失了学校工作的根本，就丢失了学校工作的一切。没有学生，就没有教师；没有教师，也就没有学生。师生是一个整体，师生互动，教学相长。

大学的地位，最终取决于社会对大学所培养出的学生的质量评价；社会对大学的评价，最终取决于大学所培养出的学生的质量。当然这绝不是说，大学的科研成果与为社会服务工作是无关紧要的；相反，它们首先服务于"育人"，对"育人"起着十分重要的作用。

另外，需要说明的是，大学的重要作用之一是为社会服务。通过合适的方式，将高水平的科研成果孵化成为高技术产业，或以高技术形式推向市场，这当然是有益的，我们机械学院机床数控产业与软件产业的发展，就是一个较好的范例。但是，在发展高校高技术产业时，从政策上、经济上、组织上特别是指导思想上，要厘清学校与产业之间的关系，切勿导致大学的任务错位。而且，我不赞成用"校办产业"这个说法，学校是"办"教育的，而不是"办"产业的；学校是按教育规律来"办"的，而不是按管理企业的思路来"办"的；学校是按"大学之道"来"办"的，而不是按追逐利润的思路来"办"的。

三、教育是文化教育

培根有一段讲读书作用的话，他说："读史使人明智，读诗使人灵秀，数学使人周密，科学使人深刻，伦理学使人庄重，逻辑修辞之学使人善辩：凡有所学，皆成性格。"这段话讲得很细致，特别是最后"凡有所学，皆成性格"8个字，真是非常深刻，这也说出了教育的文化意蕴。

什么是教育？说到底，教育就是"以文化育人"，是以文化来形成"人"之所以成为"人"的本质。从这个意义上讲，教育就是文化教育，教育过程就是"文""化"过程，就是"文"而"化"的过程。教育目的就是塑造人的灵魂、铸造人的精神世界、构建人的文化生命。

文化，本质上就是"人"化，就是以"文"化人。因为文化，人才从动物人变成社会人，从野蛮人进步成文明人。文化是人类社会的基因，人类社会靠文化的传承而存在，靠文化的创新而发展。

人不仅是生物意义上的人，更是有文化生命的文化人。教育就是去挖掘、去实现、去完成人的文化生命。人之所以为人，不仅在物质层面上与动物有天壤之别，更是在精神层面上与动物有根本性的区别。特别是在精神层面上，人有着人类特有的高级感情、意识、思维、境界等。在这一基本点上,人与任何动物都有着本质的区别。

教育是"教化"、"化育"人的灵魂的"灵魂工程"。荀子讲过:"生而同声,长而异俗,教使之然也。"这里的"教",也就是教育和教化。人创造了文化,文化塑造了人,主要途径就是通过教育。教育就是以人类优秀的文化成果来培养人、塑造人,使人能成为社会人、文明人、真正的"人",形成人的文化生命。

我非常赞同涂又光先生提出的"教育自身"的说法,非常精辟简洁地讲明了教育的本质:教育是文化教育。2000年涂又光先生曾就此专门给我写了一封信,信中讲道:

> 教育自身是一种文化活动,在其中,人的身心,包括知情意,在智德体各方面得到发展。

涂先生的观点是,教育自身是一种文化活动。而且按照他一贯的作风,为了有助于加深理解,中英文互相对照说明,涂先生特地将这一段话用非常漂亮的英文表述出来:

> Education-in-itself is a cultural activity, in which Man's body-mind, including knowing, feeling and willing, develops intellectually, morally and physically.

人之所以区别于动物,在于人是有文化生命的。人的文化生命,大体分为人性和灵性两个方面。

所谓人性,主要是指文化赋予人的道德伦理观念和种种行为规范,也就是符合人类、国家、民族、人民利益的行为规范,体现为人的价值观。人性是人区别于动物的第一本质属性。

所谓灵性,主要是指人所具有的聪明才智,既包含感受力、理解力,更包含创造力,其含义接近于英文的"intelligence";人之所以能够超越其自然属性,根本原因就在于人有自我意识、有灵性。

人的人性、灵性密不可分,人性、灵性交融,升华成人的精神境界。教育就要以文化育人,以文化开发出、发展好人所拥有的天赋的人性与灵性,培养受教育者既会做人、有德,又会做事、有才。

再从文化来看，文化要传承。有传承，才能延续文化的生命力。人类的发展史，就是一部不断追求、探索认识、把握未知的历史。广义而言，就是一部文化史。

分析来看，文化具有双重属性：一是价值理性，一是工具理性。或者说，文化有两种形态：一是科学文化，一是人文文化。

康德在《实践理性批判》中有一段极为精彩的名言："有两样东西，越是经常而持久地对它们进行反复思考，它们就越是使心灵充满常新而日益增长的惊赞和敬畏：我头上的星空和我心中的道德法则。"李泽厚先生将其译为："位我上者，灿烂星空；道德律令，在我心中。"对这句话，我的理解是：

  人间两事，常思更新，常思更惊，常思更钦，常思更畏，常思更循。

  位于上者，宇宙星辰；位于心者，道德指针。

头上的星空，宇宙星辰，讲的是科学文化；心中的道德法则，道德指针，讲的是人文文化。人，要能生活下去，就必须同外在世界、物质世界打交道，最博大者，莫过于宇宙星辰，这主要靠工具理性、科学文化；与此同时，人也必须同内心世界、精神世界打交道，最深邃者，莫过于伦理道德，这主要靠价值理性、人文文化。

科学文化是"立世之基"，人文文化是"为人之本"。人文文化在人类社会、人类文明中占有基础地位。科学文化、人文文化密不可分，同源于实践，共生于大脑，功能互异，形态互别，互通互补互动，而且在形而上的层面上，都有着追求，且追求都是精神的，精神就是人文的。用《老子》的话说，"有无相生"，"有之以为利，无之以为用"，"有"就是科学文化、物质文明，"无"就是人文文化、精神文明。总之，用科学文化、物质文明体现人文文化、精神文明，用人文文化、精神文明引领科学文化、物质文明。

与人文文化相脱离的科学文化是不存在的，反之亦然。假如人类只有"立世之基"的科学文化，而无"为人之本"的人文文化，人不但是野蛮的,而且与动物没有本质差异,还只是如动物一样,只能在遵循自然规律的基础上而生存着。因为凡是违背自然界规律的,必然为大自然所淘汰。

因此,教育也有着双重属性:一是本体性,一是工具性。教育的本体性,是根本的,即是促进人的全面而自由的发展,这主要取决于文化的价值理性;教育的工具性,即是提高生产力的重要手段,这主要取决于文化的工具理性。教育的本体性、工具性紧密相连,没有人的素质的提高,就没有办法发挥人的创造潜能,去提高生产力;没有生产力的提高,就没有办法去创造条件,去有效提高人的素质,发挥人的创造潜能。但提高人的素质,这一本体性始终占据主导地位。

《国家中长期教育改革和发展规划纲要(2010—2020年)》一开篇,就提出:

全面提高国民素质,加快社会主义现代化进程。

"全面提高国民素质",指的是教育的本体性;"加快社会主义现代化进程",指的是教育的工具性。

"序言"在"百年大计,教育为本"之后,接着提出:

教育是民族振兴、社会进步的基石,是提高国民素质、促进人的全面发展的根本途径,寄托着亿万家庭对美好生活的期盼。

这里,第一句主要是指教育的工具性,第二句就是指教育的本体性,第三句则是前两句形象的反映。正因为如此,"百年大计,教育为本","强国必先强教"。

《礼记·学记》也讲了这个道理。《学记》讲:"化民成俗,其必由学乎。"化,教化,教化民众,提高素质;成,造成,形成,形成社会风俗、风尚、风气,形成和谐社会。只有化民,才能成俗。怎么化?怎么成?"其必由学",这里的"学",就是教育,即一定得经过教育。

就大学而言,大学的首要任务是育人,是培养具有创新精神和实践能力的高级专门人才,大学的所有功能或任务,都必须以"育人"为中心而开展，切不可主次颠倒。大学是"育人为本，治学为基"。育人和治学统一于文化治学，研究学术、建设学术、发展学术，本质上就是要创造文化、发展文化，大学更重要的是需要承担文化创新的任务。这样，大学才实现了教育的文化功能，体现出教育就是文化教育的本质。

四、教育是素质教育

《论语》中有一段特别漂亮的话，可以借来理解素质教育。《论语·八佾》里有一段话讲：

子夏问曰："'巧笑倩兮，美目盼兮，素以为绚兮。'何谓也？"子曰："绘事后素。"曰："礼后乎？"子曰："起予者商也！始可与言诗已矣。"

这句话的意思是，子夏问道："美的笑容，笑靥盈盈；美的眼睛，顾盼有神；洁白纸上，色彩炫绚。这是什么意思？"孔子说："先有素色或白色的底子，而后才绘画。"子夏说："那么礼在后吗？"孔子说："启发我的是你呀，这样才可以与你讲诗了。""绘事后素"，就是绘事后于素，就是说，将底子处理得素白后才去绘画。

先天的遗传基因奠基的先天素质，好比一张有用的白纸，不同纸质之间是有差异的，后天的教育就是对这张纸进行某种处理，使纸质有不同程度的改变，而后又可在纸上绘画、写字、做文章，纸就有了不同程度的用处。

教育的根本宗旨是育人，是提高人之所以为人的整体素质，是通过提高每个人的素质，进而提高整个国民素质，从这个意义上讲，教育就是素质教育。

素质教育的理论与实践，是中国教育理论上的创新，很切合中国教育实际。这里有一个不断提高认识的过程。

1977年恢复高考，人们长久压抑的教育热情释放出来了，1978年十一届三中全会召开以及改革开放政策的提出，人们普遍感受到科学的春天来了，针对"四人帮"所搞的"知识分子是臭老九"、"知识越多越反动"的谬论的批判，人们开始重视知识，相信"知识就是力量"；80年代中期以后，人们意识到，仅有知识不行，还要有能力，不能"高分低能"；90年代以来，人们进一步认识到，仅有知识和能力还不够，比知识和能力更为重要的是素质，有了知识并不等于就有了高素质，但没有知识就很难拥有高素质，因而，90年代初，国内渐渐兴起了素质教育的提法。

素质教育的提出，首先是针对中小学的应试教育提出来的，后来延伸到高等教育，拓展到整个教育领域，并得到社会的广泛认同，得到教育部的大力推动。对于大学搞素质教育，最初有些人不理解，说大学教育又不是应试教育，为什么也提素质教育？

我的看法是，素质教育虽然首先是针对应试教育提出来的，但从根本上来看，素质教育是针对功利主义提出来的，应试教育只是功利主义的一种表现。大学教育中存在功利主义，所以大学需要素质教育，时代呼唤素质教育。

什么是素质？第一，素质与先天基因有关，基因会遗传给下一代，基因的遗传决定了生物的先天素质。这是先天的、自然的，人的素质与父母所给的基因有关。第二，素质与后天的教育和环境影响有关，通过教育、环境影响和文化熏陶，人不断地将外在的东西"内化"，形成自身内在的、稳定的品质，形成在先天素质基础上的后天素质。这需要付出人为的努力，是"事在人为"的，这种教育上的努力就是素质教育。

先天基因不能不承认，但是后天尤为重要，如果没有知识的不断输入，没有人不断的思索，就不可能有很高的素质。一个人的素质，既取决于先天遗传的基因品质，又取决于后天环境的累积影响。后天的教育,同先天基因一起,决定着人的最终素质。

什么是素质教育呢?素质教育是以提高人的素质为目的的教育。素质教育的内涵有两个方面:一是全面发展。人的发展,是德、智、体、美诸方面整体性的发展,全面发展是一种共性的要求。二是自由发展。每个生命个体,在先天基因和后天环境及教育影响下,能够得到充分发掘和发挥,个体生命价值能得到充分的发展和实现。自由发展是一种个性化的要求。

全面发展和自由发展的关系是,人的全面发展寓于人的自由发展之中,人的自由发展体现出人的全面发展,全面发展隐含着自由发展。

孔子的"六艺"施教,本质上就是全面发展的素质教育。"六艺"包括"礼、乐、射、御、书、数",大体上,"礼"是讲德,"乐"是讲美,"射"、"御"是讲体,"书"、"数"是讲智,合起来,"六艺"施教就是主张德、智、体、美全面发展。

孔子还主张"因材施教"、"仁者爱人",鼓励切磋琢磨,施行熏陶(循循然善诱人)、教化(博以文)、养成(约以礼)一体化的教育,这些实际上就是素质教育。

例如,《孔子家语·辩乐解第三十五》中有这样一个故事:

孔子向师襄子学琴,师襄子讲:"你已学会弹了,弹另一支曲子吧!"孔子讲:"我还没有掌握弹技。"不久,师襄子又讲:"弹技可以了。"孔子讲:"我还不懂得曲旨。"不久,师襄子又讲:"曲旨懂得了。"孔子讲:"我还没了解作曲的人怎么为人。"再不久,孔子如有所悟地讲:"我明白其人了!他面色较黑,身修硕壮,志存高远,统一四方,除文王外,还能有谁呢?"师襄子一听,顿然离席,双手环拱于胸前,尊敬地讲:"你真是君子圣人!这曲叫作《文王操》啊!"

孔子从学习中体验到了音乐的内涵,从而在这音乐与学习的熏陶中,又运用逻辑和思考明白了作曲的人。这其中既包含了体悟和欣赏,又包含了知识和学习,更包含了逻辑、分析和推理,这就包含了很高的素质。

人的素质是一个整体,可以概括为四个方面的素质:思想道德素质,文化素质,业务素质,身心素质。其中:

思想道德素质是灵魂,方向一错,全盘皆误。

文化素质是基础,基础不牢,地动山摇。

业务素质是主干,主干不存,枝叶何托?

身心素质是保障,青山不在,用材哪来?

这四种素质既各有其位,各司其职,又相互关联,形成整体。因为人只有一个大脑,不可分割。人性与灵性是一个整体,不可分割。这四种素质是整体素质的不同侧面,彼此相互联系,相互影响。这四种素质所形成的整体,同德、智、体、美诸方面所形成的整体是一致的。

教育既是文化教育,也是素质教育,教育是以文化整体去育人。文化整体,既是类型上的科学文化和人文文化整体,也是"知识、思维、方法、原则与精神"文化内涵的整体。

文化内涵整体至少有五个方面:知识、思维、方法、原则与精神。用数学语言来讲,"文化"至少是这五个方面所组成的"集",一个也少不了。但与数学的"集"大不相同的是,这些"文化之集"中的元素,是相互联系、相互作用、无法分离的。

文化内涵整体,从结构来说分为三个层次:形而下,是知识;形而中,是思维、方法、原则;形而上,是精神。这五个方面,知识是基础,思维是关键,方法是根本,原则是精髓,而为这四者所承载并融入这四者之中的是精神,精神就是灵魂。

因而,作为以文化整体育人的素质教育,有以下五个方面的内涵。

其一,知识是基础。

知识是文化的载体。一切文化的创新,都是从知识创新开始的。如果讲人类社会延续的"基因"是文化,其实应该讲最主要的是知识。

知识是载体,知识承载着人类文化方方面面的内涵,人类文化的积淀主要就是知识的积淀。培根讲过"知识就是力量",我认为这句话讲得不确切、不完全,比如说,有知识而没有文化,这种知识不过是堆积的一些符号而已。准确地讲,"没有知识就没有力量"。没有知识,就没有文化,就没有力量;没有知识创新,也就没有其他创新。

其二,思维是关键。

人是"人为万物之灵"的"灵"。思维好坏,是素质中最基层、最核心的部分。人之所以是万物之灵,就在于500万年的进化,形成了具有巨大潜能的大脑,大脑具有极为奇妙的原创性的思维能力。没有思维能力,还谈什么有灵性?!人是万物之灵,没有知识怎么行?成为书呆子怎么行?失去思维内涵的知识,只能是刻板的知识、僵死的知识;只有经由思维,才能活化知识、超越知识、创新知识,才有可能了解到与体悟到知识所承载的含义等,才能发展、创新。

其三,方法是根本。

有了知识、有了思维还不够,还要有方法。方法是根本。方法体现知识、体现思维,而且在实践中,不仅只完成了学习的认知过程,而且完成了学习的非认知过程。方法是穿山的路、过河的桥,只有经由方法,才有可能将超越了、活化了、创新了的知识付诸实践,将知识与思维加以检验。当然,严格地讲,思维与方法也可算知识,然而,是性质大为不同的知识。

其四,原则是精髓。

原则贯穿于知识、思维、方法之中,指导着知识、思维、方法,失去了原则,就将陷入荒谬。

其五,精神是灵魂。

文化失去了高尚的灵魂,则势必会异化。

这五个方面合起来,即知识越高深越渊博、思维越精邃越巧妙、方法越可行越有效、原则越坚定越明确、精神越向上越高尚。这样,文化就越先进越精湛,以这种文化育人,其素质就越高越优,其品位格调就越醇越美,其作用影响就越好越大。反过来,当精神越向下越卑鄙时,文化就越落后越腐朽,由这种低级文化而育就之人,其素质层次就越低越劣,其品位格调就越毒越丑,其作用影响就越坏越深,乃至是人类的灾难。这绝不是有良知的人所希望的。

司马光在《资治通鉴》中说得非常好,他说:"才者,德之资也;德者,才之帅也。"人才越高级,德与才的关系就越密切、越明显、越重要。从一定角度上讲,知识、思维、方法、原则就是"才",而精神就是"德"。德、才是整体,知识、思维、方法以及它们所承载的精神也是整体,彼此相依,彼此交融,彼此互动,无法分离。

20世纪五六十年代,我国对高级专门人才有严格的要求,叫作"又红又专";现在称为"德才兼备"。其实,本质是一样的,归为两点:第一,要有德,也要有才,两者兼备,不可或缺;第二,两者的重要性不是并列的,而是德在先,"德"是统率,应放在"才"前面。

例如,1960年陈毅在广州的一次讲话中这样说:"一个空军飞行员驾驶不好飞机,那怎么行?但如果飞机驾驶得很好,跑到敌人那儿去了,来打自己的人,那就更糟了。"

匈牙利诗人裴多菲讲得非常好:"生命诚可贵(一个人的价值取向),爱情价更高(两个人的价值取向);若为自由故,两者皆可抛(就升华为自己的国家、民族的价值取向问题了)!"素质教育讲究个人理想与社会价值统一,把个人价值同国家利益统一起来。

素质教育是一种教育思想,不仅用来指导人才培养模式的改革,而且渗透到教育的全过程。教育不仅要传授作为文化载体的知识及其内涵的思维、方法与原则,更要经由知识、思维、方法、原则的传授来传承文化所承载的精神、升华人的精神境界。

韩愈的《师说》很了不起,也讲得很透彻。他说:"古之学者必有师。师者,所以传道受业解惑也。"受业即授业,就是传授知识,知识是基础。这还不够,还有解惑,知识存在着思维,在传递知识中,必定要启发学生思维,这是非常关键的内容。

因此,不但要授业,而且要解惑;这还不够,不管是知识,还是思维,还是精神世界的东西,都要用到实践中去,要去做。要做、要实践,就要讲究方法。如果说知识是基础,思维是关键,实践和方法就是根本,没有方法根本不行。辩证唯物,唯物辩证,唯物讲立场,辩证讲方法。方法是非常了不起的科学。授业解惑以及解惑,启迪思维,指点方法,这还不够,一定要上升到精神层面。如果不学好知识,不学好业务,怎么做好人呢?人是有精神的,没有授业、解惑作为基础的话,绝对不可能传道;传道授业解惑,传道是最重要的,授业解惑作为基础。只有传道通过知识、思维、方法,明确文化所承载的原则,明确文化所承载的精神,最后落实到文化和精神上去,这才是关键。

这里特别强调一下,文化素质是形成全面素质教育的基础,文化素质教育既涉及教育,又涉及文化,本质上是强调了教育的文化属性,强调了教育的素质教育特征,强调了教育的根本任务是育人,是提高人的素质,是通过提高每个人的素质来提高整个国民的素质。文化素质教育关注人文教育,关注如何培养人,主要含义有三点:第一点,文化素质教育的锋芒针对的是忽视人文教育的现象,要解决做人的问题;第二点,文化素质教育的重点是加强民族文化教育,解决做中国人的问题,不但要做人,还要做中国人;第三点,文化素质教育的核心,是解决科学文化和人文文化的交融,解决做现代中国人的问题,不能搞复古,要做现代中国人。

文化素质的核心,是人文素质,它解决人的精神境界问题,对培养人的思维方式有着极为关键的作用。人文教育的核心就是价值取向教育问题。如何做人,始终是一条红线,贯穿各层次教育的始终,人文文化的教育、民族文化的教育、人格的教育起着最为基础的作用。人的思想品质有以下三个层次。

(1)基础层:人格。即做人的最基本规格、人性的尺子。无此,则徒有人形而无人实,是披着人皮的恶禽害兽。

(2)中间层:法纪观念。即应知遵纪守法,不能凭个人想法、个人感情办事,不依规矩不能成方圆。

(3) 最顶层:政治方向。即社会发展应向何方,方向一错,全盘皆误。

这三者之中,政治方向是灵魂,法纪观念是关键,人格是基础。一般讲来,无人格,就无真正的法纪观念,就无正确的政治方向;无法纪观念,何从体现人格,何从保证正确的政治方向;而无正确的政治方向,人格、法纪观念将会走入迷途,事与愿违。与此相应,做人,做好人,也有三个层次:最基本的做人,这是要有基本的人格,还得加上最基本的法纪观念和政治方向。这也绝不是抽象的、说教的,而是具体的、有血有肉的。比如说,首先要学会"爱",懂得"耻",从身边的小事做起,"勿以善小而不为,勿以恶小而为之"。

《礼记·学记》讲:"化民成俗,其必由学乎。"教化群众,提高素质,成为风俗,和谐社会,也就是"化成天下";"化成天下",一定要经过教育,奠定社会文化风尚和文化素质基础。社会只有稳定,才有和谐,只有在稳定与和谐的基础之上,才可能向前发展。反之,没有较为稳定的道德、伦理、风俗等的人文文化,社会就难以稳定和谐,就难以发展。

《国家教育中长期改革与发展纲要(2010—2020年)》中,有四句话很关键,是对大学生的要求:

信念执着,品德优良,知识丰富,本领过硬。

我觉得讲得非常好。什么是做人?一定是通过做事来做人,在做人中学会做事,在做事中体现做人,做人做事是分不开的。一个老师,如果书教不好,还是好老师吗?一个设计人员,设计水平不高,还是好设计人员吗?一个飞行员,飞机开不好,能行吗?不行。所以我说必须用做事体现做人,用"才"来体现"德"。如果业务很好,却去做坏事,就非常麻烦了,所以要"德"来统率"才"。

"知识丰富,本领过硬",就是讲,知识作为中心;本领,包括思维能力,动手能力,身体健康。仅有知识而没有能力不行;没有知识为基础，不可能有本领，这是很盲目的。但是，只有本领，没有知识也不行，一定要有知识；还要"信念执着，品德优良"，一定要有顽强的信念和良好的品德。

总之，教育是化育人的灵魂的"灵魂工程"。教育是要通过相应的文化活动去"育人"，去关注、爱护、引导、熏陶、教化、养成人，使人身心健康发展，培养德、智、体、美全面发展的人才，从而提高国民素质。

五、爱国创新与共

我一生的体会是，学好业务、做好工作、报效祖国，是最高的德行。

这是 2011 年 5 月 27 日，我在武汉地区重点高校国家公派人员出国行前培训会上致辞中所说的一段话。如果说教育的主旋律是育人，那么育人的主旋律就是爱国和创新，其中，爱国是根本，创新是关键。这一看法，也得到很多共识。

记得 1995 年 6 月 10 日，杨振宁先生来到我们学校，我们两位杨先生进行了热切的交谈，有不少共识。杨振宁先生还在学校露天电影场做了一场演讲。杨振宁先生是为了颁发"亿利达青少年发明奖"而来的。这个奖项是为了激励青少年发明创造而设立的，投资人是香港亿利达企业负责人刘永龄先生。刘永龄先生陪同杨振宁先生一起到了我校，二人共同为新中国的发展尽自己作为中华民族一分子的光荣历史职责。这个奖项在国内其他几个地方也设立了，中南地区有个点，经我们学校争取而设在我们学校。

那天，学校露天电影场挤满了人，有两万人以上，大家早早来到电影场，等了一个多小时，但杨振宁先生一登台，全场掌声雷动，群情激昂。会上杨先生坚定地讲道：

我深信我们中国20年一定有诺奖!

全场掌声雷动。他接着说:

决不只一个,接着是一批!

听罢此言,全场欢声震天。

演讲结束时,杨振宁先生激动地讲:"听讲人数如此之多,情绪如此之高,会场秩序如此之好,场面如此之热烈,是我一生所罕见的!"他接着又说道:

我深信,再过30年,华中理工大学一定会成为世界一流大学。

经历过那个场面的人一定不会忘记杨振宁先生的预言:"20年,中国一定有诺奖!"真的,20年后,杨振宁先生的预言应验了。2015年,屠呦呦拿了诺贝尔医学奖,包括文学奖的话,2012年莫言就拿了诺贝尔文学奖。

杨振宁先生1957年和李政道先生一起获得诺贝尔物理学奖,他们虽是美籍华人,但都具有强烈的爱国主义情感,为祖国科技发展和人才培养做出了重大贡献,在他们身上体现出鲜明的爱国精神和创新精神。

我还记得1995年11月,我到北京大学参加一个文化素质教育会议。在报告会上,季羡林先生做了一个报告。会后,我对季先生说:"您讲得真好!"季先生问:"好在什么地方?"我说:"讲得都很好,最好的是,您讲中华民族的优良传统是什么,中华民族的民族精神是什么。概括有两点:一是爱国,二是有骨气!"季先生点了点头,我又对他说:"我能不能对这两点做个注释?"季先生说:"可以!"我说:"爱国,文天祥讲'人生自古谁无死,留取丹心照汗青';有骨气,孟子讲'富贵不能淫,贫贱不能移,威武不能屈'。对吗?"季先生说:"我赞成!"

后来,我在多个地方讲到季先生的这个看法。中国的人文精神归结为两点:一是爱国主义;二是有骨气、有节操。也就是说,爱国,有骨气,有中华魂,有民族根,是中国的人文精神。

的确,"天下兴亡,匹夫有责"。中华民族之所以能作为世界上最古老的民族而存在,就在于中华民族文化的伟大,就在于中华民族文化的哲理和智慧,以及由此而形成的民族精神,其核心就在于爱国主义。教育的主旋律是育人,中国大学教育主旋律的特色是培养现代中国的大学生。所谓"中国的大学生",概括地讲,一是"中国的",即能爱国;二是"大"学生,即会创新。

高等学校实施素质教育,就是要培养出既能爱国又会创新的高级人才;培养出既有深厚的民族情怀又有现代科技视野的高级人才;培养出有高度责任感的服务于中国特色社会主义建设的高级人才。

2006年,在国防科技大学"中华民族精神"学术报告会上

文天祥的"人生自古谁无死,留取丹心照汗青"体现的是爱国主义;孟子的"富贵不能淫,贫贱不能移,威武不能屈"体现的是有骨气、有节操。屈原借《橘颂》所说的"受命不迁,生南国兮;深固难徙,更壹志兮"体现的也是爱国主义;闻一多说的"诗人主要的天赋是爱,爱他的祖国,爱他的人民",更是爱国主义。

什么是爱国?爱国是具体的而不是抽象的,是实在的而不是空洞的。爱国之爱,首先是对人民之爱,对群众之爱;爱国、爱民,就自然会爱祖国河山。为什么要爱国呢?因为我们从小长到大,就是这片土地把我们养大的。我们不爱自己的国家,指望谁来爱我们的国家?!

另一个让我印象深刻的例子是,1990年左右,我参加一个重要的学术会议,会议休息中间,我同一位先生谈话。这位先生和我一样黄皮肤黑头发,谈话中间,我了解到他比我小十几岁,那时我50多岁,他可能40岁左右。从谈话中可以肯定他是在大陆出生的,在大陆读的小学、中学和大学,后来他拿到了绿卡,加入美国籍。我很自然地问他:"先生你是什么地方的人?"这位先生想了一会儿,很严肃地对我讲:"American。"我一想,"American 省?没有!American 市?没有!American 自治区?没有!American 州?没有!怎么会是 American 呢?"我想着想着,越想越觉得不是滋味,越想越觉得非常难受,这位先生讲掉了一个重要的词,应该讲 American Chinese(美籍华人),而他却不要 Chinese。

有很多炎黄子孙,由于种种原因,在海外加入了外国籍,成了外籍华人,但大多数人心系神州,梦萦故土,总想为国家、为自己的民族做贡献。尽管加入了外国籍,但始终认为自己是中国人。杨振宁先生不就是这样的吗?他在无可奈何的情况下加入了美国籍,但他一直想着要为自己的国家和民族做些贡献。而那位先生呢?在深入思考之后,说自己是 American,让人听后,确实很不舒服。

所以,我在很多大学给大学生们做报告的时候多次讲到,中国的大学应该培养现代的中国的大学生,是为中国服务的,而不是为外国服务的,是"洋为中用",而不是"中为洋用"。我遇到过一些中国学生去外国公司工作,真的是为外国公司服务而丝毫不考虑自己的爱国之情。那么,对于这种情况来说,我们培养出来的是中国学生吗?可能是一根香蕉。这些人就算学了些东西,也只是个"香蕉人",皮是黄的而心是白的。更严重的是,还会出现"空心"、"黑心"的现象,那就更可怕了。

我国现在有几十万留学生在国外。曾经有留学生跟我讲,说他不想回国了。我问为什么呢?他说有人讲:"回国的是'狗熊',留下的是英雄。"有些人认为能留在国外就是优秀的,就是英雄,而只有没出息的人才会回国。我就跟他们说,这些话不对,在国外留下的有英雄，也有一些是"狗熊"，我就知道有些人干不了大事，为什么不回来呢？因为回来怕被人说"狗熊"，于是只好在国外长期打工，宁可在国外当"狗熊"。实际情况是，留在国外的很多人是在洗碟子、擦桌子、搞卫生，他们也是英雄？很多人回国了，成为工程院院士、科学院院士，他们难道不是英雄？

还有学生跟我讲："能出国是英雄，出不了国是'狗熊'。我感到压力很大，怕出不了国，别人会把我看成'狗熊'。""能出国是英雄，出不了国是'狗熊'"吗？这个说法也不对，至少很不全面！恰恰有很多英雄不出国。

比如，我们机械学院很多博士生，他们是英雄，但出不了国，因为他们是导师的左右手，离不开。我们机械学院的担子越来越重，教师们都是英雄，不仅是业务上的英雄，而且是思想素质上的英雄，是英雄的集体。当然我绝对不是讲不要出国，也绝对不是让出国的人都回来。我们只能有一个结论即"洋为中用"，绝对不能"月亮只是外国的圆"，更绝对不能帮助外国使我们国家受屈辱。

五六十年代有一句口号："为祖国而学习！"这句话影响了我们那一代人。这句话放在过去是对的，放在现在也是对的，放在未来也是对的，表示用什么"统率"一个人。周恩来同志青少年时期曾立志"为中华之崛起而读书"，我们现代青年也应有崇高理想，自强不息。不学好，怎么报效祖国？拿什么报效祖国？怎么成为高层次人才？

过去曾有人说，既然是多元化，可以不爱国吗？我的答案是，绝对不行！爱国方面的价值观念绝对不能多元化，怎么可以不爱国？那样就麻烦了。其他的可以多元化，人的衣着可以多元化，吃穿住行可以多元化，但是爱国不能多元化。"80后"、"90后"、"00后"，不是垮掉的一代，也不是"脑残"的一代，而是更富有判断力，更能把握社会发展的一代。当然，更要成长为爱国的一代。

需要认清的一点是，在代际中，没有代沟不正常，有鸿沟也不正常。也就是说，有代沟是正常的，而有鸿沟就不正常了。有代沟是进步,说明年轻人有他们自己的想法,有他们自己的判断能力。而有鸿沟就麻烦了,传统就很难延续下去。中国的大学,培养的应该是现代的中国人、中国的大学生,就是要培养德、智、体、美全面发展的人,造就爱国创新人才,以服务于实现中华民族伟大复兴的宏伟目标。

"君子务本,本立而道生。"报效祖国才是最大的德行,报国没有本事不行,有本事不报国也不行。也就是说,爱国和创新是联系在一起的,报效祖国和追求创新是不可分割的。

靠什么创新,主要靠追求文化上的创新,我后文还会进一步谈到。1997年,香港回归了,这是政治上的回归,而最主要的是要促进文化上的回归,促进香港民众特别是年轻一代对祖国的认同,这方面我们还有很多工作要做。所以1997年香港回归时,我写了一首诗:

  百五年间天地覆,忠魂血泪回萦。香江岂再咽哀声。紫荆真怒放,红磡更隆兴。

  耻起殖民今洗雪,中华一统先声。英雄坚毅继长征。国强当自爱,警笛更长鸣。

2010年,香港校友会成立30周年会上(右一为段正澄同志,右二为朱玉泉同志)

前些年,由于孙女杨易在澳门读书,我去澳门就稍多一些。每次去澳门,我都会到澳门的大学做报告,目的就是希望澳门的年轻一代认同祖国,热爱祖国。

当今世界,国力竞争激烈,竞争的关键是科学技术,竞争的根本是

2007年,在澳门科技大学做报告

人才,竞争的基础是教育,竞争的要害就是自主创新。一个国家、一个民族,没有先进科学,没有现代科学技术,就会落后,一打就垮,永远受制于人,痛苦受人宰割;一个国家、一个民族,没有优秀民族传统,没有民族人文精神,就会异化,不打自垮,无限受制于人,甘愿受人奴役。我们的教育就是要培养既爱国又能创新的人才,培养现代中国人。

六、学习·思考·实践

好好学习,天天向上。

这是我非常喜欢的毛泽东主席所讲的一句话,对此我的理解是:只有"好好学习",才能"天天向上";没有"好好学习",就不能"天天向上"。

岳麓书院也有这样的训示:"博于问学,明于睿思,笃于务实,志于成人。"它揭示了成人成才的道理:学习、思考和实践。

《论语·学而》讲:"吾日三省吾身:为人谋而

不忠乎？与朋友交而不信乎？传不习乎？"先理解最后一句，"传"，指老师所传授的知识或经典的教导，包含了学习；"习"，同《论语·学而》第一章的"习"字一样，是指实践。因此，曾子的这段话就很清楚，"传"指学习，"省"指思考，"习"指实践，中间两句话是最后一句话的主要体现。综合起来，这段话的意思就是讲：学习、思考、实践，三者应该结合，每天都要如此。

教育是育人的，对所育之人最基本的要求有三条：一是要有较广的知识基础；二是要有良好的思维品质；三是要有较强的实践能力。一个人要形成良好的素质和创新能力，离不开学习、思考、实践。这三者的关系，相互渗透，融为一体，不可分割。其中：

学习是基础，思考是关键，实践是根本。

（1）学习是基础。

学习是高素质的基础，是创新的基础。一部人类的发展史、科技的发展史，就是一部知识不断创新、不断累积的历史。有所发现，有所发明，有所创造，才能有所前进。显然，发现、发明、创造等，都是在知识累积与继承的基础上产生的。没有累积，没有继承，就没有前进的基础，就没有创新的基础。人是文化的动物。人类社会靠文化传承而延续，靠文化的创新而发展。要创新，首先要传承；要传承，首先要学习。"吾生也有涯，而知也无涯"，不学则无知，不学则无术，不学则自败，不高度重视继承，不好好学习已有知识，就是历史虚无，就会愚昧无知！

学习，不仅仅是学习已有的知识，也应包括学习自己个人的经验教训，更应包括向现实学习，现实就是一部巨大的教科书。一切成才者，没有不重视学习、不善于学习的。

学习需要勤奋。彭端淑的《为学一首示子侄》写道："天下事有难易乎？为之，则难者亦易矣；不为，则易者亦难矣。人之为学有难易乎？学之，则难者亦易矣；不学，则易者亦难矣。"学了之后，难的也变容易了；不学，容易的也会变成难的。事物都是辩证的，关键是事在人为。勤奋最重要的一点就是爱惜时间、珍惜时间,学会利用时间。鲁迅讲过,喝咖啡的时间都要利用。雷锋也讲过,时间都是挤出来的。很多时间往往是"碎片化"的,需要好好利用时间,学会挤时间。

当然,勤奋包含了三方面的内容:一是勤奋学习,二是深入思考,三是认真实践。勤奋还要贵在坚持,不是一两天、一两周,也不是一两月、一两年,而要长期坚持,持之以恒。

(2)思考是关键。

古人讲:"心之官则思。"大脑最大的功能在于思考,人之所以为人,之所以区别于动物,在于人能思考,能够创造性地思考;人与人之所以有差异,在于人的思维品质不同。我特别喜欢恩格斯的一句话:地球上最美丽的花朵,是人类的智慧,是独立思考着的精神。这里,一是要"思考",但还不够,二是要"独立"思考。我们不能培养书呆子,死读书,读死书,不会活用,不会举一反三。

孔子讲过:"学而不思则罔,思而不学则殆。"我认为,这是很有道理的,我对这句话的理解是:第一,只学不思,只能成为一个信息存储器,绝不是人脑。第二,只是一般的思,安于所习,溺于所闻,也不可能产生原创性的突破与创新,只能成为计算机、高速计算机、智能计算机。因为再高明的计算机,只能按照人规定的程序进行信息处理,不可能有原创性。第三,只思不学也不行,不学,就没有输入、没有原料,没有源头活水,没有可供思考的内容和对象,空空如也,也就"殆"了。

我们一定要重视思维方法,重视哲学,善于由表及里,由此及彼,由特殊到一般。我们一定要注重培养学生良好的思维品质。

良好的思维品质,就是严密的逻辑思维加上开放的形象思维——严密的逻辑思维保证思维的正确性,开放的形象思维保证思维的原创性。促进人文教育同科学教育相融,除了需要陶冶、净化、升华人的精神境界,培养高度责任感之外,还有重要的一点,就是要丰富、活跃、开拓人的思维,形成良好的逻辑思维与形象思维相统一的优秀的思维品质。

　　老子说:"为学日益,为道日损。"我的理解是,读书越多,知识就一天天的增多,就会越宽广;对规律的理解越深刻,就会越精炼、越简约,这就是"大道至简"。

　　我觉得我自己一直从肯于思考中受益。比如,小时候学数学,一只鸡加一只鸡等于两只鸡,一只鸭加一只鸭等于两只鸭,一只鸡加一只鸭等于两只家禽。这里就进行了抽象,把鸡和鸭都看成家禽,就是把它们进行量纲取为家禽,量纲相同,前提正确,当然就可以相加了。

　　"文革"期间,我下放农村劳动。一天,农场工作人员让我去割猪草猪菜,我根本不知道猪草是什么样子的,哪些草是猪草,更不知道该去哪里找。晚上,我躺在床上,翻来覆去,怎么也睡不着,突然豁然开朗,悟出了一个好办法:"猪吃的草,当然就是猪草!"太简单了!第二天一大早,我就赶紧去了猪栏,把猪圈里的猪都放出去,看到猪吃什么草,就跟在猪后面,把那种草割下放到篮子里。没花多长时间,割到了大量的猪草。别人都感到奇怪,但我不认为这是困难的事情。后来,我还写了一篇文章,谈到利用"天赋猪权"这个思维方法,解决了这个问题,强调了思考的作用。

　　人们常讲:书越读越厚,再读就越读越薄;厚,是讲特殊的知识越来越多;薄,是讲经过抽象,就可以从一般的、总体的意义上把握。

　　(3) 实践是根本。

　　有了作为基础的学习,有了作为关键的思考,如果没有实践,就等于是空的。学习得如何?思考得如何?哪些认识是对的?哪些认识是错的?对在何处?错在何处?对到什么程度?错到什么程度?为什么?下一步应怎么办?什么是成功?什么是失败?……这一切都离不开实践,只能等待实践的答复。

　　学习,当然包括向实践学习,思考包含着结合实践的思考,好的学习,好的思考,都离不开实践,当然不同领域有不同形式的实践。人的能力,只有到实践中才能得到培养和提高,知识离开了实践,就不可能转化为力量。

我当校长时,至少每两周要去听一个上午的课。有一次,到中文系听课,走进教室,我坐在一位姓胡的同学旁边,恰好他面前放了一本《论语》,说明他在看《论语》,我一看就很高兴,就跟他聊天。我翻开《论语》第一篇《学而》的第一章,问他:"学而时习之,不亦乐乎!"这是什么意思?他回答说:"学过的东西,要经常温习,这件事很愉快。"我对他说:"不对!"他说:"老师是这么讲的,书上也是这么讲的。"我说:"不对!你要把整本《论语》联系起来看,从整本《论语》的思想来了解每章的意义,才能有正确的理解。""学而时习之"的"习",不是指今天所说的"温习",而是指实践。

为什么说是指实践呢?要从整本《论语》的思想来理解孔子和这句话。孔子十分重视做人,重视实践。"学",就是指学习,包括向实践学习,包括温习;"时",是指经常,也是指及时;"习",是指实践、实习、习得。这句话是讲:要学习,要向实践学,学习做人、做事、做学问,而且经常加以实践,这件事让人非常高兴。正因为如此,才有第二句话:"有朋自远方来,不亦乐乎!"学习,包括向朋友学习,有朋友自远方而来,当然值得高兴。接着第三句话:"人不知而不愠,不亦君子乎!"正因为有了学习,向实践学习,向朋友学习,并经常加以实践,别人不知道又有什么关系呢!这才算是君子啊!

王夫之讲得十分深刻:"躬行为启化之源。"创新之根在实践,实践是根本,至少体现在五个方面:①实践是检验真理的唯一标准;②实践是最大的教科书;③能力来源于实践;④品德来源于实践;⑤创新来源于实践。

学习、思考、实践三者之间,不是彼此孤立,而是相互联系的。是在学习中思考,在实践中思考,思考把学习与实践紧密联系在一起,脱离学习与实践去思考就是空想。实践是检验真理的唯一标准,是检验学习和思考的广度、深度、正确程度的唯一标准。有一句谚语讲得好,"真金不怕火炼",讲的就是要检验。"实践是检验真理的标准",只有将学习和思考内容加以检验,才可能促使学习、思考的进一步发展与提高。

结合我自身经历来说,上面说到了我在"设备诊断"上的突破。20世纪80年代初,"设备诊断"方面还没有一套完整的概念体系、理论和方法,实践上还停留在盲目状态。当时我和同事、研究生们一起面向生产和工程实际,不断深入研究,总结经验教训,终于研制出可以应用的监测和诊断系统,从而取得较好的实践效果。

还有,我们在"颤振"上的突破,也是学习、思考、实践上的结合。1988年,二汽从美国进口了"曲轴连杆颈车床Mx-4",这个"洋宝贝"是二汽唯一的车削加工曲轴连杆颈的车床,被称为"独生子",投产仅3个月后,发生严重故障,车削时振动很大,打断车刀,打坏连杆,机床经常受损,美国公司两次派专家来也无法解决。我们就深入工厂车间,与技术人员、工人一起反复研究,创造性地得出一种新的认识:这是一种新的"颤振"。有了这种认识上的突破,我们后来采用了比较简单的措施,就基本上解决了这一大难题。在这个过程中,我的体会是,车削"颤振"难题的解决,是逻辑思维和形象思维相结合来解决的。逻辑思维保证思维内容的前后一致,形象思维使思维具有原创性的突破。

还有,德性、品德也是来源于实践,品德是读书读不来的。张思德有多高的学历?雷锋有多高的学历?他们为什么有那么高的德性?是在做事中体现出来的,是在环境中体验出来的。不管是能力还是德性,如果没有通过实践,那么就很难反映出来。

总之,一定要认识到实践教学的重要性,社会实践、生产实践、实践教学等是一个广阔而肥沃的育人天地,一定要有系统的落实措施,促进学生把学习、思考、实践三者结合起来,能够使知识转化为能力,深化为内部稳定的素质。

七、深知识·浅知识·实践

这部分的中心意思实际上还是讲实践,创新之根在实践。

陆游有一句诗说得好:"纸上得来终觉浅,绝知此事要躬行。"这句诗的意思是说,书本上得来的知识始终觉得是浅显的,经过躬行实践得到的知识才是深刻的。

800年前的陆游,哪里能想得到,800年后的今天出现了计算机,计算机上有个术语,叫"深知识、浅知识"。在计算机中,把书本上的知识叫作"浅知识",把经验叫作"深知识",认为"浅知识"可以被表达出来,而"深知识"不能被表达出来。

这不一定完全对,但是很有道理。最关键的是,强调了经验,强调了在实践中总结的经验,在经验中总结的规律,从根本上是强调实践的重要性。我曾以《创新之根在实践》为题,写过好几篇文章,强调实践的重要性。现在将"深知识、浅知识"之说提出来谈,还是进一步强调实践。因为现在太过于"重书本,轻实践",特别是工程专业,不重视实践怎么行呢?

与实践相比,知识只是很小的一部分,用牛顿的话讲,是大海旁边几块美丽的贝壳而已。能力来源于实践。例如,我想游泳,我读一万本关于游泳的书,不下水,能会游泳吗?我想打球,我读一万本关于打球的书,不去练习,能会打球吗?我想当高级护理,我晓得一万本书、一千种技术,不去实践,能够护理吗?我想写文章,我读一万本书,不去写,能写出来吗?只有到实践中才能懂得,不到实践中去根本体会不到。

庄子讲过一个"庖丁解牛"的故事。庖丁是一个宰牛高手,他的一把宰牛刀用了19年,宰了几千头牛,而刀的刃口却像刚刚在磨刀石上磨过的一样。为什么能这样,因为庖丁的刀刃总是恰到好处地

"解"在骨头之间的空隙之中,"游刃有余"这个成语就是这么来的。这既不是有什么理论,又不是有什么方法可教的,只能在实践中摸索,在实践中产生经验,得到体悟。

同样,高明的外科医生,做手术时手法极准,手的位置还可纹丝不动,这就是实践经验。高明的测量专家,一眼就能估量出精确距离,这就是实践经验。高明的书法家,无论如何下笔,字的笔画就是安排得宜,这就是实践经验。"文革"中,我在湖北咸宁"劳动改造"时,在厨房做事,时间久了,一个萝卜有几斤几两,一掂量就能估计到,误差最多不超过2两,这也是实践经验。

不要小看经验,不要看经验不起眼。因为有时候,规律不一定能讲出来。"深知识"很重要,有很多很重要的内容,一定要重视。实践不仅仅讲动手,很多也讲规律,讲规律在实践中的实现。很多东西,讲不出来,只能体会到,"只可意会,不可言传"。

在《庄子·天道》最后的一部分,庄子讲了书本、语言、意涵的内涵以及三者的关系。庄子认为,书本、语言是表达意涵的载体,但书本所表达的程度超不过语言,语言也不能完整表达出所应有的意涵和所蕴含的一切信息。庄子还举了"轮扁斫轮"的例子。轮扁是斫轮的高手,年事已高,深知斫轮奥妙,喻之于心,得之于手,但这是用语言不能完全表达出来的,不是只通过说就能传之于儿子的。其奥妙之处在于,他的儿子要想学到这一技术,一定要他的儿子自己去体验,去体悟和实践。

佛教禅宗认为,佛教的最高智慧、教义的精髓,无法用语言来表达,无法在佛教文字中去寻找,六祖惠能深刻指出:"诸佛妙理,非关文字。"量子论奠基人之一的玻恩也讲过与此异曲同工的一句话,他说:"真正物理学上的最精彩的最坚实的东西,是语言不可传递的。"只能意会,不可文达言传。

从人的认知长河的角度上看,从创新的角度上看,的确是"实践—认识—再实践—再认识",以至于无穷。但是,从教育过程、从人才成长过程来看，整体上应该是"认识—实践—再认识—再实践"，以至于无穷。正如毛泽东同志所讲的："实践和认识之每一循环的内容，都比较地进到了高一级的程度。"只有有了高于特殊性的一般性的认识，才可能对特殊性有更本质的理解与掌握，通过特殊性，更深入地认识和掌握一般性。

当然，讲实践重要，不是讲书本上的知识不重要；讲"深知识"重要，不是讲"浅知识"不重要，不要"非此即彼"对立起来，不要以为"这个重要，那个就不重要"。比如说，妇女节强调要解放妇女，但从来没说要打倒男子，没这个意思，是因为妇女解放不够，没讲要打倒男子。

要读书，要继承先人的东西，读书是继承的基础，更重要的在于实践。要创新，而创新源于实践。从本质上讲，实践是根本，是创新的源头，是创新的根本。没有实践，就没有创新；没有实践能力，就没有创新能力。创新过程就是实践过程，创新最终要以不同的实践形式来完成、来体现。

在教育领域，有些知识是可以认知的，有些是不能认知的，只有在实践中才能知道。不可认知的东西也很重要。有一些东西，读都读不到，只有在实践中领悟。所以，理论要联系实践，要向实践学习。比如砍树，有时候，砍快了不行，手会打滑；砍慢了也不行，会砍不进去；要不快不慢，不多不少，这就要靠经验，这就是"深知识"，不是书本上可以教的。

现在教育领域有个提法："在做中学。"我很赞成这个提法，这也体现了毛泽东同志的著名论断：

> 通过实践发现真理，又通过实践而证实真理和发展真理。

"在做中学"，这当然有道理。但仅这样不够，还应加个提法，即"在学中做"，也就是，既要"在做中学"，也要"在学中做"；"学"不要离开"做"，"做"不要离开"学"；认识不要离开实践，实践不要离开认识；

两者结合,相得益彰。特别是在工程技术教育中、在职业教育中,要特别强调这一点。实际上,我国很多技术不过关,一个突出问题,就是实践教学不足,以及从实践中培养能力不足。

"做",往往是特殊的;"学",不仅要有特殊的,更要有一般的。一切事物都以自己的特殊性而存在,而特殊性又必然统一于一般性之中,一般性绝不可能离开特殊性而存在。"学",不能只限于"做"的这一特殊性之中,而要为了通过"做"的特殊性而升华、抽象到一般性。

"学"与"做"要紧密结合,不能不要前人总结的知识,什么都从实践开始,什么都从头开始。例如,在"大跃进"与"文革"中,出现过所谓的"以典型产品带动教学",实际上是只有典型产品,而没有高于典型产品的系统认识,也就带动不了教学,也不是真正意义上的"在做中学"。

八、诚信是成人的基础

"人无信不立",诚信是成人的基础。1993年1月中旬,我接任校长几天之后,就是一个学期快结束的期末考试时间。那几天,武汉突然降温,寒风凛冽。我平时都是走路上下班,考试的第一天,我一大早就出门了,直奔西五楼,巡视考场。一些监考老师惊喜地发现我到了现场,而且比他们到得早,连忙说:"杨校长,你到得这么早?!"学生们大多还不认识我,他们行色匆匆而又神情专注地走进各自的教室。我不仅是想检查考风考纪,还希望检查考试内容。当然,对学生们在考场上的表现,我是满意的。我认为,考风是学风的体现,也是诚信的体现。

育人就是教会学生如何做人、如何做事、如何做学问,这个学问不是别的,而是如何更好地做人、如何更好地做事、如何将做人与做事相结合的学问,这一切的根本就是诚信。

"诚"是中国文化中的一个核心概念,也是教育中的一个核心概念,最核心地体现出这种精神的是《中庸》。《中庸》讲:

诚者,天之道也;诚之者,人之道也。

诚之者,择善而固执之者也。

诚者物之终始,不诚无物。

自诚明,谓之性;自明诚,谓之教。诚则明矣,明则诚矣。

唯天下之至诚,为能尽其性;能尽其性,则能尽人之性;能尽人之性,则能尽物之性;能尽物之性,则可以赞天地之化育;可以赞天地之化育,则可以与天地参矣。

"诚",从字面上来看,是一个"言",加一个成功的"成",表示说话要算数。信,单人旁加一个"言",表示人说的话。信,也是诚,表示诚实,不欺骗。汉语中,诚能组成很多词,都是褒义词,并且诚信的"诚"和成功的"成",发音一样,可以说是"由诚而成"。

诚信,就是老老实实、实事求是,就是有责任感。诚信是最基础的东西,诚信是成人的基础。人生在世,要立功立德立言,成就一番事业,自始至终,就要做到"诚";没有"诚",做不成事业,也很难成功。

诚信不能离开责任感,责任感的基础是诚信。没有诚信,谈不上有责任感。人的感情问题,就是责任感问题;责任感问题的背后,进一步深化,就是价值观的问题、人生价值取向问题;究其实质,是素质问题。

中国人讲"忠、孝、节、义",都是责任感问题,"忠"是对国家负责任,"孝"是对父母负责任,"节"是对家人负责任,"义"是对朋友负责任,都是责任感。一个人对国家不诚不信,对配偶不诚不信,对朋友不诚不信,那谈什么负责任?一个人对父母家人没有感情,对朋友没有感情,很难说是有诚信、有素质的人。家庭是社会的细胞,一个人对家人都不好,对父母不孝、对配偶不节,哪里还谈得上对其他人好?

还谈什么有益于国家？

"天下兴亡，匹夫有责"，讲的就是责任感。责任感最基本的就是讲不讲诚信，平时人们常讲："你说话不算数！靠不住！"就是等于讲："你不负责任！"人不诚信，还谈什么责任感？

家庭教育是最基础的教育。中国有一句骂人的话很经典："没有家教！"这是一句很重的话，可惜现在很多人对此无所谓了。只有诚诚恳恳、老老实实，才能清清楚楚、明明白白；只有切实的清清楚楚、明明白白，才能有真正的诚诚恳恳、老老实实。诚诚恳恳、老老实实，讲的是客观世界、精神世界的状态；清清楚楚、明明白白，讲的是对客观世界、物质世界的认识。

生物界是一个相互依赖、相互制衡、此消彼长、与时俱进的有机整体，之所以能如此，与生物之间存在的"信息联系"有关。信息联系的基础就是诚信，一旦外界用错误的信息破坏了这种联系，对于个体，轻则会导致走上错路，重则导致灭亡；对于群体，就会受到摧毁。

人类社会也同样如此，诚信是国民最基本的道德素质，是人类社会最基本的伦理基础，是人生最基本的生活哲理。"人无信不立。"，《论语·卫灵公》中讲了一件事，子张问孔子，什么是行为准则，孔子的答复是"言忠信，行笃敬"，讲的就是要诚信。讲诚信就要处理好个人同他人、同外界的关系。

荀子在《劝学》中说："君子生非异也，善假于物也。"王安石在《游褒禅山记》中说，人要获得成功，一个重要条件是"有物相之"。"善假于物"的"假"，"有物相之"的"相"，就是指善于利用外界条件或环境，处理好个人同外界的关系。

诚信的核心，就是要解决人生的价值取向问题，也就是回答人是不是"人"的问题。作为"人"的根本是什么呢？《论语》给出的答案是"仁"！"仁"的根本又是什么呢？《论语》非常直接而干脆地回答："孝弟也者，其为仁之本与！"孝弟（悌），就是做人的责任感，推己及人的责任感。

人的感情问题实质是人文素质的问题。对父母家人没有感情的人、对朋友没有感情的人,能爱国爱人民吗?对父母不孝、与邻居不睦的人,会对国家忠诚吗?对兄弟姐妹不悌、对朋友同事不讲信用的人,就是做了官也不会是好官。感情问题的背后,是责任感问题;责任感问题的背后,进一步深化,就是价值观的问题、人生价值取向问题。

诚信同责任感密不可分。没有诚信,谈不上有责任感。1998年10月在巴黎召开的第一次"世界高等教育大会"发表了一个宣言,这个宣言指出:高等学校的首要任务是培养高素质的毕业生与负责任的公民。作为学生,应是高素质的,一旦进入社会,肩负工作,应是高度负责任的。

现在社会处于大发展、大转型的时期,成绩辉煌,主流大好,但道德沦丧、诚信缺失的现象也十分严重。俗话说:"一颗老鼠屎,坏了一锅羹。"现在不是一颗老鼠屎,而是一把老鼠屎、一捧老鼠屎的问题了。在一些人看来:热爱祖国成了"会作秀",服务人民成了"爱逞能",崇尚科学成了"书呆子",辛勤劳动成了"没本领",团结互助成了"冒傻气",诚实守信成了"老古板",遵纪守法成了"不开窍",艰苦奋斗成了"老保守"等。例如,"见义勇为"本是一种良好的社会风尚,现在很多人却不敢为,因为有时会被倒打一耙。确实有这样的例子:老太太被车撞倒在地,另一位驾车者赶快停车去抢救,老太太反而诬陷说是抢救她的人驾车撞了她。幸而有电子监视器的录像为证,澄清事实。再看各种考试、考核、考查中,即使采取严格的程序层层把关,严密的高科技手段监视,作弊情况仍然存在。比如,高考实行所谓的"裸考",连纸、笔都不准带进考场,然而"道高一尺,魔高一丈",仍不乏作弊者。但是,我们一定要明辨荣耻、坚定信念、坚持美好、向善而行。

再看看正面的例子。1997年1月14日,华中理工大学期终考试,西五楼是主考场之一。当天,天色极为阴沉,上午8:30考试开始,教室内灯火通明,但 5 分钟后突然停电,持续约半小时。然而整个大楼寂然无声,105 教室在考"概率论与数理统计",没有一个人趁此机会作弊。506 教室在考"公共关系学",也无一人趁机公关。监考老师均为之感动。事后,我为此专门写了一首诗,《七律·赞我校考试》:

  光线昏昏远未明,无端停电更阴冥。
  考楼鸦静无声赞,学子心纯自律称。
  自古"勤"方成大"学",溯源本必在真"诚"。
  好"风"借得青云上,喜盼他年报捷声。

  这首诗中,强调了"诚"是"本","学"在"勤",而无"诚"必无"勤","风"是校风、学风、作风,只有有了并且凭着"诚"与"勤"的"风",才能直上"学"的青云。

  "诚于忠,信于外",就是要坚持必诚必信,既不粗心大意,更不弄虚作假。我从小学入学,到大学毕业,我所有的作业,都是我亲自完成的,从未抄袭过别人的。这些年,我在不同场合结合我个人的成长经历,讲《踏平坎坷,成人成才》,将我的成长道路与经验归结为四点:第一,人生在勤,贵在坚持;第二,敢于开拓,善于总结;第三,尊重别人,依靠集体;第四,理想崇高,自强不息。第一条是成长的基础,第二条是成长的关键,第三条是成长的条件,第四条是成长的核心与灵魂。贯穿其中的,就是诚信,就是责任感。

  对于做学问而言,诚信应该是也必须是学者最基本的学术境界。学术境界至少包含了四个方面:一是学术态度;二是学术作风;三是学术方向;四是学术团队。这四个方面相互联系,学术态度是根本,学术作风是保证,学术方向是关键,学术团队是前提。"自古勤方成大学,渊源本必在真诚",有一流的诚信,才能有一流的学术。

  学术态度,老老实实,这是学术的根本。学术,做学问,科学研究,实践调查,技术开发,就是老老实实的学问,来不得半点虚假。毛泽东同志在延安整风中有三篇重要讲话:《改造我们的学习》、《整顿党的作风》《反对党八股》，基本精神讲的就是要"实事求是"。他尖锐地指出："在世界上要办成几件事，没有老实态度是根本不行的。"他还一针见血地批评弄虚作假的人："一切狡猾的人，不照科学态度办事的人，自以为得计，自以为很聪明，其实都是最蠢的，都是没有好结果的。"世界上这些绞尽脑汁、挖空心思、缺诚失信、自以为高明的人，都证实了《红楼梦》中的一句话："机关算尽太聪明，反误了卿卿性命。"

保持严谨学术作风，不倦探索，这是学术研究取得成绩的保证。我很佩服钟南山院士，他是一切从实际出发的一个典型。2003年，"非典"肆虐高峰时期，上级派了一个强大的代表团赴广州，现场指挥抗击"非典"。代表团专家告诉钟南山院士及其团队，要大量采用激素治疗。钟院士从其亲身的实践与研究中清楚知道，采用激素根本不能消除致死原因，坚决抵制激素方案，即使受到批评，也坚持不改。后来事实证明钟院士是对的。2020年初的新冠肺炎疫情，钟院士更是本着医生的良知和责任，率先发出"可以人传人"的声音，从而引起各级政府的重视和行动。这就是诚信。钟院士说的一句话"诚信是科技工作者的底线"，揭示了科技工作者最基本的道德品质就是诚信。

在这方面，居里夫人也是一个出色的坚守诚信的典范。居里夫人花了4年时间，做了5677次试验，经历了458次分离试验的失败，从8吨沥青中提取了0.12克氯化镭，由此发现了放射性元素。老实说，她的哪一次试验、哪一个步骤不都是一丝不苟、忠于事实、忠于科学的，绝不会弄虚作假、投机取巧、造假作弊。这就是坚守诚信之道。如果不是坚守诚信之道、求真务实、实事求是、践诚守信，就不可能有镭的发现。

总之，诚则明矣，明则诚矣。人才的德、人才的精神、人才的境界是要害的要害、关键的关键。

九、尊师重道，尊师爱生

"尊师重道"、"尊师爱生"是中国文化中很有特色的部分。在这方面，我有个观点：一是，学生尊重老师就是尊重历史，尊重自己成长的历史，任何人都应该尊重老师，不尊重老师，就是不尊重老师的人格，也不尊重自己的历史；二是，做老师的，要鼓励学生超过老师，一代更比一代强。从整体上讲，如果学生不超过老师，儿女不超过父母，社会怎么能进步？"芳林新叶催陈叶，流水前波让后波"，这是自然规律。我们千万不能做鲁迅笔下的"九斤老太"。

我的老师们都先后去世了，我很怀念他们，如路亚衡老师、赵学田老师、高宇昭老师、李如沆老师、陈日曜老师等，我曾写过一篇文章，题目就是《没有老师就没有学生》。如果没有老师，哪有学生呢？没有老师的教导，哪有今天的自己和自己的成就呢？

2011年是辛亥革命100周年，武昌是辛亥革命首义之地。2011年10月10日，武汉举行了一个很隆重的纪念会，我作为民主革命党人、孙中山先生及其革命事业忠实追随者杨赓笙先生最小的儿子，有幸参加了这个纪念会。当时，李烈钧将军的后人李赣骝等也参加了这个会议，海外来了很多华人华侨，其中包括孙中山先生的孙女孙穗华、黄兴先生的孙女黄仪庄等，还有台湾地区的一些代表，包括台湾辛亥武昌首义同志会的代表，他们都来到武汉参加纪念会。我印象特别深的是会议第二天的座谈会。座谈会上，个人自由发言，孙中山先生的孙女和黄兴先生的孙女等都做了个人发言。我记得有8位发言人是来自海外的，其中有一个人的发言（我不记得具体是谁了）让我感触很深。她讲了一件事，她说她的第三代，也就是她的孙女，在哈佛或是耶鲁读书，老师对她孙女很好，她就对孙女说："你老师对你这么好,爷爷奶奶想请老师吃个饭,表示感谢。"这个第三代没有作声。过些天她又讲:"你老师对你这么好,爷爷奶奶想请老师吃个饭,表示感谢。"这个第三代还是没有作声,没反应。过几天,她又讲:"你老师对你这么好,爷爷奶奶想请老师吃个饭,表示感谢。"这次这个第三代有反应了,她就讲:"为什么要请他吃饭啊?我给他干了活啊!"这件事情让她很有感触,师生之间怎么是这样子呢?

这件事也让我很有感触,这不是中国人之间的师生关系。中国人讲"滴水之恩,涌泉相报",而美国人则讲求"等价交换"。等价交换是什么意思?讲透了的话就是金钱交换。中国人不是这样的,中国的"滴水之恩,涌泉相报"表明中国人注重感恩,中国人有感恩之心,中国人对老师心怀感恩。

很多地方祭祀,有个牌子,上面写着"天地君亲师"。什么意思呢?天、地、君、亲,接下来就是老师,可见老师地位的重要性。中国人还讲:"一日为师,终身为父。"

举个例子,清朝有一员大将叫年羹尧,他小时候特别顽皮。他父亲怕他不能成才,请了教师来教他,对于来的教师,他是来一个打一个,最后没办法,他父亲只能请了一个文武双全的老师来教他,这次他服了,后来他成了一代名将。他对师生关系很有感悟,写了一副对联,后成为年家的传家宝:

不敬师长天诛地灭

误人子弟男盗女娼

这话虽然说得有点过头,但讲得很好,上联说的是学生必须尊重老师,下联是老师必须对学生好。老师和学生就是这种关系,老师要爱护学生,学生要尊敬老师。

中国的老师对学生有爱心,陶行知先生曾说过一句话,"捧着一颗心来,不带半根草去",这是老师对学生的心情。中国人的师生关系就是"尊师爱生"。

我在美国做访问学者的时候,是在美籍华人教授吴贤铭教授门下,他作为导师指导我。有一天,他问我一个问题,他说:"你知不知道美国人把导师称为老板?你知道老板英文怎么讲?"(现在不少学生也叫导师老板)我说:"Boss!"他就讲:"你知道 boss 是什么意思啊?你查查字典,大字典,boss 有两个意思,一个是伟人,还有一个是坏人。正面的伟人,或者反面的了不起的人,都叫 boss,老板。"他讲得很生动,他还说电影《闪闪的红星》中的胡汉三,是大恶霸,就是 boss,他的很多学生毕业以后虽然不叫他老板,但是叫他"老吴",不叫老师了。

我就想,中国的学生和美国的学生不同,中国的学生始终都叫老师是"老师"。我在美国待了半年之后,从我们学校又来了一位杨绪光老师,他也在吴贤铭教授门下,杨绪光老师教过我,带我们实习和指导设计,1978 年我们同时提副教授,1980 年我又破格提了教授。当时我们都在吴贤铭教授门下,我每次都很尊敬地喊他"老师"。有一次,吴贤铭教授问我:"你是教授,他是副教授,你为什么总叫他'老师'?"我说:"他是我的老师啊!"

我还讲了,我们都研究牛顿,也研究笛卡儿,而且都知道牛顿很伟大,可是牛顿讲过一句话,大意是如果说他比别人看得更远些,那是因为他站在了巨人的肩上。牛顿认为自己是站在巨人肩上,所以看得更远。学生能够取得进步,有老师的心血。没有老师,就没有学生。学生超过老师,是在老师教的基础上超过的,学生不应该感谢老师吗?

当然,老师应该欢迎学生指出学术上的错误,提出更深入的见解,这是老师的光荣,因为教出了好学生。当然做老师的,特别是带本科生高年级或研究生的老师,应该勇于教学生前沿性的东西。前沿性的东西就是还不十分成熟的、还没有完全结论的东西,否则就不叫前沿了。所以当学生跟老师提出不同意见,就应该更加受到鼓励,鼓励学生昂扬向上的斗志,鼓励学生旺盛的学习精神。记得 1957 年毛主席在访问苏联时接见中国留学生讲的一段话:"世界是你们的,也是我们的,但是归根结底是你们的。""你们青年人朝气蓬勃,正在兴旺时期，好像早晨八九点钟的太阳。希望寄托在你们身上。"这就是朴素的真理，也应该是做老师、做长辈的应有的心态。

我曾经开了一门课叫时间序列分析。一天，我正在讲课，有个学生说："老师，你有一个问题讲错了，前提没错，结论没错，中间过程错了。"我一看，确实是我疏忽了，赶紧对他说："不错，讲得好，成绩可以加五分。"这个学生叫吴波，毕业后留校，在我们机械学院，现在成为很好的老师。

明代思想家王阳明讲过："谏师之道，直不至于犯，而婉不至于隐耳。""直不至于犯"，意思是在老师面前提意见，直言相谏不能说是冒犯，当然不能侵犯老师的人格；"婉不至于隐"，意思是讲得很委婉，但绝对不隐瞒自己的观点，合起来就是，"正直而不可以冒犯，委婉而不可以隐瞒"。

做老师的，怎么对待呢？应该是反思自己：我讲的对不对？为什么？如果学生说的对，我应该知道我错在哪里；如果我讲的对，我应该知道我对在哪里，并帮助学生修正错误的认识。这对老师和学生都有好处。这就是说导师与学生的关系，老师必定要爱护自己的学生。老师有不懂，也不要感觉有什么丢脸的，我认为一点都不丢人。

我在美国时，向我导师、知名教授吴贤铭先生请教问题，他有时候会说："这个问题，我不太懂！"很坦率，也没有觉得有什么好丢脸的。不要以为老师不懂，就觉得老师不行；也不要认为自己什么都懂，就觉得了不起。学生懂的，没有值得骄傲的地方；老师有不懂的，也没有任何觉得丢脸的地方，大家都实事求是。因为要向最高峰攀登，不可能都懂，是要共同研究的。

师生互动，教学相长。导师和学生也必须互动，必须有心与心的交流。也许有人讲："现在网络教育、远程教育发达了，可以用网络教育、远程教育代替教师，教师质量不那么重要了。"我不同意这个观点。

《礼记·学记》讲，"学然后知不足，教然后知困"。导师和学生彼此相互启发，不同层次的东西，相互帮助也会不同。老师与学生，层次不同,互动层次就会不同,内涵也会不同。对中学生,可能老师的主要任务是怎么使学生懂,怎么使他更加深刻的了解。但是到了研究生阶段,尤其到博士学习阶段,往往是共同研究,学生缺乏经验,没有办法把握方向,所以导师主要是把握好方向。至于具体问题,需要学生自己解决,如果老师都帮助学生解决好,何必做研究,何必称为研究生?学生懂的东西,如果老师都懂的话,就不必要进行研究,也不会是前沿问题,学术上肯定有老师不懂的东西,但是老师可以把握方向。

因此,对研究生而言,特别是对博士生而言,如果他的问题,老师都可以答出来,那么这些问题就是低水平,绝对是低水平问题。如果所提的问题,老师答不出来,这才是高水平。因此需要研究,特别是前沿的问题,更需要师生互动,共同研究解决。

第五章

人文科学，和而不同

一、假命题·真问题·大课题

1948年，著名的建筑学家梁思成先生提出了"半个人"的说法。梁思成先生认为，人类社会的整体道德，各部分是互相影响的，不能自行其是，尤其是研究理工科的人，绝不能只顾自己的技术方面，而不顾社会、政治、经济、文化、自然环境，无论是建造一所住宅、一间工厂，还是修筑一条铁路或公路，不但要满足社会、政治、经济的需要，还要了解自然的需要，只顾片面问题不顾全体的只是"半个人"。然而自19世纪末以来，由于新技术的发展，对环境的破坏非常严重，甚至损失了永远无法补偿的千余年的文物，到处都受到"半个人"所造成的影响，出现了"半个人的世界"。

梁思成先生还认为，不仅存在"半个人"，简直还有"四分之一个人"。而追溯变成"半个人"的原因，实则是由于教育的失误。教育只以取得专门知识为目的，这只是训练匠人，只是制造"半个人"，而不是教育。我们必须做"整个人"，眼光必须兼顾整个社会问题，整个人类环境,才能推己及人,真正地为人类服务。

1959年,英国物理学家和小说家斯诺提出了"两种文化"的说法。斯诺在剑桥大学发表《两种文化》的讲演,提出在知识界存在科学文化与人文文化之间"两种文化"的分裂问题。斯诺认为,"两种文化"的分裂对解决世界上的问题是一个重大的障碍。

"半个人"和"两种文化"的说法,在学术界引起了强烈的反响,直到今天,这个现象仍然存在,现在要讨论的是如何促进两种文化交融。

从理论上来说,"科学人文,和而不同","科学人文,不同而和",但在实践上的确存在两种文化的分裂现象。有一次,我在同余东升同志讨论这个问题时,余东升同志说两种文化的分裂,实际上在理论上是个假命题,在实践上是个真问题。我一听,表示认同:"是这么回事!"。

实际上,"两种文化"的说法,在理论上是个假命题,在实践上是个真问题,关键是这是一个大课题——在理论上如何正确认识两种文化、两种教育的关系,在实践上如何将两种文化、两种教育合乎规律地交融,这的的确确是一个大课题。

所谓是个假命题,因为两种文化在基础层面上是"同源共生"的——均来源于实践,来源于大脑,来源于大脑对实践的反映,来源于大脑对此反映的加工,它们在不同程度上反映着客观世界,也反映着精神世界,从而反映着客观世界的真实性与唯一性,也反映着精神世界的感悟性与多样性,把科学与人文分开是假的,科学与人文是不可能分开的东西。

所谓是个真问题,指从实践上来说,科学文化与人文文化的分裂是学术文化分工造成的,是"人为"分裂的,人为地将科学文化同人文文化分裂开来、对立起来,特别是人为地将科学教育与人文教育分裂开来、对立起来。自工业革命以来,由于科技作用日益强大,科技带来的物质文明日益显著,科技发展日新月异,越来越快;科学文化作用日益彰显，人文文化作用日益削弱，造成科学文化与人文文化的分裂，且愈演愈烈。人为地割裂，就是违背客观实际，就是反"常"。老子在《道德经》中所说的，"不知常，妄作，凶"，势必自食恶果。

　　与70年前梁思成先生提出问题的时代相比，当今科学文化与人文文化的分裂情况更为严重，文理分科越来越多，专业分类越来越繁，职业分工越来越细，彼此隔绝越来越严重，人为地造成两者分裂。教育上，存在"五重五轻"的严重倾向：重理工，轻人文；重专业，轻基础；重书本，轻实践；重共性，轻个性；重功利，轻素质。这五方面彼此相关，都同重科学文化、轻人文文化有密切关系。当然，"重"，是完全正确的，"轻"，就是绝对错误的。"五重五轻"的实质，就是急功近利，就是"重功利，轻素质"，即"重物、轻人"、"重做事、轻做人"，绝对不是从"以人为本"、"以育为法"出发的。

　　"两种文化"的分裂，似乎成为一个久经"历史锻炼"的急功近利的"老、大、难"的问题，十分严重，同时代发展的形势十分不适应，如果不解决的话，这样培养出来的不仅是梁思成先生所讲的"半个人"，甚至可能是"四分之一个人"、"八分之一个人"。因此，不能不极为认真地把它作为一个"大课题"立下来，下决心积极、稳妥、正确地予以解决，要从理论和实践方面入手进行研究和行动，力求还其"整体原貌"。也就是将"科学"与"人文"结合，培养具有完全人格的人。

　　两种文化在应用层面上，它们作用的主要对象不同，目的不同，功能不同，形态不同，因此决不能相等，更不能互代，但应该互补。在此方面，我先后写了《科学人文，和而不同》、《科学人文，不同而和》、《时代发展的必然趋势：科学文化与人文文化的交融》、《文化：知识、思维、方法与精神的集》等文章，而且在不同场合的讲座中，反复强调这些观点。我的基本观点就是讲，两种文化是"你中有我，我中有你"，应该互补，可以互动，必须交融。

　　科学文化、科学教育本身是个整体，不能割裂。对科学文化而言，知识是一元的，思维主要是系统逻辑的，方法主要是严密实证的，原则是求真的。

人文文化、人文教育本身是个整体，不能割裂。对人文文化而言，知识往往是多元的，思维往往是形象、直觉、灵感、顿悟的，方法往往是体验的，原则主要是求善的。

科学技术是一把双刃剑，既能赐福于民，也可造祸于民；既能带来美妙的、神奇的创新，也会带来潜在的、毁灭性的灾难。问题在于人如何去认识、去把握。两三百年来，科学文化迅猛发展，科学技术给人类带来了高度发达的物质文明，同时也导致了一系列极为严重的环境问题、资源问题、社会问题与精神问题以及科技本身发展等方面的问题。

科学技术发展的速度正变得越来越快，科学技术成果的作用也变得越来越强大，科学文化、人文文化两者被人为地分割也越来越严重，由此带来的问题也越来越严重。所以二者之间必须交融、务求交融。交融则两利，分离则两弊。

人之所以为人，因为人有人特有的人性，人还有人特有的灵性，更有人性与灵性交融而升华的精神境界。人性的开发与培育，主要靠人文教育；灵性的开发与培育，既要靠科学教育，也要靠人文教育。需要科学文化与人文文化、科学教育与人文教育、人性与灵性的交融来实现。这正是时代发展的必然趋势。

二、"五精五荒"

1998年11月，我在广州参加"大学生文化素质教育（通识教育）研讨会"，参加会议的主要有内地10所、香港9所大学的有关领导和研究人员。我在会上做了发言，提出社会上、教育上出现了"五精五荒"现象，非常不利于人才成长。

"五精五荒"的提出，也是受到了李岚清同志的启发。1998年5月，北京大学举行百年校庆，校庆期间举行了大学校长论坛作为校庆活动的一项内容,世界上100多所著名大学的校长参加了论坛。李岚清同志在论坛上说到,大学师生不要只精于科学而荒于人文,我认为这话讲得形象深刻。仔细分析,这"一精一荒"后面,有个"五精五荒"的表现。这"五精五荒"就是:

精于科学,荒于人学。

精于电脑,荒于人脑。

精于网情,荒于人情。

精于商品,荒于人品。

精于权力,荒于道力。

(1)精于科学,荒于人学。

只看到科技的作用,没有充分看到掌握与使用科技的人的作用;只重视研究科技及如何使之发挥作用,而没有重视研究使用科技的人及如何使人正确有效地掌握与发挥科技的作用。精于科学,完全正确;荒于人学,彻底错误。

毛泽东同志讲"枪杆子里面出政权",这其实首先是指谁掌握枪杆子?邓小平同志讲"科学技术是第一生产力",这也首先是指谁掌握科学技术?这其中的"谁"的问题,其实就是"人"的问题;"人"的问题,实质上是文化的问题;文化上的问题,源于教育上的问题,特别是人文教育的问题。

荒于人学,就可能导致科技使用的不当,乃至造成严重的后果,甚至巨大的灾难。这类事例,不胜枚举,姑且不谈坏人掌握了科技后果是如何的严重,就是好人掌握了科技,如果使用不当,后果也很严重。比如,最近几十年,是世界自然资源损失最惨重的时期,环境污染与生态破坏极为严重,很大程度上并不是有意为之,而是使用不当造成的。

(2)精于电脑,荒于人脑。

精于开发电脑,精于教学生掌握与开发电脑,而荒于开发人脑,荒于全面地发展学生的思维。精于电脑,十分正确;荒于人脑,极为错误。

人有左脑与右脑。左脑主要同抽象思维、逻辑思维有关;右脑主要同形象思维、直觉思维有关。科学技术工作主要同抽象思维、逻辑思维有关,而文学艺术活动主要同形象思维、直觉思维有关。人的创造性思维主要同右脑有关,而电脑却是以严格的逻辑"思维"工作着。只精于以电脑这种逻辑"思维"方式去教育学生,只精于以科技的工作与教育方式去训练学生的逻辑思维,而荒于以人文教育方式去启迪与培养学生的形象思维与直觉思维,这是十分片面的,甚至会造成对人的灵性、创新能力的磨灭和打击。

邓小平同志讲过,"计算机普及要从娃娃抓起",这无疑是正确的指示,强调要进行科学教育。但是不能变成"娃娃只抓计算机"。现实中有一种苗头,有的中小学校,既不重视学生的社会实践,也不重视学生对自然界的认识,既无生动活泼的人文教育,又无应有的自然科学实验,而只把大量精力用于"娃娃抓计算机",使孩子成为计算机的附属工具。

在教学中,本应是"计算机辅助教学",计算机是为教学服务的,但一些学校的教育走到了极端,过分强调计算机的作用,变成了"教学辅助计算机"。

(3) 精于网情,荒于人情。

精于同网络打交道,甚至沉湎于网络,而荒于同人打交道,甚至不知道应有的和基本的人情世故。精于网情,还应大力而正确地加强;荒于人情,则须坚决而认真地反对。

计算机科技的发展,网络科技的发展,将世界连成一片,地球变为一个"地球村",世界变成了"扁平"的世界。这改变了人的生存状态和生活方式,不适应这个形势,不精于网络,不迅速地把教学、研究、工作、生产乃至于生活置于网络之下,势必成为信息时代的瞎子、聋子、哑巴、跛子,最终会遭到淘汰。可以说,对于网络的重视,我们做得很不够,对于人工智能发展的重视,我们做得也不够,我们还需要继续努力。

但是,如果只沉湎于网络,轻则荒废学业,贻误工作,思想与生活畸变,重则钟情并参与网上的"黄、黑、毒",导致"黄色"的泛滥、"黑客"的纵横、"病毒"的肆虐,成为社会的害虫。网络技术不管怎样发达,纵使"天涯若比邻",与人"形影不离"、"能知天下",但毕竟不是人与人的直接交流、了解、相处、共同生活,而只是"形",是"影",是一个实实在在、绝非虚幻的"梦"。"梦"终究是"梦",网络交流不能取代人与人之间的直接接触和直接的情感交流。

我曾经参加一个会议,会上有人讲"将来的世界肯定是虚拟世界"。我绝对不同意这个观点。网络发展会对世界产生很大影响,我同意;但网络再怎么发达,也不可能代替现实。开个玩笑,一个人可以在网上谈朋友、在网上结婚,但能在网上生出活生生的孩子吗?绝对不可能在网上生孩子!网络取代现实世界,这怎么行?人的五官,有各种感觉,网络则是冷冰冰的,不能用网络取代现实,用网情取代人情,我所讲的人情是正面的人情,是指人的情感。

(4) 精于商品,荒于人品。

精于商品,无可厚非;荒于人品,不能容忍。马克思在《共产党宣言》中曾批判了一种人际关系,就是将一切人际关系都变成商品关系和赤裸裸的金钱关系,人格人品淹没于金钱之中。在知识经济时代,知识成为商品,这无可非议。为了保护知识产权,还制定了保护知识产权的法律,如著作权、出版权、专利权、商标权等,有关知识产权的保护还远远不够,仍亟待加强。但这绝不是讲,一切知识在任何情况下都得变成商品,都要花钱购买。

知识本来就是人类在协作中创造出来的。离开了社会,离开了历史,离开了集体,谁能创造出来?知识是否都应成为商品,这并不是$F=ma$,不是什么自然规律,而是应以能否促进经济发展、社会进步来确定的。商品者,逐利也,这个"利",如果利于国家强大、民族繁荣、社会进步,那就是"义",就是高尚的人品。这就是"利"与"义"的统一、商品与人品的统一。反之,就是"不义",就是卑鄙的人品。

我非常欣赏日本近代资本主义"创业者"涩泽荣一的观点。涩泽荣一在他所著的《论语加算盘》中提出,与国家、民族利益一致的个人的"利",就是个人最大的"义"。也就是说,讲"利"还得讲"义",个人之"利"服从国家和民族之"利",个人最大的"义"就是国家、民族之"利",就是民族大义。为了一己之私,损害国家与集体利益,将知识乃至将共同劳动获得的知识成果,不择手段,攫为己有,以谋求个人的发财致富,把"利"与"义"割裂,把"商品"与"人品"对立,那么,人品何在?人格何在?

(5) 精于权力,荒于道力。

发展科技,发展经济,发展实力,维护自己的正当权力,决无可非议;荒于道力,则决不能容忍。

有高科技,有经济实力,有市场经济优势,就拥有"权",就可以通过高科技的"力",通过商品的"利"化为各种的"权",特别是政治的"权",从而可进一步谋取"暴利"、"暴力"与"强权",置"自由、平等、博爱"与"仁、义、道、德"乃至人际最基本的道德关系于不顾。更有甚者,这可发展为国家之间,强者通过高科技、计算机、网络之"力",或通过厚"利",对知识进行控制,对财富进行掠夺,制造弱国的政治和社会的不安与分裂,湮灭弱国的文化与传统。国家之间,市场之上,许多以"力"、以"权"进行不正当的非道义的活动,难道还少吗?

总之,"五个精于"是正确的,"五个荒于"是错误的。"五个精于"与"五个荒于"是冲突的。最大的冲突是"精于权力"与"荒于道力"的冲突,冲突的主要方面是"个人对权力的社会责任",是"荒于道力"。"五个荒于"归结为一点,即荒于个人的社会责任,究其根本,乃是"荒于人学"、"荒于人文"。这从一个侧面表明,需要加强人文教育,促进人文科学交融。

三、科学求真

1953年,爱因斯坦在给施威策的一封信中指出:西方现代科学的发展是以两个伟大成就作为基础的:一是形式逻辑,一是系统实验。我认为,爱因斯坦说得非常有道理,而且这可能是东西方文化差别比较大的地方,也是我们应该取长补短、认真向西方学习的地方。

什么是科学?科学主要是关乎客观世界所要解决的问题,是"是什么"、"为什么"、"如何做"的问题,这些问题都可归为"是什么",是求真。科学知识是一元的,思维是逻辑的,方法是实证的,原则是求真的。因为科学是研究、认识与掌握客观事物及其本质、规律的,其主体是人,是人的大脑,其受体即客体就是客观事物,受体完全独立于主体之外,主体受体是二分的,科学是主客二分的。

科学文化是"立世之基"。为什么这样说?因为人世间的一切不能离开科学技术知识。科学的力量是强大的,人类文明的发展最先导的是物质文明和生产力的发展,其源头就是科学技术文化的发展。科学技术是生产力的源泉,没有科学技术的不断发展,就没有生产力的不断进步,就没有社会的进步。

例如,没有金属的发现和使用,没有金属农具的发明,就没有农业革命;没有热力学现象的发现,没有蒸汽机的发明,就没有第一次工业革命;没有电磁现象的发现,没有电机、电器的发明,就没有第二次工业革命;没有半导体的发现,没有芯片、电脑的发明,就没有信息革命等。现代高科技的发展如纳米、量子、人工智能等等,必将导致人类社会包括生产、交换、生活乃至思维方式等在内各个方面发生更深刻的变革。反之,没有科学技术的发展,就没有现代文明。

在文化形态上,科学文化至少包含四个方面:科学知识、科学思维、科学方法、科学精神。思维方式与工作方法,也可以归为知识,但不同于一般的知识。在科普工作中常常会讲：普及科学知识，宣传科学思想（思维），推广科学方法，弘扬科学精神。实际上，这四者不可分割。科普是一种科学教育，所有的科学教育都应包括四个方面：科学知识教育、科学思维教育、科学方法教育、科学精神教育，这四者也不可以分割。

第一个方面，科学知识。

科学知识是关于客观事物及其本质、规律的知识。既然是客观的，那就是独立于主体之外，不以人的意志为转移的，从而就是确定了的、唯一的，即一元的，例如，牛顿的 $F=ma$ 力学公式，爱因斯坦的 $E=mc^2$ 质能变换公式，等等。

第二个方面，科学思维。

科学思维主要是逻辑思维，这是正确思维的基础。一切反逻辑的，必然是错误的。"逻辑"，现已成为生活中一个日常用语，当批评对方讲得没有道理时，就往往会说"这不符合逻辑嘛"。

形式逻辑保证了思维的正确性。亚里士多德在历史上之所以有崇高的地位，就在于他提出了作为正确思维基础的形式逻辑。逻辑思维是严密的，保证了思维前后的连贯性、一致性、无矛盾、无谬误；只有思维的前提正确，才能有思维结果的正确。欧几里得的《几何原本》之所以伟大，之所以成为牛顿的《自然哲学原理》的范本，之所以成为后来基于公理基础之上的科学体系的范本，就是因为它是逻辑思维的典型范例。

办事讲逻辑，很多事情会容易得多！举个例子，一次很多人在聊天，有个人悄悄问我一个问题。他说：老杨啊，有个哑巴到店里去买东西，他做出锤子砸钉子的手势。服务员指指锤子，意思是："先生，要买锤子吗？"哑巴摆摆手。服务员又指了指钉子，意思是："那是要买钉子吗？"哑巴点点头。哦，原来是要买钉子！哑巴买到了钉子，高兴地走了。后来，来了一个瞎子，他要买剪刀，请问：瞎子怎么买剪刀？有人说："这不是很简单吗？"一边做出用手剪东西的手势，并说：

"这样肯定能买得到剪刀!"我就说,这样是能买得到剪刀。但是,瞎子不必比画,瞎子又不是不会讲话!他直接说"买剪刀"不就可以了,这就是逻辑。

第三个方面,科学方法。

科学方法是成功道路的前提,离开科学的逻辑方法,道路不能通向成功。

为了确保科学知识是一元的,科学思维是逻辑的,科学方法就应是实证的。这就要求科学知识或思维结果可以在一定条件下,通过某种实验方法,加以重复,加以验证,以排除主观的影响。方法是重要的,无论做什么事总得有个方法。俗话讲,要过河就得有桥或有船,无桥无船不行,破船坏桥也不行。"工欲善其事,必先利其器。"

第四个方面,科学精神。

科学精神是科学文化的精髓。没有科学精神,就没有求真的信仰。科学知识、科学思维、科学方法这三者依赖于客观事物,完全取决于实践。科学精神不能离开实践,它深深植根于实践。

什么是科学精神?科学精神,最基本的是"求真务实"、"实事求是",这就是一种人文的精神,因为精神是人文的。

毛泽东同志讲得好,人总要有点精神。当年毛主席给延安党校的题词就是"实事求是"。"实事求是"是中国优秀的历史传统,在南北朝时期的南齐就提了出来。科学就是实事求是,是什么就是什么。

按照《大学》中,"格物、致知、诚意、正心、修身、齐家、治国、平天下"的说法,"格物、致知"是基础,是"诚意、正心、修身、齐家、治国、平天下"的基础。"格物、致知",强调的就是对客观事物及其规律的探索与理解。"求是",就是要努力达到对事物最本质的剖析,力求得到事物的科学规律,达到对客观世界最科学的认识。这种力求达到事物本质的核心精神,就是最根本的科学精神。

毛泽东主席讲过:科学来不得半点虚假。毛主席还讲过:世界上怕就怕"认真"二字,共产党就最讲"认真"。认真就是讲科学。很可惜，现在许多情况是怕就怕"不认真"三字，不少地方都在搞"不认真"，搞假冒仿劣。科学就是认真的，科学就是求是的。当然，在实事求是的基础上，应该要而且一定要创新。没有创新是绝对不行的。没有创新，人类认识客观的活动就停止了，就不能做到"实事求是"。

科学精神不可能也不应该离开科学知识、科学思维、科学方法，而且这四者本来就是一个整体，不可分割，相互依赖，彼此渗透，"万象纷然，参而不杂"。否则，就是残缺的科学文化、科学教育。只重视所谓"有用"的知识、方法，轻视所谓无用的"知识"、"方法"，忽视思维，漠视精神，无视整体，这绝不是真正的科学文化、科学教育。

四、人文求善

如果说科学是"立世之基"的话，人文就是"为人之本"。

现代社会，科学技术高度发达，可以造福人类，也可以毁灭人类，如何让科学沿着造福人类的方向而不是毁灭人类的方向发展，就需要人文为科学指引方向，"善为真导向"。

人文所要解决的问题是——"应该是什么？应该如何做？"人文是求善，首先是寻求人性，丧失了人文，就是丧失了人性，就是丧失了"人"。人文是"为人之本"。这方面，中华文化、东方文化具有人文的智慧。《周易》讲：

刚柔交错，天文也。文明以止，人文也。

观乎天文，以察时变。观乎人文，以化成天下。

"文"等同于"纹"，事物结合之处必有结合之纹，借指事物之间的关系，指各种现象。

天文是什么？"天文"就是讲自然界事物之间的关系是刚柔相济、强弱相宜、阴阳相错而对立统一的。这样，自然界才"亨"通，才和谐。

人文是什么？是"文明以止"。"文明"指光明、公平，指正确地处理人际、社会上的各种关系，借指由社会发展而形成的能实现社会亨通与和谐的道德、伦理、风俗、典章、制度等。

合起来看，观察自然界，就可以去了解、认识、掌握自然界的规律；而观察社会上的各种关系，运用人文文化，就能"化成天下"。或者说，要化成天下，必须依靠人文；反过来说，没有人文化成，则天下大乱。

文明与野蛮之区别，就在于有了人文，有了人文文化，有了人的精神世界的终极关怀与爱。王夫之讲过"分人禽界，立天地心"，就是这个意思。没有人文就是野蛮，没有人文就不能达到文明，没有人文就不会有社会文明的进步。假如人类只有科学文化，而没有人文文化，人不但是野蛮的，而且与动物没有本质的差异，只是如动物一样，能在遵循自然规律的基础上生存着。因为凡是违背自然界规律的，必然为大自然所淘汰，也就无法生存。

人文文化在人类社会、人类文明中占有基础性地位。人文主要是关于精神世界的。人文就是要满足个人与社会需要的终极关怀，是要关心人、集体、国家、民族、社会、自然界，是人的精神世界的需要，是人要成为"人"的精神需要。否则，人不能成为"人"，人类社会也不复存在。北宋大思想家张载讲"为天地立心，为生民立命，为往圣继绝学，为万世开太平"，就是这个意思。天地本无心，但人有心，人心就是仁心，就是要有人文精神。

人文是非一元的、非逻辑的、非实证的，是主客一体的。因为人文是关于精神世界的，关于精神世界活动及其所产生的结果的。显然，是人脑产生了精神世界，产生了精神世界的活动及其结果。主体感觉受体，主体咀嚼受体，主体体验受体，现在，这个受体（即客体）就是主体，此即主客一体。

人不同，经历不同，环境不同，即使对象相同，问题一样，精神世界的活动及其所产生的结果,即人的情感、体会、境界也不一定相同,伦理观念、价值标准等也不一定相同。鲁迅曾经说过,在《红楼梦》里,对贾府的同一事物的感受,在焦大与林黛玉的心中是不同的。

我看《红楼梦》,小时候主要是看谜语,以后是看故事。在大学时看,懂得了些悲欢离合。工作后看,体会到些人情世故。改革开放时看,佩服凤姐操办宁国府秦可卿丧事的有条不紊,欣赏探春因凤姐生病代管荣国府大观园兴利除弊,是用"承包制",发挥个人积极性。我当校长后,特别喜欢看第 22 回,欣赏宝钗、黛玉给宝玉讲的禅宗五祖传授衣钵的故事,体会到惠能之所以能领悟佛教真谛,是因为他长期艰苦的实践磨炼,以及将实践磨炼与潜心思考探索的紧密结合,将认知过程与非认知过程的紧密结合,才达到一种极高明的境界。因而,这种结合对一个人良好素质的形成至关重要。

人文文化至少涵盖四个方面:人文知识、人文思维、人文方法、人文精神。人文教育也是如此。

一是人文知识。人文知识是关于精神世界的、关于精神世界活动及其所产生的结果的知识。人文知识是人文文化的载体,是精神世界的基础。人文知识不一定是一元的。没有人文知识,就不会有人文文化及其历史沉淀,就没有人的精神世界的基础,就失去人之所以为人的基础。人类世界之所以多姿多彩、生气勃勃,首先就在于人文知识、人文文化的多元化。

二是人文思维。人文思维是人之所以为人的关键,是人文文化发展的支撑。人文思维不一定是逻辑的,往往是直觉的、顿悟的、灵感的、形象的。感情的奔放,想象的空灵,体悟的深邃,境界的多姿,因人而异,随地而变,逐时而迁,极为开放,难以言喻。

三是人文方法。人文方法是人文知识、人文思维得以实现的手段。人文方法不一定是实证的、实验的,而往往是心证的、体验的、感悟的。这绝不是虚无的,"心心相印"、"灵犀相通",确确实实存在。

四是人文精神。人文精神是人文文化的精髓,是求善而"止于至善"的精神境界，它贯穿于人文知识、人文思维、人文方法这三者之中。

作为"为人之本"的人文文化，透过它承载的知识、思维、方法、精神以及有关方面，特别是精神，决定着民族存亡，严重影响着国力强弱与社会进退，决定着人格高低，严重影响着涵养深浅与思维智愚，极大关系着事业成败。人文文化至少关系到如下七个方面。

第一，民族的存亡。民族主要是人文文化的概念，而不是"基因"的概念。中华民族，中华民族文化，经历了人类5000多年文明史的风风雨雨，不仅没有被历史所湮灭，从未中断，而且在不断地向前发展。这充分表明：中华民族文化蕴含着深刻的、普适的、永恒的哲理，以这种文化凝练而成的民族精神具有无穷的活力；而且，以这种精神凝聚起来的中华民族具有不可压倒、不能战胜的强大生命力。这种精神的核心是爱国主义，爱国主义正是中华文化哲理中整体思想在价值观、人生观等方面的集中体现：国重于家，家重于己，"天下兴亡，匹夫有责"。

第二，国家的强弱。"天时不如地利，地利不如人和"，国家的强弱取决于综合国力，这主要取决于经济实力、军事实力和民族凝聚力等。其中最重要的是民族凝聚力，这是对人文文化的认同。民族凝聚力是"人和"，核心是对民族文化的认同。

第三，社会的进退。社会的发展是物质文明、科学技术与精神文明、人文文化的全面发展。没有物质文明的进步、科学技术的发展，就是野蛮、愚昧；没有精神文明的进步、人文文化的发展，就是卑鄙、无耻。但是仅有高度发达的物质文明、科学技术，而没有精神文明、人文文化，那就是大灾难，甚至是灭顶之灾。西方过分强调科学技术造福人类的一面，而没有看到科学技术应用不当而危害人类的一面，造成科学与人文失衡。丢失了"为人之本"的人文文化，科学技术可能不是生产力、第一生产力，而可能是破坏力、第一破坏力。所以，人文要为科学提供动力，引导方向。

第四，人格的高低。人格是度量人性、情感、做人的尺子。一个人的品质或思想素质，可以分为以下三个层次：基础是人格，中层是法纪观念，顶层是政治方向。政治方向是第一位的，统领一切，方向一错，全盘皆错。但是，没有人格，就丧失了人应有的一切。人，固然首先是物质的、生命的，然后关键是精神的、灵魂的。人没有了精神，没有了灵魂，只不过是行尸走肉而已，与禽兽有什么差别？

第五，涵养的深浅。一个人的涵养，主要指人文文化的涵养。一个人要成就伟大的事业，没有足够的人文涵养是不行的。

第六，思维的智愚。研究发现，左脑功能主要同科技活动有关，同系统的逻辑思维有关；右脑功能同文艺活动有关，同形象思维、直觉、灵感、顿悟有关，其记忆量是左脑的一百万倍。可以说，右脑是原创性的源泉。左右脑相互联系，用其一废其二，则不仅其二废，其一也不会好。特别是在高科技发展的今天，没有一定的创造性的思维，很有可能成为只不过是一个高级机器人而已，在灵性上缺乏原创力，在人性上丢失丰富的情感。

第七，事业的成败。人文文化主要有两大作用：一是陶冶情感，提升精神境界，几乎决定着人性；二是活跃思维，开拓原创性创新源泉，关系着灵性。

如果说科学主要训练人的思维，而人文就是训练思维的原创性，更重要的是培养人的人性，一个人要成为真正的人，既要有人性，又要有灵性，人文就是解决人性问题，同时使人的思维能够活跃。

比如说，学会运用逻辑推理，到最后一定推理得对，但如果过于逻辑的话，就容易过于机械，也不一定聪明。有人说，"搞机械的人很机械"，虽是玩笑，有时却也有一定的道理。例如，推理序列半径，用数学推理很复杂，如果用物理概念的话，很快就可以找出来，跳过很多步，为什么？因为它们是相通的。逻辑推导，一步一步推得很慢，如果用物理方法就可以一步跳过去。因此，只懂科学不行，这是第一步，灵活的话，就可以一步跳过去。什么是灵活？就是敢于跳过去，跳过去虽是灵活的，但不是乱来。

思维过程一定要符合逻辑，这就不会混乱，不合乎逻辑的思维，一定是混乱的。因此亚里士多德提出了形式逻辑，大家评价他的这种理论可以解决正确思维的问题，但是没有解决事物源头的问题。事物的起源是人的感悟。科学有公理，从公理出发，但公理是什么？不言而喻，不证而明。证不出来的就不能称为科学，这就是感悟。因此，既要看到科学思维，也要看到人文感悟。

逻辑思维能分析问题、解决问题，很了不起，但没有原创性；而直觉可以发现问题、提出问题，具有原创性。科学解决灵性问题，不一定正确，但在这里绝对没有讲科学不重要，如果没有科学，就没有物质文明，人还是很愚昧，没有科学文化，人始终是愚昧的。科学是文明的源头，是文明的基础。丢失了科学，就丢失了文明的源头，如果丧失了文明，那么人类的社会文明体系将会崩塌，所以需要人文与科学的交融。

五、和而不同（上）

2002年6月初，中国科学院召开院士大会，我在会上宣读了题为《科学人文，和而不同》的论文，指出：科学与人文同源共生，互通互动，相异互补，和而不同，和而创新。文章发表之后，我自己感到意犹未尽，还有很多话想说，就又写了一篇文章，题目稍微做了些改动，变成《科学人文，不同而和》。文章虽然是两篇，但中心意思实际上是相同的："不同而和"、"和而不同"。人文文化是为人之本，科学文化是必由之路，二者的交融是历史的必然。

科学文化承认客观，人文文化关怀客观。客观世界一是有差异，二是要和谐。"不同"，是它们的差异，在功能层面不同，在形态层面也不同。有差异才要承认，要和谐就需关怀，既承认，又关怀，既强调差异，又强调和谐，就可能同外界和谐相处。讲得通俗些，科学求真，要解决"是什么"和"为什么"；人文求善，要解决"应该做什么"和"应该如何做"。人文科学，和而不同，不同而和，是讲要正确处理好二者的关系。只讲科学，不管人文，绝对不行，否则科学技术的研究就会走偏，甚至会危害人类，造成巨大的灾难。只讲人文，不讲科学，不尊重客观实际也不对，同样也会造成危害、灾难。实际上，不讲科学的人文，也不是真正的人文。

"不同而和"、"和而不同"，是中国文化的精髓。《中庸》讲："致中和，天地位焉，万物育焉。"万物各就各位，万物生长，万物欣欣向荣！这讲得多么深刻！归根结底，世界上万事万物就是要处理好和谐的关系。邓小平同志的伟大，就在于他不仅讲人文，而且讲科学。他讲过两句话，一句是"解放思想"，一句是"实事求是"。这两句不仅讲应该做什么，应该怎么做，而且讲要立足实际，尊重科学。这两句话，少一句也不行。

邓小平同志还讲过：精神文明和物质文明，"两手都要抓"，"两手都要硬"。这也是非常了不起的。科学是人文的基础，人文是科学的导向。人文求善，就是要符合人民的利益、民族的利益、国家的利益，就是要有利于社会的文明进步。科学技术是精神文明的基石，没有这个基石，精神文明是不可真正实现的。这两方面，缺少哪个方面都不行。

世界是一个系统，任何事物也都是一个系统。系统有层次，有大小，对任何一个系统而言，系统等于元素和关系，关系就是元素之间的关系。系统要好，一是元素要好，一是关系要好。一方面，元素总是有差异的，世界本质上是有差异的，没有差异就没有世界，也就没有世界的千差万别和多姿多彩。另一方面，有不同就会有矛盾，如果不和谐，矛盾就会被激化；关系总是要调和、要和谐的，没有和谐同样没有世界，也就没有世界中的相互依存，因此需要"和而不同"、"不同而和"。

什么是"中"？所谓"中"，就是各种关系"适度"，无过，无不及。适度才能和谐，不适度就不能和谐。

什么是"和"？"和"就是处理好关系。要处理好关系，首先一定要承认差异，差异是客观存在的，必须在差异中寻找和谐。谈元素，中间一定要有不同；谈关系，也一定要在不同中讲和谐，这就是求同存异。

怎么才能"和"呢？这就要求"中"，要求各种关系适度！

我曾开玩笑说，河南人最懂得哲学，什么事儿都是"中"！"中"（二声）必"中"（一声）！因为"中"是恰当，恰当不走极端，恰当必定和谐；什么事儿都不能过头，过头肯定不行，一定要通过"中"来达到和谐。这就要求从各方面的关系中寻找适度。

有一部非常好的大型纪录片《话说长江》，后来又有《再说长江》，讲长江沿岸地理概况及人文故事，其中有一集我印象很深。谈到三峡大坝，主持人介绍资深水利水电专家潘家铮院士，并问了潘家铮院士一个问题："谁对三峡大坝贡献最大？"潘家铮院士的回答很妙，他说："某个程度讲，贡献最大的是持反对意见的同志们，只有他们提那么多反对意见，我们才会一条一条地去考虑，以确保万无一失，没有他们的反对意见，能做到今天吗？可能考虑不了那么多。"

我感觉这句话说得非常好。的确，没有反对意见，就不会从多角度多方面去考虑问题，就不会强调万无一失。所以对于"不同"的东西、不同的意见，要多方面加以考虑，才能使我们整个事业顺利发展，所以中国有古话讲："兼听则明"，"要群言堂，不要搞一言堂；要五湖四海，不要搞清一色"。

涂又光先生讲过一个例子，是讲春秋时期晏子（即晏婴）的故事。晏子是齐国上大夫，也是有名的思想家和外交家，他辅佐齐王，使齐国走向强盛。晏子个子不高，晏子出使楚国，楚王三次想羞辱晏子，

都被他巧妙地化解了，其中有一次想用狗洞侮辱晏子，晏子就用造访
"狗国"还是"人国"来机智应对，使得楚王对他礼貌有加。

晏子经常劝诫齐王要好好治理国家。一天，齐景公从打猎的地方
回来，晏子在等他，这时梁邱据也驾着马车赶来了，齐景公说："梁邱
据与我很和！"晏子回答说："你与梁邱据是同，不是和。"景公说："和
与同有差别吗？"晏子回答说："有差别。什么叫'和'？好喝的汤，把
肉末鱼末准备好，把好的材料准备好，火也烧好，叫一个不会做饭的
厨师来做，会有什么味道？浓了冲淡些，没味道就加浓些，这个叫
'和'。我跟你之间，你是君，我是臣，有一件事，你说可以做，我说不
可以做，将不可做的理由一条条列出来。你能驳倒的话，也一条条列
出来。同样，你说什么不可以做，我讲可以做，你把可以做的理由一
条条驳倒。这是'不同而和'。而梁邱据呢？你说可以做，他就说可
以做，你说不可以做，他就说不可以做，这个叫'同'。"

涂先生还有一个观点更绝，这是我当校长时他写给学校的汇报。
1994年，涂又光先生到美国波士顿参加世界第九届中华文化哲学大
会，回来后，他给学校写了一个汇报，其中提到会上有人向他提问，问
的问题是："你能用最简单的语言讲明中国哲学最精彩的是什么吗？"
涂先生说："可以！用一个字来表示，'和'；用两个字来表示，'中和'；
用三个字来表示，'致中和'。"对这个观点，我深表赞同，觉得这句话
深得《中庸》之妙。

有一年，我到清华大学去演讲，我说：清华校训"自强不息，厚德
载物"非常好。"自强不息"，是讲个人如何努力向上，坚持不懈，是讲
对待自己的和谐；"厚德载物"，是讲个人如何对待外界特别是对人际
关系的和谐。

清华的这个校训出自《周易》："天行健，君子以自强不息；地势
坤，君子以厚德载物。"后来我还查了一下，最先借用这个典故的是民
国时期的思想家梁启超先生。作为清华国学研究院"四大导师"之一

的梁启超先生在清华大学任教时，在一次给清华学子做《论君子》的演讲中提到，他希望清华学子们能"自强不息"、"厚德载物"，担负起历史重任。

有个老师曾经问我一个问题，说是在MIT（麻省理工学院）里面有两块大石头，一块是光溜溜的，一块有棱有角，这代表什么意思？我没有到过麻省理工学院，更没有在那里研究过，我就从我的观点做了个解释：一块石头有棱有角，是说明有"不同"，有区别，元素的区别，中国的"理"就是讲有差别，父母兄弟、上下左右、高低大小等，都是有区别的；另外一块石头光溜溜的，就讲"和"，"和"就是求同。"理"是有不同的关系，"和"就是讲彼此要有共同之处；"理"讲差异，"和"讲求同。这就是我的理解，虽然可能根本就不是这个意思，但这么解释，也是说得通的。

六、和而不同（下）

人文中有科学的基础与珍璞；

科学中有人文的精神与内涵。

科学人文是相通的，这方面的例子不胜枚举。例如，文天祥是爱国主义诗人，他写过一首《过零丁洋》，其中有两句："人生自古谁无死？留取丹心照汗青。"第一句"人生自古谁无死"，是科学，百分之百的科学；第二句"留取丹心照汗青"，是精神的升华，是人文；第一句是第二句的前提与基础，正因为有科学基础，才有人文。

再如，唐朝高适在杭州写了一首诗，其中一句原为"前村月落一江水"，后来他经过仔细考察钱塘江水的涨落，他发现月升水涨，月降水落，当月亮落山之后，江水只有半江，他就将此句改为"前村月落半江水"（一说为高适想要改正时，已有人将其题在僧房墙壁上的"一"字改为了"半"字），这句诗也成为流传后世的佳句。

再比如，龚自珍的"落红总是无情物，化作春泥更护花"，从生物的角度来讲其实就是碳循环。人与自然的和谐，或者说是动物与植物的和谐，也可以从碳循环的角度来解释分析。

再比如，音乐与数学的完美结合。音乐与数学几乎难以分开，音乐的核心就是"声的和谐"。爱因斯坦讲过，世界既是音符组成的，也是数字组成的。学过音乐的人都了解，音乐的节拍是用 2/2 拍、4/4 拍、8/8 拍等各种分数表示的拍数，而这些以数学符号来规定的拍数，却代表了每首曲子的长短和节奏，也是其灵魂所在。音乐就是因为有了节拍，才能带动听者的情绪，打动听众的心灵。

文学作品里面写得好的，往往是景情交融的。"景"是科学与客观，"情"是人的精神世界，情景交融，就是科学与人文结合。

在绘画中，画家往往追求神似胜于形似。什么是神似？就是提取客观事实的本质。例如，漫画中简单的几笔，就是所描画的对象，即拓扑学上"二维"对象的"特征不变量"，"特征不变量"就是本质。神似就是提取特征，抓住最本质的东西，而这恰恰是科学所追求的目标，即求真。

科学与人文的形态表象上的融合，表现为和谐，二者都可以体现为文化之"美"，和谐是美。美是精神世界的、人文的，是人类进化中大自然赋予的。举个例子，黄金分割线称作"最美的比例"，这个比例隐含在许多常见美术图形与大量的自然现象中，非线性方程的图形展开，分形几何的广泛探讨，给出了大量极为生动的美术图案，甚至是人类很难想象到的美丽图案，这些美术图案和大自然的美术作品，许多已成为人们日常生活的某种装饰。

科学主要讲客观规律，人文讲精神；科学讲定量、讲抽象，人文讲形象、讲定性；科学讲特殊到一般，一般到特殊，再到一般，人文讲特殊到更特殊。但是它们有共同的东西，因为事物都是特殊存在，最典型的东西包含最一般的一般,更特殊包含更一般,事物大多以特殊形式而存在。

20世纪50年代,毛泽东同志讲过一句话,谁看见过"房子"?只看到北京四合院、天津小洋楼、上海大洋房,"房子"的概念是抽象出来的。事物都是从具体到抽象,特殊包含了最一般的东西,能不能从特殊找到一般,是非常重要的事情。好的文艺作品是特殊的东西,包含了更多一般的东西,是可以常读常新的。然而,现在读100年前的机械设计,肯定不行,那是老掉牙的。

再比如,香港回归之前,当时的外交部长钱其琛同志到了香港,英国的记者问了一个问题:"钱外长,你认为英国某些领导人对香港回归有什么想法?"钱其琛同志回答说:"我不是英国的领导人,我不知道,但是我知道,1300年前,伟大唐代诗人李白有句诗,'两岸猿声啼不住,轻舟已过万重山'。"钱其琛同志用这句诗,什么意思?"猴子叫吧叫吧,香港一定要回归",就是这个意思。李白可能没有想到,1300年后,还有一个中华人民共和国,还有香港问题,还有一个外交部长钱其琛会在外交上用上这句诗。文学作品最厉害的是,典型包含最一般的意思,但需要读者去开拓。

科学与人文,各以其差异而存在着,人们直接感知的往往就是这一差异。一般性、形而上就寓于差异所体现的特殊性、形而下之中。两者的形而下的基础即实践,也是相同的。两者在形而上的精神境界中,合而为一,"科学中有人文,人文中有科学"。因而,科学人文不仅应该相融,而且可以相融,或者说本质上就是相融的,某种程度上讲,人文的本质是科学的,科学的本质是人文的。

科学与人文之所以能交融,就是因为有着共同的基础:同源于人脑,同源于实践,同源于人脑对实践的反映,以及对此反映的加工。科学方法讲实证,讲"理";人文方法讲体验,讲"情",科学人文相融,就会合理合情。

科学文化与人文文化的关系体现为如下三层。

基层:形而下的一层,是实践,是大脑对实践的反映,两者完全一致。

中层:知识层,包括思维、方法等在内,是科学文化与人文文化存在的形式这一层,两者不同。正因为有差异,文化才被划分成不同的学科。但两者之中,你中有我,我中有你,相交互补。

顶层:形而上的一层,是精神层面,是情感与思维、人性与灵性交融的境界层面,两者又完全一致。

基层的实践没有止境,中层的知识创新没有止境,顶层的精神追求也没有止境。

科学知识是讲道理的,作为现代科学体系的公理化体系,其前提与基础就是"公理"。公理是所谓"不证自明"的知识。"不证自明"就是讲不出道理,也就是不讲道理,证不出来,非承认不可。不证自明就是感悟。例如,作为欧几里得几何的第五条公理,在罗巴切夫斯基的非欧几何与黎曼的非欧几何中,就分别被与之相反的另外两条公理所取代,"公理"就不"公"了。其实,科学知识的一元性、正确性是有条件的,条件变了,不但"公理"不"公",甚至有关的科学知识也不正确了,更无所谓一元了。人们往往并未认识到这些条件,人的认识不可能穷尽真理,只能逐步接近真理。

人文力量是决定性的,科学技术归根结底需要人去发现、发明、创造、传播、使用。科学技术力量已经发展到如此强大,完全可能走向人的对立面,完全可能使人异化,完全可能毁灭人的自身,关键在于人如何认识与使用科学技术力量。时至今日,危及人类持续生存的问题,没有一个是科学不够发达造成的,相反地,追根溯源,都是由于没有正确的人文导向。因而,在高科技的今天,在大力促进高科技发展的今天,必须同时高度关注人性,关注人的情感、人的精神世界,关注人文文化,关注以人为本。

从一定角度讲,科学是讲"天道",人文是讲"人道"。科学是求真,科学讲客观事物,科学活动本身并不能保证其发展与应用是否有利于人类进步;人文是求善,人文讲精神世界,人文活动本身也并不能保证是建筑在客观规律的基础之上。科学与人文交融,科学与人文互通、互补、交融;科学为人文奠基,人文为科学导航;真为善奠基,善为真导航,这就是"天道人道合一",就是"天人合一"。

"天人合一",是我国一大优秀传统,是中华文化哲理中整体思想在世界观方面的精彩体现,强调"天人合一",强调人道不应违反天道,人应遵循客观规律,而绝不是人只能成为自然的奴隶。

老子明确指明了人的伟大:"道大,天大,地大,王亦大。域中有四大,而王居其一焉。"老子强调"无为"、"不争",是强调要采用不违背客观规律而"为",不违反客观规律而"争",去达到"无所不为"、"天下莫能与之争"这一目的。客观事物依其本身的规律而运动,就是不违背客观规律办事。这是真正的积极向上,而不是莽汉。

荀子更提出了一个响亮的战斗口号:"制天命而用之。"他在《荀子·天论》中提出:人可应用天命,决不能等待天命的恩赐,必须敢于发挥人的主观能动性,这就是"天人合一"、"人定胜天"的真正含义。例如,2000年前李冰父子建造的都江堰,造福至今,这就是"制天命而用之"、"人定胜天"的范例。

人应遵循并利用"天命",去改造客观存在,以适应人类的需要。人类发展的主流,人类由野蛮发展到文明,由原始的洪荒发展到现代化,就是"天人合一"、"人定胜天"。

总之,时代在呼唤人性,呼唤天道人道交融,呼唤科学人文交融。因为:

没有科学的人文是残缺的人文;

没有人文的科学是残缺的科学。

七、绿色教育（上）

2001 年 7 月，我国申办 2008 年奥运会获得成功，举国欢腾。

我特别喜欢我国提出的要将这次奥运会办成"绿色奥运、科技奥运、人文奥运"的理念，我觉得这个提法非常好。

"绿色奥运"由环境保护衍生而来，表示奥运会既要强调科学，也要强调人文，更要强调可持续发展。为什么用"绿色"？因为"绿色"象征春天，象征生命，象征和谐，北宋著名的改革家、文学家、"唐宋八大家"之一的王安石有一名句"春风又绿江南岸"，这一"绿"字的使用将意境全部展现，多么高妙，多么富有生机。

我就想，可不可以借用"绿色奥运"的提法，用在教育上，提出"绿色教育"的概念？一时间，我头脑里满是"绿色教育"的想法，我认为"绿色教育"的提法是说得通的。大家都知道我们学校是充满绿意的"森林校园"，1996 年学校出版社出版了一本收录学校教师的短篇文学作品选《这片可心的绿》，书名取自文学院大华写的《这一片可心的绿》。该书出版前我写了一篇序言，引用了大华所说的在这片可心的绿荫下生活的人，心中也会有一片美好的绿荫。集子快正式出版前，我又写了一篇《再写几句》，文中提到：

这个绿，不只是校园的绿、自然的绿，而且是心灵的绿、感情的绿。绿，是生命，是纯洁，是安静，是和平。

绿，绿的世界，是生命的世界，是生机勃勃的世界，常胜不败，长盛不衰。绿，我们的心灵，我们的感情，是欣欣向荣，生意无限的。绿的力量是强大的，生命的力量是不可抗拒的。

绿，绿的世界，是无污染的世界，是纯净的世界，是圣洁的世界。绿，我们的心灵，我们的感情，是淳朴的、敦厚的、真挚的。绿,无污染的象征世界。

……

绿,绿的世界,是安宁的世界,是清静的世界。

绿,绿的世界,是和平的世界,是幸福的世界。

宁静而致远,"归根曰静,是谓复命"。

人们通常将教师形象地比喻成"园丁",辛勤培育学生比喻成"培桃育李",培养得好是"桃李满园"、"桃李芬芳"、"桃李满天下",那么把学校教育办得桃李满园,硕果累累,不就是"绿色教育"吗?

2002年,我在《高等教育研究》和《教育研究》上先后发表了两篇论文,倡导绿色教育观。这么多年过去了,现在我更加坚信这一观点,我们的教育需要生气勃勃的"绿色教育"。

现代高等教育,也应办成"绿色的、科学的、人文的"。

科学求真,人文求善,科学人文交融生"绿"。

现代高等教育是科学与人文交融而形成一体的绿色教育!

绿色教育是促进学生可持续发展的教育!

之后,我提出这个想法,同大家讨论,特别是同涂又光先生进行了讨论。涂先生很赞同这一讲法,他认为"绿"字象征着一种文化与文明。

绿色教育绝不只是环保教育,绿色教育是一种遵循人才培养规律,促进学生可持续发展的教育。这一讲法最大的特色是:强调人的成长需要教育的正确开发,教育就是要让学生在一个"可持续"的学术生态平衡的环境中"可持续"地生长,自由自在、欣欣向荣地生长。

什么是"绿"? 归结起来,绿者,自然也,无为也。它的内涵包括两个方面:一是"顺",二是"和"。

什么是"顺"? 顺者,"顺"人、事、物本身的自然,发扬自然的积极方面,不违背自然的本性。

什么是"和"? 和者,"和"人、事、物彼此之间的关系,相互协调,共同发展，不为不"和"之事。

自然环境需要正确开发。对自然界，一要开发，二要保护，这就是要正确开发。

不开发，就是"原始"、就是"洪荒"，就是"天地玄黄，宇宙洪荒"，人类就会生活在野蛮与无知之中，人不能掌握自己的命运，更不能拥有高度的物质文明和精神文明，只能过着"非人"的"原始"的生活。

不正确开发，就是乱开发、错开发、盲目开发，毫无节制的、竭泽而渔式的开发，只考虑眼前利益，不顾长远利益，就不能保护，就会导致环境污染、生态失衡，毁坏自然界的潜力，损害自然界可持续发展的能力，就是有今天，没有明天，更没有未来。

正确的开发，就是既开发又保护的保护性开发，就是"绿色"开发，促进山长青，水长绿，天长蓝，空气长清新，生命长健康，人与自然界和谐相处，天人合一。

同样的道理，人也需要进行正确开发。对人的正确开发，同样也是一要开发，二要保护。顺天致性，既充分发挥学生的潜能，又促进学生可持续发展，培养栋梁之材。

不开发，人的感情简单，思维能力低下，似人非人，是"愚昧"，是"白痴"，是"野孩"，是"狼孩"，是"熊孩"，世界上已经发现了这方面的例子。

不正确开发，就不能保护，甚至会损害、摧残人的思维中枢，损害人的思维潜力，窒息人的灵性悟性，桎梏人的创新创造能力，不能促进人的可持续发展，导致人与自身、与他人、与集体、与社会、与自然界不能和谐相处。更有甚者，向错误的方向开发，就会导致人性湮灭，灵性埋没，人格扭曲，社会责任感沦丧，人不能成为"人"，乃至成为禽兽不如的社会祸害和灾星。这方面的例子也不少。

人脑要进行正确开发，也就是要进行保护性开发。教育要进行保护性开发、引导性开发，沿着正确的教育方向，实施良好的教育实践，促进人类在漫长的历史长河中进化而形成的脑基因的巨大潜力得到尽可能充分的实现。

教育的正确开发是个系统工程。第一，教育首先应该是教育，而不是其他，也就是教育要有准确的定位。我的看法是，教育自身是文化活动，教育主要是文化教育，是以文化开发人，以人类千百年来积累的文化知识来开发人的大脑，开发人的人性和灵性。离开"百年大计，教育为本；教育大计，教学为本"的教育教学，离开"以人为本"的文化活动，就是不务正业，就会使教育走入歧途。比如，去搞阶级斗争，或者去搞恶性竞争，或者去搞下海经商等，都不是正确开发。

第二，要尊重人的成长规律。潘懋元先生讲过"教育内外部关系规律"的概念，他认为，"教育的外部关系规律"是指教育与政治、经济、文化的关系，"教育必须与社会发展相适应"；"教育的内部关系规律"是指人才培养的规律，教育要符合人的成长规律。我觉得潘懋元先生讲得非常有道理。

第三，要促进人文与科学相融。或者说，科学人文相融有利于促进人的正确开发。爱因斯坦讲过，知识是有限的，而艺术开拓人的想象力是无限的。20世纪80年代美国诺贝尔奖获得者斯佩里的研究成果表明，人文文化对人的创新能力的开发有着首要的作用。

唐朝文学家、"唐宋八大家"之一的柳宗元写过一篇《种树郭橐驼传》，我认为这是讲如何正确开发的好文章。

郭橐驼种树成功，有八字秘诀："顺木之天，以致其性。"这里的"天"，就是树木生长的客观规律；"顺"，就是依照树木生长的客观规律而行动。只有"顺木之天"，才能"致"使树木的本性得以健康的发展，达到"硕茂、早实以蕃"。

相反，如果种树失败，究其原因也是8个字："好烦其令，而卒以祸"。"令"，就是"命令"、"指令"，就是干扰、束缚，就是脱离树木生长规律的主观主义的瞎指挥；"烦"就是纷繁、无事生非；"好烦其令"，就是醉心于无事生非地、频频给树木的生长加以无端干扰，就是频频无事生非。这就是反"自然"，反"天道"。一旦"好烦其令"，违反自然，必然导致天人冲突，造成祸害，使树木枯死。这就是柳宗元所讲的下场，即"虽曰爱之，其实害之；虽曰忧之，其实仇之"，名义上是爱护和担忧，实际上是伤害和仇恨。

这篇文章的意义远远超过种树本身。"十年树木，百年树人"，培养人才的道理，同种树的道理是一样的，而且比起种树而言，培养人更不容易，更需要长期的努力。教育上的"因材施教"，就是与种树同一个道理。"材"，就是人的"个性"，包括天赋的秉性与后天形成的特性，主要在人脑；"因"，含有"天"与"顺"，即"自然"与"无为"之义，也就是必须顺乎育人的规律；"施"，就是施加、施行。种树，是"顺木之天，以致其性"；育人，是"因材施教"，"顺人之天，以致其性"。

这种"顺"与"天"、"自然"与"无为"的合一，就是我国哲学的精髓"致中和"。"因材施教"所追求的就是要"致中和"。其实，做任何事都是如此，天道人道不可分，科学人文不可离。

教育是"育人"，而非"制器"，教育的对象是"人"，而不是"物"。人是有感情、有思想、有个性、有精神境界的活生生的人，而不是无感情、无思想、无精神境界的死呆呆的物。因而，教育所用的方法，是对待"人"的方法，而不是对待"物"的方法，是"育"的方法，而不是"制"的方法。"育"，是遵循人成长的客观规律，"引导"人的内在因素，促进人的潜能开发，促进人全面而主动地向健康方面"发展"。"制"，是脱离实际情况，按照主观意愿去灌输；"育"出来的，是有人性、有灵性、有高尚精神与有原创能力的人才；"制"出来的，是毫无人情味、毫无原创能力的机器。

教育"育人"，是正确"育人"，是培育"好人"、"能人"、"圣人"，是培育"善者"、"智者"、"悟者"。教育主要是开发人的大脑，培养人的感情、思维能力、精神境界等。

总之，教育就是要在充分考虑社会需要的前提下，按照教育规律办事。要看到教育的对象是"人"，要营造一个与"引导"和"发展"相应的适宜环境。这个适宜的环境就是"绿色"的，也就是宜人的、有生机的、欣欣向荣的促进人健康成长的学术生态环境。

八、绿色教育（下）

"绿色教育"是一种思想和观念，而不是一种具体的方法，它的实质就是素质教育，是"育人"，而非"制器"，最根本的途径是促进人文教育与科学教育相融。

教育需要健康的学术环境，才能"育"出健康的"全人"。人之所以为人，因为人有特有的人性，人还有特有的灵性，更有人性与灵性交融升华而成的精神境界。人性的开发与培育，主要靠人文教育；灵性的开发与培育，既要靠科学教育，也要靠人文教育。1995年，我在谈到加强文化素质教育、加强人文素质教育的时候，借用唐代诗人李商隐写的"身无彩凤双飞翼，心有灵犀一点通"，以《身需彩凤双飞翼——谈高校加强文化素质培养问题》为题，就讲到教育要促进科学教育和人文教育相融。

教育要正确开发，需要科学教育和人文教育交融。人文教育与科学教育交融生"绿"，生出一派欣欣向荣。这是一种学术生态，我们不应该把有着共同基础的科学教育与人文教育截然分割开。"融"则两利两旺；"分"则两弊两衰。

对青少年的教育，我认为是：人性重于灵性，情感重于智力，习惯重于能力，文艺优于科技，人文基于科学。

爱因斯坦讲过，知识是有限的，而艺术开拓的想象力是无限的。爱因斯坦本人就是人文科学交融的典范。钱学森曾说，你不要以为科学家没有人文思维，人文学者没有科学思维。科学的大胆猜想靠灵感和想象，艺术的完美创造过程，一样要有逻辑和分析。文艺家开始的思想可能是科学的。比如，齐白石画虾要看多少虾啊，对虾做了多少分析，才能看到最本质的东西，再通过想象去画，才能画出栩栩如生的虾。他在前面所做的工作是地地道道的科学，调查研究、提取本质，看到规律，而后再浮想联翩。而科学家则相反，先是浮想联翩，人文的开放视野，大胆假设，后来是小心求证，一步一步严格地求证。

科学思维是逻辑思维，然而科学领域的原创性成就，主要不源于逻辑思维，科学家的思维也不一定是逻辑的。相反，往往许多卓越的思维反而是人文的，它有着令人惊叹的灵感，令人折服的"猜想"。人文思维是原创性的主要源泉。因为逻辑思维的结论，就隐含在逻辑的前提中，前提不变，结论难得有原创性。逻辑只能用来证明提出的问题，而不能用来发现与开拓崭新的领域，提出原创性的问题，只能"跟踪"，不能"领先"。直觉、顿悟、灵感，才能实现原创性。科学方面许多伟大的发现，就是在直觉、顿悟和灵感中发生的。

从脑科学方面讲，感情同人的情绪中枢密切相关，思维能力同人的思维中枢密切相关。从人的进化过程看，先有情绪中枢，后有思维中枢。人对外界的反应，是先由情绪中枢反应，后由思维中枢反应。对人的教育，主要就是对人脑的开发，对情绪中枢的开发，对思维中枢的开发，对人类进化形成的脑基因的巨大潜力进行开发，使人能成为真正的"人"。

研究发现，人的逻辑思维主要同左脑有关，人的形象思维、直觉、顿悟主要同右脑有关，右脑是思维原始性创新的主要源泉，右脑的记忆量是左脑的百万倍，开发右脑，非常重要。研究还发现，左脑右脑联系密切，右脑得不到充分的开发，左脑也得不到充分的开发。反之亦然。大脑是个整体，不可分割，只有左脑右脑同时开发，协调发展，大脑整体才能得到充分开发与发展。

人只有一个大脑。大脑各部分既有分工，又有联系，既独立发展，又相互促进。我们对学生的教育应该是全面的，包括德、智、体、美等，要搞"全人"教育，决不能片面，搞"半人"教育，搞"四分之一人"教育，搞"八分之一人"教育。我们既要重视科学技术，又要重视人文学科。科学的发展要依赖于人文，人文的发展要依赖于科学，人文与科学交融，有利于实现科学教育与人文教育的交融，有利于人的素质的提高。

第一，精神方面交融，有利于形成正确的人生追求，真善美的统一是人生最大的追求、最高的境界。

第二，知识方面交融，有利于形成完备的知识基础和知识结构，才能形成综合创新能力的基础。

第三，思维方面交融，有利于形成优秀的思维品质，既能保证思维的正确性，又有利于形成思维的灵动性，形成创造性思维的基础。

第四，方法方面交融，有利于形成既严谨又灵活，既合情又合理、有效的工作方法。

第五，文化整体交融，有利于形成和谐的相互关系，有利于形成健康的身心状态，有利于培养自由而全面发展的人。

总体来说，科学与人文交融，本质是为了人，首先是为了人，一切是为了人。世界上的一切工作，无非都是为了人。人文与科学交融，有利于提高人的素质。没有人文的科学是残缺的科学，既无人性，也少灵性，可以把人造成机器人、刽子手，不辨善恶，没有原创性；没有科学的人文是残缺的人文，难有真正的人性，难有实在的灵性，可以把人训练成精神病患者、疯子、狂人，不识正误，胡言乱语，胡作非为。

如果懂得科学文化知识，用科学思维看待人文东西，可以看到更多。艺术、文学都是如此，文艺是很典型的科学与人文的结合。因此，学人文的懂些科学，学科学的懂些人文，都是有好处的。只懂科学不懂人文，或只懂人文不懂科学，都是片面的。有人曾举历史学家吴晗的例子，说是吴晗报考清华大学，数学考零蛋，其他成绩满分，被校长破格录取，后来成了大历史学家，问我怎么看。我说，这个很简单啊。第一，吴晗是天才嘛。第二，如果吴晗懂得数理化，肯定成就更大。可惜他不懂数理化，受到限制，不能提到更高的高度。

人文贯穿科学的始终，为其导向，提供动力，开辟原创性源泉。

科学也贯穿人文的始终，为其奠基，提供素材，避免荒谬，为其表现与发展提供手段。科学文化与人文文化交融，不仅是这两种文化、两种教育的相互交融，而且要求文化所蕴含的知识、思维、方法与精神等相结合，最根本的一条就是"学思行相结合"，即学习、思考、实践三者紧密结合。学习是基础，思考是关键，实践是根本。《礼记·学记》中讲："道而弗牵，强而弗抑，开而弗达。道而弗牵则和，强而弗抑则易，开而弗达则思。"这里的"和"、"易"、"思"，就是使学生能在宽松而浓厚的学术氛围中，创造性地、独立而自由地思考，这正是"育人"，正是"绿色教育"。

从历史上看，高等教育的发展是从人文教育阶段，经过科学教育阶段，今天又走到科学教育与人文教育相结合的阶段。这一发展是必然的，是同社会发展各阶段密切相关的。工业社会在科学技术基础上，促进了工业大发展，人类也陶醉于科学技术的威力之中，忘了人，忘了自然整体，忘了人与自然的和谐合一。而现实中，自然正在报复人类。残酷的现实迫人深思，在科学技术高度发展的今天，高等教育需要复归于"育人"而不是"制器"，就应该走上科学教育与人文教育相结合的道路。

《大学》一开篇就讲："大学之道，在明明德，在亲民，在止于至善。""在明明德"，讲人文，是培育崇高而丰富的感情；"在亲民"，讲按客观规律办事，是培育富于创新的思维能力；"在止于至善"，讲综合，就是融感情与思维能力于一体的纯洁而神圣的精神境界，就是得到全面、主动、健康而完善发展的个性，成为有益于社会的人。

合起来看，这就是高等教育的本义，这就是指导"绿色教育"的大道，如此，也一定会出现"万紫千红总是春"的壮丽景色！

第六章

经典需诵读，诗教应先行

一、民族文化是民族的『基因』

文化（尤其是人文文化），是人类社会得以发展和延续的"基因"；民族文化是一个民族生存和延续的"基因"。

丢失了文化，就是丢失了文明，就是丢失了人类社会；丢失了人文文化，就是丢失了精神文明，就是丢失了人类文明，就是丢失了人之所成为"人"的本身。

丢失了民族文化，就丢掉了这个民族的根本，丢掉了这个民族最重要的东西，就是丢失了这个民族的特性。

我曾在不同场合多次阐述上述观点。可以说，没有文化，就没有人类社会；没有民族文化，就没有这个民族。《周易》里讲，"文明以止，人文也"，"观乎人文，以化成天下"。

借用生物学上"基因"的概念，我希望强调：通过基因的遗传，决定了生物（包括人类）的先天素质，即自然素质。通过文化的传承，基本上决定了基于基因遗传基础上的后天素质，即文化素质。文化是人之所以能成为社会人的"基因"，也就是人类社会的"基因"，是"文化基因"，人的基因决定了人的这一特殊的生物物种，但是，人之所以为人，从精神层面和社会层面上讲，靠的是人类文化这个"基因"。文化就是人类社会的"基因"，人类社会靠文化的传承而存在，靠文化的创新而发展。所以文化要继承、要发展。民族文化是人之所以成为某个民族的人，也就是民族的"基因"，我们推进素质教育，加强大学生的文化素质教育，特别是加强人文教育，是关系国家和民族兴衰荣辱的千秋大业的基础工作。因为只有拥有民族文化自觉，才会有民族文化自尊；只有拥有民族文化自尊，才会有民族自尊；只有拥有民族自尊，才会有国家自尊；只有拥有国家自尊，才会有国家自强。因此，民族文化的经典必须诵读，必须践行。这里要强调的是：基因会遗传，文化要传承，经典需诵读。"会"和"要"、"需"是不同的，"会"是指自然而然的，基因当然会遗传；而"要"和"需"，则是指需要通过人为的努力，所以是"文化要传承"、"经典需诵读"。

另外，文化中特别重要的是人文文化。人文文化关系民族的存亡，民族的概念是一个文化的概念，民族文化是一个民族的基因，是一个民族延续自身最重要的因素，是一个民族的传宗接代，是一个民族之所以是这个民族的根本。如果没有这个基因和根本，就丢失了这个民族的特性，就不成其为这个民族。而且民族的概念，主要是人文文化概念，没有自己的人文文化，就没有这个民族。一个民族如果把自己的文化丢了，就不是民族，而只是种族而已。

冷战后，美国有个学者亨廷顿，写了一本《文明的冲突》。亨廷顿认为，文明的冲突是必然的。我认为他的观点不对。但是，有一点他看得很清楚，他讲：一个国家没有核心民族文化的话，这个国家实质上很难存在。

中华民族历经风雨，没有消亡，历史从没有中断，这在世界上是唯一的、绝无仅有的。世界上有四大文明古国：古巴比伦、古埃及、古印度、中国。中国是其中唯一幸存的文明古国，其他三个文明古国都消失了，巴比伦消失了，现在的埃及和印度，跟古埃及和古印度文化上没有多大关系。只有中国的历史和文化没有中断，这是中国和中国人了不起的体现。中华民族文明为什么能成为唯一一个没有被湮亡的文明？我认为，一个极为重要的原因，就是中华文化的强大与绵延。

我们可以自豪地讲，中华民族具有伟大民族精神和深厚文化传统，中华文化在几千年的历史积淀和民族融合中，形成了丰富多元、包容进取、生命力顽强的强大文化基因。

民族文化中，最为关键的是其哲理。哲理是概括一切道理的道理。中华文化具有丰富而深刻的哲理。例如：和谐执中，近思远虑；自知自胜，自强不息；厚他薄己，成仁取义；缘督为经，好道进技；薪火相传，不亡者寿；等等。中华文化的哲理最鲜明的特征就是它的整体观——空间上的整体观就是系统观，时间上的整体观就是发展观，现象与本质、外表与内核这一种形而上的整体观就是本质观。这三者密不可分，是中华文化哲理所蕴含的精粹。

中华文化对世界的看法，就是整体地看问题，有联系地看问题，全局地看问题。《老子》讲"人法地，地法天，天法道，道法自然"，就是整体地看问题，有联系地看问题，全局地看问题。

在中国人看来，客观世界是整体的。例如，战国时期李冰父子主持修建的都江堰就是典型之一。都江堰的建成，不但丝毫没有破坏自然环境，反而造就了肥沃富饶的成都平原，成就了天府之国，滋养着千秋万代。

不仅如此，主观世界也是整体的。例如，孔子的"六艺"施教就是典型之一。所谓"六艺"，就是"礼、乐、射、御、书、数"。礼，主要是德育；乐，主要是美育；射和御，是射箭、驾车，主要是体育；书和数，主要是智育。这就是中国传统的促进人德、美、体、智全面发展的教育。

现在我们讲，中华民族"各族人民团结奋斗"就是地地道道的整体观，"团结"是空间上的，"奋斗"是时间上的，"团结奋斗"所反映的精神核心这一整体观就是形而上的。

再从变化观来看，中华文化哲理中，不仅重视全局和联系，而且认为联系是变化的、动态的，不是静止的、一成不变的；不但要从空间上看全局，也要从时间上看全局，也就是要发展地看问题，变化地看问题。事物处于不断的变化当中，方生方死，方死方生。例如，《中庸》中有这么一句话，"凡事预则立，不预则废"，就是讲凡事需要有远见，看它将来怎么变化；不预，不看联系和变化，则会出问题。《论语》也讲"人无远虑，必有近忧"，也是同样的道理。《庄子》讲："物之生也，若骤若驰。无动而不变，无时而不移。"

毛泽东同志写过一首有名的七律《人民解放军占领南京》：

钟山风雨起苍黄，百万雄师过大江。

虎踞龙盘今胜昔，天翻地覆慨而慷。

宜将剩勇追穷寇，不可沽名学霸王。

天若有情天亦老，人间正道是沧桑。

我特别喜欢最后两句："天若有情天亦老，人间正道是沧桑。""人间"是客观世界，"正道"是历史规律，"沧桑"就是发展变化。客观规律就是讲变化、讲发展。现在我们谈与时俱进，也就是谈变化、谈发展，注重变化发展。

再来看本质观。本质地看问题，不仅从空间、时间上整体地看问题，而且不停留于现象表面，要深入本质中去，透过现象看本质。《易》中就充分体现了这一点，而且《易》是中华文化哲理精粹的渊源。

《易》即《周易》，是《易经》《易传》的统称。《易纬·乾凿度》讲："易一名而含三义：所谓易也，变易也，不易也。"东汉郑玄的注解是："易一名而含三义：易简一也；变易二也；不易三也。"也就是说，"易"有三重含义：简易、变易和不易。这三重含义充分体现了整体观、变化观和本质观。很有意思的是，现代科学研究表明，前沿物理的量子场论、粒子论、暗物质、暗能量等，与中华民族的整体观、变化观与本质观是相通的。

——《易》中有"变化"。"易"就是"变化"，这个字本身就可以解释为变化。卦有六十四个，每卦有六爻，它们就体现着变化、发展的关系和规律。

——《易》中有"整体"。这六十四卦两两对应，不是"覆卦"（或称

"综卦")就是"变卦"(或称"错卦"),无此即无彼,无法分割。

——《易》中有"本质"。有"阳"有"阴",世界就是阴阳的交汇、对立的统一,就是"万物负阴而抱阳,冲气以为和"。

《华严金狮子章》讲:"万象纷然,参而不杂。一切即一,皆同无性;一即一切,因果历然。"这从现代物理学上也可以得到解释,物理学上有"正电"就有"负电",有正粒子,就有负粒子。

任何一个事物,都是一个系统。系统是由元素及关系组成的,关系就是元素与元素之间的关系,也就是联系,而且元素与关系还在变化着。如何处理好变化着的元素与元素之间的变化着的关系,在中国人看来,就要"适度",也就是"中",如《中庸》所讲"致中和"。《中庸》讲"致中和,天地位焉,万物育焉";从反面来说,即是不"过"、不"不及",因为"物极必反","过犹不及"。从渊源来说,它与《尚书》的精粹一脉相承。

《尚书》讲得非常深刻:

> 人心惟危,道心惟微,惟精惟一,允执厥中。

"人心惟危",人还有动物性,乃至可怕的兽性,这是非常危险的;"道心惟微",道心、真理、道理是非常微妙的;"惟精惟一",这个道是非常精粹、非常深入本质的;"允执厥中",要可靠地把握它的"中"。"中"就是事物联系与变化的关键节点,这是推动与促进事物发展的关键所在。

民族文化哲理的凝现,就是民族精神。中华民族精神核心就是爱国主义。爱国主义的基本内涵就是团结统一、爱好和平、勤劳勇敢、自强不息等。正是由于我们的民族精神是以爱国主义为核心的,中华民族才能源远流长,成为世界上唯一古老的、文化一直没有中断过的民族。

我很欣赏一位俄罗斯学者的观点,他曾在一篇文章中说:中国之所以能作为唯一的文明古国延续至今,并正在走向新的巅峰,原因在于其强大的文化,其有三个特点:一是令人惊叹的象形文字;二是浩瀚如海的文献;三是精神生活上的崇敬祖先。

我们足以自豪的、悠久的历史文化,令人惊叹的象形文字,浩瀚如海的文献，精神生活上的崇敬祖先，等等，都是我们的物质财富和精神财富，都是值得我们倍加珍惜的。我们要饮水思源，尊重祖先，尊重历史，爱国爱家，不搞历史虚无主义与民族虚无主义。

以史为鉴，远者不论，近期何如：欧洲资本主义的发展是以基督教新教所重塑的道德伦理作为规范的；美国资本主义的发展与此类似；日本的明治维新，开始误读了"脱亚入欧"，抛弃了人文文化规范，走了弯路，后来总结了经验教训。一个国家，没有先进生产力作为物质基础，绝对不会有社会的进步，然而没有先进文化所显示出的精神文明作为规范，也绝对没有合乎人民利益的经济繁荣。

我们还会走向新的巅峰，我们要重新思考我们民族自己的文化、我们民族自己的思想、我们民族的过去和未来，重新认识我们的民族、我们的人文、我们的文化。

二、"背靠五千年"，坚持"三个面向"

一个国家、一个民族，没有先进科学，没有现代科学技术，就会落后，一打就垮，永远受制于人，痛苦受人宰割；一个国家、一个民族，没有优秀民族传统，没有民族人文精神，就会异化，不打自垮，无限受制于人，甘愿受人奴役。

我坚定地信奉，并且在不同场合一再强调上述观点。中国要发展，必须走出中国特色的道路。如何走出中国特色？我认为要把握好两点：

一是"背靠五千年"，一是坚持"三个面向"。

这两句话放在一起就全面了，这样才是整体地、联系地、发展地看问题。这两方面内在地相互联系，缺一不可，也不可割裂开来。"背靠五千年"是我们坚实的基础,"三个面向"是我们行动的方向;只讲"背靠五千年",不讲坚持"三个面向",不行;只讲坚持"三个面向",不讲"背靠五千年",也不行。不讲"背靠五千年","三个面向"就没有依托;不讲坚持"三个面向","背靠五千年"就没有方向。

什么是"背靠五千年"?"背靠五千年",就是背靠、依靠中华民族5000多年形成的民族文化,扎根中国历史、中华文化、中国现实国情,弘扬和创新中华文化。有些人认为,我讲"背靠五千年",就是复古,就是不切实际。我认为这种看法是片面的,是错误的。中国特色,如果没有"背靠五千年",如果不以中华民族5000多年形成的民族文化作为根基,抛弃了5000多年,断裂了中华文化传统,没有了以爱国主义为核心的民族精神,就会丧失生命的灵魂,就丢失了中国特色,就会变质,乃至成为某些人所期望的"全盘西化"。

"背靠五千年",不仅是理论上的认识,更重要的是实践上的行动,深入中国的社会生活以及民间日常生活之中。

坚持"三个面向",源于邓小平的理论。1983年国庆节期间,邓小平为北京景山学校题词:"教育要面向现代化,面向世界,面向未来。"这句话说得极好。不仅仅是教育,整个中国社会发展建设都需要坚持"三个面向"。社会要发展,文化要创新,就得现代化,就得面向世界、面向未来。如果不坚持"三个面向",不开放,不发展,不前瞻,不与时俱进,不能在空间上延拓,不能在时间上延拓,不能在文化上创新,就会僵化,就会成为一潭死水,就会失去前进的动力,就会被迅速发展的时代所淘汰。

"背靠五千年",坚持"三个面向",相辅相成,相互促进,并不是相互排斥、互不兼容的。一个民族,没有自己特有的民族文化(主要是人文文化),没有文化差异,这个民族实质上就不复存在;同样,一个民族,没有同其他民族的广泛交流,和谐共存,这个民族势必会故步自封,停止进步,乃至倒退。"背靠五千年",坚持"三个面向",这一丰富的内涵,要在现实表现中去体现,在实践中去体现,但现在还有一些人意识不到这一点。

我曾讲过一个观点，社会发展主流形势很好，但存在"四个跟不上"：

一是经济建设发展快，文化建设发展跟不上。

二是科学技术发展快，人文文化发展跟不上。

三是现代化发展快，优秀传统继承跟不上。

四是向西方学习发展快，民族精华弘扬跟不上。

四个"发展快"，是好事，是对的；"四个跟不上"，令人担忧，是不对的。"四个跟不上"，实际上是对民族文化、人文文化的重视和建设跟不上。一个国家、一个民族，没有自己的优秀传统，没有自己的民族精华，不打自垮。那么，"四个跟不上"的发展，只能是物质层面的"一时发展"，不是可持续发展。

社会上曾经流行一个口号，叫作"文化搭台，经济唱戏"。我认为，这个口号是不对的，至少是不全面的。这等于是说，文化只是为经济服务的。实际上，文化建设不只是为经济建设服务的，社会建设本身就包括文化建设。文化建设中，有时候越是民族的，就越是国际的。现今，我们建设中国特色社会主义，既要着力经济发展，更要充分繁荣文化；既要学习国外的先进文化，更要弘扬和继承中国传统的优秀文化；既要见物，更要见人；既要见利，更要见义。两者互动，不可分割，两者交融，和谐发展。因而，不能将文化建设仅仅作为经济建设的文化环境建设来对待，而更应将文化建设作为中国特色社会主义建设的题中应有之义来对待。所以，还是邓小平同志讲得对，物质文明和精神文明"两手抓"，而且"两手都要硬"。

记得 2010 年的时候，有两个事件引起舆论的强烈批评。一是湖南张家界将一风景点改成洋名，二是某市几所高校在联合自主招生考试中取消语文考试。张家界有一个著名风景点，有一座山，叫作"南天一柱"或"乾坤柱"。据说美国电影大片《阿凡达》中的"波利路亚"山的原型就是"南天一柱"。张家界有些领导头脑一热，将"南天一柱"改成"波利路亚"山，还振振有词地说，这一改名的理由是"走向世界"。这件事引起舆论哗然，不少人批评其是"崇洋媚外"、"崇钱媚利"、"唯利是图"！我看，这种改洋名，不是"走向世界"，不是开放，而是背离民族文化，丢失民族的"基因"。

另一件事是，某市几所高校联合自主招生，不考语文。给出的理由是：怕考试科目多了，考生负担太重，为了减轻负担，取消语文考试。这件事同样引起舆论哗然。我个人觉得，这不是减不减负的问题，而是发出了一个错误信号，做出了一个错误导向。这个错误导向是什么？是认为"语文"次要一些，人文教育次要一些，民族文化次要一些；英语毕竟重要一些，科学技术毕竟重要一些，外国文化毕竟重要一些！

更为严重的问题是，这种错误导向对民族文化教育极端不利。语文不仅重要，而且相当重要，中国语文教育不仅是极为重要的民族文化教育，而且是极为重要的人文教育；语文课程既具有工具性，更具有人文性。它既以工具性来体现人文性，更以人文性来指导工具性。我们不仅不能取消语文考试，恰恰相反，还应该加强语文教育和语文课程中传统文化的分量。

我一次我去北京大学，参观北京大学校史馆，看到馆内鲜明地写着 8 个大字："温故知新，继往开来。"这给我留下了深刻的印象，我认为它讲得非常好，不温故何以知新？不继往凭什么开来？同样，不"背靠五千年"，怎么坚持"三个面向"？怎么能有"中国特色"？

"三个面向"，第一个就是"面向现代化"，没有现代化，我们怎么能进步？物质文明的进步和精神文明的进步，两方面的进步，缺一不可。我们承认，由于种种原因，近代我们落后了，我们应该开放，向发达国家学习。例如，西方文化中至少有着两方面明显的优点：一是有着系统的逻辑思维，二是有着严密的实证方法，这值得我们好好学习。西方文化中还有很多值得我们学习的地方。

西方文化最大的缺点，就是缺少整体观，缺少从整体观出发，有联系地、发展变化地看问题。例如，《周易》第一卦"乾卦"讲"天行健，君子以自强不息"，人就要像天一样，自强不息地要求自己。第二卦"坤卦"讲"地势坤，君子以厚德载物"，人就要像地一样，厚德载物地要求自己，处理好各种关系。中国文化强调人际关系和谐，思想本质又是无神的，所以没有宗教战争，这就很了不起了。

总之，"背靠五千年"，坚持"三个面向"，放在一起就全面了，不能割裂开来。办大学也要"背靠五千年"，坚持"三个面向"。

另外一句，是改版的，"一个国家、一个民族，没有先进科学，没有现代技术，技术落后，不打自垮；而如果没有传统、没有民族文化，就会异化，不打自垮"。这两句也是联系在一起说的，少一句也不行。

三、经典需诵读

文化要传承，经典需诵读，诗教应先行。

从字面上理解，基因会遗传，用的是"会"字，表示的是自然而然的生物现象。而这里讲"文化要传承，经典需诵读，诗教应先行"，用了"要"、"需"、"应"，强调的是人为的努力，而且不努力不行。"求木之长者，必固其根本。欲流之远者，必浚其源泉。"我们推行文化素质教育必须注重文化的传承。推行文化素质教育的重要途径，离不开上述三个方面。一切的创新都是从文化创新开始的，文化当然要传承，这一点前面已经讲了很多，这里主要讲经典阅读问题。

民族文化中的经典问题，是一个很根本又很实际的问题。民族文化是一个民族的"基因"，是一个人之所以成为某个民族的人的根本，是一个民族的传宗接代，是一个人的文化身份证。民族文化的精华，就是这个民族文化中的经典作品，要传承与弘扬民族文化，就必须学习与诵读民族文化的经典，开展经典教育，人不能无典无祖。因此，民族文化的经典须诵读，须践行。

近300年来的科技发展成果已超过了以往几千年科技发展总和，而人文学科，尤其是哲学的发展，中国的老子、孔子等，西方的苏格拉底、柏拉图等，这些古代哲人的思想，今人看来仍不过时。人们需要时时回过头去，在经典中寻找智慧的源泉。诵读经典，追根寻源，饮水知源，返本知新，拓源创新，凝聚人心，才能焕发出蓬勃生机。

什么是经典？我想至少有三点：

一是经得起历史长河的考验，具有继承性。

二是经得起不同地域的考验，具有普适性。

三是经得起一再思考与实践的考验，常读常新，常用常新，具有长青性。

中华文化源远流长，源头经典，影响深远，光照千秋。从源头来说，我认为，中华经典的源头是《易》，《老子》和《论语》继承《易》、弘扬《易》，直接影响也比《易》更深远，是中华儒道两家主流文化最典型的代表作。《老子》与《论语》，无疑是中国传统文化中影响最大的经典，体现了中国传统文化的精髓，它们不仅凝聚了老子和孔子的智慧，更凝聚了中华民族的智慧，它们含蓄的形而上的深刻哲理，超越了它们本身形而下的形式与内容，从而是超越时代、超越国界的。

我小时候在父亲的教导下，读了不少中国传统文化的经典，给我的人生奠定了基础。参加工作以后，又读了不少革命文化经典，这种经典不仅为我的人生奠基，而且给我人生以导向。对我而言，《毛泽东选集》中的许多文章、许多论点、许多警句影响终身。其中《为人民服务》、《纪念白求恩》、《愚公移山》合称"老三篇"。《为人民服务》讲的是人生价值或人生意义的取向，人活着，就要"为人民服务"。"人固有一死，或重于泰山，或轻于鸿毛。为人民利益而死，就比泰山还重；替法西斯卖力，替剥削人民和压迫人民的人去死，就比鸿毛还轻。""只要我们为人民的利益坚持好的，为人民的利益改正错的，我们这个队伍就一定会兴旺起来。"

《纪念白求恩》讲的是责任感。提倡要向白求恩同志学习，"对工作的极端的负责任，对同志对人民的极端的热忱"；做人，要努力做"一个高尚的人，一个纯粹的人，一个有道德的人，一个脱离了低级趣味的人，一个有益于人民的人"。

《愚公移山》讲的是行动准则。为了前进的目标，要"下定决心，不怕牺牲，排除万难，去争取胜利。"而且是"首先要使先锋队觉悟，下定决心，不怕牺牲，排除万难，去争取胜利。但这还不够，还必须使全国广大人民群众觉悟，甘心情愿和我们一起奋斗，去争取胜利。"时至今日，这些著作对我们的工作仍然具有重要的指导意义。

接任华中理工大学校长工作后，又重读了不少中国传统文化的经典，如特别重读了《大学》，其一开篇就讲：

大学之道，在明明德，在亲民，在止于至善。

知止而后有定，定而后能静，静而后能安，安而后能虑，虑而后能得。物有本末，事有终始。知所先后，则近道矣。

古之欲明明德于天下者，先治其国；欲治其国者，先齐其家；欲齐其家者，先修其身；欲修其身者，先正其心；欲正其心者，先诚其意；欲诚其意者，先致其知。致知在格物。物格而后知至，知至而后意诚，意诚而后心正，心正而后身修，身修而后家齐，家齐而后国治，国治而后天下平。自天子以至于庶人，壹是皆以修身为本。

讲得多好，这对作为大学校长的人来说特别有启发。"三纲领"、"八条目"可以概括为"日新之德"。大学的"日新之德"，是大学的生命。"三纲领"中蕴含着大学生命的本体与使命，"八条目"中蕴含着实现大学功能的方法。"明明德"是大学生命的本体，也是大学生命发展的逻辑起点；"亲民"是大学生命的功能；"止于至善"是大学生命的使命和价值，是大学生命追求的最高境界。

做大学问、明大道理、树大德行，以"大学问"、"大道理"、"大德行"育日新之人，赋予现代的诠释，也应是现代大学的本质与任务之所在。大学的"日新之德"，"其命维新"，强调创新，不断创新。大学如果没有创新，就失去了生命力。大学的生命每日更新，奋发向上，充满活力。它具有了"亲民"这一培养创新的现代中国大学生的核心功能，以此，才能完成它肩负的神圣历史使命——"止于至善"。

当校长后，我又重读了《论语》，工作虽然忙，但一有空闲时间，我就读一两篇。有一阵子,《论语》基本不离身,越品味其中的精华,越有意思。

我挤时间熟读熟背了《老子》。例如,出差坐飞机时,在飞机上闭目养神,我脑子里面会重新再背诵一遍《老子》或《论语》。经典重读,比幼年时感受更深刻,体悟更深刻,工作生活中遇到问题,时常受到来自经典的灵感和启发。

文化素质教育建设工作中,我校开设了《老子》读书班,在读书班与涂又光先生(左一)在一起

我从经典阅读中受益良多,因此,我就想让更多的人受益。我倡导和推行文化素质教育,当然要大力推广经典阅读、诵读。经典著作,对思想感情的熏陶,对思维能力的开拓,对精神境界的提升,对世界及与其关系的认识,对民族凝聚力的提升,等等,大有裨益。

经典阅读是推行文化素质教育的有益途径。如果推行文化素质教育,却没有倡导学生阅读作为优秀传统文化精粹的经典著作,那算什么文化素质教育?你拿什么进行文化素质教育?那不是空话吗?那不是骗人的吗?我们有很好的优秀经典不读,乞求于别人给点文化吗?那不正是像涂又光先生所说的"端着金饭碗讨饭"吗?

在提倡读经典方面,我非常赞同涂又光先生的观点。涂先生认为,在基督教世界,每个人都要读一本书,那就是《圣经》。在伊斯兰教世界,每个人也要读一本书,那就是《古兰经》。我们中国呢?他讲,我看知识分子至少要读两本书,那就是《老子》与《论语》。后来,我高兴地看到任继愈先生也有类似的讲法,说明君子所见略同。

1995 年,冯天瑜教授来我校做人文讲座,他也谈到:元典的思考指向宇宙、社会和人生的普遍性问题。元典提供的是一种哲理式的框架,而非证实式的结论;是一种开放式原型,而非封闭式的教条,它不因内容和时代局限而沦为明日黄花,而以一种灵感的清泉,赢得不朽性,一再发挥巨大的启迪功能。

世界顶级的建筑大师、美籍华人贝聿铭先生谈到自己的人生时,也一再讲起,对他思想与事业影响最大的是《老子》。1988 年 1 月,诺贝尔奖获得者在巴黎集会,瑞典诺贝尔物理学奖获得者汉内斯·阿尔文先生讲道:人类要生存下去,就必须回到 2500 年以前,去汲取孔子的智慧。《老子》、《论语》拥有这么高的评价,岂不教人深思?!

对我自己来说,我喜欢《论语》,也特别喜欢《老子》。《老子》第三十三章说:"知人者智,自知者明。胜人者有力,自胜者强。知足者富,强行者有志,不失其所者久,死而不亡者寿。"这是我经常吟咏的一段话。每想起这段话,都有一种"于我心有戚戚焉"的感觉。这段话也是对历代人物事业成败的总结,古往今来的立功、立德之人,莫不具有如此的品性。

《论语》是面向社会讨论伦理,讨论修身、齐家、治国、平天下等问题;《老子》的思想体系更庞大,老子是面向自然界与宇宙讨论"道"与"德"等问题,社会只是他讨论的部分领域。孔子与老子的观点都是基于整体观的同一体系,只是孔子侧重于人文社会与伦理的层面,老子侧重于自然界与哲学的层面。儒家文化讲"中庸",讲整体观,道家文化又何尝不讲整体观,如"知止不殆"、"物极必反"和"反者,道之动"以及"人法地,地法天,天法道,道法自然"等。老子的"守中"与孔子的"中庸",本质上是相通的。

人生活在社会中,首先要面对社会,有了关注社会、洞察社会的胸怀,有了身心和谐的品性,有了与自己、与他人、与社会和谐的品性,才能做好具体的事情,才能做好具体的研究。

其实在老一辈读书人中,在我们这一代及我们下一代读书人中,不存在这个问题,只要读书,就会读到代代相传的经典,因为读书启蒙用的就是经典。但是现在的年轻人,在中国传统文化功底上面,落下的功课太多,需要好好"补课"。只要肯花工夫,也是可以补上的,也是会增长功夫的。但如果不"补课",这方面就永远是空白。

有些批判中国传统文化的人,说中华经典、传统文化是包袱、是糟粕,阻碍了中国发展与进步。可是他们没读过或根本没读懂中华经典,怎么区分哪些是精华,哪些是糟粕?!读书很少,怎么懂得"扬弃"?

田里不种庄稼,就会长杂草。除掉田间杂草最好的方法,就是种庄稼。有时候,一味反对中国的"填鸭式"教育也是不完全正确的。其实可以"填鸭",关键是在什么方面"填鸭",怎么"填鸭"。不让学生背诵经典,他们也会背广告,背得滚瓜烂熟。因为小孩子都想学习,他们这个时候的记忆力很好。那么我们为什么不让他们背诵一些将来可以懂的、可以终身受益的东西呢?包括最基本的,如何把人做好、洒扫、应对、进退之类,把这些方面的问题搞清楚。在此方面,涂又光先生讲过:"要在孩子小的时候多背些经典,对于经典,这个时候他不懂,不懂也没关系。"

现在幼儿园和小学的"培优",只是培知识方面的优,怎么行呢?这样不是"培优",而是"培忧",不是培养出优秀,而是培养出忧患、忧虑。为什么说"培养出忧患"、"培养出忧虑"呢?因为大家都很忧患、忧虑、焦虑,担心输在起跑线上。

这方面我自己深有体会,我进小学时,连加减乘除都搞不清楚,一句话,"加法不会进位,减法不会借位"。由于我在父亲的影响下已经读了中国传统经典,我的思维能力、我的自信心已经建立起来了。我心想:我思维好、肯努力,这有什么难的?

孔子是伟大的,《论语》是伟大的。《论语》是一部常读常新的经典。我在不同场合,以《重读〈论语〉——兼谈如何读书》为题,做了多次演讲,反复强调它的重要性。演讲中,我结合自己读《论语》的体会,谈了一些看法。

(1)把握整体地读,以孔解孔,防止理解走偏。

（2）抓住重点地读。

一本书是个整体，但有主次，应当抓住重点。《论语》的重点有二：一是"仁"，一是"学"。"仁"，是孔子期望作为人能达到的最高境界，而"学"是达到此一境界的道路。再深入下去，孔子学说的精髓是"中"、"中道"、"中行"、"中庸"，所有这一切的基础是诚信。

（3）要下学上达地读。

书中的一些话或一些观点，它的论述往往是针对当时条件下具体的事情，在形而下的层面上，但应抽象到形而上的层面去理解。

（4）要联系实际地读。

孔子是中国人的骄傲，是世界各国与人类历史共同的宝贵财富。孔子的思想在欧洲曾产生过巨大的影响。比如，孔子讲"己所不欲，勿施于人"，联合国把它当成重要的名言。欧洲启蒙运动中的思想家伏尔泰认为，孔子这一思想比基督教教义更崇高。我一开始不理解这句话，怎么比基督教教义更崇高？后来看了《圣经》才明白。《新约·路德福音》中有一句话的意思是：你希望别人怎么待你，你就怎么去待人"。这当然没有"己所不欲，勿施于人"来得崇高。

1988 年 1 月，一批诺贝尔奖得主在巴黎集会，瑞典科学家、诺贝尔物理学奖获得者汉内斯·阿尔文指出：人类要生存下去，就必须回到 2500 年以前，去汲取孔子的智慧。

日本近代有个著名的企业风云人物，叫涩泽荣一，日本人誉之为日本"企业之父"、"金融之王"。他高度推崇《论语》，"以《论语》为处世之金科玉律，经常铭之座右而不离"。他还写过一本总结办企业成功经验的书，名为《论语加算盘》。《论语》喻指义、文化，算盘喻指利、经济，他办企业成功之本就是将义与利、文化与经济、士魂与商才紧密结合起来。

九江学院的院长甘筱青教授出了一本书《〈论语〉的公理化诠释》，他请我写序，我欣然同意。甘筱青教授是清华大学与法国联合培养的数学博士，他试图用数学哲理思维，用数学里面的公理化的思想来读《论语》，是用文理交融的方法来钻研。甘筱青教授用公理化来读《论语》有一个前提，从公理出发就有推论，公理最基本会有假设，基本假设定义公理，最基本假设就是一条——"中"。"中"就是中国儒家文化最核心的东西。后来，他又出了《〈孟子〉的公理化诠释》和《〈老子〉的公理化诠释》两书，我又写了序。

九江是我的家乡，2005年12月，九江学院聘我为名誉院长，饮水要思源，能为家乡做点事，是我应做的本分。我在九江学院设了"杨叔子爱莲奖学金"。我还在深圳大学设立了"杨叔子院士奖学金"，因为那是1979年邓小平"在中国南海画了一个圈"的地方，它毗邻香港，战略位置重要，是需要在文化上辐射香港的地方，而且我的母亲是广东人，我也算半个广东人。更为重要的是，我认为深圳的战略位置非常重要。之所以非常重要，不仅是其经济上的意义，证明中国改革开放政策的英明和正确，更重要的是政治和文化上的意义。从政治上来说，香港1997年回归到祖国的怀抱。而"回归"，更为重要和长远的意义是"文化的回归"，这需要一个比较长的过程，也需要坚持不懈的努力。建设好深圳，不仅是从经济上建设好深圳，而且是从文化上建设好深圳，有着十分重要的战略意义，不可小视，一定要有长远的战略眼光。

我一直关注深圳教育、深圳文化的发展。1998年11月初，我去深圳大学参加"第七届全国大学教育思想研讨会"，和著名的教育家、厦门大学的潘懋元教授一起受聘为深圳大学的名誉教授，并给大学学生做报告。当时深圳大学成立才15周年。之后，只要有机会我就会关心深圳大学的发展。2005年，深圳大学希望新增为国家级大学文化素质教育基地，我在评审会上提出，深圳大学应该设为基地，因为它的情况特殊。深圳大学发展势头良好，2007年教育部任命我担任组长对深圳大学本科教学工作进行评估时，我欣然受命。我发现这是一所发展势头很好的大学。2008年，我接受深圳大学的聘任，担任深圳大学双聘院士。报酬分文不取，并将报酬设为奖学金。

再回到我刚才讲的《论语》。我认为《论语》如此经典，可以用不同方法，从不同角度、不同层面去钻研，千万不要将方法限定在唯一之中。

1998 年 11 月，与潘懋元先生（左三）一起受聘为深圳大学名誉教授

有一位美籍华人，叫杜维明，他是研究新儒家的知名学者。知道这件事后，他说这是个好东西，可以多一种途径去解读，并因此与甘筱青院长成了好朋友。杜维明讲，他从来没有看到用公理化去系统解读《论语》的人，有人去解读了，这表示人文里面的确存在科学。

再看看《老子》。我读《老子》，以老解老，总结出它的精粹，就是"自然、无为"。当然，这四个字远不能概括《老子》的全部内容。"自然、无为"，就是实事求是，求真务实，一切应全面而协调地按客观规律办事。美籍华人贝聿铭是世界级的建筑大师，他极其称赞《老子》。他说他时常读《老子》，他相信《老子》对他做建筑设计的影响可能远胜于其他事物。

后来读到柳宗元的《种树郭橐驼传》，我发现柳宗元很了解老子的精神，他的《种树郭橐驼传》或许是对《老子》的一个很好的诠释，中心就是宣扬"天人合一"。在柳宗元的笔下，主人公郭橐驼是位种树高手，他种的树、移植的树，没有不活的，而且长得很硕茂。别人问他有什么诀窍，他讲了成功的"八字方针"即"顺木之天，以致其性"，又讲了失败的"八字教训"即"好烦其令，而卒以祸"。

"顺"，就是"无为"，不违背客观规律而为；天，就是"自然"，就是树木生长的客观规律。只有按照树木生长的规律来种树，才能使树木的本性得到很好的发展。"无为"加"自然"，就是老子讲的"天人合一"。失败的、办坏事的"八字教训"中，"烦"就是频繁干扰，就是反

"无为"；"令"就是瞎指挥，就是反"自然"。合起来，就是反"天人合一"，结果就会招来灾祸。

总之，经典需诵读。诵读经典，对人性、对灵性、对理想大有好处。中国传统文化对思想感情的熏陶，对思维能力的开拓，对精神境界的提升，对民族人心的凝聚等，其影响，其作用，其贡献，其深度之深，其广度之广，其高度之高，其强度之强，必须充分肯定和弘扬。

四、诗教应先行（上）

最近这些年，中央电视台有一个非常受欢迎的节目《中国诗词大会》，节目主持人董卿也深受大家喜爱，节目收视率高，口碑好，参与度广，参与者不仅有教师、学生（包括大中小学生），还有农民、工人（包括下岗工人）、警察、打工者、快递小哥等，有各行各业的诗词爱好者，还推出了一些诗词明星，如它的一季季冠军高中生、外卖哥、理科女博士等，这是令人欣喜的大好现象。

想一想，这个节目如果放在 20 年前，或十几年前，都不会有现在这样的效果和这样的人气。为什么呢？因为当时没有现在这样广泛的群众基础，没有那么多的诗词爱好者。这就是时代的进步，也是中华文化复兴的新气象。

20 多年前是个什么情况呢？当时，诗词爱好者主要是老一代知识分子和一些老干部，80 年代出现过一些非常好的新诗和新诗人，到 90 年代后似乎又沉寂了，诗词在年轻人中似乎出现了某种程度上的"断层"。从某种程度上说，这也是整个民族文化出现一定程度"断层现象"的一种反映，这也与我们教育中出现的"五重五轻"中的"重功利，轻素质"有关系。这也是我们当时推行文化素质教育的大的背景。

推行文化素质教育，当然要推行诗教！推行诗教，是推行文化素质教育题中应有之义。在人文教育中，诗教占有特殊的、重要的地位。人文文化教育，有两大作用：一是陶冶感情，二是活跃思维。诗教在这两点上，更有着特殊的、不可代替的作用，它易于接受，作用更直接、更强烈。这一路的历程，说起来也是丰富有趣。

我们学校有一个瑜珈诗社，1990年就成立了。这大约是全国理工类高校中的第一个诗社，活跃着一批诗词爱好者，如李白超、郑在瀛、王文英、程良骏、周泰康、张良皋、张承甫、王立农等教授，他们都是各个领域的专家学者，都有自己的专业，但都是诗词爱好者，便结成诗社，经常在一起互相唱和，交流切磋。

1992年1月10日，在学校庆祝我增选为院士的庆祝会上，我朗诵了我刚写的一首律诗《七律·闻增选为中国科学院学部委员喜赋》。瑜珈诗社的常务副会长李白超教授也在会场，他是诗社的发起人之一，他"发现"我会写诗，很热情地找到我，说他"发现了人才"，邀请我一定要加入瑜珈诗社，我当然非常高兴。

"有诗酬岁月"，是人生一大乐事。平时读诗写诗，是我业余休闲的一种方式。当我研究中遇到困难，会用诗作来消解，有时候往往思路会因此而打开；研究取得成果，非常快乐和激动，会用诗表达激动的心情；日常生活的一些细节，用诗来表达一下，很有意思，也是很自然的事，会增加生活的乐趣。加入诗社，诗友们相互诗词唱和，举办诗会，更是相互激励。诗，是讲究炼字的，我的有些诗中的炼字、和韵，就得到他们不少的帮助。我当校长后，诗社社长换届，他们请我当社长，我欣然答应，也实实在在支持诗社的工作。例如，春节时，我会请诗社的一些成员到我家欢聚、叙谈，举办家庭小诗会，也是很有意思的。

1998年6月中旬，中华诗词学会的顾问林从龙先生到我们学校瑜珈诗社讲学。聊天中，他说想约稿，约一篇有关素质教育与诗词的文章，李白超就说这件事交给杨校长，肯定没问题。我爽快地答应了。

关于素质教育与诗词，我对这个感触很深，有很多话想讲，我几乎是一气呵成，用三、四天的时间就把文章写好了，文章的题目是《让中华诗词大步走进大学校园》。写好后，我将文章交给李白超教授。李白超看了很喜欢，用特快专递将文章寄给中华诗词学会的会长孙轶青先生。孙老高度肯定了这篇文章，并决定尽快发表出来。

接下来，1998年8月中旬，由中华诗词学会主办的"第十一届中华诗词研讨会"在新疆石河子召开，李白超去参加了，他带上我的这篇论文到会上宣读。回来后，他高兴地跟我说，文章很受好评，会上会下，都有人在议论"诗词进校园"、"华中理工大学"等，这让他很自豪。当时华中理工大学的文化素质教育、人文教育已经在全国产生了良好的影响，口碑不错。

《中华诗词》1998年第5期，就发表了《让中华诗词大步走进大学校园》这篇文章，大约因为这篇文章是在全国率先旗帜鲜明地倡导"让诗词进入校园"、"在校园进行诗教"，因此发表时，《中华诗词》特地加了一个"编者按"：

> 杨叔子院士的这篇文章非常之好，是一篇高瞻远瞩、思想深邃的重要诗论。读来令人心情振奋，耳目为之一新。文章打通科学与艺术的壁垒，论证了逻辑思维与直觉思维的相辅相成的作用……认为在大学中开展诗词活动是功在当代、利及千秋的大事。本刊认为这些提法具有重要的战略意义。

"高瞻远瞩、思想深邃"，我不敢当。但是，我极力推行文化素质教育，希望强调诗教、人文教育对国家和民族的重要意义，希望大声疾呼、振臂高呼让诗词进校园，心是诚的，情是热的。当时的情况和现在不一样。所以，我特别强调了"这是时代与形势的需要，这是国家与民族的需要"！

这篇文章发表后，在诗词界、教育界引起了一些反响，得到了许多共鸣，所以说一下这篇文章。

文章开头的第一句话就是：

> 让中华诗词大步走进大学校园，让中华诗词陶冶大学生情感，活跃大学生思维，融入大学生心灵，让中华诗词在大学校园铸造辉煌！这是时代与形势的需要，这是国家与民族的需要！

文章谈到：民族，主要是同文化有关的。没有自己的文化，就没有这个民族；而没有自己的诗歌，也就没有这个民族的文化。中华诗词，自古至今，一直激励着中国人民前进，推动着人类文化发展，是一座永垂不朽的入云丰碑。中华诗词以其特有而吸引人的魅力、丰富而真挚的感情，感染着、陶冶着人们的感情，塑造着、升华着人们的高尚精神境界；中华诗词以其超常而不俗的想象、新奇而巧妙的构思启迪着、开拓着人们的思维，呼唤着人们的创新意识。感情的陶冶、精神境界的升华、思维的活跃、创新能力的加强，必将推动大学生素质的提高，民族根的加深加固，爱国情的加强加厚，对人类进步事业责任感的加深加强。这是功在当代、利及千秋的大事。

文章还加入了我于1996年1月访问台湾时填的一首词。1996年1月9日至19日，我与大陆11所兄弟大学的校长一起访问台湾。我们是应台湾成功大学的邀请，参加"海峡两岸高等教育学术研讨会"。当时两岸交流还不多，这是两岸间比较早的学术交流，也是我第一次去台湾。一到台湾，骨肉之情，处处可见。第二天，我在致辞中谈到，台湾与大陆血肉相连，两岸人民应该青史青山永不忘，我还引用了清末民初台南籍历史学家连横的一首诗《台南》：

> 文物台南是我乡，归来何处问行藏。
>
> 奇愁缱绻惊江柳，大泪滂沱哭海桑。
>
> 卅载弟兄犹异宅，一家儿女各遐方。
>
> 夜深细共荆妻语，青史青山尚未忘。

后来我发现，连横是台湾国民党原主席连战先生的祖父。2005年，连战先生来大陆访问，带来的礼品之一就是他祖父连横所著的《台湾通史》一书。

致辞结束后，我仍是心潮起伏，强烈的感触是，我们都是炎黄子孙，头脑里便冒出一句，"本是根生同一处"，接下来，由此句拓展，当晚我就填了一首《浪淘沙·初访台湾感赋》①：

---

① 感谢中华诗词学会的顾问梁东同志，后来发表时，他建议我将"本是根生同一处"中的"处"字，改成"脉"字。"脉"，有"血脉"、"文脉"、"亲脉"、"一脉相连"、"含情脉脉"等意思，这一改太好了，真是"一字师"！后来正式发表时，诗中就是"本是根生同一脉"。

峡浪接云天，逝水流年，悲欢离合几多篇？本是根生同一处，梦也团圆！

举酒醉华筵，情意绵绵，心心相印永相连。要领风骚新世纪，愿我黄炎！

在第三天的座谈会上，我便在会场上宣读了这首诗。休息期间，一些记者涌上前来采访。一家大报社的记者问我："词太好了，您对两岸关系有何看法？"我说："合则两利，离则两不利！"接下来的几天，台湾的多家报社对这首词进行了刊载。看来，这首词还是产生了不少影响。《中央日报》还以我词中的"本是根生同一处，梦也团圆"作为文章的大标题，报道大陆校长代表团访问的情况。

后来，我们又访问了台湾大学、"清华大学"（新竹）、"交通大学"（新竹）等，游览了阿里山。在阿里山的大森林中，我们看到了许多名为"三兄弟"、"五姊妹"、"连理树"的大树，其实是几棵大树共一个根。

这次到台湾，还有一件事让我很高兴。我见到了我在台湾的侄儿杨安中，他当年追随蒋经国到了台湾。听说我到了台湾后，他特地来看我。多年阻隔，叔侄相见，感慨万千。说到这儿，再强调一句：海峡两岸，不可分离，逆此潮流者，必招失败与灭亡。

两岸根生同一处，魂牵梦绕要团圆！

五、诗教应先行（中）

"第十一届中华诗词研讨会"之后，是 1999 年的"第十二届中华诗词研讨会"，这一年也是国庆 50 周年。我们学校很积极主动地向中华诗词学会申请将会议定在我们学校召开。当时学校的校长是周济，他很支持，特拨专项经费支持。学校文化素质教育基地、文学院、瑜珈诗社都乐意承办，特别是刘献君同志、李白超同志，积极支持。

1999 年 9 月 24 日，农历八月十五中秋节，秋高气爽，丹桂飘香，"第十二届中华诗词研讨会"如期在我们学校召开了，中华诗词学会、北京大学、清华大学和中央电视台是联合主办单位，中央电视台还对此进行了报道。

这次会议的主题是"让中华诗词大步走进大学校园"，这次会议实际上是第一次率先倡导中华诗词进校园的会议，讨论如何在大学校园进行诗词讲授、诗词传承、诗词教育、诗词创作等问题。其意义在于，在推动文化素质教育的同时推动诗教，或者说，将推动诗教作为推动文化素质教育、人文教育的重要抓手之一。实际上，这也是抓到了点子上。

这次会议是国际会议，会议规模很大，有 200 多人参加，有海外的诗人名家，有港澳台同胞，不少是知名领导、诗人、教授、学者等，如：中组部原副部长、曾做过毛泽东同志兼职秘书的李锐同志也来了，他当时已经 82 岁了；中共湖北省委顾问委员会副主任李尔重同志，他既是老革命，曾任中共武汉市委第二书记，也是毛主席称赞的"我们的作家和才子"，他当时已经 86 岁；教育部原部长刘西尧同志，他是老革命，当时已经 83 岁；教育部副部长周远清同志，中华诗词学会会长孙轶青先生、副会长霍松林先生和顾问林从龙先生；等等。九思同志也参加了这次会议。真是高朋满座，名者如流。大家在一起以诗会友，开怀畅聊，热情洋溢，赏心乐事，好不热闹。特别是一些老朋友，多年未见，能够相聚并且能为推动诗教做些事情，其高兴的心情可想而知。例如，李锐同志和九思同志 30 年代在武汉大学读书时期就是朋友，先后投身革命，一度还是上下级关系。

在会上，我做了一个主题报告：《科学人文相融，爱国创新与共——再论让中华诗词大步走进大学校园》。文章修改后，发表在《中华诗词》1999 年第 6 期上。《中华诗词》又加了"编者按"，认为是：

　　一篇有见地、有新知、有韵味，符合时代需要，对振兴诗词事业能发挥重大影响的力作……对于发扬诗教、净化心灵，提高人文素质，对于促进逻辑思维与形象思维的结合，对

1999 年，与李锐同志（右三）、朱九思同志（右二）等合影

于发展社会主义时代的科学、文艺事业都很有裨益。

我在发言中提出，科学与人文，既是一个人实现高度完美的双翼，也是一个国家、一个民族实现繁荣富强的双翼。双翼健劲，才能万里高飞，长空竞先。诗教，在文化素质教育中，特别是人文教育中，占有特殊、重要的地位。

这个报告，得到与会者的肯定，李锐同志会后还挥毫泼墨赠了我一首诗①。

因为恰逢中秋节，良宵盛会。晚上，月色皎洁，桂花飘香，宁静的校园在月色之中更有一种情致。我们特地举行了"中华诗词吟诵晚会"，作为研讨会的一项活动，大家兴致都很高。吟诵晚会上，一些名家纷纷登台朗诵自己的诗作，或请人代为朗诵自己的诗作，氛围非常热烈，感人至深。

晚会的最后一个压轴节目，先是有人朗诵和合唱我于 1996 年 1 月访问台湾时所写的《浪淘沙·初访台湾感赋》，我校沈建军教授以昆曲为基调对它进行了配曲，领唱是曾瑜阳同学。此情此景，令人动容，一些港澳台同胞、海外华人听后热泪盈眶。一位台湾同胞听完后，心情激动地跟我说："国家未统一，诗词界已统一了！"

① 李锐同志的赠诗为："院士才华众望孚，诗词科学见功夫。古今中外家珍数，电脑机心现代儒。"后来，我和了一首诗："学浅才疏名未孚，先飞笨鸟竞千夫。人文科学双飞翼，全赖马牛融道儒。"这里的马指马克斯·韦尔，牛指牛顿。

当晚，我兴奋难眠，激动之中，填了一首《浪淘沙·"中华诗词吟诵晚会"感赋》：

曲响遏云天，今夕何年？根生同脉唱心篇。最是诗人携手处，好梦先圆！

思漫桂花筵，似絮如绵。觥筹交错愿长连：快烬樊篱成一统，烈火炎炎！

这次会议作为文化素质教育的一项活动，得到各方高度重视，也得到高度评价，特别是周远清同志在会上讲，这次诗词研讨会意义重大，"对于推动素质教育具有里程碑的意义"。周远清同志的这个评价是很高的，也是中肯的。的确，诗教在教育中、在"育人"中、在提高国民素质中，占有不可替代的特殊的战略地位，它对于推动正在全国高校蔚然成风的文化素质教育，无疑具有里程碑的积极意义。

我高度认同这一点，实际上也是这样的。自此以后，在李岚清同志、周远清同志领导下，在教育部推动的文化素质教育活动中，"诗教"作为全国文化素质教育的一个重要方面，被鲜明地提了出来；中华诗词进校园，成为教育活动的一个重要内容。

后来，中华诗词学会让我当名誉会长和中华诗教委员会主任，我欣然接受。虽然我一向自认才力有限，自己只是诗作上的槛外人，但是我认为我有责任来尽我一份我既应尽而又能尽的职责和义务。因为1998年10月教育部高校文化素质教育指导委员会成立后，我被推选为主任委员，要在全国范围内推行文化素质教育。推行文化素质教育，当然要推行诗教！作为具有诗教传统的诗歌之国，诗教不仅仅是诗词教育，更重要的是弘扬中华文化的教育，是人文教育，是人文与科学相融的教育，是绿色教育。

诗教应先行，这是振兴中华和复兴中华文化的需要！到了现在，回过头来看，我们做得是对的，我现在更加确信这一点。

六、诗教应先行（下）

小燕子，穿花衣，年年春天来这里！

我问燕子你为啥来，燕子说，这里的

春天最美丽！

这首儿歌家喻户晓，在孩子小时候，几乎每个家长都会唱给孩子听，几乎每个小孩子都会唱，好比"旧时王谢堂前燕，飞入寻常百姓家"。其实，这首儿歌也是诗，是儿童诗，是进入千家万户的儿童诗。

2000年10月，"第十三届中华诗词研讨会"在深圳召开。会议主题承接上一届会议主题，是"让诗词大步走进中小学校园"，目的是引导青少年从小浸润中华文化，热爱中华文化，促进中华诗词进一步进入中小学校园，促进诗词教育成为中小学教育特别是语文、历史、德育等学科的重要内容。会议得到了各方的大力支持，于光远同志和李锐同志也参加了会议，并做了热情洋溢的发言。

我在会上做了一个专题发言：《力施诗教于未冠——让中华诗词大步走进中小学校园与幼儿园》，提出诗教重在未冠，贵在坚持；而且诗教有利于促进左右脑并用，促进人文科学相融。报告修改成文章后，发表在《中华诗词》2000年第6期上。

让孩子从小学会念诗背诗，会让孩子终身受益。这一点，我从我的孙女杨易身上也得到启发。杨易是"九零"后，她从小就在我的要求下念诵经典，背诵诗词。事实上，她自己也愿意背诗词，她亲身感受到这对她有好处。上大学以后，我依然要求她每个暑假都背诗词。有一次，她跟我说："爷爷不是讲了吗，高中毕业后不是不用背了吗？"我说："绝对不行，还是要背，马上就大学毕业了，还是要背。"她便故意跟我逗："'鹅，鹅，鹅，曲项向天歌'不用背了吧？"我说："这个不用背了！"因为这个是她很小的时候，调皮地学着鹅走路的样子，学的第一首诗。现在她在我们学校做行政工作，发现从小背诵经典和诗词对工作很有益处。

2008年，在澳门博物馆前（杨易在澳门科技大学上学）

这次会议还提出了激励措施，推动"诗教先进单位"评选活动，的确起到了积极的促进作用。这次会议之后，各级教育部门积极推动诗词进入校园活动，活动也得到了广大师生的热烈响应，诗教活动在中小学蔚然成风，孩子们在课上课下积极读诗背诗，热情很高。这也反映出诗词进入校园是时代的呼唤，是民族精神的需要，是国家发展的需要。

2001年5月，"第十四届中华诗词研讨会"在安徽合肥召开。这次会议的主题是"五四以来的名家诗词"，分析新文化运动以来的名家诗词，以及诗词的发展。我在大会上做了专题发言：《诗教与文化——让中华诗词大步走进千家万户》。会议论文修改后，发表在《湖湘文化讲坛》2002年第5期上。

我在文章中提到：诗是最古老、最具活力、最适应时代的文艺作品，"诗教应先行"，"诗教应普及"，诗教就普及！"小燕子，穿花衣"这首儿歌，就是进入千家万户的诗。《礼记·经解》讲："孔子曰：'入其国，其教可知也。其为人也，温柔敦厚，诗教也。'"诗教要强调学校教育、家庭教育、社会教育相结合，这样，诗教就可以进入千家万户。

2002年4月，中华诗词学会在杭州举办"全国诗歌工作研讨会"。这次会议是中华诗词学会首届创建"诗词之乡"和"诗教先进单位"经验交流会。在诗教实践中,中华诗词学会探索创建"诗词之市"、"诗词之乡"、"诗教先进单位"等活动,推动诗教向普及化方向发展。这是很有意义的活动。

我在会上做了题为《经典需诵读,文化要传承——一项弘扬与培育民族精神的战略措施》的发言,强调文化传承,经典诵读,诗教先行,功在当代,利在千秋,并在这次会议上第一次公开正式提出了"绿色教育"的概念。我认为,"绿色教育"是可持续发展的教育,就是"顺木之天,以致其性",核心就是科学和人文相融,目的是"育人",育现代中国人。文章修改后,以《经典需诵读,诗教应先行——一项弘扬与培育民族精神的战略措施》为题发表在《华中科技大学学报(社会科学版)》2004 年第 1 期上。2003 年 5 月,中华诗词学会在南京召开"全国校园诗教经验交流会",中华诗词学会会长孙轶青先生以及梁东、刘征、林从龙、孔汝煌等先生都参加了这个会议。会议期间,我们讨论专门成立"中华诗词学会诗教委员会与诗教促进中心",他们希望由我来牵头,虽然我一再申明,严格讲我是诗词的门外汉,只是深感形势发展需要,应该疾呼"文化要传承,经典需诵读,诗教应先行"。后来在孙轶青先生与学会领导的信任下,我接受了诗教委员会主任一职及相关的牵头工作,以便更好地推行诗教工作。我真诚希望在全国范围内推动诗教、兴起诗教文化,将其汇入全国高校文化素质教育的热潮之中,目的是希望培养热爱中国和热爱中国文化的现代中国人。

2005 年 8 月,中华诗词学会"全国诗教经验交流会"(望奎现场会)在黑龙江望奎召开,会议的主题是"中华诗词与构建和谐社会的关系"。当时我因为生病,请假未去。我提交了一篇论文,名为《文化·人文·教育·诗教》,还写了一封信,请梁东同志转孙轶青会长及望奎现场会议。信中提到:"江汉盛暑,松嫩清风,路隔五千,情深一处。凝视北天,能不依依?盛会即临,遥致敬意。"2007 年,中华诗词学会"全国诗教经验交流会"(淮安现场会)在江苏淮安召开,会议

2003 年, 中华诗词学会"全国校园诗教经验交流会"

（从左至右：林从龙、刘征、梁东、杨叔子、孙轶青）

的主题是"诗教与建设中华民族共有精神家园"。我去了现场，在会上做了专题报告，题为《建设共有精神家园"兴于诗"》，修改后，改名为《"兴于诗"建设民族共有精神家园》，发表在《华中科技大学学报（社会科学版）》2008 年第 3 期上。

这次会议还给我和梁东同志颁发了"中华诗教突出贡献奖"。其实我个人所做的工作有限，还是应该感谢诗词界许多前辈的努力，比如孙轶青先生、霍松林先生、郑伯农先生、林从龙先生、周笃文先生、侯孝琼先生、赵京战先生等，他们都在热心致力于中华诗词的振兴和诗教的推动工作等，特别要感谢中华诗词学会的会长孙轶青先生，他对中华诗词的振兴倾注了大量感情和心血，他曾旗帜鲜明地提出了一个口号："中华诗词万岁。"我认为这是相当了不起的口号，我高度赞同。1999 年 8 月，孙轶青先生还赠给我一首诗，名为《七绝·咏杨叔子院士》：

　　　　民重精神国重魂，弘扬诗教育新人。

　　　　风流兼达文工理，吟帜高张学府门。

实际上，在倡导诗教中，我和孙轶青先生观点一致、目标一致："民重精神国重魂，弘扬诗教育新人。"

后来，我又陆续参加了一些诗词会议，继续为推行诗教活动尽职、尽责、尽力，同时也陆续发表了一些文章，如《国魂凝处是诗魂》、《知否诗魂是国魂》，这两篇文章也是我比较得意的文章，我后面还会讲到。

这里，我不厌其烦、长篇大论地谈论中华诗词学会一次次举办会议、推行诗教的努力和过程，也谈了我个人的一些工作，就是想说明一个问题："诗词进校园"，"诗词进教育"，"诗词进万家"，有一个不断努力、坚持不懈、逐步深入的过程。

可喜的是，在这个过程中，不断扩大了群众基础，不断走进校园，不断走向千家万户；在这个过程中，出现了越来越多的诗词爱好者，中华诗词越来越走进人们的日常生活，各地纷纷出现了"诗词之乡"、"诗词之市"等，读诗吟诗，蔚然成风，"王谢堂前燕"终于"飞入寻常百姓家"。

这里，改动一下唐代诗人陈子昂的《登幽州台歌》，反其意而用之，借以表达我对中华诗词的期望：

> 前既见古人，
> 今更见来者。
> 看大江之滔滔，
> 喜奔腾而东下！

七、国魂凝处是诗魂

诗风吹绿校园春，米寿诗翁续力耘。

寄愿儿孙诗志在，国魂凝处是诗魂。

2009年，一直致力于中小学诗教、江苏高邮88岁高龄的颜仁禧先生推出《诗风吹绿校园春（续集）》诗集，写信请我为他的诗集写序。当时，我本人身体状况不太好，但我还是为颜先生的诗集写了序，序中就写了上面那首七绝。

对于这首七绝，我心中多少有些得意，特别是

"国魂凝处是诗魂"这句,我似乎是信手拈来,自然流出笔端。过后细细品味,我豁然悟到,这句诗不正是我多年来读诗、吟诗、写诗的生命体验吗?这也不正是我多年来推行文化素质教育、爱国主义教育、"诗教应先行"的高度概括吗?

回想起来,我小时候读书,一开始学习的就是诗,是"诗人的爱国者"父亲教我读的唐诗宋词。日常生活中,我读诗、写诗,几乎离不开诗词,诗词也给我的工作带来很多的灵感和启发,我研究中遇到困难或取得成果,会自然而然地用诗词来表达心情。当了校长之后,我推行文化素质教育,推行诗教,这些不都是一脉相承的吗?推行文化素质教育,当然要倡导诗教,"让中华诗词大步走进大学校园";诗言志,诗是人的精神寄托、精神支柱,当然要"兴于诗,建设民族共有精神家园"。

分析起来,"国魂凝处是诗魂",它不仅是我生命的体验,而且这里面有一个基本判断:国魂是诗魂,国魂的高度凝练,就是诗魂。于是,我又以此句作为题目,写了一篇关于诗论和诗教的文章。

接下来,我进一步思考,话似乎只讲了一半,还没有完全讲深讲透,即国魂是诗魂,那诗魂是不是国魂呢?用数学的语言来说,好比甲是乙,乙是不是甲呢?会不会乙是个更大的"集"呢?我发现,不从定量上、科学上去理解,而是从定性上、体悟上、人文上去理解国魂诗魂,完全可以说是同一回事,"国魂盈正气,华夏铸诗魂"。2010 年,我又连续写了《七绝·读诗感悟》三首:

其一

《关雎》、《长征》一脉承,情天理海美谁伦?!

感神泣鬼惊风雨,知否诗魂是国魂?!

其二

诗魂就是国魂凝,座座高峰迭起兴。

各领风骚先启后,中华文脉至强恒。

其三

国脉主流文脉称,诗魂应是国魂凝。

中华力量凭文脉，赖有诗魂作主承。

接下来，我又以《知否诗魂是国魂》为题，写了一篇文章，揭示国魂与诗魂是紧密联系在一起的，国魂体现在诗歌当中，诗歌体现了国魂。这些年，我深深感到"国魂凝处是诗魂"、"知否诗魂是国魂"，这就是讲，国魂就是诗魂，诗魂就是国魂，这两者是等价的。

什么是国魂？就是国家灵魂，就是国家品格，就是民族精神，就是民族传统，就是国家、民族精粹的艺术表达。国魂的"基因"，是高超的文字语言；国魂的感性体现，是丰富动人的情感；国魂的理性体现，是开拓活跃的思维；国魂的精髓，就是广博深刻的哲理。

诗是民族性的。我很喜欢美国大诗人惠特曼讲过的一句话，他说："看来好像很奇怪，每一个民族的最高凭证，就是它自己产生的诗歌。"这句话是很有道理的。我国南北朝时期的文学家刘勰讲过："民生而志，咏歌所含。"

2009 年秋，诗文选出版座谈会，诗词界领导郑伯农同志、梁东同志等与学校刘献君同志、涂又光教授等参加

人们常讲，最美的语言是"诗一般的语言"，最富感情的语言是"诗一般的语言"，最涵哲理的语言是"诗一般的语言"，最为凝练的语言是"诗一般的语言"。其实，诗就是最美、最富感情、最涵哲理、最为

凝练、最能反映民族文化特色的语言。什么是"诗的语言"？从形式上看，是最精炼、最美妙的语言；从内涵上看，是最富于感情而动人、最富于哲理而悟人的语言；从承载的精神上看，是境界深邃而启人思索、富于开拓的语言。这种语言凝聚着极为深厚的继承性，表现出极为活跃的创新性，凸显出极为强劲的生命力。

每一个民族的诗歌，都是这个民族语言、文字、文化的精炼。诗歌的精辟之处，不只是在于语言文字的意思，更是形式、内容及其承载的精神的完美结合。这一点搞翻译的人最有体会，诗往往是最难翻译的，诗的内容可以翻译成为另一种语言，并按那个民族诗的语言表达出来，但读起来总没有最初的味道。从一定程度上说，诗只能看原文，那种感情的流淌是最为自然的、最能打动人心的。

诗魂是国魂的体现。由于汉字这一唯一保存至今的象形文字的特殊性，由于经过几千年文明史的锤炼与沉淀而赋予汉字、词、句的特性，由此形成的中华民族诗篇，就具有无比强大的魅力与功能。中华诗词是中华民族语言、文字、文化高度精练的体现，充溢着中华民族丰富的感情，蕴涵着中华民族深厚的文化哲理，饱含了中华民族文化的世界观、人生观、价值观，体现出这世界观、人生观、价值观饱含的整体观、发展观、本质观，展现着中华民族的国魂，搏动着国脉。诗魂是国魂，国魂是诗魂，诗魂国魂是一体的。

中华诗词最美。中华诗词，源远流长，博大精深，蕴含着美妙的中国传统文化的精髓，放射出璀璨的中国文化哲理的光芒。中华诗词独特的美，可以用十二个字来概括它的特点："字少，式合，韵美；情真，味厚，格高。"

中华诗词是人文，也似科学。诗，是文学，是艺术，是文史哲一体的作品，也是"科学"。

——形式上，从"诗三百"，到楚辞，到唐诗，到宋词，到元曲，到成功的新诗，极其多样，异常纷繁，不拘一格，不断出新，一以贯之的是最精炼、最美妙的语言，体现了语言的精、美、情。

——内容上，从自然到社会，从集体到个人，从情、从景到情景交融，从古、从今到古今同汇，从中、从外到中外并举，提供了极其丰富的知识与事实，表达了一种最精炼、最美好、最富于高品位的深情，表达出人生感悟与人生哲理。

——思想上，诗，如孔子所言，可以兴，可以观，可以群，可以怨。中华诗词，感情充沛，境界深邃，哲理深刻，精神永恒，中国传统文化的整体观、变化观、本质观深深熔铸其中。

爱国主义一直是中华诗词的主旋律，中华文明之所以是世界上唯一的历史没有中断的文明传承至今，原因有很多，在我看来，其中的爱国主义是决定性的因素。我很同意季羡林先生的一个观点，他说，中华民族优秀的人文精神，归结起来为两点：一是爱国，一是有骨气。这是很有道理的。爱国主义正是中华文化哲理中整体观在价值观、人生观方面的集中体现。爱国是具体的而不是抽象的，是实在的而不是空洞的。爱国之爱，首先是对人民之爱，对群众之爱；爱国、爱民，就自然会爱祖国河山。

杰出的诗人一定是杰出的志士仁人，杰出的爱国主义者，深深爱着人民，关心民众生活疾苦，也一定会热爱祖国的大好山河。例如：

《诗经》中的"岂曰无衣？与子同袍"。

屈原的"路漫漫其修远兮，吾将上下而求索"，"长太息以掩涕兮，哀民生之多艰"。

孟子的"富贵不能淫，贫贱不能移，威武不能屈"。

诸葛亮的"非淡泊无以明志，非宁静无以致远"。

陶渊明的"不戚戚于贫贱，不汲汲于富贵"。

李白的"安能摧眉折腰事权贵，使我不得开心颜"。

杜甫的"感时花溅泪，恨别鸟惊心"。

范仲淹的"先天下之忧而忧，后天下之乐而乐"。

陆游的"王师北定中原日，家祭无忘告乃翁"。

文天祥的"人生自古谁无死？留取丹心照汗青"。

第六章　经典需诵读，诗教应先行　359

王冕的"不要人夸好颜色，只留清气满乾坤"。

于谦的"粉身碎骨全不怕，要留清白在人间"。

鲁迅的"灵台无计逃神矢，风雨如磐暗故园"。

毛泽东的"喜看稻菽千重浪，遍地英雄下夕烟"。

如此佳句，比比皆是！无一不是表达了诗人对祖国和人民深深的热爱。这种爱，永远是诗人创作的主题，也是诗人的本职和天性。

中华诗词，源远流长，博大精深，是中华民族优秀传统文化的皇冠。

中华诗词，形式精湛，技巧高超，音韵优美，节奏动人，是最易接受、最能感动人的文化珍品。

中华诗词，不仅具有各国各民族的诗的一般特点，而且由于采用了汉字这一唯一保存至今的象形文字的特殊性，在用字、构词、造句、达意、含义上，更是高度精美，无与伦比，光照千秋，是中华民族文化的璀璨标志。

中华诗词是最美的！怎么形容它的美都不为过！作为中国人怎么都离不开她的美丽！

八、诗教最美最人文

中国诗词最美最人文！诗教是人文之教！

我们学校程良骏教授是电力系研究水利机械的，是著名的水电专家，在三峡工程水轮机研究中做出了贡献。他性格乐观，业余时间喜欢写诗，诗词造诣很高，出版过《思涡念峡吟》诗稿。我在为他的诗稿作的序中步韵奉和了两首诗，其中说到"思涡念峡结深盟，一片心声一片情"。有一年,他生病住院,我去看他。在病床上,他还在看长江三峡工程水轮机该怎么设计,同时在病中还写诗,我很感动。我说:"程先生你不错啊,我想起宋朝陈与义写的一首诗,其中有两句送给你最合适,'有诗酬岁月,无梦到功名'。"程良骏教授呵呵地笑了起来,他说,你也是这样啊。

这句诗的境界,我们两人都高度认同和向往,并相互赠送。"有诗酬岁月",就是指写下诗来酬答如水流逝的岁月;"无梦到功名",从来做梦也没有想到功名,做梦不是为了个人的功与名,而是为了国家的事业。这些年来,我们两个一见面,不是谈诗就是谈爱国,谈诗时趣味相投,并有诗相唱和,而且我们都认为,作为中国人不懂一点中华诗词,精神上总有一点缺憾。谈爱国,说的都是心里话,大实话,这片土地生我养我,为什么不去爱她。

2010 年,瑜珈诗社成立 20 周年大会

(从左至右:杨叔子、程良骏、周泰康、王文英、胡俊杰、李白超)

诗是美的,人们常把最美的语言,叫作"诗一般的语言"、"诗的语言"。在人文文化中,中华诗词是中华文学的皇冠钻石,是中华民族艺术的杰出瑰宝!中华诗词在立意、行文、造句、遣词、用字上,都有着极高的造诣,可说是无与伦比,光照千秋!

什么是诗教?所谓诗教,主要就是通过诗词歌赋教育特别是通过中华诗词而进行的人文文化教育。这里要特别说明的是,诗教不是简单地理解为如何教人写诗,而是通过诗词歌赋的文化载体,进行人文文化教育。当然,"熟读唐诗三百首,不会吟诗也会吟",也是自然的。

《尚书》讲:"诗言志,歌咏言。"意大利哲学家维科讲:"一切艺术都起源于诗。"诗教,在教育中,在育人中,在提高国民素质中,占有不可替代的特殊地位。诗教,是不可替代的,是不可或缺的,在教育中占有特殊的地位。现在我更确信这一点。

文以载道,中华诗词更是如此。中华诗词是文学,也是哲学、历史、地理、生物、图画、雕塑、音乐,而且似科学,是科学。

从《诗经》开始,中华诗词流传至今已经有3000多年了,诗篇佳作不绝,如满天繁星般,点缀着中华文化的星空,也俨然是一部壮丽的文学艺术史。中华诗词发展史,是中华文化发展的一条主线,传递着民族精神,塑造着民族品格。

中国传统教育中,少儿启蒙读物,包括《三字经》、《千字文》、《唐诗三百首》、《幼学琼林》、《诗经》等,绝大部分是诗,是韵文。其实,《老子》也是诗,韵文也是"诗"。

孔子是诗教最早的倡导者。孔子讲:

不学诗,无以言。

诗可以兴,可以观,可以群,可以怨。

兴于诗,立于礼,成于乐。

在孔子看来,诗的作用巨大。以诗兴起,以诗激励;以礼立足于社会,安身于人生;以乐陶冶性情,完成事业。孔子所倡导的"六艺"育人,就是"礼、乐、射、御、书、数"。其中,"礼"、"乐"是放在最前面的,《论语》中"礼、乐"往往同时出现。

什么是"礼"? 什么是"乐"?《礼记·乐记》中讲得十分清楚:"乐者为同,礼者为异。""乐者,天地之和也。礼者,天地之序也。和,故百物皆化;序,故群物皆别。"这是讲,世间万物必有差异,同时又必须和谐,礼教人必须承认差异,乐则教人必须和谐。

诗教之所以重要,就因为它是人文教育。人文文化教育,有两大作用:一是陶冶感情,二是活跃思维。讲细一点,一是提升精神境界,特别是树立对国家、对民族、对社会、对人生、对自然界的高度责任感;二是开拓思维潜力,诗教是开拓原创性思维的重要源泉。诗教在这两点上,具有不可代替的作用。

在陶冶感情方面,教育首先是要陶冶感情,是情感教育,要教育学生成人,成为有人性、有人格、有中国心的人,成为爱自己的国家、爱自己人民的人。中华诗词由于其形式、内容、思想与意境这三者的高度统一,具有震撼人心的力量和强大的教化作用。

"文以载道",中华诗词将这四个字诠释到了极致。通过其深邃的意境与充沛的感情,蕴含着哲理与精神,中国传统文化的整体观、变化观、本质观深深熔铸在其中。吟诵诗词,你所得到的是历史地理知识的知晓、文学的感悟、形象的创造、思维的想象、哲学的精思等等,中华诗词是人文,似科学,也是科学,蕴含着真真切切的道理。

在活跃思维方面,诗教是开拓原创性思维的重要源泉。人的原创性思维主要来源于人文文化,来源于直觉、灵感、顿悟、形象思维。中华诗词是最讲究创新的,立意新颖,内容新颖,文字精美。例如,一首《卜算子》,三十四个字的小令,宋代的陆游与毛泽东主席各自填了一首《卜算子·咏梅》。陆游在词中倾诉了个人的不幸遭遇,凄凉孤独,但仍然坚贞不屈。而毛泽东的词则大气豪迈,畅怀抒发了战风斗雪,以及先忧天下之忧、后乐天下之乐的革命豪情。两首词都是词中杰作,特别是毛泽东的词,意境高远:

风雨送春归,飞雪迎春到。已是悬崖百丈冰,犹有花枝俏。

俏也不争春,只把春来报。待到山花烂漫时,她在丛中笑。

如果不管平仄,不讲音韵,填上或拼凑出三十四个字,能算词吗?

2007年在"全国诗教经验交流会"(淮安现场会)上,梁东同志对诗词功能讲了十个字:"立德,启智,健心,育美,燃情。"我受他的启发，当然也是君子所见略同，我讲了十二个字："立德，启智，健心，育美，燃情，创新。"这十二个字，实际上也体现了诗教促进了人德、智、体、美的全面发展，并在其中融入鲜明的情感。

学诗，首先是立德。自古讲"诗言志"，立德与言志是在一起的。我国自古以来，强调"德才兼备"，"德"字在先。五六十年代，讲又红又专，"红"字挂帅；现在讲德智体美，德育为先等等。这些都是一个意思，强调立德。我已讲过，中华诗词浸透了中华民族爱国主义魂魄，爱国是立德的核心。

启智，是诗的重要功能！人之所以不同于其他动物，就是因为人是有思维、有智慧、有灵性的。智，最重要的是思维的原创性，而富于意象、想象和创造力的诗恰恰是启迪、开拓、发展原创性思维的重要手段。

健心，很重要。健心，实为健脑，心与脑实为一体。心理健康，其实也就是大脑健康，脑神经系统健康，由脑操控的身体才健康。优秀诗词中乐观的态度，豁达的胸怀，对社会祖国、亲人和人民的热爱，无一不有助于潜移默化地影响人的心理，对心理健康起到良好的润泽和导向作用。

育美，很重要！美，就是和谐；和谐，就是美！诗，有豪放美，有婉约美；有雄壮美，有悲凉美；有欢乐美，有凄惨美；有热爱美，有愤恨美；有外露美，有内蕴美；如此等等，难以穷举。例如，毛泽东同志的《忆秦娥·娄山关》下阕："雄关漫道真如铁，而今迈步从头越。从头越，苍山如海，残阳如血。"其气势和豪放之美，难以形容。

燃情，很重要！情与美有区别，

2013 年，在深圳大学做报告：
《寻美古典诗词，践行中华文化》

又不可分，正因为如此，就有豪放情，有婉约情；有雄壮情，有悲凉情；有欢乐情，有凄惨情；有热爱情，有愤恨情；有外露情，有内蕴情；如此等等，难以穷举。优秀的诗，融入了诗人真切的情感，是情感教育的优秀载体，只要用心体会和挖掘，都会引起读者共鸣，燃起读者心中情感的火焰，化情感为力量，充实自己的人生。

创新，很重要。诗，是创造性的产物；优秀的诗，是原创性的产物。诗及诗教非常有利于人的"创新"。

归结起来，诗教有助于一个人的健康成长，成为富有激情的德智体美全面发展的人才。当然，在诗歌创作与发展方面，我也在不同场合多次讲到，应坚持"三性"：继承性，时代性，群众性。

第一是继承性。中国诗就应是中国诗，绝对不是外国诗。丢失了继承性，丢失了民族性，最多是孤芳自赏，绝对没有生根之处，没有生命力。

第二是时代性。没有时代性，反映不出时代气息。什么事都"与时俱进"，绝对不能停滞不前。古诗、楚辞、唐诗、宋词、元曲，就是在变化中产生与发展的。

第三是群众性。诗写出来不是用来束之高阁的，诗的好坏最后得凭历史检验：能不能为群众所喜爱？能不能广为流传甚至经久不朽？我认为，诗的好坏就在于其能不能以最精练、最朴素、最感人的民族语言，揭示人性中最普遍、最深刻的东西，首先是情感。例如，张九龄的"海上生明月，天涯共此时"，苏轼的"但愿人长久，千里共婵娟"，之所以深入人心，是因为最朴素、最深刻地表达了思亲的共同心声。

2007年5月19日，中华诗词学会成立20周年庆典，我当时因为担任组长对深圳大学进行本科教学评估工作，不能亲自到北京参加会议，就给会议写了一封信，信中提到：

> 中华诗词既要有民族文化的继承性，又要有先进文化的
> 时代性；既要有人文文化的开放性，又要有科学文化的严密
> 性；既要有"阳春白雪"的高雅性，又要有"下里巴人"的群众

性。……亦古亦今,亦文亦科,亦雅亦俗,尊重差异,包容多样,构建和谐,共同发展。

总之,中华诗词最美最人文,是中华民族宝贵的精神财富。诗教,在教育中、在文化素质教育中、在人文教育中、在提高国民素质中,有着不可替代的特殊的战略地位。应让中华诗词大步走进课堂,大步走进平常百姓家!

不信东风唤不来,子规啼血只空哀。

人间自有回天力,国脉诗魂撼九垓。

后 记
POSTSCRIPT

2018 年 4 月的一天,我接到原华中理工大学(现华中科技大学)校长杨叔子院士的夫人徐辉碧教授打来的电话,说是想请我整理杨校长的口述史,出版社的同志也正在他们家。接到杨校长、徐老师的电话我总是非常高兴,我当即开心地接受了这一任务。我说:这是一件非常有意义的事情,谢谢杨校长和徐老师的信任,一定努力完成任务。我还说了 8 个字:"责任重大,使命光荣。"

记得 10 年前,我刚协助恩师、著名教育家潘懋元先生整理出版他的口述史不久,我跟杨校长谈起,接下来想协助校长整理他的口述史,杨校长谦虚地说:"潘先生应该写口述史,潘先生是我的老师,我还不够格。"谦虚是杨校长一贯的风格。现在我能有这个机会整理杨校长的口述史,我当然十分乐意,且深感荣幸。因为杨校长无论是作为一名优秀教师,还是作为一位大学校长,抑或是作为科学家、教育家、诗人,他本身就是一份宝贵的财富,将其经历和思想整理出来,哪怕是挂一漏万,也是非常有意义的,无论是对中国科学,还是对中国教育。吾虽不才,愿竭尽全力!

一、春风化雨

第一次见到杨校长,我就被"震撼"了。

那是 1996 年 9 月,我进入原华中理工大学(现华中科技大学,当时我们习惯称为"华工",社会上有华工人引以为豪的"学在华工"之说)攻读博士学位。开学不久,学校举行开学典礼。典礼开始了，李德焕书记和杨叔子校长步伐矫健、神采奕奕地走上主席台，一位稍胖，一位稍瘦，都是穿着整洁的短袖白衬衫（在武汉炎热的9月这多少算是正装），当他们快走到主席台中央时，突然向前走了几步，立定，鞠躬，给台下的师生们认真地鞠躬行礼。我虽然是博士生，读博之前在部队待过，但大学书记和校长给老师和学生们认认真真地鞠躬敬礼，这种场面我以前从未见过，我相信在场的"新鲜人"本科生和研究生绝大多数也都没有见过。一种强烈的情感冲击波漫过全场，掌声响起，全场师生发自内心地热情鼓掌！

那是一种尊重，我们的书记和校长如此真诚地尊重广大师生！这一行为一下子就把大家的心给抓住了，油然生出一种庄重感、庄严感和对我们校长与书记的自豪感，热情的鼓掌也都是发自内心的。

这就是我和杨校长的第一次见面。一见面，我就发自内心地、满心欢喜地、真诚地喜欢咱们的杨校长了，也为能在这所绿意盎然的"森林校园"读书而感到庆幸，我暗下决心：读博机会来之不易，一定要好好珍惜学习机会。

我当时是在高教所攻读高等教育学博士，得益于老校长朱九思和所长文辅相教授的关照，我是学校1996年拿到教育管理（后改为高等教育学）博士点后招收的第一位博士生，这个博士点是全国第四个高等教育学博士点，也是当年以理工见长的华中理工大学的第一个文科博士点，是学校文科博士点"零的突破"。其意义非同小可，标志着华工结束了没有文科博士点的历史，意味着华工走向综合化办学成功地向前迈出了一大步。高教所有着非常好的传统，也是一个温暖的大家庭。当年耕耘高教所的多是些重量级人物，如老校长朱九思先生、涂又光先生、姚启和先生、文辅相先生等。

老校长朱九思先生，是著名的教育家，华工的功臣，他从校长位子退下来后精心耕耘高教所。高教所的学风很好，视野很宽，特别是每周一次的学术沙龙活动，用朱先生的话说，是"风雨无阻，雷打不动"，让我们深切感受到什么叫学术氛围。涂又光先生是著名哲学家冯友兰先生的高足，编纂过冯先生的《三松堂文集》、翻译过冯先生的英文著作《中国哲学简史》，学术功底深厚，我们特别喜欢听涂先生讲课，那种通达贯通、鞭辟入里、生动形象，很少有人能及。姚启和教授从副校长位子上退下来后，长期担任《高等教育研究》的主编，将其办成了国内首屈一指的权威刊物。所长文辅相教授，担任过学校教务处处长，思维敏捷，温厚慈祥，对我更是像对子女般地关爱。

由于我是高教所第一位博士生，整个高教所硕士生也不多，当时的情形是"师傅多，徒弟少"（我开玩笑说是"粥多僧少"），我得到浓郁而和谐学术氛围中众多老师的厚爱，同心协力、共同指导、关爱、导航和护航。我听导师文辅相先生说起：朱九思先生多次同他专门谈到我的培养问题，包括长时间的电话交谈；涂先生同他谈到我的培养时提出了"导航"、"护航"之说。每每想到这些，便心存感恩。

回想起来，我当时是在身心愉悦地、静悄悄地蜕变。我是典型的文科生，当年朋友们说我有些超凡脱俗和理想色彩，从平日说话和写文章中多少能看出这一点，我自己倒不觉得，但我承认我有些教育理想主义。

不知什么时候起，所里老师说，我的文风有些像杨校长。他们太高抬我了，我自己几斤几两，我还是有自知之明的，绝不敢跟咱们思维敏捷、文理兼通、精通诗词、才华横溢的杨校长相提并论。但是听所里老师们这么一说，我心里多少有些暗自高兴，从心里跟杨校长亲近了起来。从此，我更加留意杨校长的文章和他的讲座。一看见杨校长的文章，我肯定要认真拜读，而且是精读；一有杨校长的讲座，我肯定要去，而且要早早地跑去占座位。杨校长的文章观点鲜明，逻辑严密，文理贯通，一气呵成，收放自如，读来只有敬佩其人品学问之高山仰止的感叹。杨校长的讲座热情洋溢、妙语连珠、激情四射，非常具有感召力，每次听完讲座总有想立志做点什么事的冲动。

喻家山下的华中理工大学简称"喻园"，是有名的"森林校园"。校园的每一条道路都是大树参天，绿树浓荫，即使是炎热的夏天也不用撑伞。当时我住在学校西十二的博士楼，我们高教所在东边。杨校长的办公室在行政楼南三楼，他通常是走路上下班，所以有时候就能在路上遇到校长。杨校长人比较瘦，走路轻快，我每次走在路上看到，总是停下来行注目礼，感觉亲切，但并不上前打扰。

当时，杨校长大力推行大学生文化素质教育，学校的人文讲座开展得有声有色，在全国高校中引起轰动。人文讲座大受欢迎，每次的讲座，教室里总是人山人海，教室的地上、走廊上都坐满、站满学生。每到星期五，中午午餐时间，校园广播会播放讲座通知，播放通知之前会有一个固定的音乐前奏曲，讲座前奏的音乐一响起，我就会留意听广播，看看今天有什么讲座。这样，3年多下来，听了不少名人的讲座，有的讲座听起来真是过瘾。

例如，有一次去听《三国演义》里曹操的扮演者鲍国安讲他扮演曹操的经历，真有种追星的感觉，真切体悟到什么叫表演的魅力和声音的魅力。还有一次我去听建筑学院的张良皋教授讲《红楼梦》（张良皋教授讲过好几场《红楼梦》，如"《红楼梦》里的建筑艺术"、"《红楼梦》超前女性意识"等，讲得真是好），我听见身边的学生小声说"那边是老校长朱九思"，声音里有激动，因为他们大多听过老院长朱九思的大名，很多学生并没有见过朱九思本人。循声望去，朱九思老师真的在场，他也是安静地在听。

当时，人文讲座吸引了不少外校学生慕名而来。一次，我的一位朋友就专门从外校赶来听讲座，那天他真幸运。白天，我陪朋友在校园散步，突然看到前面不远处有杨校长的身影，我告诉朋友，前面那位身材精瘦、步伐轻快的人就是我们的校长杨叔子院士。杨校长之名如雷贯耳，朋友一直仰慕有加，没想到一来华工就能见到真人，惊喜不已，目送杨校长走远，还呆呆地站在原地，连连感叹：没想到，大名鼎鼎的杨校长，竟然如此平易，走路上下班，最后他说了一句："今天真幸运！"我不知道当时他心里起的是怎样的波澜，但我想，校园里活跃着关爱学生而又深受学生爱戴的校长的身影，是一道多么美丽的风景线！

接下来的一天，我自己更幸运。那天，我正在校园里走着，刚好迎面碰到杨校长，我很自然地喊了声"校长好！"杨校长立即停下来，热情地询问起来。我就自我介绍了一下，刚开始有一些小小的紧张，觉得打扰校长大人不太好意思，可是见到校长温和的态度，我就释然了，回答了校长的一些询问，说到我读了校长的一些东西，说了我的博士论文选题，还说了有人说我的文风有些像校长。杨校长表现出关切和兴趣，他说希望看到我的博士论文。

我很受感动，一种"小确幸"的幸福感漫过心田。我不知道，有多少次有多少学生就这样被感动着！可能校长自己都不知道，他经常于不经意间就对学生产生了影响，有的影响可能是一生的。大师的作用不就是这样的吗？他的存在本身，就是一种无形的教化影响。

我的博士论文做的是关于"大学的理念"，教育史上第一个阐明大学理念的是英国红衣大主教纽曼的"The Idea of A University"，国内当时将其翻译成《大学的理想》。当时国内做这方面研究的很少，所以当台湾中原大学校长张光正先生来学校做人文讲座时，讲座结束后我跟他说到我的博士论文选题，他当即表现出兴趣，邀请我去他们学校访学，所有费用由他们出。这真是"天上掉馅饼"的幸运，所以单从这一点来说，我也是学校文化素质教育和人文讲座的受益者。

博士论文做好后，导师文辅相先生吩咐我将论文送给杨校长做论文评阅人（当年论文送审并没有硬性规定必须是"盲审"，也没有规定评阅人评阅的格式和字数要求），我便将论文送到杨校长办公室。当时杨校长不在办公室，由他的秘书、热情和善的曹素华老师代为接收，这是我第一次去杨校长办公室，发现校长的办公室竟是如此的朴素。第二次去拿评审结果的时候，杨校长也不在办公室，仍是热情和善的曹老师将装在信封里的评语递给我的。

第三次去杨校长办公室的情形，我终生难忘。那时我博士快毕业了，一直为去哪里工作而纠结，恩师朱九思、文辅相、涂又光等都希望我能留校,学校分管人事的副书记刘献君教授还特地问我需不需要他帮忙。大约更多是为"稻粱谋",我选择了深圳,加之丈夫已经在南方工作。当时我们博士楼上不少同学五六月份就去单位报到了,还能多拿几个月工资,这对长期读书的穷博士们来说也是不少的收入,我一直拖到9月份还未定下来。一次在路上碰到杨校长,他问我毕业去向,我说我想去南方,他当即表示惋惜,并邀请我去他办公室找他。不久,我如约去了杨校长办公室,当时他办公室还有其他人,校长赶忙起身,热情介绍,并拿起一本当时正风行全国的《中国大学人文启思录》,题字赠书给我,题曰:

中华儿女多奇志,偏向悬崖攀绝峰。

一股暖流涌遍全身,我不知说什么好,只有连声说"谢谢"。那天是1999年9月10日,教师节,一个本应该是学生向老师表达感恩的节日。

后来,我看到冯友兰先生的文字,冯先生在回忆他初次见到蔡元培先生的印象时说道:

道学家们讲究"气象",譬如说周敦颐的气象如"光风霁月"。又如程颐为程颢写的《行状》,说程颢"纯粹如精金,温润如良玉,宽而有制,和而不流。……视其色,其接物也如春阳之温;听其言,其入人也如时雨之润。胸怀洞然,彻视无间,测其蕴,则浩乎若沧溟之无际;极其德,美言盖不足以形容"。

冯先生高超的文字艺术所表达的,不正是那天我在杨校长办公室的感觉吗?杨校长的大家气象,不就是这样的吗?"纯粹如精金,温润如良玉,宽而有制,和而不流"啊!

我曾看过一个故事,说是有个知识分子回忆他第一次见到周恩来总理的时候,周总理给他留下的那种温文尔雅、器宇轩昂、光明磊落的大家气度,是他终生难忘的,哪怕后来他被打成"右派",受过很多磨难,但周总理这个形象给予他的精神动力是永恒的。我想,那种感觉我懂得。

再说说杨校长给我博士论文的评语，那是杨校长亲笔手写的，满满三四页，校长给了我很高的评价，开头就开宗明义地指出："大学的理想问题，实质上也是办大学的方向问题，是办大学的一个根本问题。"在评价中，杨校长还说："在其主要贡献中有许多创造性的成果，可见作者博览群书，肯于思索，颇具灵性，成果丰硕。"

校长太抬爱了，我有些汗颜，但是给了我莫大的鼓舞，特别是"颇具灵性"几个字，让我这个当时的年轻人在"问学"路上能够努力向前，特别是遇到挫折和人生低迷的时候，成为精神的动力。

值得欣慰的是，博士论文修改后名为《大学的理念》，由母校华中科技大学出版社出版，成为大陆教育理论界第一个研究大学理念成果的著作，于2006年获第三届全国教育科学研究优秀成果二等奖。这是后话。

二、山高水长

"经师易得，人师难求"，能有良师、"人师"指路护航，人生之大幸！杨校长便是我的良师、"人师"和恩师，这一点经过20多年岁月的积淀，历久弥真，历久弥深。

记得毕业时，他的秘书、热情和善的曹素华老师问杨校长，为什么对一个学生这么好，杨校长连说"可惜！"他的意思是可惜我没能留校（理解人生是要有阅历的，我这个所里招收的第一位博士生"身在福中不知福"，不知天高地厚地离开，让朱九思老师生气、让文辅相老师伤心、让涂又光先生惋惜等，是当时的我不能完全理解的，都是有浓浓的师恩在里面，"此情可待成追忆，只是当时已惘然。"容另文再述）。

后记　373

2002 年, 与整理者肖海涛在西北农林大学高等教育国际论坛上

我博士毕业头几年, 丈夫还在广州, 调过来的难度超出了我当初的想象, 心里不免有落差。于是除关心我的学术之外, 杨校长还关心我的生活, 他一度希望我能调回母校。幸运的是, 在杨校长和潘懋元先生的帮助下, 加之我也为任职的深圳大学做了一些事情, 丈夫后来也从广州调过来了。

2004 年, 在潘懋元先生的关照下, 我去厦门大学跟着潘懋元先生做博士后研究, 幸运地成为潘先生招收的第一个博士后。这也多少是结缘于我的博士论文, 潘先生是我博士论文的答辩主席, 他对我论文的评审也是抬爱有加, 特别是他在评阅中说: "文章深入浅出, 文笔通畅, 文字简淳, 文风素朴, 无此类文章经常出现的故弄玄虚、摆花架子, 或文义曲迂、晦涩难读的流行毛病。"这同样给了我莫大的鼓舞, 成为我的精神支柱。

我在厦门大学做博士后期间, 一次与一位副院长聊天, 他知道我是华中科技大学来的, 说了一句: "厦门大学缺两个人, 一个是杨叔子, 一个是涂又光。"我问: "你见过他们吗?"他说: "听过杨先生的报告, 很有感染力, 但没见过涂先生, 只是读了他的文章和他的书。"这让我感叹他的见识了得,我便又津津乐道地谈起了杨校长和涂先生。

做博士后期间,杨校长跟潘懋元先生沟通时,包括打电话时,总要问起我的情况。现在回过头来想,如果说在这"问学"路上我能坚持和努力做点事情,莫不与恩师们的时时鼓舞和鞭策有关。

虽然深圳是一座崛起很快的现代化新城,但经济的崛起往往比文化的发展要快。由于杨校长在全国教育界的声望,深圳大学希望得到杨校长的支持,杨校长每次都是倾力支持。例如,深圳大学作为一所年轻的大学取得博士点"零的突破",深圳大学获批成为国家大学生文化素质教育基地等,都有杨校长的功劳和贡献。2007 年 5 月,受教育部委托,杨校长担任评估组组长对深圳大学进行本科教学水平评估,更进一步表现出了他对办好深圳大学的热情。

在这些过程中,我就成了深圳大学和杨校长之间的"联络员"。杨校长总是开玩笑地鼓励我说:"联络员不简单啊,《沙家浜》里的阿庆嫂就是联络员!"他总是记得我当兵的经历。每次我带着深圳大学的任务回到母校去找杨校长,杨校长都是热情地支持,他真诚地希望深圳大学越办越好。

为什么杨校长对深圳大学情有独钟?他说,不仅因为他母亲是广东人,他是半个广东人,他对广东有一份天然的感情,更为重要的是,他认为深圳的全面崛起和办好深圳大学具有战略意义,所以他对办好深圳大学有着特别的期待,认为深圳大学一定要办好。

10 多年前,他就诚恳地指出:

> 深圳是改革开放的前沿,正如一首歌中所唱的是邓小平"在祖国的南海边画了一个圈"的地方,深圳的高速发展创造了"深圳速度"和"深圳奇迹",向全世界证明了中国的改革开放和社会主义市场经济路线的英明和正确。不仅如此,更为重要的是,深圳毗邻香港,地理位置非常重要,建设好深圳,不仅是从经济上建设好深圳,而且从文化上建设好深圳,有着十分重要的战略意义。从政治上来说,香港 1997 年回归

到祖国的怀抱。而"回归",更为重要的、更长远意义上的是"文化的回归",这需要一个比较长的过程,也需要坚持不懈的努力。建设好深圳,特别是从文化上建设好深圳,包括建设好深圳大学,让深圳作为中华文化的强大"辐射源"影响香港,这方面的战略意义不可小视,一定要有长远的战略眼光。

这真是高瞻远瞩的真知灼见!

2007年对深圳大学评估中,杨校长对深圳大学给予了积极的肯定和真诚的期望,也针对深圳大学的特点提出如何促进师资建设、学术梯队建设的希望。当然,还有一件事也体现了杨校长说话的艺术,他说:这几天不断听到"深圳速度"一说,实际上这里有个潜台词,在迎接评估过程中有些方面特别是投入方面有"临时抱佛脚"的问题。实际上当时各学校多少都存在这种情况,当然从积极的方面去讲,确实是增加了对高校的投入。不过他认为评估虽然有不同的意见,但大方向是对的。这就是战略思维。

2008年,杨校长被聘为深圳大学的双聘院士,他特地填了一首词《浪淘沙·赠深圳大学》:

睿智画圈圈,画出春天。标新领异撼人间。改革成功开放好,树范航前。

桃李竞芳园,果硕绵绵。赏心乐事此为先。QQ连心传喜讯,育杰培贤。

这首词写得相当漂亮,还很时髦,创新性地用上了"QQ"一词,因为即时通信工具QQ由深圳大学的毕业生马化腾的腾讯公司所创。

成为深圳大学双聘院士之后,他每年都要到深圳大学。他说有很多学校想聘他为双聘院士,但是他只选择了两所学校:一所是深圳大学,另一所就是他家乡的九江学院。

杨校长每年到深圳,日程总是特别满,他是自加任务,自带责任感和使命感。每次来深圳杨校长有几件事是必做的:一是与深圳大学校领导讨论学校办学思路和办学规划;二是给全校师生做人文讲座;三是给深圳大学诗社做诗词讲座;四是去机电学院讨论办学思路;五是其他单位的邀请,如深圳院士工作站,或深圳高等职业技术学院等。例如,评估结束后,杨校长还在深圳做了几场讲座,除对深圳大学全体师生的讲座外,还到南山区政府给500多位南山区干部们做讲座,到深圳高等职业技术学院给几百名师生做讲座,到深圳市民文化大讲堂做人文讲座等。这么满的日程,不是一般人愿意的,也不是一般人受得了的。

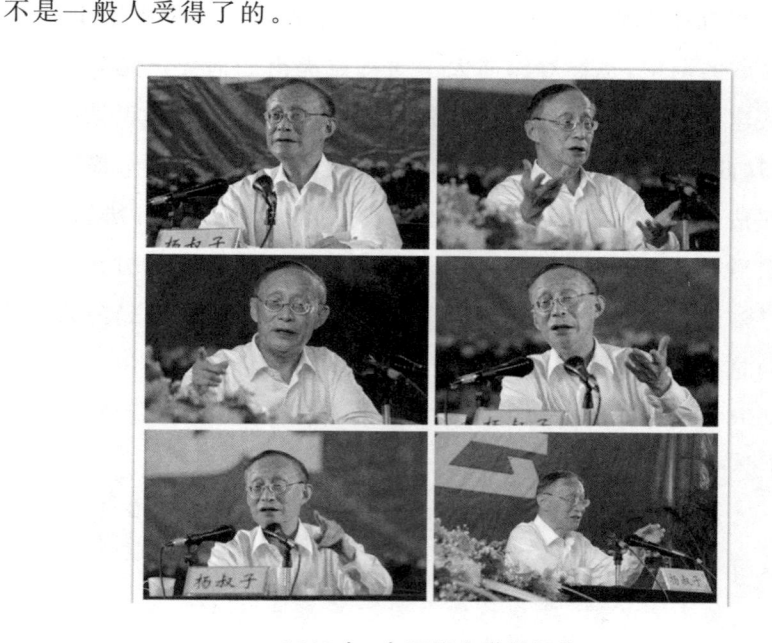

2007 年,在深圳大学做报告

我记得,2007 年 5 月那次一个多星期的评估和随后在深圳市其他单位的讲座中,深圳大学校医院的院长给杨校长检查身体时,有一天晚上发现他不舒服,硬是拉着他去校医院休息和打了点滴。第二天,杨校长照常超负荷地工作,我这个联络员看着都心疼。当时心里还犹豫着要不要给当时"人在武汉,心在深圳"的徐老师打电话,因为杨校长每天都要给夫人打电话"报平安",不过他却总是报平安健康,就像他父亲杨赓笙先生当年追随孙中山先生干革命时所写的"风寒感冒寻常事,写入家书总健康",也像他自己写的"小病微伤常有事,唯将健康报家书"。

作为双聘院士会有报酬,但是他从来没有拿任何报酬,而是将报酬全部用来设立"杨叔子院士奖学金",鼓励学生创新。他设立"杨叔子院士奖学金"也是在两所学校,一所是深圳大学,另一所是九江学院(九江学院称为"杨叔子爱莲奖学金")。而且杨校长在深圳大学做讲座也是不收报酬的。记得有一次,主办单位将报酬托我转交给杨校长,杨校长让我将报酬原封不动地退回去,并说:"我到深圳大学是来工作的,不是来图报酬的。"我只好如数奉还。

在深圳大学颁发"杨叔子院士奖学金"的报告会上

此后的讲座,深圳大学干脆就不给报酬了,也省了财务上的麻烦。后来与朋友们聊天说起杨校长和此事,我由衷地冒出了一句:"我看见了高尚!"可不是吗?对照当下一些物质主义和金钱至上的现象,高下立判!

每次杨校长来深圳,看到杨校长日程安排得那么紧,我这个联络员都是心有不忍,特别心疼。其实考虑到校长的身体,我这个当联络员的还挡了不少驾,推辞了一些邀请,但杨校长仍是日程满满。深圳大学的领导每次都说:杨校长太辛苦了,去放松一下,参观一下深圳某个景点。杨校长总是婉言谢绝,说没有时间。

杨校长惜时如金。大家都知道,他们夫妻为了教学和科研事业,为了节约时间,吃了30年食堂。大家都知道,杨校长要求自己所带

在深圳大学颁发"杨叔子院士奖学金"

的博士生背《老子》，后来又加背《论语》的前六至七篇，达不到要求不能参加博士论文答辩，其实他自己经常研读《老子》。有一次杨校长到深圳，我去接机，他告诉我，他在飞机上在脑子里默念，又将《老子》重温了一遍。杨校长还请涂又光先生去给他的博士生讲《老子》，记得有一次，在给杨校长的博士生们讲授《老子》的第二天，涂先生在我们面前大大称赞杨校长很了不起。

我很幸运，每次杨校长来深圳我都是全程陪同，朝夕相处，享受着过节般满满的幸福，那是一种梅贻琦先生当年所形容的"学校犹水也，师生犹鱼也，其行动犹游泳也。大鱼前导，小鱼尾随"的师生"从游"的幸福。而每次在一星期左右相处的幸福结束之后的送行中，我总有一种依依不舍的怅然若失，期待下一次见面。

唐代大文豪韩愈在《师说》中说："师者，所以传道受业解惑也。"跟随大师"从游"，收获的何止是传道授业解惑，大师的人格魅力、思想情怀、理想信念、精神境界等，本身就是人文，无不深深地影响学生的学业、思想、性格和灵魂。

看到杨校长和夫人徐辉碧教授比翼双飞，夫妻情深，我们也是非常羡慕和感动的。徐老师是化学家，她陪同杨校长来深圳，不仅仅是生活上的照顾，她和深圳大学生命科学院的倪嘉缵院士有着科研上的合作，她每次来深圳都要到深圳大学生命科学院做讲座。记得有一次，事先说好，徐老师讲座完后中午一起吃饭，吃午饭的时间到了，左等右等，徐老师还没有到，打电话询问，说是大家讨论得正热烈，有些耽误，这时杨校长非常欣慰和开心地说，今天讲座讨论得那么热烈，徐老师一定很快乐。让人感觉到，只要徐老师快乐，杨校长就快乐，而且他们的快乐是建立在事业成就感上的。而且我听徐老师讲到，有一阵子杨校长还带着徐老师读诗，每天一首。

2012 年深圳，与肖海涛（左一）、向春（右一）一家在一起

每次杨校长来深圳，杨校长和徐老师所带的在深圳工作的研究生们，有机会来看望杨校长和师生相聚，也都是过节般的幸福。对杨校长来说，他当年在国内率先提出"智能制造"的概念，看到学生们取得成绩是他最开心的事，因为那里寄托着他关于中华民族振兴，中国的智能制造、精密制造，中国制造、中国创造的希望和梦想。例如，他1991 年招收的硕博连读的研究生、现工作于深圳的富士康工业互联网股份有限公司董事长李军旗先生，就是他当年送去日本深造学习先进技术的,回国后李军旗先生致力于精密制造的创业,请杨校长为其研究院取名,杨校长就取名为"圆梦精密技术研究院",这寄托着他对中国梦和民族自主创新的希望。

2011年,在深圳富士康公司与徐牧基(前排左二,富士康副总裁),中川威雄(前排右一,东京大学名誉教授),肖海涛(后排右二)和李军旗(后排右四)等在一起

2013年,杨校长在80华诞感悟时,还表达了他的圆梦的心情,他写道:

> 流逝了的今天是昨天,
>
> 要来临的今天是明天,
>
> 似乎,永远只存在今天,
>
> 其实,永远停不住今天。
>
> 丢失了今天,就丢失了天天!
>
> 立足现在,深思过去,准备未来,
>
> 珍惜今天,抓紧今天,用好今天,
>
> 正好圆梦,要圆好梦,势必好梦圆!

后记　381

三、育人为本

作为一位科学家和院士出身的、教育家型的大学校长,杨校长在中国当代教育史上无疑书写下辉煌的一笔。这里也借此机会,谈谈我所理解的杨叔子教育思想。

杨叔子教育思想主题鲜明,脉络清晰,结构严谨,成果丰硕,构成一个颇具个性特色的完整的逻辑体系,涉及教育的本体论、教育的目的论、教育的方法论等,其教育思想的主要教育观点如下。

◆ (一) 教育的本体论

(1) 教育的本质是"育人"而非"制器"。

杨校长在讨论教育问题的时候,是从文化与教育的关系之中,将教育定位于文化领域来讨论教育,他抓住了两个关键——"人"和"文化"——来思考教育问题;思考教育问题时,他又抓住了两个关键:一是培养什么人?二是怎样培养人?基于此,他极富创造性又极具个性地找到围绕各种教育问题的主旋律——"育人"。

很有意思的是,这里我很自然地联想到美国高等教育哲学家布鲁贝克所说的:在思考各种高等教育哲学对高等教育实践的指导作用时,要找一个共同的基点,那就是寻找围绕这些问题的主旋律,这个主旋律就是"E"调——"E"代表专门知识,这个专门知识是问题与答案两方面有特色的部分。

杨校长认为,教育的本质是"育人"而非"制器",而且在他的教育思想中,"育人"也是教育的问题与答案两方面都有特色的部分,教育的各种问题和答案总是绕不开"育人"这个主题。

(2) 人是有文化生命的。

杨校长一直关注教育对象中的人,在他看来,人是活生生的,有思想、有感情、有个性、有精神世界的,而不是死呆呆的、毫无生机的物或器或工具。再高级的"器",如再高档的智能机器人,也不过而且只能是具有了人所赋予的功能或程序罢了。

杨校长创造性地提出，人的生命包括自然生命和文化生命。而文化生命包括人性和灵性。人性，是指文化赋予人的道德伦理观念和种种行为规范，是人区别于动物的第一本质属性；灵性，就是人的聪明才智，既包括感受力、理解力，更包含创造力，有点类似英语中的intelligence。人的文化生命是人性和灵性的统一。

（3）教育定位于文化领域。

杨校长认为，人类社会的历史本质，是一部文化史、文明史，在社会政治、经济、文化三大领域中，教育定位于文化。教育既是文化传承的主要形式，又是文化创新的必要基础。社会既靠教育的存在而延续，又靠教育的发展而进步。最为根本的一点就是，教育是通过文化去"育人"，进而通过所育之人来为社会服务。

（4）教育就是文化教育。

杨校长认为，教育就是以文化育人，以文化整体育人，以人类优秀文化来培养、构建人的文化生命，塑造人的灵魂，形成人的精神世界。教育过程就是以"文"化人的过程。文化就是以"文"化人，本质就是"人化"。

（5）教育就是素质教育。

杨校长认为，素质教育是针对功利主义提出来的。同时，素质教育就是培养自由而全面发展的人，就是通过提高每一个人的素质来提高整个国民的素质。当然，素质教育既是一种思想，也是一种模式。

（6）教育是绿色教育。

杨校长认为，绿色教育绝不只是环保教育，而是一种遵循人才培养规律，促使学生在一个"可持续"的学术生态环境中自由自在、欣欣向荣、"可持续"生长的教育。现代高等教育应是科学与人文交融而形成一体的绿色教育！当然，绿色教育既是一种思想，也是一种方法论。

◆ （二）教育目的论

在杨校长的教育思想体系中，教育目的非常明确：培养现代的具有创新能力的中国人。这种中国人是现代的中国人，不是古时候的中国人，是具有创新能力的中国人，是既能爱国又能创新的中国人。

他特别强调，"君子务本"，这个"本"首先是爱国，没有爱国，其他的都是空的。我们培养的人才要德才兼备，爱国是最大的德。爱国是具体的而不是抽象的，是实在的而不是空洞的，爱国之爱，首先是对人民的爱，对群众的爱，对家乡的爱，对祖国河山的爱。

◆ （三）教育方法论

在杨校长的教育思想体系中，教育的方法论体现出教育的本体论，且是为教育目的论服务的。

（1）教育是以文化整体育人。

在杨校长看来，教育是以文化整体去育人。文化整体，既是类型上的科学文化和人文文化整体，也是"知识、思维、方法、原则、精神"文化内涵的整体。以文化整体去育人的目的，是培养德智体美全面发展的人、完整人格的人，而不是"半个人"或"四分之一个人"、"八分之一个人"。

现实教育中的种种弊端，被他高度凝练地总结为"五重五轻"和"五精五荒"。"五重五轻"即"重理工，轻人文；重专业，轻基础；重书本，轻实践；重共性，轻个性；重功利，轻素质"。"五精五荒"即"精于科学，荒于人学；精于电脑，荒于人脑；精于网情，荒于人情；精于商品，荒于人品；精于权力，荒于道力"。

杨校长认为，这些就偏离了教育的本体性，也不是文化整体育人。而"五重五轻"中，"重"是对的，"轻"是错的，"五重"还要继续重视，"五轻"要引起重视。在"五精五荒"中，"五精"是对的，"五荒"是错的，"五精"要继续精，"五荒"要转变，两方面要做到平衡。

（2）人文教育和科学交融。

杨校长认为，科学求真，人文求善。人文科学，和而不同。现代科学技术高度发达，既可以造福人类，也可以毁灭人类，如何让科技沿着造福人类而不是毁灭人类的方向发展，那就需要人文为科学指引方向，所以他反反复复强调："真为善奠基，善为真导向。"也就是，科学为人文奠定基础，人文为科学提供导向。教育应该是促进人文教育和科学教育的交融，促进"善为真导向"。

杨校长认为，科学文化与人文文化，二者同源互通，二者之间应该交融，可以交融。科学文化与人文文化的分裂，在理论上是假命题，在现实生活中是真命题，实践上教育上如何做到两者结合确实是个大课题。

杨校长还创造性地提出"绿色教育"。他认为"人文科学，交融生绿"，"绿"代表生命，代表生机，代表和谐；绿色教育强调人的正确开发，强调人的可持续发展。这既是一种教育思想，也是一种教育的方法论。

（3）学思行结合，创新之根在实践。

杨校长认为，文化内涵整体从结构来说分为三个层次："形而下"是知识，"形而中"是思维、方法、原则，"形而上"是精神。其中，知识是基础，思维是关键，方法是根本，原则是精髓，精神就是灵魂。一个人要形成良好的素质和创新能力，离不开学习、思考、实践这三条，其中实践是根本。

（4）"背靠五千年"，坚持"三个面向"。

杨校长认为，中国教育需要"'背靠五千年'，坚持'三个面向'"，民族文化自觉、文化自尊、文化创新等都离不开这一点。特别需要注意的是，这两方面是联系在一起说的，不讲"背靠五千年"，"三个面向"就没有依托；不讲坚持"三个面向"，"背靠五千年"就没有方向。

（5）文化要传承，经典需诵读。

杨校长认为，文化（特别是人文文化）是人类社会的"基因"，民族文化（主要是人文文化）是民族的"基因"。丢失了文化，就是丢失了文明；丢失了民族文化，就是丢失了这个民族的特性，就是丢失了这个民族。作为中国人，必须学习中国民族文化，而不是做黄皮肤白心的香蕉人。《老子》与《论语》，无疑是中国传统文化中影响最大的经典，体现了中国传统文化的精髓，它们蕴涵的深刻哲理，是超越时空的，中国人最基本的应该读《老子》和《论语》。

杨校长在不同的场合反复强调而且被广泛引用的一句名言是：

一个国家、一个民族，没有先进科学，没有现代科学技术，就会落后，一打就垮，永远受制于人，痛苦受人宰割；一个国家、一个民族，没有优秀民族传统，没有民族人文精神，就会异化，不打自垮，无限受制于人，甘愿受人奴役。

（6）诗教应先行。

杨校长认为，"国魂凝处是诗魂"，"知否诗魂是国魂"，每个国家的诗歌都是这个国家文字和文化的凝练，并且蕴含着深厚的民族感情。中华诗词最美最人文，要让中华诗词大步走进课堂。

更为重要的是，杨校长教育上的贡献不仅是在教育理论上，更鲜明地体现在办大学的实践，在学校、在全面推动文化素质教育的实践之中，在全国推动诗教的实践之中。

杨校长是个谦虚的人，很少谈自己的贡献。但是我们不能不承认他的贡献。例如，在办学实践中，他将本以理工见长的大学办得学术氛围更为浓郁，更像大学，并极大地提高了学校在全国的影响、地位和知名度。又如，在教育和文化素质教育上，周远清同志曾说："杨叔子是一位著名的科学家"，"杨叔子是一位做出了重要贡献的教育专家、教育思想家"，"杨叔子对我国素质教育、文化素质教育，包括对文化、教育等的认识和理解非常深刻，并且做出了出色的贡献"。再如，在诗教上，梁东先生曾说："杨叔子先生作为当代诗教理论的拓荒者，站在理论和实践相结合的最前沿。"孔汝煌先生同样认为，杨叔子先生"是当代诗教文化理论的拓荒者和主要奠基人"。今天我们看到中央电视台的"中国诗词大会"办得有声有色，深受全国观众喜爱，这是因为有良好的群众基础。在20多年前，不可能产生这么好的反响，因为那时没有这么广泛的群众基础。这也从另一个侧面反映了杨叔子先生和同仁们一起做出的开创性努力的成就。

特别是，在办学实践中，他认为，办学要继承传统，面向未来，以学科建设为龙头，注重师资队伍建设，办出大学氛围，要注重文理交融，他说：

理科是工科的基础，文科又是理科、工科的基础；没有一流的理科，就没有一流的工科；

没有强大的文科，就没有一流的理科和工科，就没有一流的大学。

他认为，现代大学应"立足于治学，服务于育人，统一于文化，服务于社会"。在大学的三大职能中，教学是基础，科研是提高，为社会服务是活力。大学要追求文化创新，培养创新的人才。这些无疑对于一流大学建设具有深刻的启示意义。

总体来看，杨叔子的教育思想是围绕着育人和办学来展开的，激情理性共生，爱国创新与共，具有鲜明的特色，诸如：①深厚的民族性与爱国精神；②浓郁的生命感和人文性；③合乎规律的创造性和科学性；④强烈的现实性和实践性。

四、爱国科学家、教育家

甫一接任校长，杨校长就极高明地从战略思维上明确提出，办学首先要抓办学思想、抓育人，要继承传统、丰富发展、开拓创新。他富有创造性地、实事求是地总结提炼了学校历史上的"三大转变"，并从战略思维上立意高远地提出要促进"第四个转变"：

从注重专业教育、科学教育转向科学教育和人文教育相结合，在注重专业教育的同时高度重视素质教育。

这"第四个转变"实际上是一个更难的转变,是教育思想深处的变革,也是影响更为深远的变革。为此,作为一位科学家、一位重点理工大学的校长,他率先在全国高校中推行文化素质教育,掀起引起轰动的"人文风暴"。他的影响和活动不仅仅局限于华中理工大学校园之内,作为高等学校大学生文化素质教育委员会主任,他走向全国,在全国范围内大力推动文化素质教育,他觉得他有必要去尽一份他应该尽且能够尽的责任。

作为一位科学家,杨校长推行文化素质教育、人文教育,其意义更非一般。关于人文教育,涂又光先生曾精辟地提出"三阶段论"的观点,即"人文—科学—科学·人文"三个阶段。分析杨校长的人生历程,可以很有意思地发现,他本人也是经历了"人文—科学—科学·人文"三个阶段,他童年的家学和私塾,接受的是中国传统人文教育;上大学以后,基本上是科学教育阶段;当大学校长以后,大力推行文化素质教育和人文教育,属于"科学·人文"阶段。

杨校长从切身体悟中,深切感受到人文与科学相融的必要性和可行性,他是走过了人文到科学阶段之后,又从科学到人文,站在科学与人类发展的高远的大视野中,来看待人文和人文教育。这多少与纯粹人文专业出身的校长不一样,因为杨校长本身是一位科学家,多少有些"现身说法",以自己的成就来证明文理交融是有益的,是行得通的。

杨校长鲜明的可敬之处在于,他有一颗纯真的赤子之心和厚道的谦虚之心。他一再强调"君子务本",这个"本"首先是爱国;我们所培养的人才一定要德才兼备,爱国是最大的德。说实话,刚开始,这些话我有些没搞懂,虽然我也背过《论语》"君子务本,本立而道生",但我以往从来没听人这么讲过,后来我就一直琢磨,越琢磨就越觉得心里透亮,越觉得杨校长了不起!

杨校长浓浓的爱国赤子之情中,是极其精辟的真知灼见,我们要培养德才兼备的人,爱国是最大的德!越想越觉得有道理,比如,汪精卫应该有才吧，却成为大汉奸，千古罪人！

杨校长的爱国赤子之心，无疑缘于他父亲"诗人的爱国者"杨赓笙先生的影响、他"清廉爱国，师表崇德"家风庭训的影响、他童年深受战争之苦的影响，以及新中国爱国主义和集体主义教育的影响，等等。而他作为一个大学校长，又不遗余力地在全国高校给大学生讲这一做人的深刻道理，其情可感，其心可鉴，其影响之深广不可限量。

杨校长做人厚道，十分谦虚谦和，他不会讲他人的不是，他总会饱含深情地念他人的好，感念他人对自己的帮助，包括他的家人、他的老师、他的领导、他的同事、他的朋友乃至他的学生等（所以我在整理这部书稿时，他念及的那些人和事也在我眼前生动起来、亲切起来）。例如，仅在推动文化素质教育方面，他就常讲，上面没有教育部特别是周远清同志的支持，身边没有他领导班子成员如李德焕、刘献君等的支持，校内没有广大师生如涂又光先生的支持等，没有华中理工大学、华中科技大学这块沃土，他就不可能干成什么事。

杨校长身上有很多优秀的品格，诸如聪明、勤奋、谦逊、诚恳、务实、正直、善良、宽容、善于学习、善于合作、能为他人着想、有责任感等，这也代表了他这一代知识分子的品格特征，这些无疑有助于他得到帮助和取得成就。

一个很有意思的现象是，在当校长之前，他没有多少行政管理经验，却能带出一个团结和谐、出人才的领导班子，他手下的那一批副校长、他提拔起来成为"双肩挑"的年轻人，后来不少到其他高校去做大学校长，出现了"华中科技大学校长群"现象，而当年和他搭档的周济副校长后来更是做了教育部部长。谁说这些与杨校长的"领导"没有关系呢？难道仅仅是偶然？

我的体悟是，或者说，我是从他喜欢《老子》来寻找答案的。我想，这与他喜欢《老子》有关，他还强调要让他的博士生背诵《老子》，他的思想是道家的思想，"无为而治"、"道法自然"、"无为而无不为"、"生之、畜之，生而不有，为而不恃，长而不宰"。当然，他身上是儒道互通的，他身上有一种自强不息、厚德载物、拼搏进取、真诚忠诚的精神。

杨校长一直教导大学生要学会做人做事，他非常推崇毛泽东主席在《纪念白求恩》中说过的做人要做这"五种人"：

> 一个高尚的人，一个纯粹的人，一个有道德的人，一个脱离了低级趣味的人，一个有益于人民的人。

其实，杨校长自己一直是以此自勉的，"俯首甘为孺子牛"，那是他从年轻时就树立的座右铭，也就是如毛泽东主席所说的全心全意地"为人民服务"。"为人民服务"，在他身上不是唱高调，而是那么忠实真诚，朴素自然，在他当校长时体现为"为教师服务"、"为学生服务"。所以，他是一位"亲民的校长"、"新民的校长"。

冯友兰先生将人生境界分为四个层次，从低到高分别是自然境界、功利境界、道德境界和天地境界。处于自然境界的人，只是顺着本能或其社会的风俗习惯做事；处于功利境界的人为自己做事。冯先生认为，这两种人，是人现在就是的人，属于自然的产物；后两种人，是人应该成为的人，属于精神的创造。天地境界又可以叫作哲学境界，只有通过哲学获得对宇宙的某些了解，才能到达天地境界。杨校长无疑属于后者，是处于道德境界和天地境界的人。

杨先生是一位教师、科学家、大学校长、教育家、诗人，而统率这一切的是，他是一个充满赤子情怀的坚定的爱国主义者，可以说，他是：

> 一位关怀学生、启迪智慧的好老师；
>
> 一位聪明睿智、成果丰硕的科学家；
>
> 一位引领潮流、卓有成效的大学校长；
>
> 一位思想深邃、超越时空的教育家；
>
> 一位饱读诗书、才情洋溢的诗人；
>
> 一位视野开阔、热爱祖国的爱国主义者。
>
> 合而言之，他是一位爱国科学家、教育家。

五、致谢

写作的过程是辛苦的，也是幸福的。在整理书稿过程中，我真切感受到杨校长走进我的生命之中，给我带来了内心安静、灵魂洗礼、生命觉悟。

从杨校长的经历、思想、情怀和美德之中，我收获到很多非常有益的启示，这是我人生非常珍贵的财富，我要借此机会表达我非常真诚的感谢。

孔子的学生形容孔子：

> 仰之弥高，钻之弥坚；瞻之在前，忽焉在后！夫子循循然善诱人，博我以文，约我以礼。欲罢不能，既竭吾才，如有所立卓尔。虽欲从之，末由也已！

实际上，这也是作为杨校长学生的我想用来形容杨校长的话。高山仰止，景行行止！

杨校长是个传奇式的人物。20多年来，跟杨校长接触越多，了解越多，时间越长，越充满感佩。我深深地体悟到，什么叫大师，什么叫大家，什么叫大家风范，什么叫君子风范；与此同时，我也深刻体会到，一个人的成功需要付出多少艰苦的努力，以及背后会得到多少人的支持；一座高峰的出现，往往是在由许多山峰组成的山脉之中。

非常真诚地感谢杨校长和夫人徐辉碧教授长期以来的信任、关爱、教诲以及所提供的资料，能亲聆受教、能做杨校长的"联络员"、能得以整理杨校长口述史，是我人生之大幸。"要对得起杨校长！"这是我时时对自己的鞭策，并化为对人生的感悟：

> 书山有路勤为径
>
> 学海无涯乐作舟

此外，要真诚感谢杨校长的女婿、华中科技大学李晓平教授提供的资料和友谊；真诚感谢杨校长的外孙女孙肖男老师、华中科技大学教科院的余东升教授，浙江经济职业技术学院教授、中华诗教促进中心副主任孔汝煌先生等为本书初稿和样稿所提出的宝贵意见；真诚感谢华中科技大学教科院张应强教授、陈廷柱教授、雷洪德教授等提供的帮助和启发；真诚感谢华中科技大学出版社钱坤编辑、周晓方编辑的热情帮助和启发；真诚感谢中南民族大学许锋华博士热情提供的资料；真诚感谢我的同事深圳大学高教所张祥云教授、李均教授等一次次耐心听我"怡然自得"地讲述我研究杨叔子教育思想心得时的鼓励和启发；真诚感谢我所带的研究生佟彤、夏靖、阳书亮、庞蕾等在研究杨校长教育思想或访谈杨校长时提供的资料；等等。

最后，特别感谢家人的支持和帮助。在我们家，杨校长是"神一般的存在"，在我们心目中有着一种敬爱的亲切感、尊贵的高尚感。丈夫向春同志多年来得杨校长关爱甚多，他积极支持我整理杨校长口述史，还不忘叮嘱："要整理好，配得上杨校长的地位！"儿子向世芎同学是在亲爱的杨爷爷和徐奶奶的关照下自在成长的，看到我在写书，他很自豪，有时跑过来看看我写了些什么，还不忘提醒："要写得让人好懂些！"作为小学生，在读五年级时他曾在一篇名为《全神贯注》的作文中，用稚嫩的文字描述了他所看到的妈妈在写这本"口述史"时的情形，现将其主要部分抄录如下：

> 时间碰不到，也摸不着，你看不见它，也听不见它，但是它是在这个世界上的。你全神贯注的时候，不会觉得它的存在，或者你感觉时间过得慢，可时间过得很快。如果人失去了时间，就失去了宝物一样的美好生命。我们不能浪费时间，全神贯注更好。

> 我的妈妈就会全神贯注地做事，有可能我们身边就有一个你没有发现的"全神贯注"。我的妈妈工作上很忙，有很多事要做，可她还是挤出时间。比如前几个月，她要写一本书，就算工作很多很多，她也挤出时间来写书。她一会儿用力敲击键盘，一会儿写下一页，一会儿删掉一些，一会儿往上翻，一会儿往下翻，过了几分钟，十几分钟，半个小时……我的

天，都一两个小时了！她连一口水都没喝，也没有休息一下。我叫她来教我做我不会的题，她只是说"啊"，或者"嗯"、"哦"。我喊她："妈妈，这一题我不太会呀！过来教我一下这一题吧！"她就说："啊！"我又说："那你过来啊！""哦！"她说，她也没过来，就是在说话，内心还在她的文章上面。她写文章一丝不苟，她写文章一动不动，她写文章不吃不喝！我服了！

有一次，爸爸做了很多好吃的，我在房间就闻到了，马上冲出来吃饭，妈妈还在写，我和爸爸一起叫了好几声，妈妈也不回答，过了好久才来吃饭，我和爸爸都快吃完了。

儿子的作文虽稚嫩，却也基本上真实地、形象地记述了我在写这本"口述史"时的情形，当然这其中也写出了我在写作时对儿子的疏忽，在此也表示当母亲的歉意。

而且，整理完"口述史"初稿交由出版社审阅过程中，我又着手重新整理《潘懋元文集》，以贺潘先生百岁华诞暨从教 85 周年；整理好《潘懋元文集》送交另一出版社之后，又着手修改《杨叔子口述史》；生活连轴转，工作交替进行，一直忙碌。我跟儿子说："我是在做大事！"实际上，这也是跟自己说的。因为有同行跟我说，这几年我在学术上包括学术会议上似乎没那么活跃了，我心里就想：我在做有意义的事情，自己少发表几篇文章、少参加一些会议关系不大，可是我正做的这些"大事"真是更有意义、更精彩，也必须有人去做。我且静静地做自己喜欢也更有意义的事情。

更为重要的是，两位恩师的学术品格、学术思想和精神深深地影响着我的生命品质。他们对我的影响，何止是"学术的意义"，更有"生命的意义"，在我的文化生命中，流淌着恩师们精神的"血液"。我想，作为弟子，求学问学，讲究跟随大师、解读大师。一个人能在多大程度上解读大师的人品学问，解读大师为人为学的真谛，取决于他的努力，取决于他的悟性。他能有多大收获，就在于他在多大程度上解读到大师的魅力与魄力。

当然，最后想说的是，杨校长本人是一本厚厚的书，读懂杨校长实属不易，由于本人才钝智愚，书中难免挂一漏万，这都是由于本人整理的疏漏造成的，敬请各位看官指导。

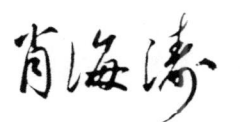

2019 年孟春完成初稿
2020 年仲夏修改于深圳半塘斋